高等院校电子信息类规划教材

信息论基础教程

（第 4 版）

李 梅　李亦农　编著

北京邮电大学出版社
www.buptpress.com

内 容 简 介

信息论是现代信息通信领域的基础理论,是研究信息传输和信息处理一般规律的科学。我们在借鉴了国内外众多优秀教材和参考资料之后编写了《信息论基础教程》。本书为第 4 版,以香农的 3 个编码定理为中心,重点讲述了相关的基本概念、基本原理和基本方法。鉴于目前各大专院校都在减少学时,本书只介绍经典信息论的内容,没有涉及过多的分支。

本书可作为通信及电子信息类相关专业高年级本科生和研究生的教材,也可作为相关专业科研人员的参考书。

图书在版编目(CIP)数据

信息论基础教程 / 李梅,李亦农编著. --4 版. --北京:北京邮电大学出版社,2023.7
ISBN 978-7-5635-6948-9

Ⅰ.①信… Ⅱ.①李… ②李… Ⅲ.①信息论—高等学校—教材 Ⅳ.①G201

中国国家版本馆 CIP 数据核字(2023)第 124152 号

| 策划编辑:刘纳新 姚 顺 | 责任编辑:刘春棠 | 责任校对:张会良 | 封面设计:七星博纳 |

出版发行:北京邮电大学出版社
社　　址:北京市海淀区西土城路 10 号
邮政编码:100876
发 行 部:电话:010-62282185 传真:010-62283578
E-mail:publish@bupt.edu.cn
经　　销:各地新华书店
印　　刷:保定市中画美凯印刷有限公司
开　　本:787 mm×1 092 mm 1/16
印　　张:17.25
字　　数:429 千字
版　　次:2005 年 1 月第 1 版 2008 年 10 月第 2 版 2015 年 8 月第 3 版 2023 年 7 月第 4 版
印　　次:2023 年 7 月第 1 次印刷

ISBN 978-7-5635-6948-9　　　　　　　　　　　　　　　定价:58.00 元

· 如有印装质量问题,请与北京邮电大学出版社发行部联系 ·

前　　言

信息论是现代信息通信领域的基础理论,是研究信息传输和信息处理一般规律的科学,因此目前各高等院校相关专业的本科生、研究生都开设了信息论相关课程。

在借鉴了国内外众多优秀教材和参考资料之后,作者根据多年的教学实践经验编写了《信息论基础教程》。本书为第4版,以使读者掌握基本概念和基本方法为目的,力图以读者最易接受的方式介绍信息论的基本内容及应用。本书可作为通信及电子信息类相关专业高年级本科生和研究生的教材,也可作为相关专业科研人员的参考书。

本书以香农的3个编码定理为中心,重点介绍相关的基本概念、基本原理和基本方法。鉴于目前各大专院校都在减少学时,本书只讲述经典信息论的内容,没有涉及过多的分支。同时,我们认为信息论是一门理论和实践紧密结合的课程,因此选择了很多与日常生活密切相关、具有一定趣味性的习题,并增加了上机练习。

本书包括7章和3个附录。第1章主要介绍信息的概念以及信息论的研究对象、研究目的和研究内容;第2章介绍关于信息度量的几个重要概念:自信息、互信息、信息熵、平均互信息以及数据处理定理;第3章研究定量度量信源产生信息的能力和信源冗余度的问题;第4章研究定量描述信道传递信息能力的问题,并介绍信道容量的计算方法;第5章的核心内容是香农的无失真信源编码定理,围绕这个定理介绍无失真信源编码的基本概念以及几种实用的无失真信源编码方法;第6章讲述香农的有噪信道编码定理以及纠错编码的主要内容,介绍信道编码的基本概念、基本理论;第7章介绍香农的限失真信源编码定理,引入信息率失真函数的概念,并介绍信息率失真函数的性质、计算方法以及几种常用的熵压缩编码算法;附录A是学习信息论课程需要用到的一些数学知识;附录B是上机作业;附录C是习题解答。

《信息论基础教程》自2005年1月出版以来,承蒙广大读者厚爱,被许多兄弟院校作为教材使用,并分别在2008年10月和2015年8月再版。此次再版在保持前面版本特色的基础上,修改了一些错误,并调整了部分内容,力求更简洁、流畅、易懂,更适应教学和自学的需要。

本书在编写过程中,参考了国内外很多信息论经典著作,同时还参考了大量国内外知名大学信息论课程的课后习题及解答(均列于本书参考文献中),在此向有关作者表示感谢!

尽管我们在再版中力求更加符合读者的要求,但仍无法避免错漏和不当,希望广大读者提出宝贵意见。作者邮箱:maggieli@cugb.edu.cn。

目 录

第 1 章 绪论 ………………………………………………………………………… 1
  1.1 信息的概念 ……………………………………………………………………… 1
  1.2 信息论的研究对象、研究目的和研究内容 …………………………………… 3
  习题 1 ………………………………………………………………………………… 5

第 2 章 信息的度量 …………………………………………………………………… 6
  2.1 自信息和互信息 ………………………………………………………………… 6
    2.1.1 自信息 ……………………………………………………………………… 6
    2.1.2 互信息 ……………………………………………………………………… 8
  2.2 平均自信息 ……………………………………………………………………… 8
    2.2.1 平均自信息的概念 ………………………………………………………… 8
    2.2.2 熵函数的性质 ……………………………………………………………… 9
    2.2.3 联合熵与条件熵 …………………………………………………………… 13
  2.3 平均互信息 ……………………………………………………………………… 15
    2.3.1 平均互信息的概念 ………………………………………………………… 15
    2.3.2 平均互信息的性质 ………………………………………………………… 17
    2.3.3 数据处理定理 ……………………………………………………………… 20
  习题 2 ………………………………………………………………………………… 21

第 3 章 信源及信源熵 ………………………………………………………………… 26
  3.1 信源的分类及数学模型 ………………………………………………………… 26
  3.2 离散单符号信源 ………………………………………………………………… 27
  3.3 离散多符号信源 ………………………………………………………………… 28
    3.3.1 离散平稳无记忆信源 ……………………………………………………… 29
    3.3.2 离散平稳有记忆信源 ……………………………………………………… 30
    3.3.3 马尔可夫信源 ……………………………………………………………… 32
    3.3.4 信源的相关性和剩余度 …………………………………………………… 36
  *3.4 连续信源 ………………………………………………………………………… 39
    3.4.1 连续信源的微分熵 ………………………………………………………… 39
    3.4.2 连续信源的最大熵 ………………………………………………………… 42

3.4.3 连续信源的熵功率 ………………………………………………………… 43
习题 3 …………………………………………………………………………………… 44

第 4 章 信道及信道容量 ………………………………………………………… 48

4.1 信道的分类 …………………………………………………………………… 48
4.2 离散单符号信道及其信道容量 …………………………………………… 50
    4.2.1 离散单符号信道的数学模型 …………………………………………… 50
    4.2.2 信道容量的概念 ……………………………………………………………… 51
    4.2.3 几种特殊信道的信道容量 ……………………………………………… 53
    4.2.4 离散对称信道的信道容量 ……………………………………………… 54
    4.2.5 一般离散信道的信道容量 ……………………………………………… 57
    4.2.6 信道容量定理 ………………………………………………………………… 61
    *4.2.7 信道容量的迭代算法 ……………………………………………………… 64
4.3 离散多符号信道及其信道容量 ………………………………………… 67
4.4 组合信道及其信道容量 …………………………………………………… 70
    4.4.1 独立并联信道 ………………………………………………………………… 70
    4.4.2 级联信道 ……………………………………………………………………… 71
*4.5 连续信道及其信道容量 …………………………………………………… 72
    4.5.1 连续随机变量的互信息 ………………………………………………… 72
    4.5.2 高斯加性信道的信道容量 ……………………………………………… 73
    4.5.3 多维高斯加性信道的信道容量 ………………………………………… 74
*4.6 波形信道及其信道容量 …………………………………………………… 75
习题 4 …………………………………………………………………………………… 76

第 5 章 无失真信源编码 ………………………………………………………… 81

5.1 信源编码的相关概念 ……………………………………………………… 81
    5.1.1 编码器 ………………………………………………………………………… 81
    5.1.2 码的分类 ……………………………………………………………………… 83
5.2 定长码及定长信源编码定理 …………………………………………… 85
5.3 变长码及变长信源编码定理 …………………………………………… 88
    5.3.1 Kraft 不等式和 McMillan 不等式 …………………………………… 89
    5.3.2 唯一可译码的判别准则 ………………………………………………… 90
    5.3.3 紧致码平均码长界限定理 ……………………………………………… 91
    5.3.4 无失真变长信源编码定理(香农第一定理) ………………………… 93
5.4 变长码的编码方法 ………………………………………………………… 96
    5.4.1 香农编码 ……………………………………………………………………… 97
    5.4.2 香农-费诺-埃利斯编码 ………………………………………………… 98
    5.4.3 二元霍夫曼编码 …………………………………………………………… 98
    5.4.4 r 元霍夫曼编码 ……………………………………………………………… 101

| 5.4.5　费诺编码 ··· 102
　5.5　实用的无失真信源编码方法 ··· 104
　　　5.5.1　游程编码 ··· 104
　　　5.5.2　算术编码 ··· 107
　　　5.5.3　LZW 编码 ··· 109
　习题 5 ·· 112

第 6 章　有噪信道编码 ·· 116
　6.1　信道编码的相关概念 ··· 116
　　　6.1.1　错误概率和译码规则 ··· 117
　　　6.1.2　错误概率与编码方法 ··· 122
　6.2　有噪信道编码定理 ·· 128
　6.3　纠错编码 ·· 130
　　　6.3.1　纠错码的分类 ··· 130
　　　6.3.2　纠错码的基本概念 ·· 132
　　　6.3.3　线性分组码 ··· 134
　　*6.3.4　卷积码 ·· 148
　习题 6 ·· 151

第 7 章　限失真信源编码 ··· 155
　7.1　失真的测度 ·· 156
　　　7.1.1　失真函数 ·· 156
　　　7.1.2　平均失真 ·· 158
　7.2　信息率失真函数 ··· 159
　　　7.2.1　D 失真许可信道 ··· 159
　　　7.2.2　信息率失真函数的定义 ·· 159
　　　7.2.3　信息率失真函数的性质 ·· 160
　7.3　限失真信源编码定理 ··· 165
　*7.4　信息率失真函数的计算 ·· 165
　　　7.4.1　应用参量表示式计算信息率失真函数 ·························· 165
　　　7.4.2　信息率失真函数的迭代算法 ······································· 171
　7.5　常用的限失真信源编码方法 ··· 174
　　　7.5.1　量化编码 ·· 174
　　　7.5.2　子带编码 ·· 175
　　　7.5.3　预测编码 ·· 176
　　　7.5.4　变换编码 ·· 177
　习题 7 ·· 178

参考文献 ··· 180

附录 A　数学预备知识 ·· 181

　A.1　概率论与随机过程 ·· 181
　　A.1.1　概率论的基本概念 ·· 181
　　A.1.2　随机变量及其分布 ·· 183
　　A.1.3　多维随机变量及其分布 ·· 184
　　A.1.4　随机变量的数字特征 ·· 187
　　A.1.5　随机过程 ·· 187
　A.2　凸函数及 Jensen 不等式 ·· 191
　A.3　信道容量定理的引理 ·· 193
　A.4　渐进等分割性和 ε 典型序列 ··· 194

附录 B　上机作业 ·· 198

　B.1　信道容量的迭代算法 ·· 198
　B.2　唯一可译码判决准则 ·· 199
　B.3　香农编码 ·· 199
　B.4　霍夫曼编码 ·· 200
　B.5　费诺编码 ·· 200
　B.6　LZW 编码 ·· 201
　B.7　BSC 模拟器 ·· 201
　B.8　汉明(7,4)编译码器 ··· 201
　B.9　通信系统仿真 ·· 202

附录 C　习题解答 ·· 204

　C.1　第 1 章习题解答 ·· 204
　C.2　第 2 章习题解答 ·· 204
　C.3　第 3 章习题解答 ·· 218
　C.4　第 4 章习题解答 ·· 231
　C.5　第 5 章习题解答 ·· 244
　C.6　第 6 章习题解答 ·· 254
　C.7　第 7 章习题解答 ·· 262

第 1 章 绪　论

绪论

克劳德·艾尔伍德·香农（Claude Elwood Shannon，1916—2001 年），美国数学家，信息论创始人。1948 年，香农在《贝尔系统技术杂志》(Bell System Technical Journal)上连载发表了著名的论文《通信的数学原理》。1949 年，香农又在该杂志上发表了另一篇影响深远的论文《噪声下的通信》。在这两篇论文中，香农阐明了通信的基本问题，给出了通信系统的模型，提出了信息熵的数学表达式，并解决了信道容量、信源统计特性、信源编码、信道编码等一系列基本问题。这两篇论文成为信息论的奠基石。

1.1　信息的概念

信息论是通信的数学基础，它是随着通信技术的发展而形成和发展起来的一门新兴的横断学科。

信息论创立的标志是 1948 年香农发表了论文《通信的数学原理》。为了解决在噪声信道中有效传输信息的问题，香农在这篇论文中创造性地采用概率论的方法来研究通信中的问题，对信息给出了科学的定量描述，并首次提出了信息熵的概念。

在日常生活中，人们往往对消息和信息不加区别，认为消息就是信息。例如，当人们收到一封电报或者听了天气预报后，人们就说得到了信息。

我们收到消息后，如果消息告诉了我们很多原来不知道的内容，我们会觉得自己获得了很多信息，而如果消息是我们已经知道的内容，我们会觉得自己没有获得信息。因此，信息应该是可以度量的。那么怎样度量信息呢？需要有一个可以用数学模型来表示的信息概念。

1928 年，哈特莱(Hartley)首先提出了用对数度量信息的概念，即一个消息所包含的信息量用它的所有可能取值的个数的对数来表示。例如，抛掷一枚硬币可能有两种结果：正面和反面，所以当我们得知抛掷结果后获得的信息量是 $\log_2 2 = 1$ bit。而一个十进制数字可以表示 0~9 中的任意一个符号,所以一个十进制数字含有 $\log_2 10 = 3.322$ bit 的信息。这里对数取以 2 为底,信息量的单位为 bit。

哈特莱的工作给了香农很大的启示,他注意到消息的信息量不仅与它的可能值的个数有关,还与消息本身的不确定性有关。例如,抛掷一枚偏畸硬币,如果正面向上的可能性是 90%,那么当我们得知抛掷结果是反面时得到的信息量会比得知抛掷结果是正面时得到的信息量大。

一个消息之所以会含有信息,正是因为它具有不确定性,一个不具有不确定性的消息是不会含有任何信息的,而通信的目的就是消除或部分消除这种不确定性。例如,在得知硬币的抛掷结果前,我们对于结果是正面还是反面是不确定的,通过通信,我们得知了硬币的抛掷结果,消除了不确定性,从而获得了信息。因此,**信息是对事物运动状态或存在方式的不确定性的描述**。这就是香农信息的定义。

用数学的语言来讲,不确定性就是随机性,具有不确定性的事件就是随机事件。因此,可运用研究随机事件的数学工具(概率)来测度不确定性的大小。在信息论中,我们把消息用随机事件来表示,而发出这些消息的信源则用随机变量来表示。例如,抛掷一枚硬币的实验可以用一个随机变量来表示,而抛掷结果可以是正面或反面,这个具体的消息则用随机事件来表示。

我们把某个消息 x_i 出现的不确定性的大小定义为自信息,自信息用这个消息出现概率的对数的负值来表示,即

$$I(x_i) = -\log p(x_i) \tag{1.1}$$

自信息同时表示这个消息所包含的信息量,也就是最大能够给予收信者的信息量。如果消息能够被正确传送,收信者就能够获得这么大小的信息量。

信源所含有的信息量定义为信源发出的所有可能消息的平均不确定性,香农把信源所含有的信息量称为信息熵。信息熵定义为自信息的统计平均,即

$$H(X) = -\sum_{i=1}^{q} p(x_i) \log p(x_i) \tag{1.2}$$

这里的 q 表示信源消息的个数。信息熵表示信源的平均不确定性的大小,同时表示信源输出的消息平均所含的信息量。因此,虽然信源产生的消息可能会含有不同的信息量,例如,抛掷一枚偏畸硬币的结果是正面和反面这两个消息所含的信息量不同,但是可以用它们的平均值来表示这个信源(抛掷一枚偏畸硬币的实验)的平均不确定性。

在收信端,信源的不确定性得到了部分或全部消除,收信者就得到了信息。信息在数量上等于通信前后"不确定性"的消除量(减少量)。

这种建立在概率模型上的信息概念排除了日常生活中"信息"一词主观上的含义和作用,只是对消息的统计特性的定量描述,所以信息可以度量,而且与日常生活中信息的概念并不矛盾,是一个科学的定义。根据这样的信息定义,同样一个消息对于任何一个收信者来说,所含有的信息量都是一样的。而事实上信息有很强的主观性和实用性,同样一个消息对不同的人常常有不同的主观价值或主观意义。例如,同一则气象预报对在室外工作的人和在室内工作的人可能会有不同的意义和价值,因此所提供的信息量也应该不同。所以,香农信息的定义在某些情况下也具有一定的局限性。

1.2 信息论的研究对象、研究目的和研究内容

信息论从诞生到现在,虽然只有短短的70多年,但它的发展对学术界及人类社会的影响是相当广泛和深刻的。如今,信息论的研究内容不仅仅包括通信,还包括所有与信息有关的自然和社会领域,如模式识别、机器翻译、心理学、遗传学、神经生理学、语言学、语义学,甚至包括社会学中有关信息的问题。香农信息论迅速发展成为涉及范围极广的广义信息论——信息科学。

信息论的研究对象是广义的通信系统,信息论把所有的信息流通系统都抽象成一个统一的模型,如图1.1所示。

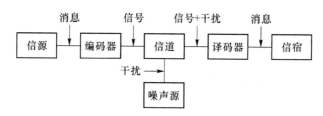

图1.1 通信系统模型

这个模型不仅包括电话、电报、传真、电视、雷达等狭义的通信系统,还包括生物有机体的遗传系统、神经系统、视觉系统,甚至人类社会的管理系统。信息以消息的形式在这个通信系统中传递,人们通过研究通信系统中消息的传输和处理来得到信息传输和处理的规律,目的是提高通信的可靠性和有效性。

在任何一个信息流通系统中都有一个发出信息的发送端(信源)、一个接收信息的接收端(信宿),以及信息流通的通道(信道)。在信息传递的过程中不可避免地会有噪声,所以有一个噪声源。为了把信源发出的消息变成适合在信道中传输的信号,要加入编码器;在把消息送到信宿之前要进行反变换,所以要加入译码器。

这个通信系统主要包括5个部分。

1. 信源

顾名思义,信源是产生消息和消息序列的源。信源可以是人、生物、机器或其他事物。例如,各种气象状态是信源,能够产生独特的气味吸引蜜蜂来采花蜜的花朵是信源,人脑的思维活动也是一种信源。信源的输出是消息(或消息序列)。

消息有着各种不同的形式,如文字、符号、语言、图片、图像、气味等。消息以能被通信双方所理解的形式,通过通信进行传递和交换。消息携带着信息,是信息的载体。信源输出的消息是随机的、不确定的,但又有一定的规律性,因此用随机变量或随机矢量等数学模型来表示信源。

2. 编码器

编码就是把消息变成适合在信道中传输的物理量,这种物理量称为信号(如电信号、光信号、声信号、生物信号等)。信号携带着消息,它是消息的载体。

编码器可分为信源编码器和信道编码器。信源编码的目的是压缩信源的冗余度(多余度),提高信息传输的效率和通信系统的有效性。信源编码又可分为无失真信源编码和限失真信源编码。信道编码是为了提高信息传输的可靠性而有目的地对信源编码器输出的代码组添加一些监督码元,使之具有纠错、检错能力。例如,老师讲课时需要把知识进行加工和提炼,以提高信息传输的有效性,而为了让学生听明白,有时又需要适当地重复,这是为了提高信息传输的可靠性。

在实际的通信系统中,可靠性和有效性常常是相互矛盾的,提高有效性必须去掉信源符号的冗余部分,但是这会导致可靠性的下降,而提高可靠性就需要增加监督码元,这又会降低有效性。有时为了兼顾有效性,就不一定要求绝对准确地在接收端再现原来的消息,而是允许一定程度的误差或失真,也就是说,允许近似地再现原来的消息。

3. 信道

信道是指通信系统把承载消息的信号从发送端发送到接收端的媒介或通道,是包括收发设备在内的物理设施。信道除了传播信号以外,还有存储信号的作用。在狭义的通信系统中,实际的信道有明线、电缆、光缆、无线电波传播空间、磁盘、光盘等,这些都属于传输电磁波能量的信道。对于广义的通信系统来说,信道还可以是其他的传输媒介。

在信道中引入噪声和干扰,这是一种简化的表达方式。为分析方便起见,把在系统其他部分产生的干扰和噪声都等效地折合成信道干扰,看作由一个噪声源产生的,作用于所传输的信号上。这样信道输出的是已叠加了干扰的信号。噪声源的统计特性是划分信道的依据,并且是信道传输能力的决定性因素。由于干扰或噪声往往具有随机性,因此信道用输入和输出之间的条件概率分布来描述。

4. 译码器

译码就是把信道输出的已叠加了干扰的编码信号进行反变换,变成信宿能够理解的消息。译码器可分为信源译码器和信道译码器。译码器需要尽可能准确地再现信源输出的消息。

5. 信宿

信宿是消息传送的对象,即接收消息的人、机器或其他事物。

以上我们考虑的是收发两端单向通信的情况,它只有一个信源和一个信宿,信息传输也是单向的。在组网通信(如电话网、计算机网等)的情况下,可能有很多分开的信源、信道和信宿同时进行信息交换。例如,广播信道是一个输入、多个输出的单向信道,而卫星通信则是多个输入、多个输出的多向传输通信,这就需要把两端单向通信的模型进行适当的修改,得出多用户通信系统的模型,把两端单向通信的信息理论发展成为多用户通信信息理论。

信息论研究的是关于这个通信系统的最根本的问题。举例如下。

① 什么是信息?如何度量信息?

② 怎样确定信源的输出中含有多少信息量?

③ 对于一个信道,它传输信息量的极限(信道容量)是多少?

④ 为了能够无失真地传输信源信息,信源编码时最少所需的码符号数是多少?这是无失真信源编码,即香农第一定理的内容。

⑤ 在有噪信道中有没有可能以接近信道容量的信息传输率传输信息而错误概率几乎为零?这是有噪信道编码,即香农第二定理的内容。

⑥ 如果信源编码时允许一定量的失真,最少所需的码符号数又是多少? 这是限失真信源编码,即香农第三定理的内容。

毫无疑问,如果我们对这些问题都有了确定的答案,那么在设计通信系统时就有了目标和指导方向,同时也有了评价通信系统优劣的标准。

在这里,我们举几个成功地应用信息论的概念和方法指导通信系统设计的例子。

① 无失真信源编码的应用:计算机文件的压缩。由于数据库的广泛应用,存储计算机文件所需的存储空间问题日益突出。20 世纪 70 年代,随着 Lempel-Ziv 算法的发明,数据压缩在计算机领域发挥了重要作用,出现了不同的压缩算法及其变种,其中较好的算法能使文件压缩后所需的存储空间仅为原文件的 30% 左右。

② 有噪信道编码的应用:模拟话路中数据传输速率的提高。最早的调制解调器速率只有 300 bit/s,此后,调制解调器的速率从 4 800 bit/s 发展到33.6 kbit/s,已经非常接近理论极限(56 K 调制解调器由于下行只经过一次模/数转换,所以下行速率更快一些)。

③ 限失真信源编码的应用:语音信号压缩。按照信息理论分析,语音信号(也就是话音信号)所需的编码速率可以远远低于按奈奎斯特采样定理和量化噪声理论确定的编码速率。几十年来,人们在这方面的工作取得了巨大的进展。CCITT 关于长途电话网的语音编码速率标准已从 1972 年的64 kbit/s降低到 1992 年的 16 kbit/s。在移动通信中,1988 年欧洲 GSM 标准中的语音编码速率为13.2 kbit/s,而 1989 年美国 CTIA 标准中的语音编码速率仅为 7.95 kbit/s。目前,声码器的速率可低于 100 bit/s,已接近信息论指出的极限。

目前,对信息论的研究范围一般有 3 种理解。

① 狭义信息论:又称香农信息论,主要通过数学描述与定量分析,研究通信系统从信源到信宿的全过程,包括信息的测度、信道容量、信源和信道编码理论等问题,强调通过编码和译码使收、发两端联合最优化,并且以定理的形式证明极限的存在。这部分内容是信息论的基础理论。

② 一般信息论:也称工程信息论,主要研究信息传输和处理问题,除香农信息论的内容外,还包括噪声理论、信号滤波和预测、统计检测和估计、调制理论、信息处理理论、保密理论等。

③ 广义信息论:也称信息科学,不仅包括上述两方面的内容,还包括所有与信息有关的自然和社会科学领域,如模式识别、机器翻译、心理学、遗传学、神经生理学、语言学、语义学,甚至包括社会学中有关信息的问题。

本书主要研究香农信息论的内容。

习 题 1

1.1 下列不属于消息的是( )。
A. 文字　　B. 信号　　C. 图像　　D. 语言

1.2 为了提高通信系统的有效性,应采用_____编码;为了提高通信系统的可靠性,应采用_____编码。

1.3 简述信息的特征。

第 2 章 信息的度量

信息的度量

关于信息的度量有几个重要的概念。

（1）自信息（量）指一个事件（消息）本身所包含的信息量，它是由事件的不确定性决定的，如抛掷一枚硬币的结果是正面这个消息所包含的信息量。

（2）互信息（量）指一个事件所给出的关于另一个事件的信息量，如今天下雨所给出的关于明天下雨的信息量。

（3）平均自信息（量）或称信息熵指事件集（用随机变量表示）所包含的平均信息量，它表示信源的平均不确定性，如抛掷一枚硬币的实验所包含的平均信息量。

（4）平均互信息（量）指一个事件集所给出的关于另一个事件集的平均信息量，如今天的天气所给出的关于明天的天气的信息量。

我们在最简单的离散随机变量情况下引入这些概念。

2.1 自信息和互信息

2.1.1 自信息

在绪论中我们讲过，信源发出的消息（事件）具有不确定性，而事件发生的不确定性与事件发生的概率大小有关，概率越小，不确定性越大，事件发生以后所含的信息量就越大。小概率事件的不确定性大，一旦出现必然使人感到意外，因此产生的信息量就大，特别是几乎不可能出现的事件一旦出现，必然会产生极大的信息量；大概率事件是预料之中的事件，不确定性小，即使发生，也没什么信息量，特别是概率为 1 的确定事件发生以后，不会给人任何信息量。因此，随机事件的自信息量 $I(x_i)$ 是该事件发生概率 $p(x_i)$ 的函数，并且 $I(x_i)$ 应该满足以下公理化条件。

（1）$I(x_i)$ 是 $p(x_i)$ 的严格递减函数。当 $p(x_1) < p(x_2)$ 时，$I(x_1) > I(x_2)$，概率越小，事件发生的不确定性越大，事件发生以后所包含的自信息量越大。

（2）在极限情况下，当 $p(x_i) = 0$ 时，$I(x_i) \to \infty$；当 $p(x_i) = 1$ 时，$I(x_i) = 0$。

（3）从直观概念上讲，由两个相对独立的不同消息所提供的信息量应等于它们分别提供的信息量之和，即自信息量满足可加性。

可以证明,满足以上公理化条件的函数形式是对数形式。

定义 2.1 随机事件的**自信息量**定义为该事件发生概率的对数的负值。设事件 x_i 的概率为 $p(x_i)$,则它的自信息量定义为

$$I(x_i) = -\log p(x_i) = \log \frac{1}{p(x_i)} \tag{2.1}$$

从图 2.1 中可以看到,上述自信息量的定义正是满足公理化条件的函数形式。在它的定义域 $[0,1]$ 内,自信息量是非负的。

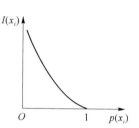

图 2.1 自信息量

$I(x_i)$ 代表两种含义:在事件 x_i 发生以前,等于事件 x_i 发生的不确定性的大小;在事件 x_i 发生以后,表示事件 x_i 所含有或所能提供的信息量。在无噪信道中,事件 x_i 发生以后,能正确无误地传输到收信者,所以 $I(x_i)$ 就等于收信者接收到 x_i 后所获得的信息量。这是因为消除了 $I(x_i)$ 大小的不确定性,才获得这么大小的信息量。

自信息量的单位与所用对数的底有关。

(1) 通常取对数的底为 2,信息量的单位为比特(bit, binary unit)。当 $p(x_i)=1/2$ 时,$I(x_i)=1$ bit,即概率等于 $1/2$ 的事件具有 1 bit 的自信息量。例如,一枚均匀硬币的任何一种抛掷结果均含有 1 bit 的信息量。比特是信息论中最常用的信息量单位,当取对数的底为 2 时,2 常被省略。注意:在计算机术语中,bit 是位的单位(bit, binary digit),与信息量单位不同但有联系,1 位二进制数字最多能提供 1 bit 的信息量。

(2) 若取自然对数(以 e 为底),自信息量的单位为奈特(nat, natural unit)。在理论推导中或用于连续信源时,用以 e 为底的对数比较方便。

$$1 \text{ nat} = \log_2 e \text{ bit} = 1.443 \text{ bit}$$

(3) 工程上用以 10 为底较方便。若以 10 为对数底,则自信息量的单位为哈特莱(Hartley),这个单位用来纪念哈特莱首先提出用对数来度量信息。

$$1 \text{ Hartley} = \log_2 10 \text{ bit} = 3.322 \text{ bit}$$

(4) 如果取以 r 为底的对数($r>1$),则

$$I(x_i) = -\log_r p(x_i) \; r \text{ 进制单位}$$

$$1 \; r \text{ 进制单位} = \log_2 r \text{ bit}$$

【例 2.1】 (1) 在英文中字母"a"出现的概率为 0.064,字母"c"出现的概率为 0.022,分别计算它们的自信息量。

(2) 假定前后字母的出现是相互独立的,计算"ac"的自信息量。

(3) 假定前后字母的出现不是相互独立的,当字母"a"出现以后,字母"c"出现的概率为 0.04,计算字母"a"出现以后,字母"c"出现的自信息量。

解 (1) $I(a) = -\log 0.064 = 3.966 \text{ bit}$

$I(c) = -\log 0.022 = 5.506 \text{ bit}$

(2) 由于前后字母的出现是相互独立的,"ac"出现的概率为 0.064×0.022,所以

$$I(ac) = -\log(0.064 \times 0.022) = -(\log 0.064 + \log 0.022)$$
$$= I(a) + I(c) = 9.472 \text{ bit}$$

即两个相对独立事件的自信息量满足可加性,也就是说,由两个相对独立事件的积事件所提

供的信息量应等于它们分别提供的信息量之和。

(3) 在字母"a"出现的条件下,字母"c"出现的概率变大,它的不确定性变小。
$$I(c|a) = -\log 0.04 = 4.644 \text{ bit}$$

2.1.2 互信息

定义 2.2 一个事件 y_j 所给出的关于另一个事件 x_i 的信息定义为**互信息**,用 $I(x_i;y_j)$ 表示。

$$I(x_i;y_j) = I(x_i) - I(x_i|y_j) = \log \frac{p(x_i|y_j)}{p(x_i)} \tag{2.2}$$

互信息 $I(x_i;y_j)$ 是已知事件 y_j 后所消除的关于事件 x_i 的不确定性,它等于事件 x_i 本身的不确定性 $I(x_i)$ 减去已知事件 y_j 后对 x_i 仍然存在的不确定性 $I(x_i|y_j)$。互信息的引出使信息的传递得到了定量的表示。

【**例 2.2**】 某地二月份 4 种天气出现的概率分别为:晴为 1/2,阴为 1/4,雨为 1/8,雪为 1/8。某一天有人告诉你:"今天不是晴天。"把这句话作为收到的消息 y_1,求收到 y_1 后,y_1 与各种天气的互信息量。

解 把 4 种天气记作 x_1(晴),x_2(阴),x_3(雨),x_4(雪)。收到消息 y_1 后,各种天气发生的概率成了后验概率:

$$p(x_1|y_1) = \frac{p(x_1 y_1)}{p(y_1)} = 0$$

$$p(x_2|y_1) = \frac{p(x_2 y_1)}{p(y_1)} = \frac{1/4}{1/4+1/8+1/8} = \frac{1}{2}$$

$$p(x_3|y_1) = \frac{p(x_3 y_1)}{p(y_1)} = \frac{1/8}{1/4+1/8+1/8} = \frac{1}{4}$$

同理

$$p(x_4|y_1) = \frac{1}{4}$$

根据互信息量的定义,可计算出 y_1 与各种天气之间的互信息:

$$I(x_1;y_1) = \log \frac{p(x_1|y_1)}{p(x_1)} = \infty$$

$$I(x_2;y_1) = \log \frac{p(x_2|y_1)}{p(x_2)} = \log \frac{1/2}{1/4} = 1 \text{ bit}$$

$$I(x_3;y_1) = \log \frac{p(x_3|y_1)}{p(x_3)} = \log \frac{1/4}{1/8} = 1 \text{ bit}$$

$$I(x_4;y_1) = \log \frac{p(x_4|y_1)}{p(x_4)} = \log \frac{1/4}{1/8} = 1 \text{ bit}$$

2.2 平均自信息

2.2.1 平均自信息的概念

自信息量是信源发出的某一具体消息所含有的信息量,发出的消息不同,它的自信息量就不同,所以自信息量本身为随机变量,不能用来表征信源的不确定度。我们用平均自信息量来表征信源的不确定度。平均自信息量又称为**信息熵、信源熵**,简称熵。

因为信源具有不确定性,所以用随机变量来表示信源,用随机变量的概率分布来描述信源的不确定性。通常把一个随机变量的所有可能的取值和这些取值对应的概率$[X,P(X)]$称为它的**概率空间**。

假设随机变量 X 有 q 个可能的取值 $x_i, i=1,2,\cdots,q$,各种取值出现的概率为 $p(x_i)$,$i=1,2,\cdots,q$,则它的概率空间表示为

$$\begin{pmatrix} X \\ P(X) \end{pmatrix} = \begin{pmatrix} X=x_1 & \cdots & X=x_i & \cdots & X=x_q \\ p(x_1) & \cdots & p(x_i) & \cdots & p(x_q) \end{pmatrix}$$

这里要注意,$p(x_i)$满足概率空间的基本特性:非负性($0 \leqslant p(x_i) \leqslant 1$)和完备性($\sum_{i=1}^{q} p(x_i) = 1$)。

定义 2.3 随机变量 X 的每一个可能取值的自信息 $I(x_i)$ 的统计平均值定义为随机变量 X 的平均自信息量。

$$H(X) = E[I(x_i)] = -\sum_{i=1}^{q} p(x_i) \log p(x_i) \tag{2.3}$$

这里 q 为 X 的所有可能取值的个数。

熵的单位与所取的对数底有关,根据所取的对数底不同,可以是比特/符号、奈特/符号、哈特莱/符号或者 r 进制单位/符号,通常用比特/符号为单位。

熵这个名词是香农借用的物理学中热熵的概念,热熵是表示分子混乱程度的一个物理量,因此香农用熵来描述信源的平均不确定性。但是在热力学中对于任何孤立系统的演化,热熵只能增加不能减少,而在信息论中,信息熵正好相反,只会减少,不会增加,所以有人称信息熵为负热熵。

信息熵 $H(X)$ 是对信源的平均不确定性的描述。第 5 章中的无失真信源编码定理和它的逆定理会进一步证明,要对信源输出的消息进行无失真编码,平均每个信源符号至少需要用 $H(X)$ 个码符号。

在一般情况下,信息熵并不等于收信者平均获得的信息量。只有在无噪情况下,收信者才能正确无误地接收到信源所发出的消息,全部消除了 $H(X)$ 大小的平均不确定性,所以获得的平均信息量就等于 $H(X)$。而在一般情况下,因为干扰和噪声的存在,收信者不能全部消除信源的平均不确定性,获得的信息量就小于 $H(X)$。

【**例 2.3**】 假设随机变量 X 的概率分布为 $p(x_i) = 2^{-i}, i=1,2,3,\cdots$,求 $H(X)$。

解
$$H(X) = \sum_{i=1}^{\infty} 2^{-i} \log \frac{1}{2^{-i}} = \sum_{i=1}^{\infty} i \cdot 2^{-i} = 2 \text{ 比特 / 符号}$$

2.2.2 熵函数的性质

信息熵 $H(X)$ 是随机变量 X 的概率分布的函数,所以又称为**熵函数**。如果把概率分布 $p(x_i), i=1,2,\cdots,q$,记为 $p_1, p_2, \cdots, p_q$,则熵函数又可以写成概率矢量 $\boldsymbol{p}=(p_1, p_2, \cdots, p_q)$ 的函数形式,记为 $H(\boldsymbol{p})$。

$$H(X) = -\sum_{i=1}^{q} p_i \log p_i = H(p_1, p_2, \cdots, p_q) = H(\boldsymbol{p}) \tag{2.4}$$

因为概率空间具有完备性,即 $\sum_{i=1}^{q} p_i = 1$,所以 $H(\boldsymbol{p})$ 是 $q-1$ 元函数。当 $q=2$ 时,因为 $p_1+p_2=1$,若令其中一个概率为 p,则另一个概率为 $1-p$,熵函数可以写成 $H(p)$。

熵函数 $H(\boldsymbol{p})$ 具有以下性质。

1. 对称性

$$H(p_1,p_2,\cdots,p_q)=H(p_2,p_1,\cdots,p_q)=\cdots=H(p_q,p_1,\cdots,p_{q-1}) \quad (2.5)$$

也就是说,概率矢量 $\boldsymbol{p}=(p_1,p_2,\cdots,p_q)$ 各分量的次序可以任意变更,熵值不变。对称性说明熵函数仅与信源的总体统计特性有关。

例如,3 个信源

$$\binom{X}{P(X)} = \binom{x_1(红) \quad x_2(黄) \quad x_3(蓝)}{1/3 \quad\quad 1/6 \quad\quad 1/2}$$

$$\binom{Y}{P(Y)} = \binom{y_1(红) \quad y_2(黄) \quad y_3(蓝)}{1/6 \quad\quad 1/2 \quad\quad 1/3}$$

$$\binom{Z}{P(Z)} = \binom{z_1(晴) \quad z_2(雾) \quad z_3(雨)}{1/3 \quad\quad 1/6 \quad\quad 1/2}$$

的信息熵都相等,因为 3 个信源的总体统计特性都相同,香农熵只抽取了信源信息输出的统计特征,而没有考虑信息的具体含义和效用。

2. 确定性

$$H(1,0)=H(1,0,0)=H(1,0,0,0)=\cdots=H(1,0,\cdots,0)=0 \quad (2.6)$$

在概率矢量 $\boldsymbol{p}=(p_1,p_2,\cdots,p_q)$ 中,只要有一个分量为 1,其他分量必为 0,它们对熵的贡献均为 0,因此熵等于 0,也就是说,确定信源的平均不确定度为 0。

3. 非负性

$$H(\boldsymbol{p})=H(p_1,p_2,\cdots,p_q)\geqslant 0 \quad (2.7)$$

对确定信源,等号成立。

信源熵是自信息的数学期望,自信息是非负值,所以信源熵必定是非负的。离散信源熵才有这种非负性,而连续信源的相对熵可能会出现负值。

4. 扩展性

$$\lim_{\varepsilon \to 0} H_{q+1}(p_1,p_2,\cdots,p_q-\varepsilon,\varepsilon)=H_q(p_1,p_2,\cdots,p_q) \quad (2.8)$$

这是因为 $\lim_{\varepsilon \to 0}\varepsilon\log\varepsilon=0$。

这个性质的含义是:增加一个基本不会出现的小概率事件,信源的熵保持不变。虽然小概率事件的出现给予收信者的信息量很大,但在熵的计算中,它占的比重很小,可以忽略不计,这也是熵的总体平均性的体现。

5. 连续性

$$\lim_{\varepsilon \to 0} H(p_1,p_2,\cdots,p_{q-1}-\varepsilon,p_q+\varepsilon)=H(p_1,p_2,\cdots,p_q) \quad (2.9)$$

即在信源概率空间中概率分量的微小波动不会引起熵的变化。

6. 递推性

$$H(p_1, p_2, \cdots, p_{n-1}, q_1, q_2, \cdots, q_m) = H(p_1, p_2, \cdots, p_n) + p_n H\left(\frac{q_1}{p_n}, \frac{q_2}{p_n}, \cdots, \frac{q_m}{p_n}\right) \quad (2.10)$$

这个性质表明，假如信源的 n 个元素的概率分布为 $(p_1, p_2, \cdots, p_n)$，其中某个元素 x_n 又被划分成 m 个元素，这 m 个元素的概率之和等于元素 x_n 的概率，这样得到的新信源的熵增加了一项，增加的一项是由于划分产生的不确定性。

【例 2.4】 利用递推性计算 $H(1/2, 1/8, 1/8, 1/8, 1/8)$。

解
$$H(1/2, 1/8, 1/8, 1/8, 1/8)$$
$$= H(1/2, 1/2) + \frac{1}{2} \times H(1/4, 1/4, 1/4, 1/4)$$
$$= 1 + \frac{1}{2} \times 2$$
$$= 2 \text{ 比特/符号}$$

7. 极值性

$$H(p_1, p_2, \cdots, p_n) \leqslant H\left(\frac{1}{n}, \frac{1}{n}, \cdots, \frac{1}{n}\right) = \log n \quad (2.11)$$

式中，n 是随机变量 X 的可能取值的个数。

极值性表明，离散信源中各消息等概率出现时熵最大，这就是**最大离散熵定理**。连续信源的最大熵还与约束条件有关。

极值性可看作

$$H(p_1, p_2, \cdots, p_n) \leqslant -\sum_{i=1}^{n} p_i \log q_i \quad (2.12)$$

的特例情况。下面先证明式(2.12)。

证明 利用 Jensen 不等式(参见附录 A.2)，有

$$H(p_1, p_2, \cdots, p_n) + \sum_{i=1}^{n} p_i \log q_i$$
$$= -\sum_{i=1}^{n} p_i \log p_i + \sum_{i=1}^{n} p_i \log q_i = \sum_{i=1}^{n} p_i \log \frac{q_i}{p_i} \leqslant \log \sum_{i=1}^{n} \left(p_i \cdot \frac{q_i}{p_i}\right) = 0$$

当 $\frac{q_i}{p_i} = 1, i = 1, 2, \cdots, n$ 时，等号成立。

证毕。

式(2.12)表明，任一随机变量的概率分布 p_i 对其他概率分布 q_i 定义的自信息 $-\log q_i$ 的数学期望，必不小于概率分布 p_i 本身定义的熵 $H(p_1, p_2, \cdots, p_n)$。

如果取 $q_i = \frac{1}{n}, i = 1, 2, \cdots, n$，由式(2.12)就得到

$$H(p_1, p_2, \cdots, p_n) \leqslant H\left(\frac{1}{n}, \frac{1}{n}, \cdots, \frac{1}{n}\right) = \log n \quad (2.13)$$

当 $p_i = \frac{1}{n}, i = 1, 2, \cdots, n$ 时，等号成立。

一个二元信源的熵函数如图 2.2 所示，当信源输

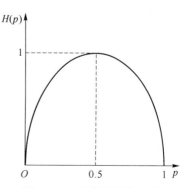

图 2.2 二元信源的熵函数

出的消息等概分布时,信源熵达到最大值——1比特/符号。因此,当二元数字是由等概的二元信源输出时,每个二元数字提供1 bit的信息量,否则每个二元数字提供的信息量小于1 bit。这就是信息量的单位比特和计算机术语中位的单位比特的关系。

8. 上凸性

$H(\boldsymbol{p})$是严格的上凸函数,设 $\boldsymbol{p}=(p_1,p_2,\cdots,p_q)$,$\boldsymbol{p}'=(p'_1,p'_2,\cdots,p'_q)$, $\sum_{i=1}^{q}p_i=1$, $\sum_{i=1}^{q}p'_i=1$,则对于任意小于1的正数α,$0<\alpha<1$,以下不等式成立:

$$H[\alpha\boldsymbol{p}+(1-\alpha)\boldsymbol{p}']>\alpha H(\boldsymbol{p})+(1-\alpha)H(\boldsymbol{p}') \tag{2.14}$$

证明 因为$0\leqslant p_i\leqslant 1$, $0\leqslant p'_i\leqslant 1$,且$0<\alpha<1$,所以$0\leqslant \alpha p_i+(1-\alpha)p'_i\leqslant 1$,并且 $\sum_{i=1}^{q}[\alpha p_i+(1-\alpha)p'_i]=1$。因此,$\alpha\boldsymbol{p}+(1-\alpha)\boldsymbol{p}'$可以看作一种新的概率分布。

$$\begin{aligned}
H[\alpha\boldsymbol{p}+(1-\alpha)\boldsymbol{p}'] &= -\sum_{i=1}^{q}[\alpha p_i+(1-\alpha)p'_i]\log[\alpha p_i+(1-\alpha)p'_i]\\
&= -\alpha\sum_{i=1}^{q}p_i\log[\alpha p_i+(1-\alpha)p'_i]-(1-\alpha)\sum_{i=1}^{q}p'_i\log[\alpha p_i+(1-\alpha)p'_i]\\
&\geqslant -\alpha\sum_{i=1}^{q}p_i\log p_i-(1-\alpha)\sum_{i=1}^{q}p'_i\log p'_i\\
&\geqslant \alpha H(\boldsymbol{p})+(1-\alpha)H(\boldsymbol{p}')
\end{aligned}$$

当$\boldsymbol{p}\neq\boldsymbol{p}'$时,有$\frac{\alpha p_i+(1-\alpha)p'_i}{p_i}\neq 1$,式(2.12)中的等号不成立,所以

$$H[\alpha\boldsymbol{p}+(1-\alpha)\boldsymbol{p}']>\alpha H(\boldsymbol{p})+(1-\alpha)H(\boldsymbol{p}') \tag{2.15}$$

成立。

证毕。

上凸函数在定义域内的极值必为极大值,可以利用熵函数的这个性质证明熵函数的极值性。请读者自行证明。

直观来看,随机变量的不确定性并不都是一样的。例如,抛掷一枚均匀硬币所得到的信息量会比抛掷一枚偏畸硬币所得到的信息量大;投掷一个均匀骰子的实验比抛掷一枚均匀硬币的实验所得到的信息量大。怎么度量这种不确定性呢?香农指出,存在这样的不确定性的度量,它是随机变量的概率分布的函数,而且必须满足以下3个公理化条件。

(1) 连续性条件:$f(p_1,p_2,\cdots,p_n)$应是p_i, $i=1,2,\cdots,n$的连续函数。

(2) 等概率时为单调函数:$f(1/n,1/n,\cdots,1/n)$应是n的增函数。

(3) 递增性条件:当随机变量的取值不是通过一次实验而是若干次实验才得到时,随机变量在各次实验中的不确定性应该可加,且其和始终与通过一次实验取得的不确定性相同,即

$$\begin{aligned}
&f(p_1,p_2,\cdots,p_n)\\
&=f[(p_1+p_2+\cdots+p_k),p_{k+1},\cdots,p_n]+(p_1+p_2+\cdots+p_k)f(p'_1,p'_2,\cdots,p'_k)
\end{aligned}$$

其中,$p'_k=p_k/(p_1+p_2+\cdots+p_k)$。

香农根据这3个公理化条件于1948年最先提出了熵的概念,他当时并没有像我们现在这样把熵看作自信息的平均值。后来,范恩斯坦(Feinstein)等人从数学上严格地证明了当满足上述条件时,信息熵的表达形式是唯一的。

2.2.3 联合熵与条件熵

一个随机变量的不确定性可以用熵来表示,这一概念可以方便地推广到多个随机变量。

定义 2.4 二维随机变量 XY 的概率空间表示为

$$\binom{XY}{P(XY)} = \begin{pmatrix} x_1 y_1 & \cdots & x_i y_j & \cdots & x_n y_m \\ p(x_1 y_1) & \cdots & p(x_i y_j) & \cdots & p(x_n y_m) \end{pmatrix}$$

其中,$p(x_i y_j)$ 满足概率空间的非负性和完备性,即 $0 \leqslant p(x_i y_j) \leqslant 1$,$\sum_{i=1}^{n} \sum_{j=1}^{m} p(x_i y_j) = 1$。

二维随机变量 XY 的**联合熵**定义为联合自信息的数学期望,它是二维随机变量 XY 的不确定性的度量。

$$H(XY) = \sum_{i=1}^{n} \sum_{j=1}^{m} p(x_i y_j) I(x_i y_j) = -\sum_{i=1}^{n} \sum_{j=1}^{m} p(x_i y_j) \log p(x_i y_j) \tag{2.16}$$

考虑在给定 $X = x_i$ 的条件下,随机变量 Y 的不确定性为

$$H(Y|x_i) = -\sum_{j} p(y_j|x_i) \log p(y_j|x_i) \tag{2.17}$$

对于不同的 x_i,$H(Y|x_i)$ 是变化的,对 $H(Y|x_i)$ 的所有可能值进行统计平均,就得出给定 X 时,Y 的**条件熵** $H(Y|X)$。

定义 2.5
$$\begin{aligned} H(Y|X) &= \sum_{i} p(x_i) H(Y|x_i) \\ &= -\sum_{i} \sum_{j} p(x_i) p(y_j|x_i) \log p(y_j|x_i) \\ &= -\sum_{i} \sum_{j} p(x_i y_j) \log p(y_j|x_i) \end{aligned} \tag{2.18}$$

其中,$H(Y|X)$ 表示已知 X 时,Y 的平均不确定性。

同理

$$H(X|Y) = -\sum_{i} \sum_{j} p(x_i y_j) \log p(x_i|y_j) \tag{2.19}$$

各类熵之间的关系如下。

(1) 联合熵与信息熵、条件熵的关系为

$$H(XY) = H(X) + H(Y|X) \tag{2.20}$$

证明
$$\begin{aligned} H(XY) &= -\sum_{i=1}^{n} \sum_{y=j}^{m} p(x_i y_j) \log p(x_i y_j) \\ &= -\sum_{i=1}^{n} \sum_{j=1}^{m} p(x_i y_j) \log [p(x_i) p(y_j|x_i)] \\ &= -\sum_{i=1}^{n} \sum_{j=1}^{m} p(x_i y_j) \log p(x_i) - \sum_{i=1}^{n} \sum_{j=1}^{m} p(x_i y_j) \log p(y_j|x_i) \\ &= -\sum_{i=1}^{n} \left[\sum_{j=1}^{m} p(x_i y_j) \right] \log p(x_i) - \sum_{i=1}^{n} \sum_{j=1}^{m} p(x_i) p(y_j|x_i) \log p(y_j|x_i) \\ &= -\sum_{i=1}^{n} p(x_i) \log p(x_i) - \sum_{i=1}^{n} p(x_i) \sum_{j=1}^{m} p(y_j|x_i) \log p(y_j|x_i) \\ &= H(X) + \sum_{i=1}^{n} p(x_i) H(Y|x_i) \\ &= H(X) + H(Y|X) \end{aligned}$$

上述证明还可以更简洁地表示成

$$H(XY) = E\left[\log \frac{1}{p(x\,y)}\right]$$
$$= E\left[\log \frac{1}{p(x)p(y|x)}\right]$$
$$= E\left[\log \frac{1}{p(x)} + \log \frac{1}{p(y|x)}\right]$$
$$= E\left[\log \frac{1}{p(x)}\right] + E\left[\log \frac{1}{p(y|x)}\right]$$
$$= H(X) + H(Y|X)$$

即两个随机变量 X 和 Y 的联合熵等于 X 的熵加上在 X 已知条件下 Y 的条件熵。这个关系可以方便地推广到 N 个随机变量的情况，即

$$H(X_1 X_2 \cdots X_N) = H(X_1) + H(X_2|X_1) + \cdots + H(X_N|X_1 X_2 \cdots X_{N-1}) \tag{2.21}$$

称为**熵函数的链规则**。

证毕。

推论 当二维随机变量 X 和 Y 相互独立时，联合熵等于 X 和 Y 各自的熵之和。

$$H(XY) = H(X) + H(Y) \tag{2.22}$$

证明 因为随机变量 X 和 Y 相互独立，所以有

$$p(x_i y_j) = p(x_i) p(y_j)$$
$$H(XY) = E[-\log p(xy)]$$
$$= E[-\log (p(x)p(y))]$$
$$= E[-(\log p(x) + \log p(y))]$$
$$= E[-\log p(x)] + E[-\log p(y)]$$
$$= H(X) + H(Y)$$

证毕。

如果 N 个随机变量 $X_1, X_2, \cdots, X_N$ 相互独立，则有

$$H(X_1 X_2 \cdots X_N) = \sum_{i=1}^{N} H(X_i) \tag{2.23}$$

(2) 条件熵与信息熵的关系为

$$H(X|Y) \leqslant H(X) \tag{2.24}$$
$$H(Y|X) \leqslant H(Y) \tag{2.25}$$

证明 先利用式(2.12)证明式(2.24)。

$$-\sum_i \sum_j p(x_i y_j) \log p(x_i|y_j)$$
$$= -\sum_i \sum_j p(y_j) p(x_i|y_j) \log p(x_i|y_j)$$
$$= -\sum_j p(y_j) \sum_i p(x_i|y_j) \log p(x_i|y_j)$$
$$\leqslant -\sum_j p(y_j) \sum_i p(x_i|y_j) \log p(x_i)$$
$$= -\sum_i \sum_j p(x_i y_j) p \log p(x_i)$$
$$= -\sum_i p(x_i) \log p(x_i) = H(X)$$

第 2 章 信息的度量

当 $p(x_i|y_j)=p(x_i)$ 时等号成立。

类似地,可以证明 $H(Y|X) \leqslant H(Y)$。

证毕。

(3) 联合熵和信息熵的关系是

$$H(XY) \leqslant H(X)+H(Y) \tag{2.26}$$

当 X 和 Y 相互独立时等号成立。

证明 $H(XY)=H(X)+H(Y|X) \leqslant H(X)+H(Y)$

当 X 和 Y 相互独立时等号成立。

推广到 N 个随机变量的情况:

$$H(X_1 X_2 \cdots X_N) \leqslant H(X_1)+H(X_2)+\cdots+H(X_N) \tag{2.27}$$

当 $X_1,X_2,\cdots,X_N$ 相互独立时,等号成立。

证毕。

【例 2.5】 随机变量 X 和 Y 的联合概率分布如表 2.1 所示,求联合熵 $H(XY)$ 和条件熵 $H(Y|X)$。

解
$$H(XY)=\frac{1}{4}\log\frac{1}{1/4}+\frac{1}{4}\log\frac{1}{1/4}+\frac{1}{2}\log\frac{1}{1/2}$$
$$=\frac{2}{4}\log 4+\frac{1}{2}\log 2$$
$$=\frac{2}{4}\times 2+\frac{1}{2}\times 1$$
$$=\frac{3}{2} \text{ 比特/联合符号}$$

由联合概率分布得到 X 的边沿概率分布 $P_r\{X=0\}=\frac{1}{2}$,$P_r\{X=1\}=\frac{1}{2}$ 和条件概率分布 $P(y_j|x_i)$ (如表 2.2 所示),得到 $H(Y|X=0)=1$,$H(Y|X=1)=0$ 和 $H(Y|X)=\frac{1}{2}\times 1+\frac{1}{2}\times 0=\frac{1}{2}$。

注意,$H(Y)=H(1/4)=0.8113>1/2=H(Y|X)$。

表 2.1 X 和 Y 的联合概率分布 $P(XY)$

X	Y		$p(x_i)$
	0	1	
0	$\frac{1}{4}$	$\frac{1}{4}$	$\frac{1}{2}$
1	$\frac{1}{2}$	0	$\frac{1}{2}$
$p(y_j)$	$\frac{3}{4}$	$\frac{1}{4}$	1

表 2.2 条件概率分布 $P(Y|X)$

X	Y	
	0	1
0	$\frac{1}{2}$	$\frac{1}{2}$
1	1	0

2.3 平均互信息

2.3.1 平均互信息的概念

互信息 $I(x_i;y_j)$ 表示某一事件 y_j 所给出的关于另一个事件 x_i 的信息,它随 x_i 和 y_j 的变化而变化,为了从整体上表示从一个随机变量 Y 所给出的关于另一个随机变量 X 的信息量,定义互信息 $I(x_i;y_j)$ 在 XY 的联合概率空间中的统计平均值为随机变量 X 和 Y 间的**平均互信息**。

定义 2.6
$$\begin{aligned} I(X;Y) &= \sum_{i=1}^{n}\sum_{j=1}^{m} p(x_i y_j) I(x_i;y_j) \\ &= \sum_{i=1}^{n}\sum_{j=1}^{m} p(x_i y_j) \log \frac{p(x_i|y_j)}{p(x_i)} \\ &= \sum_{i=1}^{n}\sum_{j=1}^{m} p(x_i y_j) \log \frac{1}{p(x_i)} - \sum_{i=1}^{n}\sum_{j=1}^{m} p(x_i y_j) \log \frac{1}{p(x_i|y_j)} \\ &= H(X) - H(X|Y) \end{aligned} \tag{2.28}$$

条件熵 $H(X|Y)$ 表示给定随机变量 Y 后,对随机变量 X 仍然存在的不确定性。所以,Y 关于 X 的平均互信息是收到 Y 前后关于 X 的不确定性的减少量,也就是从 Y 所获得的关于 X 的平均信息量。

【例 2.6】 掷骰子,若结果是 1、2、3 或 4,则抛一次硬币;若结果是 5 或者 6,则抛两次硬币,试计算从抛硬币的结果可以得到多少掷骰子的信息。

解 本题的题意是根据抛硬币出现正面的次数 Y 来获得关于掷骰子的结果 X 的信息(两种结果)。

设掷骰子结果是 1、2、3、4 的事件为 $X=0$,结果是 5、6 的事件为 $X=1$,随机变量 $Y=0$ 表示抛硬币出现 0 次正面,$Y=1$ 表示出现 1 次正面,$Y=2$ 表示出现 2 次正面。

随机变量 X 的概率空间为

$$\binom{X}{P} = \begin{pmatrix} 0 & 1 \\ \frac{2}{3} & \frac{1}{3} \end{pmatrix}$$

条件概率矩阵为

$$\boldsymbol{P}_{Y|X} = \begin{pmatrix} \frac{1}{2} & \frac{1}{2} & 0 \\ \frac{1}{4} & \frac{1}{2} & \frac{1}{4} \end{pmatrix}$$

Y 的概率分布为

$$\boldsymbol{P}_Y = \boldsymbol{P}_X \boldsymbol{P}_{Y|X} = \begin{pmatrix} \frac{2}{3} & \frac{1}{3} \end{pmatrix} \begin{pmatrix} \frac{1}{2} & \frac{1}{2} & 0 \\ \frac{1}{4} & \frac{1}{2} & \frac{1}{4} \end{pmatrix} = \begin{pmatrix} \frac{5}{12} & \frac{1}{2} & \frac{1}{12} \end{pmatrix}$$

所以 Y 的信息熵为

$$\begin{aligned} H(Y) &= p_Y(0) \log \frac{1}{p_Y(0)} + p_Y(1) \log \frac{1}{p_Y(1)} + p_Y(2) \log \frac{1}{p_Y(2)} \\ &= \frac{5}{12} \log \frac{12}{5} + \frac{1}{2} \log 2 + \frac{1}{12} \log 12 \\ &= 1.325 \text{ 比特 / 符号} \end{aligned}$$

又可以根据 X 的概率分布和条件概率分布 $\boldsymbol{P}_{Y|X}$ 求出

$$H(Y|X) = \frac{2}{3}\left(\frac{1}{2}\log 2 + \frac{1}{2}\log 2\right) + \frac{1}{3}\left(\frac{1}{4}\log 4 + \frac{1}{2}\log 2 + \frac{1}{4}\log 4\right)$$
$$= 1.166 \text{ 比特/符号}$$

所以
$$I(X;Y) = H(Y) - H(Y|X) = 1.325 - 1.166 = 0.159 \text{ 比特/符号}$$

即从抛硬币出现正面的次数平均得到关于掷骰子结果的信息量为 0.159 比特/符号。

2.3.2 平均互信息的性质

1. 非负性

$$I(X;Y) \geqslant 0 \tag{2.29}$$

证明

$$-I(X;Y) = \sum_{i=1}^{n}\sum_{j=1}^{m} p(x_i y_j) \log \frac{p(x_i)p(y_j)}{p(x_i y_j)}$$
$$\leqslant \log \sum_{i=1}^{n}\sum_{j=1}^{m} p(x_i y_j) \frac{p(x_i)p(y_j)}{p(x_i y_j)}$$
$$= \log \sum_{i=1}^{n}\sum_{j=1}^{m} p(x_i)p(y_j) = 0$$

所以
$$I(X;Y) \geqslant 0$$

证毕。

平均互信息是非负的,说明给定随机变量 Y 后,一般来说总能消除一部分关于 X 的不确定性。

2. 互易性(对称性)

$$I(X;Y) = I(Y;X) \tag{2.30}$$

证明

$$I(X;Y) = \sum_{i=1}^{n}\sum_{j=1}^{m} p(x_i y_j) \log \frac{p(x_i|y_j)}{p(x_i)}$$
$$= \sum_{i=1}^{n}\sum_{j=1}^{m} p(x_i y_j) \log \frac{p(x_i y_j)}{p(x_i)p(y_j)}$$
$$= \sum_{i=1}^{n}\sum_{j=1}^{m} p(x_i y_j) \log \frac{p(y_j|x_i)}{p(y_j)}$$
$$= I(Y;X)$$

证毕。

对称性表示从 Y 中获得关于 X 的信息量等于从 X 中获得关于 Y 的信息量。

3. 平均互信息和各类熵的关系

平均互信息和各类熵的关系如图 2.3 所示,即

$$I(X;Y) = H(X) - H(X|Y)$$
$$= H(Y) - H(Y|X)$$
$$= H(X) + H(Y) - H(XY) \tag{2.31}$$

当 X 和 Y 统计独立时,$I(X;Y) = 0$。

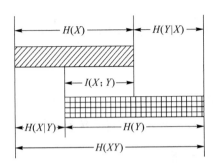

图 2.3 平均互信息和各类熵之间的关系

4. 极值性

$$I(X;Y) \leqslant H(X) \tag{2.32}$$

$$I(X;Y) \leqslant H(Y) \tag{2.33}$$

由于 $I(X;Y)=H(X)-H(X|Y)=H(Y)-H(Y|X)$，而条件熵 $H(X|Y)$、$H(Y|X)$ 是非负的(请读者自己证明)，所以可得到 $I(X;Y) \leqslant H(X)$，$I(X;Y) \leqslant H(Y)$。极值性说明从一个事件获得的关于另一个事件的信息量至多只能是另一个事件的平均自信息量，不会超过另一事件本身所含的信息量。最好的情况是通信后 $I(X;Y)=H(X)=H(Y)$，最坏的情况是当 X 和 Y 相互独立时，从一个事件不能得到另一个事件的任何信息，即 $I(X;Y)=0$，等效于通信中断。

5. 凸函数性

定理 2.1 当条件概率分布 $\{p(y_j|x_i)\}$ 给定时，平均互信息 $I(X;Y)$ 是输入分布 $\{p(x_i)\}$ 的上凸函数。

证明 设给定条件概率分布 $\{p(y_j|x_i)\}$，$p_1(x_i)$ 和 $p_2(x_i)$ 为信源的两种不同的概率分布，相应的平均互信息记为 $I[p_1(x_i)]$ 和 $I[p_2(x_i)]$，再选择信源符号集的另一种概率分布 $\{p(x_i)\}$，且令

$$p(x_i) = \theta p_1(x_i) + (1-\theta) p_2(x_i) \tag{2.34}$$

其中，$0<\theta<1$，相应的平均互信息记为 $I[p(x_i)]$，根据上凸函数的定义，需要证明：

$$I[p(x_i)] \geqslant \theta I[p_1(x_i)] + (1-\theta) I[p_2(x_i)] \tag{2.35}$$

根据平均互信息的定义，有

$$\theta I[p_1(x_i)] + (1-\theta) I[p_2(x_i)] - I[p(x_i)]$$

$$= \theta \sum_{i,j} p_1(x_i) p(y_j|x_i) \log \frac{p(y_j|x_i)}{p_1(y_j)} + (1-\theta) \sum_{i,j} p_2(x_i) p(y_j|x_i) \log \frac{p(y_j|x_i)}{p_2(y_j)} -$$

$$\sum_{i,j} p(x_i) p(y_j|x_i) \log \frac{p(y_j|x_i)}{p(y_j)}$$

$$= \theta \sum_{i,j} p_1(x_i) p(y_j|x_i) \log \frac{p(y_j|x_i)}{p_1(y_j)} + (1-\theta) \sum_{i,j} p_2(x_i) p(y_j|x_i) \log \frac{p(y_j|x_i)}{p_2(y_j)} -$$

$$\theta \sum_{i,j} p_1(x_i) p(y_j|x_i) \log \frac{p(y_j|x_i)}{p(y_j)} - (1-\theta) \sum_{i,j} p_2(x_i) p(y_j|x_i) \log \frac{p(y_j|x_i)}{p(y_j)}$$

(将式(2.34)代入)

$$= \theta \sum_{i,j} p_1(x_i) p(y_j|x_i) \log \frac{p(y_j)}{p_1(y_j)} + (1-\theta) \sum_{i,j} p_2(x_i) p(y_j|x_i) \log \frac{p(y_j)}{p_2(y_j)} \quad \text{(合并同类项)}$$

$$\leqslant \theta \log \sum_{i,j} p_1(x_i) p(y_j|x_i) \frac{p(y_j)}{p_1(y_j)} + (1-\theta) \log \sum_{i,j} p_2(x_i) p(y_j|x_i) \frac{p(y_j)}{p_2(y_j)}$$

（Jensen 不等式）

$$= \theta \log \sum_{j} \frac{p(y_j)}{p_1(y_j)} \sum_{i} p_1(x_i y_j) + (1-\theta) \log \sum_{j} \frac{p(y_j)}{p_2(y_j)} \sum_{i} p_2(x_i y_j)$$

$$= \theta \log 1 + (1-\theta) \log 1$$

$$= 0$$

所以，式(2.35)成立。以上证明中应用了

$$p_1(x_i) p(y_j|x_i) = p_1(x_i y_j)$$

$$p_2(x_i) p(y_j|x_i) = p_2(x_i y_j)$$

$$\sum_{i} p_1(x_i y_j) = p_1(y_j)$$

$$\sum_{j} \frac{p(y_j)}{p_1(y_j)} p_1(y_j) = 1$$

$$\sum_{i} p_2(x_i y_j) = p_2(y_j)$$

$$\sum_{j} \frac{p(y_j)}{p_2(y_j)} p_2(y_j) = 1$$

的概率关系。

证毕。

由上凸函数的定义可知，当条件概率分布 $\{p(y_j|x_i)\}$ 给定时，平均互信息 $I(X;Y)$ 是输入分布 $\{p(x_i)\}$ 的上凸函数。如果把条件概率分布 $\{p(y_j|x_i)\}$ 看作信道的转移概率分布，那么存在一个最佳信道输入分布 $\{p(x_i)\}$ 使 $I(X;Y)$ 的值最大。

定理 2.2 对于固定的输入分布 $\{p(x_i)\}$，平均互信息量 $I(X;Y)$ 是条件概率分布 $\{p(y_j|x_i)\}$ 的下凸函数。

证明 设固定的信源分布为 $\{p(x_i)\}$，$\{p_1(y_j|x_i)\}$ 和 $\{p_2(y_j|x_i)\}$ 为信道的两种不同的转移概率分布，相应的平均互信息记为 $I[p_1(y_j|x_i)]$ 和 $I[p_2(y_j|x_i)]$，再选择信道的另一种转移概率分布 $\{p(y_j|x_i)\}$，且令

$$p(y_j|x_i) = \theta p_1(y_j|x_i) + (1-\theta) p_2(y_j|x_i) \tag{2.36}$$

其中，$0<\theta<1$，相应的平均互信息记为 $I[p(y_j|x_i)]$，根据下凸函数的定义，需要证明

$$\theta I[p_1(y_j|x_i)] + (1-\theta) I[p_2(y_j|x_i)] \geqslant I[p(y_j|x_i)] \tag{2.37}$$

根据平均互信息的定义，有

$$I[p(y_j|x_i)] - \theta I[p_1(y_j|x_i)] - (1-\theta) I[p_2(y_j|x_i)]$$

$$= \sum_{i,j} p(x_i) p(y_j|x_i) \log \frac{p(x_i|y_j)}{p(x_i)} - \theta \sum_{i,j} p(x_i) p_1(y_j|x_i) \log \frac{p_1(x_i|y_j)}{p(x_i)} -$$

$$(1-\theta) \sum_{i,j} p(x_i) p_2(y_j|x_i) \log \frac{p_2(x_i|y_j)}{p(x_i)}$$

$$= \theta \sum_{i,j} p(x_i) p_1(y_j|x_i) \log \frac{p(x_i|y_j)}{p(x_i)} + (1-\theta) \sum_{i,j} p(x_i) p_2(y_j|x_i) \log \frac{p(x_i|y_j)}{p(x_i)} -$$

$$\theta \sum_{i,j} p(x_i) p_1(y_j|x_i) \log \frac{p_1(x_i|y_j)}{p(x_i)} - (1-\theta) \sum_{i,j} p(x_i) p_2(y_j|x_i) \log \frac{p_2(x_i|y_j)}{p(x_i)}$$

(将式(2.36)代入)

$$= \theta \sum_{i,j} p(x_i) p_1(y_j|x_i) \log \frac{p(x_i|y_j)}{p_1(x_i|y_j)} + (1-\theta) \sum_{i,j} p(x_i) p_2(y_j|x_i) \log \frac{p(x_i|y_j)}{p_2(x_i|y_j)}$$

(合并同类项)

$$\leqslant \theta \log \sum_{i,j} p(x_i) p_1(y_j|x_i) \frac{p(x_i|y_j)}{p_1(x_i|y_j)} + (1-\theta) \log \sum_{i,j} p(x_i) p_2(y_j|x_i) \frac{p(x_i|y_j)}{p_2(x_i|y_j)}$$

(Jensen 不等式)

$$= \theta \log \sum_j p(y_j) \sum_i p(x_i|y_j) + (1-\theta) \log \sum_j p(y_j) \sum_i p(x_i|y_j)$$

$$= \theta \log 1 + (1-\theta) \log 1$$

$$= 0$$

所以,式(2.37)成立。以上证明中应用了

$$p(x_i) p_1(y_j|x_i) = p_1(x_i y_j) = p_1(x_i|y_j) p(y_j)$$

$$p(x_i) p_2(y_j|x_i) = p_2(x_i y_j) = p_2(x_i|y_j) p(y_j)$$

$$\sum_i p(x_i|y_j) = 1$$

$$\sum_j p(y_j) = 1$$

的概率关系。

证毕。

因此,由下凸函数的定义可知,在给定输入分布的情况下,平均互信息量 $I(X;Y)$ 是条件概率分布$\{p(y_j|x_i)\}$的下凸函数。如果把条件概率分布$\{p(y_j|x_i)\}$看作信道的转移概率分布,那么对于给定的输入分布,必存在一种最差的信道,此信道的干扰(噪声)最大,收信者获得的信息量最小。在第7章讨论信息率失真函数时会用到这个定理。

2.3.3 数据处理定理

为了描述数据处理定理,需要引入三元随机变量 X、Y、Z 的平均条件互信息和平均联合互信息的概念。

定义 2.7 平均条件互信息

$$I(X;Y|Z) = E[I(x;y|z)] = \sum_x \sum_y \sum_z p(xyz) \log \frac{p(x|yz)}{p(x|z)} \tag{2.38}$$

它表示随机变量 Z 给定后,从随机变量 Y 所得到的关于随机变量 X 的信息量。

定义 2.8 平均联合互信息

$$I(X;YZ) = E[I(x;yz)] = \sum_x \sum_y \sum_z p(xyz) \log \frac{p(x|yz)}{p(x)} \tag{2.39}$$

它表示从二维随机变量 YZ 所得到的关于随机变量 X 的信息量。

可以证明

$$I(X;YZ) = \sum_x \sum_y \sum_z p(xyz) \log \frac{p(x|z) p(x|yz)}{p(x) p(x|z)}$$

$$= I(X;Z) + I(X;Y|Z) \tag{2.40}$$

同理
$$I(X;YZ) = I(X;Y) + I(X;Z|Y) \tag{2.41}$$

定理 2.3(数据处理定理) 如果随机变量 X、Y、Z 构成一个马尔可夫链,则以下关系成立:
$$I(X;Z) \leqslant I(X;Y) \tag{2.42}$$
$$I(X;Z) \leqslant I(Y;Z) \tag{2.43}$$

等号成立的条件是对于任意的 x、y、z,有 $p(x|yz) = p(x|z)$ 和 $p(z|xy) = p(z|x)$。

证明 当 X、Y、Z 构成一个马尔可夫链时,Y 值给定后,X 和 Z 可以认为是互相独立的。所以
$$I(X;Z|Y) = 0$$
又因为 $I(X;YZ) = I(X;Y) + I(X;Z|Y) = I(X;Z) + I(X;Y|Z)$,并且 $I(X;Y|Z) \geqslant 0$,所以 $I(X;Z) \leqslant I(X;Y)$。

当 $p(x|yz) = p(x|z)$ 时,Z 值给定后,X 和 Y 相互独立,所以
$$I(X;Y|Z) = 0$$
因此
$$I(X;Z) = I(X;Y)$$
这时 $p(x|yz) = p(x|z) = p(x|y)$。$Y$ 和 Z 为确定关系时显然满足该条件。

同理可以证明 $I(X;Z) \leqslant I(Y;Z)$,并且当 $p(z|xy) = p(z|x)$ 时,等号成立。

证毕。

$I(X;Z) \leqslant I(X;Y)$ 表明从 Z 所得到的关于 X 的信息量小于等于从 Y 所得到的关于 X 的信息量。如果把 $Y \rightarrow Z$ 看作数据处理系统,那么通过数据处理后,虽然可以满足我们的某种具体要求,但是从信息量来看,处理后会损失一部分信息,最多保持原有的信息,也就是说,对接收到的数据 Y 进行处理后,绝不会减少关于 X 的不确定性。这个定理称为数据处理定理。数据处理定理与日常生活中的经验是一致的。例如,通过别人转述一段话或多或少会有一些失真,通过书本得到的间接经验总不如直接经验来得翔实。

数据处理定理再一次说明,在任何信息传输系统中,最后获得的信息至多是信源所提供的信息,一旦在某一过程中丢失一些信息,不管以后的系统如何处理,如不触及丢失信息的输入端,就不能恢复已丢失的信息,这就是信息不增性原理,它与热熵不减原理正好对应,反映了信息的物理意义。

习 题 2

2.1 同时掷两个骰子,事件 A、B、C 分别表示:仅有一个骰子是 3;至少有一个骰子是 4;骰子上点数的和为偶数。试计算事件 A、B、C 发生后所提供的信息量。

2.2 设有 n 个球,每个球都以同样的概率 $1/N$ 落入 N 个格子($N \geqslant n$)的每一个格子中。假定:事件 A 为某指定的 n 个格子中各落入一个球;事件 B 为在任何 n 个格子中各落入一个球。试计算事件 A、B 发生后所提供的信息量。

2.3 设信源有 4 种输出符号 x_i,$i = 0, 1, 2, 3$,且 $p(x_i) = 1/4$。设信源向信宿发出 x_3,但由于传输中的干扰,收信者收到 x_3 后,认为其可信度为 0.9。于是信源再次向信宿发送

该符号(x_3),信宿无误收到。信源在两次发送中发出的信息量各是多少?信宿在两次接收中得到的信息量各是多少?

2.4 用递推性计算熵函数 $H(1/3,1/3,1/6,1/6)$ 的值。

2.5 设信源有 6 种输出状态,概率分别为 $p(A)=0.5$,$p(B)=0.25$,$p(C)=0.125$,$p(D)=p(E)=0.05$,$p(F)=0.025$。试计算 $H(X)$。求消息 $ABABBA$ 和 $FDDFDF$ 的信息量(设信源先后发出的符号相互独立),并将之与长度为 6 的消息序列的信息量期望值进行比较。

2.6 中国国家标准局所规定的二级汉字共 6 763 个。设每个汉字的使用频度相等,求一个汉字所含的信息量。设每个汉字用一个 16×16 的二元点阵显示,试计算显示方阵所能表示的最大信息量。显示方阵的利用率是多少?

2.7 已知信源发出 a_1 和 a_2 两个消息,且 $p(a_1)=p(a_2)=\dfrac{1}{2}$。这两个消息在二进制对称信道上传输,信道传输特性为 $p(b_1|a_1)=p(b_2|a_2)=1-\varepsilon$,$p(b_1|a_2)=p(b_2|a_1)=\varepsilon$。求互信息量 $I(a_1;b_1)$ 和 $I(a_1;b_2)$。

2.8 已知二维随机变量 XY 的联合概率分布 $p(x_i y_j)$ 为 $p(0,0)=p(1,1)=1/8$,$p(0,1)=p(1,0)=3/8$,求 $H(X|Y)$。

2.9 X 和 Y 是在 $\{0,1,2,3\}$ 上独立、均匀分布的随机变量,求:

(1) $H(X+Y)$、$H(X-Y)$、$H(X \cdot Y)$;

(2) $H(X+Y,X-Y)$、$H(X+Y,X \cdot Y)$。

2.10 在棒球比赛中大卫和麦克在前面的比赛中打平,最后 3 场与其他选手的比赛结果将最终决定他们的胜、负或平。

(1) 假定最后 3 场他们与其他选手比赛结果胜负的可能性均为 0.5,把麦克的最终比赛结果{胜、负、平}作为随机变量,计算它的熵;

(2) 假定大卫最后 3 场比赛全部获胜,计算麦克的最终比赛结果的条件熵。

2.11 X、Y、Z 为 3 个随机变量,请证明以下不等式成立并指出等号成立的条件:

(1) $H(XY|Z) \geqslant H(X|Z)$;

(2) $I(XY;Z) \geqslant I(X;Z)$;

(3) $H(XYZ)-H(XY) \leqslant H(XZ)-H(X)$;

(4) $I(X;Z|Y) \geqslant I(Z;Y|X)-I(Z;Y)+I(X;Z)$。

2.12 找出一个概率分布 $\{p_1,p_2,\cdots,p_5\}$,并且 $p_i>0$,使得 $H(p_1,p_2,\cdots,p_5)=2$。

2.13 有两个二元随机变量 X 和 Y,它们的联合概率分布如题表 2.1 所示,同时定义另一随机变量 $Z=X \cdot Y$(一般乘积)。试计算:

(1) 熵 $H(X)$、$H(Y)$、$H(Z)$、$H(XZ)$、$H(YZ)$ 和 $H(XYZ)$;

(2) 条件熵 $H(X|Y)$、$H(Y|X)$、$H(X|Z)$、$H(Z|X)$、$H(Y|Z)$、$H(Z|Y)$、$H(X|YZ)$、$H(Y|XZ)$ 和 $H(Z|XY)$;

(3) 互信息 $I(X;Y)$、$I(X;Z)$、$I(Y;Z)$、$I(X;Y|Z)$、$I(Y;Z|X)$ 和 $I(X;Z|Y)$。

2.14 假定 $X_1 \to X_2 \to X_3 \to \cdots \to X_n$ 形成一个马尔可夫链,那么 $p(x_1 x_2 \cdots x_n)=p(x_1) p(x_2|x_1) \cdots p(x_n|x_{n-1})$,请化简 $I(X_1;X_2 \cdots X_n)$。

2.15 X 和 Y 的联合概率分布如题表 2.2 所示。求：

(1) $H(X)$、$H(Y)$；

(2) $H(X|Y)$、$H(Y|X)$；

(3) $H(XY)$；

(4) $H(Y)-H(Y|X)$；

(5) $I(X;Y)$。

题表 2.1

X	Y	
	0	1
0	$\frac{1}{8}$	$\frac{3}{8}$
1	$\frac{3}{8}$	$\frac{1}{8}$

题表 2.2

X	Y	
	0	1
0	$\frac{1}{3}$	$\frac{1}{3}$
1	0	$\frac{1}{3}$

2.16 (1) 假定 X 是一个离散随机变量，$g(X)$ 是 X 的函数，证明：$H[g(X)] \leqslant H(X)$。

(2) 假定 X 是一个定义在 $\{0,1,2,3,4\}$ 上等概分布的离散随机变量，$g(X)=\cos\frac{\pi X}{2}$，$f(X)=x^2$，比较它们的熵的大小。

2.17 考虑两个发射机和一个接收机之间的平均联合互信息 $I(X_1X_2;Y)$，证明：

(1) $I(X_1X_2;Y) \geqslant I(X_1;Y)$，也就是用两台发射机比用一台发射机的效果好；

(2) 如果 X_1 和 X_2 相互独立，那么 $I(X_2;Y|X_1) \geqslant I(X_2;Y)$；

(3) 如果 X_1 和 X_2 相互独立，那么 $I(X_1X_2;Y) \geqslant I(X_1;Y)+I(X_2;Y)$，也就是说，同时用两台发射机比单独用两台发射机的效果好。

2.18 在一个布袋中有 3 枚硬币，分别用 H、T、F 表示，H 的两面都是正面，T 的两面都是反面，而 F 是一个一正一反的均匀硬币。随机选择一枚硬币并投掷两次，用 X 表示所选择的硬币，Y_1 和 Y_2 表示两次投掷的结果，Z 表示两次投掷出现正面的次数。求：

(1) $I(X;Y_1)$；

(2) $I(X;Z)$；

(3) $I(Y_1;Y_2)$。

2.19 猜宝游戏。在 3 扇门中有一扇门后藏有一袋金子，并且 3 扇门后面藏有金子的可能性相同。如果有人随机打开一扇门并告诉你门后是否藏有金子，他给了你多少关于金子位置的信息？

2.20 一个年轻人研究了当地的天气记录和气象台的预报记录后，得到实际天气和预报天气的联合概率分布如题表 2.3 所示。他发现预报只有 12/16 的准确率，而不管三七二十一都预报明天不下雨的准确率却是 13/16，因此他觉得没有必要预报了。他把这个想法跟气象台台长说了后，台长却说他错了。请问这是为什么？

题表 2.3

预报	实际	
	下雨	晴天
下雨	$\frac{1}{8}$	$\frac{3}{16}$
晴天	$\frac{1}{16}$	$\frac{10}{16}$

2.21 设 $X_1, X_2, \cdots, X_N$ 为一个独立的伯努利随机变量序列,其分布为 $P_r\{X_i=0\}=p$, $P_r\{X_i=1\}=1-p$,求:

(1) 使 $S_2=X_1+X_2$ 的熵 $H(S_2)$ 取得最大值的 p 值;

(2) 设 $p=\dfrac{1}{2}$,求二项式随机变量 $S_n=X_1+X_2+\cdots+X_n$ 的熵 $H(S_n)$。

2.22 投掷一枚均匀的硬币直到出现两次正面或两次反面。用 X_1 和 X_2 表示前两次投掷,Y 表示最后一次投掷,N 表示投掷的次数。计算 $H(X_1)$、$H(X_2)$、$H(Y)$、$H(N)$、$I(X_1;Y)$、$I(X_2;Y)$、$I(N;Y)$、$I(X_1;N)$、$I(X_2;N)$。

2.23 判断题

(1) $H(X)>0$;

(2) 若 X 与 Y 独立,则 $H(X)=H(X|Y)$;

(3) $I(X;Y) \geqslant I(X;Y|Z)$;

(4) 如果 $H(X|YZ)=0$,则要么 $H(X|Y)=0$,要么 $H(X|Z)=0$;

(5) $I(X;Y) \leqslant H(Y)$;

(6) $H(X|X)=0$;

(7) 若 X 与 Y 独立,则 $H(Y|X)=H(X|Y)$;

(8) $H(X|Y) \geqslant H(X|YZ)$。

2.24 设随机变量 X 的概率分布为 $\left\{\dfrac{2}{10},\dfrac{2}{10},\dfrac{2}{10},\dfrac{1}{10},\dfrac{1}{10},\dfrac{1}{10},\dfrac{1}{10}\right\}$。随机变量 Y 是 X 的函数,其定义为将 X 的 4 个最小的概率分布合并为一个:$\left\{\dfrac{2}{10},\dfrac{2}{10},\dfrac{2}{10},\dfrac{4}{10}\right\}$。

(1) 显然 $H(X) \leqslant \log 7$,请解释原因;

(2) 请解释为什么 $H(X) > \log 5$;

(3) 计算 $H(X)$、$H(Y)$;

(4) 计算 $H(X|Y)$ 并解释其结果。

2.25 已知 $H(Y|X)=0$,求证 $\forall x, p(X)>0$,只存在一个 y 使得 $p(xy)>0$。

2.26 猜宝游戏。在 3 扇门中有一扇门后藏有一袋金子,并且 3 扇门后面藏有金子的可能性相同。你选择其中一扇门,主持人会打开后面没有金子的另一扇门(如果你选择的门后藏有金子,则主持人会在另外两扇门中任意打开一扇门)。主持人给了你多少关于金子位置的信息?

2.27 在一个布袋中有 r 个红球、w 个白球、b 个黑球,从布袋中取 $k \geqslant 2$ 个球,每次取出球后放回还是每次取出球后不放回的熵 $H(X_i | X_{i-1} \cdots X_1)$ 更大?

2.28 X、Y_1、Y_2 为二元随机变量,如果 $I(X;Y_1)=0$ 并且 $I(X;Y_2)=0$,能不能推出 $I(X;Y_1Y_2)=0$?如果能,请证明;如果不能,请给出反例。

2.29 X 是一个几何分布的随机变量,求它的熵。

2.30 人口问题。在某个地区,一对夫妻只允许生一个孩子,这里所有的夫妻都希望能生一个男孩,因此这里的夫妻都会一直生到生了一个男孩为止。假定生男生女的概率相同,问:

(1) 在这个地区男孩会多于女孩吗?

(2) 一个家庭孩子的个数用离散随机变量 X 表示,计算 X 的熵。

2.31 就业问题。假如政府的就业问题顾问在考虑全国的就业问题时,把全国人民的就业情况分为 3 类,即全就业(100％就业)、部分就业(50％就业)、失业(0％就业),分别用概率 $p(E)$、$p(F)$、$p(U)$ 表示,要使全民的就业率达到 95％,请问:

(1) $p(E)$ 的取值范围;

(2) 将就业情况的熵作为 $p(E)$ 的函数,画出它在 $p(E)$ 的取值范围内的曲线;

(3) 就业情况熵的最大值。

第 3 章 信源及信源熵

信源及信源熵

信源(Information Source)是信息的来源,是产生消息(符号)、时间离散的消息序列(符号序列)以及时间连续的消息的来源。

信源输出的消息都是随机的,因此可以用概率来描述其统计特性。在信息论中,用随机变量 X、随机矢量 $\boldsymbol{X}$、随机过程 $\{X(e,t)\}$ 分别表示产生消息、消息序列以及时间连续消息的信源。

关于信源的主要问题有:
- 如何描述信源(信源的数学建模问题)?
- 怎样定量描述信源输出信息的能力?
- 怎样有效地表示信源输出的消息(也就是信源编码问题)?

本章介绍前两个问题,第 5 章、第 7 章介绍第 3 个问题。我们将分类介绍信源的数学模型及信源熵的计算。

3.1 信源的分类及数学模型

第 2 章已经介绍了离散随机变量及信源熵,离散随机变量表示信源输出的是一个符号的消息,如掷一个骰子的实验;而通常实际信源输出的消息是时间(或空间)的函数,如掷多个骰子的实验;消息的取值还可能是连续的,如跳远比赛的结果。

信源的分类有多种方法,我们常根据信源输出的消息在时间和取值上是离散的还是连续的进行分类,如表 3.1 所示。

表 3.1 信源的分类

时间(空间)	取值	信源种类	举例	数学描述
离散	离散	离散信源 (数字信源)	文字、数据、 离散化图像	离散随机变量序列 $P(\boldsymbol{X}) = P(X_1 X_2 \cdots X_N)$
离散	连续	连续信源	多人跳远比赛的结果、 语音信号抽样以后	连续随机变量序列 $P(\boldsymbol{X}) = P(X_1 X_2 \cdots X_N)$
连续	连续	波形信源 (模拟信源)	语音、音乐、热噪声、 图形、图像	随机过程 $\{X(e,t)\}$
连续	离散		不常见	

实际信源输出的消息,如平时说话的语音和图像,在时间(或空间)和取值上都是连续的,这样的信源称为**波形信源**,用随机过程$\{X(e,t)\}$来描述。对于频带受限的随机过程,根据抽样定理,我们通常把它转化成时间离散的随机序列来处理,这样的信源称为**连续信源**。抽样后的值通常还是连续的,因此还可以进一步进行量化处理,将连续随机变量转化成离散随机变量,将连续信源转化成离散信源。

此外,还可以根据各维随机变量的概率分布是否随时间的推移而变化将信源分为**平稳信源**和**非平稳信源**,根据随机变量间是否统计独立将信源分为**有记忆信源**和**无记忆信源**。

一个实际信源的统计特性往往是相当复杂的,要想找到精确的数学模型很困难。在实际应用时常常用一些可以处理的数学模型来近似。例如,语音信号就是非平稳随机过程,但常常用平稳随机过程来近似。平稳随机过程抽样后的结果就是平稳随机序列。在数学上,随机序列是随机过程的一种,是时间参数离散的随机过程,在这里我们把它单列出来。随机序列,特别是离散平稳随机序列,是我们研究的主要内容。实际信源的分类如图 3.1 所示。

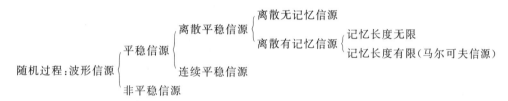

图 3.1 实际信源的分类

3.2 离散单符号信源

输出离散取值的单个符号的信源称为**离散单符号信源**。它是最简单也是最基本的信源,是组成实际信源的基本单元,用一个离散随机变量表示。信源所有可能输出的消息和消息对应的概率共同组成的二元序对$[X,P(X)]$称为信源的**概率空间**:

$$\begin{pmatrix} X \\ P(X) \end{pmatrix} = \begin{pmatrix} X=x_1 & \cdots & X=x_i & \cdots & X=x_q \\ p(x_1) & \cdots & p(x_i) & \cdots & p(x_q) \end{pmatrix}$$

其中,X表示信源输出的消息的整体,x_i表示某个消息,$p(x_i)$表示消息x_i出现的概率。q是信源可能输出的消息数(信源可能输出的消息数可以是有限个,也可以是可数无限个,通常是有限个),这些消息两两不相容,信源每次输出其中的一个消息。这里要注意,$p(x_i)$满足概率空间的非负性和完备性:$0 \leqslant p(x_i) \leqslant 1, \sum_{i=1}^{q} p(x_i) = 1$。

信源输出的所有消息自信息的统计平均值定义为信源的**平均自信息量(信息熵)**,它表示离散单符号信源的平均不确定性:

$$H(X) = E[-\log p(x_i)] = -\sum_{i=1}^{q} p(x_i) \log p(x_i) \tag{3.1}$$

【例 3.1】 二元信源$\begin{pmatrix} X \\ P(X) \end{pmatrix} = \begin{pmatrix} 0 & 1 \\ p & q \end{pmatrix}, p+q=1$,求$H(X)$。

解
$$H(X) = -\sum_{i=1}^{q} p_i \log p_i$$
$$= -p \log p - (1-p)\log(1-p)$$
$$= H(p)$$

如图 2.2 所示,$H(X)$ 是概率 p 的函数,通常用 $H(p)$ 表示,p 取值于 $[0,1]$ 区间。

如果输出符号是确定的,即 $p=1$ 或 $p=0$,则 $H(p)=0$,信源不提供任何信息。而当 $p=0.5$,即符号 0、1 以等概率输出时,信源熵达到极大值,平均每符号含有 1 bit 信息。

3.3 离散多符号信源

前面介绍的单符号信源是最简单的信源模型,用一个离散随机变量来表示。实际信源输出的往往是符号序列,称为离散多符号信源,通常用离散随机变量序列(随机矢量)来表示:$\boldsymbol{X} = X_1 X_2 \cdots$。例如,电报系统发出的是一串有无脉冲的信号(有脉冲表示为 1,无脉冲表示为 0),因此电报系统是输出一串 0、1 序列的二元信源。

为简单起见,这里只研究离散平稳信源,也就是统计特性不随时间改变的信源。这里先给出离散平稳信源的严格数学定义。

定义 3.1 对于离散随机变量序列 $X_1, X_2, \cdots$,在任意两个不同时刻 i 和 j(i 和 j 为大于 1 的任意整数),信源发出的消息序列的概率分布完全相同,即对于任意的 $N=0,1,2,\cdots$,$X_i X_{i+1} \cdots X_{i+N}$ 和 $X_j X_{j+1} \cdots X_{j+N}$ 具有相同的概率分布,也就是

$$P(X_i) = P(X_j) \tag{3.2}$$

$$P(X_i X_{i+1}) = P(X_j X_{j+1}) \tag{3.3}$$

$$\vdots$$

$$P(X_i X_{i+1} \cdots X_{i+N}) = P(X_j X_{j+1} \cdots X_{j+N}) \tag{3.4}$$

即各维联合概率分布均与时间起点无关的信源称为**离散平稳信源**。

根据式(3.2)~式(3.4)以及联合概率与条件概率的关系可得

$$P(X_{i+1} | X_i) = P(X_{j+1} | X_j) \tag{3.5}$$

$$\vdots$$

$$P(X_{i+N} | X_i X_{i+1} \cdots X_{i+N-1}) = P(X_{j+N} | X_j X_{j+1} \cdots X_{j+N-1}) \tag{3.6}$$

即离散平稳信源的条件概率分布均与时间起点无关,只与关联长度 N 有关。

这样,很容易推出

$$H(X_1) = H(X_2) = \cdots = H(X_N) \tag{3.7}$$

$$H(X_2 | X_1) = H(X_3 | X_2) = \cdots = H(X_N | X_{N-1}) \tag{3.8}$$

$$H(X_3 | X_1 X_2) = H(X_4 | X_2 X_3) = \cdots = H(X_N | X_{N-2} X_{N-1}) \tag{3.9}$$

$$\vdots$$

对于离散单符号信源,用信息熵来表示信源的平均不确定性。对于离散多符号信源,怎样表示信源的平均不确定性呢?我们引入熵率的概念,它表示在信源输出的符号序列中,平均每个符号所携带的信息量。

定义 3.2 在随机变量序列中,对前 N 个随机变量的联合熵求平均,即

$$H_N(\boldsymbol{X}) = \frac{1}{N} H(X_1 X_2 \cdots X_N) \tag{3.10}$$

称为**平均符号熵**。如果当 $N \to \infty$ 时式(3.10)极限存在,则 $\lim_{N \to \infty} H_N(\boldsymbol{X})$ 称为**熵率**或**极限熵**,记为

$$H_\infty = \lim_{N \to \infty} H_N(\boldsymbol{X}) \tag{3.11}$$

3.3.1 离散平稳无记忆信源

在一般情况下,信源输出序列中每一位出现什么符号是随机的,但是前后符号的出现有一定的统计关系。为简单起见,先假定消息符号序列中前后符号的出现是无关的,即首先讨论无记忆信源。

离散平稳无记忆信源输出的符号序列是平稳随机序列,并且符号之间是无关的,即统计独立的。为了研究离散平稳无记忆信源的熵率,假定信源每次输出的是 N 长符号序列,这个 N 长符号序列可以看作一个新信源,称为离散平稳无记忆信源的 N 次扩展信源,它的数学模型是 N 维离散随机变量序列(随机矢量):$\boldsymbol{X} = X_1 X_2 \cdots X_N$,其中每个随机变量之间统计独立。同时,由于是平稳信源,每个随机变量的统计特性都相同,因此还可以把一个输出 N 长符号序列的信源记为 $\boldsymbol{X} = X_1 X_2 \cdots X_N = X^N$。

根据统计独立的多维随机变量的联合熵与信息熵之间的关系,可以推出

$$H(\boldsymbol{X}) = H(X^N) = NH(X) \tag{3.12}$$

即 N 次扩展信源的熵等于单符号离散信源熵的 N 倍,信源输出的 N 长符号序列平均提供的信息量是单符号离散信源平均每个符号所提供信息量的 N 倍。这似乎很好理解,例如,抛掷一枚均匀硬币的实验每次可以得到 1 bit 的信息量,抛掷 N 枚均匀硬币的实验则可以得到 N bit 的信息量。

离散平稳无记忆信源的熵率

$$H_\infty = \lim_{N \to \infty} H_N(\boldsymbol{X}) = \lim_{N \to \infty} \frac{1}{N} \cdot NH(X) = H(X) \tag{3.13}$$

【例 3.2】 设有一离散无记忆信源 X,其概率空间为

$$\begin{pmatrix} X \\ P(X) \end{pmatrix} = \begin{pmatrix} x_1 & x_2 & x_3 \\ \frac{1}{2} & \frac{1}{4} & \frac{1}{4} \end{pmatrix}$$

求该信源的熵率及二次扩展信源(信源每次输出两个符号)的熵。

解 单符号离散信源的熵为

$$H(X) = -\sum_{i=1}^{q} p_i \log p_i = \frac{1}{2} \log 2 + \frac{1}{4} \log 4 + \frac{1}{4} \log 4 = \frac{3}{2} \text{ 比特/符号}$$

二次扩展信源的熵为

$$H(\boldsymbol{X}) = 2H(X) = 3 \text{ 比特/两个符号}$$

注意,在这里 $H(\boldsymbol{X})$ 的单位是"比特/两个符号",其中每个符号提供的信息量仍然是 1.5 bit。

熵率为

$$H_\infty = \lim_{N \to \infty} H_N(\boldsymbol{X}) = \lim_{N \to \infty} \frac{1}{N} \times NH(X) = \frac{3}{2} \text{ 比特/符号}$$

3.3.2 离散平稳有记忆信源

前面讲了离散平稳信源中最简单的离散平稳无记忆信源,而实际信源往往是有记忆信源。假定信源输出 N 长的符号序列,则它的数学模型是 N 维随机变量序列(随机矢量):$\boldsymbol{X} = X_1, X_2, \cdots, X_N$,其中每个随机变量之间存在统计依赖关系。

相互间有依赖关系的 N 维随机变量的联合熵可以用式(3.14)表示,式(3.14)称为**熵函数的链规则**:

$$H(\boldsymbol{X}) = H(X_1 X_2 \cdots X_N)$$
$$= H(X_1) + H(X_2 | X_1) + H(X_3 | X_1 X_2) + \cdots + H(X_N | X_1 X_2 \cdots X_{N-1}) \quad (3.14)$$

即 N 维随机变量的联合熵等于起始时刻随机变量 X_1 的熵与各阶条件熵之和。

定理 3.1 对于离散平稳信源,有以下几个结论:

(1) 条件熵 $H(X_N | X_1 X_2 \cdots X_{N-1})$ 随 N 的增加是递减的;

(2) 当 N 给定时平均符号熵大于等于条件熵,即

$$H_N(\boldsymbol{X}) \geqslant H(X_N | X_1 X_2 \cdots X_{N-1}) \quad (3.15)$$

(3) 平均符号熵 $H_N(\boldsymbol{X})$ 随 N 的增加是递减的;

(4) 如果 $H(X_1) < \infty$,则 $H_\infty = \lim_{N \to \infty} H_N(\boldsymbol{X})$ 存在,并且

$$H_\infty = \lim_{N \to \infty} H_N(\boldsymbol{X}) = \lim_{N \to \infty} H(X_N | X_1 X_2 \cdots X_{N-1}) \quad (3.16)$$

证明 (1) $H(X_N | X_1 X_2 \cdots X_{N-1}) \leqslant H(X_N | X_2 \cdots X_{N-1})$ (条件熵小于等于无条件熵)
$$= H(X_{N-1} | X_1 X_2 \cdots X_{N-2}) \quad (\text{序列的平稳性})$$

所以,条件熵 $H(X_N | X_1 X_2 \cdots X_{N-1})$ 随着 N 的增加是递减的。

这表明记忆长度越长,条件熵越小,也就是说,序列的统计约束关系增加时,不确定性减小。

(2) $N H_N(\boldsymbol{X})$
$$= H(X_1 X_2 \cdots X_N)$$
$$= H(X_1) + H(X_2 | X_1) + H(X_3 | X_1 X_2) + \cdots + H(X_N | X_1 X_2 \cdots X_{N-1})$$
$$= H(X_N) + H(X_N | X_{N-1}) + \cdots + H(X_N | X_1 X_2 \cdots X_{N-1}) \quad (\text{序列的平稳性})$$
$$\geqslant N H(X_N | X_1 X_2 \cdots X_{N-1}) \quad (\text{条件熵小于等于无条件熵})$$

所以,$H_N(\boldsymbol{X}) \geqslant H(X_N | X_1 X_2 \cdots X_{N-1})$,即当 N 给定时平均符号熵大于等于条件熵。

(3) $N H_N(\boldsymbol{X}) = H(X_1 X_2 \cdots X_N)$
$$= H(X_N | X_1 X_2 \cdots X_{N-1}) + H(X_1 X_2 \cdots X_{N-1})$$
$$= H(X_N | X_1 X_2 \cdots X_{N-1}) + (N-1) H_{N-1}(\boldsymbol{X})$$
$$\leqslant H_N(\boldsymbol{X}) + (N-1) H_{N-1}(\boldsymbol{X}) \quad [\text{利用式}(3.15)\text{的结果}]$$

所以,$H_N(\boldsymbol{X}) \leqslant H_{N-1}(\boldsymbol{X})$,即当序列的统计约束关系增加时,由于符号间的相关性,平均每个符号所携带的信息量减少。

(4) 只要 X_1 的样本空间是有限的或无限可数的,则必然 $H(X_1) < \infty$。因此,

$$0 \leqslant H(X_N | X_1 X_2 \cdots X_{N-1}) \leqslant H(X_{N-1} | X_1 X_2 \cdots X_{N-2}) \leqslant \cdots \leqslant H(X_1) < \infty$$

所以，$H(X_N|X_1X_2\cdots X_{N-1})$，$N=1,2,\cdots$ 是单调有界数列，极限 $\lim\limits_{N\to\infty} H(X_N|X_1X_2\cdots X_{N-1})$ 必然存在，且极限为 0 和 $H(X_1)$ 之间的某一值。

对于收敛的实数列，有以下结论成立：

如果 $a_1,a_2,a_3,\cdots$ 是一个收敛的实数列，那么

$$\lim_{N\to\infty}\frac{1}{N}(a_1+a_2+\cdots+a_N)=\lim_{N\to\infty}a_N \tag{3.17}$$

利用式(3.17)可以推出

$$\begin{aligned}\lim_{N\to\infty}H_N(\boldsymbol{X})&=\lim_{N\to\infty}\frac{1}{N}[H(X_1)+H(X_2|X_1)+H(X_3|X_1X_2)+\cdots+H(X_N|X_1X_2\cdots X_{N-1})]\\&=\lim_{N\to\infty}H(X_N|X_1X_2\cdots X_{N-1})\end{aligned}$$

证毕。

该定理表明，由于信源输出序列前后符号之间的统计依赖关系，随着序列长度 N 的增加，也就是随着统计约束条件不断增加，平均符号熵 $H_N(\boldsymbol{X})$ 及条件熵 $H(X_N|X_1X_2\cdots X_{N-1})$ 均随之减小。当 $N\to\infty$ 时，$H_N(\boldsymbol{X})=H(X_N|X_1X_2\cdots X_{N-1})$，即熵率，它表示在信源输出的符号序列中，平均每个符号所携带的信息量。所以，在求熵率时有两种途径：可以求它的极限平均符号熵，也可以求它的极限条件熵，即

$$H_\infty=\lim_{N\to\infty}\frac{1}{N}H(X_1X_2\cdots X_N)=\lim_{N\to\infty}H(X_N|X_1X_2\cdots X_{N-1})$$

在一般情况下，在平稳信源输出的符号序列中符号之间的相关性可以追溯到最初的一个符号，例如，一篇文章的最后一句话可以一直追溯到和开篇第一句话相关。要准确地计算出这个熵率，必须测定信源的无穷维联合概率和条件概率分布，这是相当困难的。为了简化分析，往往用 N 不太大时的平均符号熵或条件熵作为熵率的近似值。例如，英语的熵率通常用记忆长度为 5 个字母的条件熵近似。

而有一类信源，它在某时刻发出的符号仅与在此之前发出的有限个符号有关，而与更早些时候发出的符号无关，这称为**马尔可夫性**，这类信源称为**马尔可夫信源**。马尔可夫信源可以在 N 不很大时得到 H_∞。如果信源在某时刻发出的符号仅与在此之前发出的 m 个符号有关，则称其为 m 阶马尔可夫信源，它的熵率

$$\begin{aligned}H_\infty&=\lim_{N\to\infty}H(X_N|X_1X_2\cdots X_{N-1})\\&=\lim_{N\to\infty}H(X_N|X_{N-m}X_{N-m+1}\cdots X_{N-1})\quad（马尔可夫性）\\&=H(X_{m+1}|X_1X_2\cdots X_m)\quad（平稳性）\end{aligned}\tag{3.18}$$

$H(X_{m+1}|X_1X_2\cdots X_m)$ 通常记作 H_{m+1}。

【**例 3.3**】 信源 X 的信源模型为

$$\binom{X}{P(X)}=\begin{pmatrix}x_1 & x_2 & x_3\\ \dfrac{1}{4} & \dfrac{4}{9} & \dfrac{11}{36}\end{pmatrix}$$

在输出符号序列中，只有前后两个符号有记忆，条件概率 $P(X_2|X_1)$ 列于表 3.2 中。

表 3.2　条件概率 $P(X_2 \mid X_1)$

X_1	X_2		
	x_1	x_2	x_3
x_1	$\frac{7}{9}$	$\frac{2}{9}$	0
x_2	$\frac{1}{8}$	$\frac{3}{4}$	$\frac{1}{8}$
x_3	0	$\frac{2}{11}$	$\frac{9}{11}$

求熵率,并比较 $H(X_2 \mid X_1)$、$\frac{1}{2}H(X_1 X_2)$ 和 $H(X)$ 的大小。

解 熵率为

$$H_\infty = H_2 = H(X_2 \mid X_1) = 0.870 \text{ 比特/符号}$$

如果不考虑符号间的相关性,则信源熵为

$$H(X) = \frac{1}{4}\log 4 + \frac{4}{9}\log\frac{9}{4} + \frac{11}{36}\log\frac{36}{11} = 1.542 \text{ 比特/符号}$$

可见, $H(X_2 \mid X_1) < H(X) = H(X_2)$,这是由于 X_1 和 X_2 之间存在统计依赖关系,在 X_1 已知的情况下, X_2 的不确定性减小,即条件熵 $H(X_2 \mid X_1)$ 小于无条件熵 $H(X_2)$。因此,在考虑序列符号之间的相关性之后,序列的熵减小。

如果把信源输出的符号序列看作分组发出的,每两个符号作为一组,这样可以把符号序列看作由一个新信源发出的,新信源每次发出的是由两个符号构成的消息。新信源的数学模型是一个二维随机变量,新信源的熵为

$$H(X_1 X_2) = H(X_1) + H(X_2 \mid X_1) = 1.542 + 0.870 = 2.412 \text{ 比特/两个符号}$$

平均符号熵为

$$\frac{1}{2}H(X_1 X_2) = 1.206 \text{ 比特/符号}$$

可见, $H(X_2 \mid X_1) < \frac{1}{2}H(X_1 X_2) < H(X)$,这是因为 $H(X_1 X_2)$ 考虑了同一组的两个符号之间的相关性,所以 $H(X_1 X_2)$ 小于不考虑符号间相关性时的信源熵 $H(X)$,但是 $H(X_1 X_2)$ 没有考虑前一组的后一符号与后一组的前一符号之间的关联,因此 $H(X_1 \mid X_2) < \frac{1}{2}H(X_1 X_2)$。

3.3.3　马尔可夫信源

前面讨论了离散平稳信源的熵率,符号间的相关性可以追溯到很远,使得熵率的计算比较复杂。

马尔可夫信源是一类相对简单的有记忆信源,信源在某一时刻发出某一符号的概率除与该符号有关外,只与此前发出的有限个符号有关。例如, m 阶马尔可夫信源只与前面发出的 m 个符号有关,而 1 阶马尔可夫信源只与前面发出的 1 个符号有关。因此,把前面若干个符号看作一个状态(若信源有 q 个可能的输出符号,则一共有 q^m 个可能的状态),可以

认为,信源在某一时刻发出某一符号的概率除了与该符号有关外,还与该时刻信源所处的状态有关,而与过去的状态无关。信源发出一个符号后,信源所处的状态即发生改变,这些状态的变化组成了马尔可夫链。因此,可以把对马尔可夫信源的研究转化为对马尔可夫链的研究。

如图 3.2 所示,信源在某时刻处于某一状态 s_i,当它发出一个符号 $x_{i_{m+1}}$ 后,所处的状态就变了,转移到状态 s_j,因此信源输出的符号序列 $X_1X_2\cdots X_mX_{m+1}\cdots$ 转换成信源状态序列 $S_1S_2\cdots S_mS_{m+1}\cdots$,于是一个讨论信源输出符号不确定性的问题变成讨论信源状态转移的问题。

状态之间的一步转移概率 $p(s_j|s_i) = P_r\{S_{m+1}=s_j|S_m=s_i\}$ 表示前一时刻(m 时刻)信源处于 s_i 状态下,在下一时刻($m+1$ 时刻)信源处于 s_j 状态的概率。可以用马尔可夫链的状态转移图来描述离散马尔可夫信源的状态转移概率。

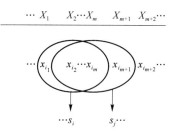

图 3.2 马尔可夫信源

【例 3.4】 设一个二元一阶马尔可夫信源,信源符号集为 $X=\{0,1\}$,信源输出符号的条件概率为

$$p(0|0)=0.25$$
$$p(0|1)=0.5$$
$$p(1|0)=0.75$$
$$p(1|1)=0.5$$

求状态转移概率。

解 这里 $q=2, m=1, q^m=2$,共有两种状态:$s_1=0, s_2=1$。由信源输出符号的条件概率可求得马尔可夫链的状态转移概率:

$$p(s_1|s_1)=0.25$$
$$p(s_1|s_2)=0.5$$
$$p(s_2|s_1)=0.75$$
$$p(s_2|s_2)=0.5$$

信源的状态转移概率还可以用图 3.3 所示的状态转移图来表示。

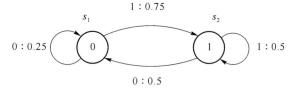

图 3.3 一阶马尔可夫信源的状态转移图

对于一阶马尔可夫信源,它的状态转移概率和信源输出符号的条件概率(符号转移概率)相同。

【例 3.5】 设有一个二元二阶马尔可夫信源,其信源符号集为 $X=\{0,1\}$,输出符号的条件概率为

$$p(0|00)=p(1|11)=0.8$$

$$p(0|01)=p(0|10)=p(1|01)=p(1|10)=0.5$$
$$p(1|00)=p(0|11)=0.2$$

求状态转移概率矩阵。

解 这里 $q=2, m=2$，故共有 $q^m=4$ 个可能的状态：$s_1=00, s_2=01, s_3=10, s_4=11$。但由于信源只可能发出 0 或 1，所以信源下一时刻只可能转移到其中的两种状态之一。例如，如果信源原来所处的状态为 $s_1=00$，则下一时刻信源只可能转移到 00 或 01 状态，而不会转移到 10 或 11 状态。

由输出符号的条件概率容易求得状态转移概率：
$$p(s_1|s_1)=p(s_4|s_4)=0.8$$
$$p(s_3|s_2)=p(s_1|s_3)=p(s_4|s_2)=p(s_2|s_3)=0.5$$
$$p(s_2|s_1)=p(s_3|s_4)=0.2$$

其余状态转移概率为 0，图 3.4 为该信源的状态转移图。

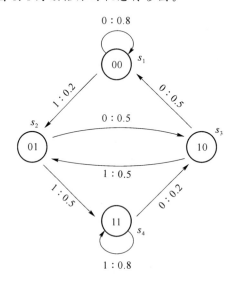

图 3.4 二阶马尔可夫信源的状态转移图

信源的状态转移概率矩阵为

$$\boldsymbol{P}=\begin{pmatrix} 0.8 & 0.2 & 0 & 0 \\ 0 & 0 & 0.5 & 0.5 \\ 0.5 & 0.5 & 0 & 0 \\ 0 & 0 & 0.2 & 0.8 \end{pmatrix}$$

对于一个 m 阶马尔可夫信源，它的概率空间可以用它的所有可能的输出符号及输出符号的条件概率表示：

$$\begin{pmatrix} X \\ P(X) \end{pmatrix} = \begin{pmatrix} x_1 & x_2 & \cdots & x_q \\ & & p(x_{i_{m+1}}|x_{i_1}x_{i_2}\cdots x_{i_m}) & \end{pmatrix}$$

令 $s_i = x_{i_1}x_{i_2}\cdots x_{i_m}$，$i_1, i_2, \cdots, i_m \in \{1, 2, \cdots, q\}$，则由信源输出符号的条件概率 $p(x_{i_{m+1}}|x_{i_1}x_{i_2}\cdots x_{i_m})$ 可以确定状态转移概率 $p(s_j|s_i)$，$i,j \in \{1, 2, \cdots, q^m\}$，从而得到马尔可夫信源的状态空间：

$$\begin{pmatrix} s_1 & \cdots & s_i & \cdots & s_j & \cdots & s_{q^m} \\ & & & p(s_j|s_i) & & & \end{pmatrix}$$

状态空间由所有状态及状态间的状态转移概率组成。因此,通过引入状态转移概率,可以把对马尔可夫信源的研究转化为对马尔可夫链的研究。

下面主要研究遍历的 m 阶马尔可夫信源的熵率。

当时间足够长后,遍历的马尔可夫信源可以视作平稳信源来处理,又因为 m 阶马尔可夫信源发出的符号只与最近的 m 个符号有关,所以

$$\begin{aligned} H_\infty &= \lim_{N\to\infty} H(X_N|X_1X_2\cdots X_{N-1}) \\ &= \lim_{N\to\infty} H(X_N|X_{N-m}X_{N-m+1}\cdots X_{N-1})(马尔可夫性) \\ &= H(X_{m+1}|X_1X_2\cdots X_m)(序列的平稳性) \\ &= H_{m+1} \end{aligned} \qquad (3.19)$$

即 m 阶马尔可夫信源的极限熵 H_∞ 等于条件熵 H_{m+1}。H_{m+1} 表示在已知前面 m 个符号的条件下,输出下一个符号的平均不确定性。

对于齐次遍历的马尔可夫链,其状态 s_i 由 $x_{i_1}x_{i_2}\cdots x_{i_m}$ 唯一确定,因此有

$$p(x_{i_{m+1}}|x_{i_1}x_{i_2}\cdots x_{i_m}) = p(x_{i_{m+1}}|s_i) = p(s_j|s_i) \qquad (3.20)$$

所以

$$\begin{aligned} H_{m+1} &= H(X_{m+1}|X_1X_2\cdots X_m) \\ &= E[p(x_{i_{m+1}}|x_{i_1}x_{i_2}\cdots x_{i_m})] \\ &= E[p(x_{i_{m+1}}|s_i)] \\ &= -\sum_{i=1}^{q^m}\sum_{i_{m+1}=1}^{q} p(s_i)p(x_{i_{m+1}}|s_i)\log p(x_{i_{m+1}}|s_i) \\ &= \sum_i p(s_i)H(X|s_i) \qquad (3.21) \\ &= -\sum_i\sum_j p(s_i)p(s_j|s_i)\log p(s_j|s_i) \qquad (3.22) \end{aligned}$$

其中,$p(s_i)$ 是马尔可夫链的平稳分布或状态极限概率,$H(X|s_i)$ 表示信源处于某一状态 s_i 时发出下一个符号的平均不确定性,$p(s_j|s_i)$ 表示下一步的状态转移概率。

【例 3.6】 求图 3.4 中的二阶马尔可夫信源的极限熵。

解 由图 3.4 可判断,4 个状态是不可约的非周期常返态,因此是遍历的(参见附录 A.1.5)。

设状态的平稳分布为 $\boldsymbol{W}=(W_1\ W_2\ W_3\ W_4)$,其中 $W_1=p(s_1),W_2=p(s_2),W_3=p(s_3),W_4=p(s_4)$,根据马尔可夫链遍历的充分条件:$\boldsymbol{WP}=\boldsymbol{W}$,得

$$\begin{cases} 0.8W_1+0.5W_3=W_1 \\ 0.2W_1+0.5W_3=W_2 \\ 0.5W_2+0.2W_4=W_3 \\ 0.5W_2+0.8W_4=W_4 \end{cases}$$

并且满足 $W_1+W_2+W_3+W_4=1$,因此可解得

$$W_1=p(s_1)=5/14$$

$$W_2 = p(s_2) = 1/7$$
$$W_3 = p(s_3) = 1/7$$
$$W_4 = p(s_4) = 5/14$$

所以
$$H_\infty = H_{m+1}$$
$$= H_3$$
$$= \sum_i p(s_i) H(X|s_i)$$
$$= \frac{5}{14} H(0.8, 0.2) + \frac{1}{7} H(0.5, 0.5) + \frac{1}{7} H(0.5, 0.5) + \frac{5}{14} H(0.8, 0.2)$$
$$= 0.80 \text{ 比特/符号}$$

注意,这时符号的平稳概率分布为
$$p(0) = 0.8 p(s_1) + 0.5 p(s_2) + 0.5 p(s_3) + 0.2 p(s_4) = 0.5$$
$$p(1) = 0.2 p(s_1) + 0.5 p(s_2) + 0.5 p(s_3) + 0.8 p(s_4) = 0.5$$
它与状态的平稳分布是有区别的。

如果不考虑符号间的相关性,则由符号的平稳概率分布可得信源熵 $H(X) = 1$ 比特/符号,考虑符号间的相关性后,该信源的熵率为
$$H_\infty = H_{m+1} = H_3 = 0.80 \text{ 比特/符号}$$

3.3.4 信源的相关性和剩余度

前面几节讨论了离散平稳信源及其熵率。实际的离散信源可能是非平稳的,对于非平稳信源来说,其 H_∞ 不一定存在,但为了方便通常假定它是平稳的,用平稳信源的 H_∞ 来近似。然而即使对于一般的离散平稳信源,求 H_∞ 值也是很困难的,因此进一步假定它是 m 阶马尔可夫信源,用 m 阶马尔可夫信源的条件熵 H_{m+1} 来近似(大多数平稳信源都可以用马尔可夫信源来近似,即认为输出符号只与前 m 个符号有关)。当 $m=1$ 时是最简单的离散平稳有记忆信源,$H_{m+1} = H_2 = H(X_2|X_1)$。若再进一步简化信源模型,则可以假设信源为离散平稳无记忆信源,这时可用单符号离散信源的平均自信息量来近似,$H_1 = H(X)$。另外,还可以假定信源输出的符号是等概率分布的,因此可以用最大熵来近似,$H_0 = \log q$。所以,对于一般的离散信源,根据研究的目的不同,可以用不同的信源模型来近似。

根据定理 3.1 可得
$$\log q = H_0 \geqslant H_1 \geqslant H_2 \geqslant \cdots \geqslant H_{m+1} \geqslant \cdots \geqslant H_\infty$$

对于一个离散平稳信源,其输出的每个符号实际上所携带的平均信息量用熵率 H_∞ 表示。由于信源输出符号间的依赖关系也就是信源的相关性,信源的 H_∞ 减小。信源输出符号间统计约束关系越长,信源的 H_∞ 越小。当信源输出符号间彼此不存在依赖关系且为等概率分布时,信源的 H_∞ 等于最大熵 H_0。例如,信源符号集有 4 个符号,最大熵为 2 比特/符号,输出一个由 10 个符号构成的符号序列,最多可以包含 $10 \times 2 = 20$ bit 的信息量。假如由于符号间的相关性或不等概分布,信源的极限熵减小到 1.2 比特/符号,输出的符号序列平均所含有的信息量为 $10 \times 1.2 = 12$ bit,而如果信源输出的符号间没有相关性并且符号等概分布,则输出 12 bit 的信息量只需输出 6 个符号就可以了,说明信源存在剩余。因此,引入信

源剩余度(冗余度)的概念。

定义 3.3 一个信源的熵率(极限熵)与具有相同符号集的最大熵的比值称为**熵的相对率**。其表达式为

$$\eta = \frac{H_\infty}{H_0} \tag{3.23}$$

信源剩余度为

$$\gamma = 1 - \eta = 1 - \frac{H_\infty}{H_0} = 1 - \frac{H_\infty}{\log_2 q} \tag{3.24}$$

$H_0 - H_\infty$ 越大,信源的剩余度越大。

信源的剩余度来自两个方面:一方面是信源符号间的相关性,相关性越大,符号间的依赖关系越长,信源的 H_∞ 就越小;另一方面是信源输出消息的不等概分布使信源的 H_∞ 减小。当信源输出符号间不存在相关性并且输出消息为等概分布时,信源的 H_∞ 最大,等于 H_0。对于一般平稳信源来说,其极限熵 H_∞ 远小于 H_0。传输一个信源的信息实际上需要传输的信息量仅为 H_∞,如果用二元符号来表示,只需用 H_∞ 个二元符号。为了最有效地传输信源的信息,需要掌握信源全部的概率统计特性,即任意维的概率分布,这显然是不现实的。实际上,往往只能掌握有限 N 维的概率分布,这时需要传输 H_N 个二元符号,与理论值 H_∞ 相比,相当于多传输了 $H_N - H_\infty$ 个二元符号。

为了更经济有效地传输信息,需要尽量压缩信源的剩余度,压缩剩余度的方法就是尽量减小符号间的相关性,并且尽可能地使信源输出的消息等概率分布,在第 5 章无失真信源编码中,会看到具体的信源剩余度压缩方法。

下面以英文字母为例来说明,信源模型的近似程度不同,计算的信源熵也不同。

① 英文字母共 26 个,再加上空格共 27 个符号,则最大熵为

$$H_0 = \log 27 = 4.76 \text{ 比特/符号}$$

② 对在英文书中各字母出现的概率加以统计,可以得到各字母的概率分布,如表 3.3 所示。

表 3.3 英文字母概率表

字母	p_i	字母	p_i	字母	p_i
空格	0.2	S	0.050 2	Y、W	0.012
E	0.105	H	0.047	G	0.011
T	0.072	D	0.035	B	0.010 5
O	0.065 4	L	0.029	V	0.008
A	0.063	C	0.023	K	0.003
N	0.059	F、U	0.022 5	X	0.002
I	0.055	M	0.021	J、Q	0.001
R	0.054	P	0.017 5	Z	0.001

因此,如果认为英文字母间是离散无记忆的,根据表中的概率可求得

$$H_1 = -\sum_{i=1}^{27} p(x_i) \log p(x_i) = 4.03 \text{ 比特/符号}$$

③ 若考虑前后两个、三个、若干个字母之间存在相关性,则可根据字母出现的条件概率

求得

$$H_2 = 3.32 \text{ 比特/符号}$$
$$H_3 = 3.1 \text{ 比特/符号}$$
$$\vdots$$
$$H_5 = 1.65 \text{ 比特/符号}$$
$$H_\infty = 1.4 \text{ 比特/符号} \quad （利用统计推断方法）$$

当考虑5个字母间的相关性（也就是约等于英文单词的平均长度4.5）时，所计算的信源熵已非常接近英文符号的实际信源熵 H_∞。

$$\eta = \frac{H_\infty}{H_0} = \frac{1.4}{4.76} = 0.29$$
$$\gamma = 1 - \eta = 0.71$$

这说明，写英文文章时，71%是由语言结构定好的，是多余成分，只有29%是写文章的人可以自由选择的。直观地说，对于100页英文书，理论上看仅有29页是有效的，其余71页是多余的。正是由于这一多余量的存在，才有可能对英文信源进行压缩编码。如果对英文信源进行恰当的编码，传递或存储这些符号时，可大量压缩篇幅，100页的英文书大约只要29页就行了。

5种语言文字在不同近似程度下的熵如表3.4所示。

表3.4 5种文字在不同近似程度下的熵

文字	H_0	H_1	H_2	H_3	...	H_∞	η	γ
英文	4.7	4.03	3.32	3.1		1.4	0.29	0.71
法文	4.7					3	0.63	0.37
德文	4.7					1.08	0.23	0.77
西班牙文	4.7					1.97	0.42	0.58
中文（按8 000汉字计算）	≈13	9.41	8.1	7.7		4.1	0.315	0.685

【例3.7】 计算汉字的剩余度。假设常用汉字约为10 000个，其中140个汉字出现的概率为50%，625个汉字（含140个）出现的概率为85%，2 400个汉字（含625个）出现的概率为99.7%，其余7 600个汉字出现的概率为0.3%，不考虑符号间的相关性，只考虑它的概率分布，在这一级近似下计算汉字的剩余度。

解 为了计算方便，假设在每个类别中汉字的出现是等概的，即可得表3.5。

表3.5 汉字的近似概率表

类别	汉字个数	概率	每个汉字的概率
1	140	0.5	0.5/140
2	625−140=485	0.85−0.5=0.35	0.35/485
3	2 400−625=1 775	0.997−0.85=0.147	0.147/1 775
4	7 600	0.003	0.003/7 600

不考虑符号间的相关性，只考虑它的概率分布，信源的实际熵近似为 $H(X) = 9.773$ 比特/汉字，而 $H_0 = 13.288$ 比特/汉字，所以

$$\gamma = 1 - \frac{H(X)}{H_0} = 0.264$$

从提高信息传输效率的观点出发，人们总是希望尽量去掉剩余度。例如，我们都知道发电报时应尽可能把电文写得简洁些以去除相关性，如"母病愈"3个字的中文电报就可以表达母亲身体情况好转的消息。

但是从提高抗干扰能力的角度来看，却希望增加或保留信源的剩余度，因为剩余度大的消息抗干扰能力强。例如，收到电文"母亲病 X，身体健康"，很容易把电文纠正为"母亲病愈，身体健康"，而收到电文"母病 X"我们就不知道对方发的是"母病愈"还是"母病危"。

从第 5 章开始，将讨论信源编码和信道编码。通过讨论，可以进一步理解：信源编码通过减少或消除信源的剩余度以提高信息的传输效率，而信道编码则通过增加冗余度来提高信息传输的抗干扰能力。

*3.4 连续信源

3.4.1 连续信源的微分熵

连续随机变量的取值是连续的，一般用概率密度函数来描述其统计特征。

单变量连续信源的数学模型为 $X: \begin{pmatrix} \mathbf{R} \\ p(x) \end{pmatrix}$，并满足 $\int_{\mathbf{R}} p(x) \mathrm{d}x = 1$，$\mathbf{R}$ 是实数域，表示 X 的取值范围。

对于取值范围有限的连续信源还可以表示成 $X: \begin{pmatrix} (a,b) \\ p(x) \end{pmatrix}$，并满足 $\int_a^b p(x) \mathrm{d}x = 1$，$(a,b)$ 是 X 的取值范围。

通过对连续变量的取值进行量化分层，可以将连续随机变量用离散随机变量来逼近。量化间隔越小，离散随机变量与连续随机变量越接近。当量化间隔趋于 0 时，离散随机变量就变成了连续随机变量。通过对离散随机变量的熵取极限，可以推导出连续随机变量熵的计算公式。

假定概率密度函数 $p(x)$ 如图 3.5 所示，我们把连续随机变量 X 的取值分割成 n 个小区间，各小区间等宽，区间宽度 $\Delta = \frac{b-a}{n}$，则变量落在第 i 个小区间的概率为

$$P_r\{a+(i-1)\Delta \leqslant x \leqslant a+i\Delta\} = \int_{a+(i-1)\Delta}^{a+i\Delta} p(x) \mathrm{d}x = p(x_i)\Delta \tag{3.25}$$

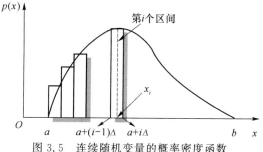

图 3.5 连续随机变量的概率密度函数

其中，x_i 是 $a+(i-1)\Delta$ 到 $a+i\Delta$ 之间的某一值。当 $p(x)$ 是 X 的连续函数时，由中值定理可知，必存在一个 x_i 值使式(3.25)成立，这样连续变量 X 就可用取值为 $x_i,i=1,2,\cdots,n$ 的离散变量来近似，连续信源就被量化成离散信源，这 n 个取值对应的概率分布为 $p_i=p(x_i)\Delta$，这时的离散信源熵是

$$H(X) = -\sum_{i=1}^{n} p(x_i)\Delta \log[p(x_i)\Delta] \tag{3.26}$$

$$= -\sum_{i=1}^{n} p(x_i)\Delta \log p(x_i) - \sum_{i=1}^{n} p(x_i)\Delta \log \Delta$$

当 $n\to\infty$ 时，$\Delta\to 0$，如果式(3.26)的极限存在，离散信源熵就变成了连续信源的熵，即

$$\lim_{\substack{n\to\infty \\ \Delta\to 0}} H(X) = \lim_{\substack{n\to\infty \\ \Delta\to 0}} -\sum_{i=1}^{n} p(x_i)\Delta \log p(x_i) - \lim_{\substack{n\to\infty \\ \Delta\to 0}} \sum_{i=1}^{n} p(x_i)\Delta \log \Delta \tag{3.27}$$

$$= -\int_a^b p(x)\log p(x)\mathrm{d}x - \lim_{\substack{n\to\infty \\ \Delta\to 0}} \log \Delta \int_a^b p(x)\mathrm{d}x \tag{3.28}$$

$$= -\int_a^b p(x)\log p(x)\mathrm{d}x - \lim_{\substack{n\to\infty \\ \Delta\to 0}} \log \Delta \tag{3.29}$$

式(3.29)的第一项一般是定值，第二项为无穷大量，因此连续信源的熵实际上是无穷大量。这一点是可以理解的，因为连续信源的可能取值是无限多的，所以它的不确定性是无限大的，当确知输出为某值后，所获得的信息量也是无限大的。在丢掉第二项后，定义第一项为连续信源的**微分熵**：

$$h(X) = -\int_{\mathbf{R}} p(x)\log p(x)\mathrm{d}x \tag{3.30}$$

微分熵又称为**差熵**。虽然 $h(X)$ 已不能代表连续信源的平均不确定性，也不能代表连续信源输出的信息量，但是它具有和离散熵相同的形式，也具有离散熵的主要特性，如可加性，但是不具有非负性。另外，我们在实际问题中常常考虑的是熵差，如平均互信息，在讨论熵差时，只要两者离散逼近时所取的间隔 Δ 一致，这两个无穷大量就将互相抵消，所以熵差具有信息的特性，如非负性。由此可见，连续信源的熵 $h(X)$ 具有相对性。

同样，可以定义两个连续随机变量的**联合熵**

$$h(XY) = -\iint_{\mathbf{R}^2} p(xy)\log p(xy)\mathrm{d}x\mathrm{d}y \tag{3.31}$$

及**条件熵**

$$h(Y|X) = -\iint_{\mathbf{R}^2} p(xy)\log p(y|x)\mathrm{d}x\mathrm{d}y \tag{3.32}$$

$$h(X|Y) = -\iint_{\mathbf{R}^2} p(xy)\log p(x|y)\mathrm{d}x\mathrm{d}y \tag{3.33}$$

并且它们之间也有与离散随机变量一样的相互关系：

$$h(XY) = h(X) + h(Y|X) = h(Y) + h(X|Y) \tag{3.34}$$

$$h(X|Y) \leqslant h(X) \tag{3.35}$$

$$h(Y|X) \leqslant h(Y) \tag{3.36}$$

【例 3.8】 X 是在区间 (a,b) 内服从均匀分布的连续随机变量，求微分熵。

$$p(x) = \begin{cases} \dfrac{1}{b-a} & x \in (a,b) \\ 0 & x \notin (a,b) \end{cases}$$

解 $h(X) = -\int_a^b p(x)\log p(x)\mathrm{d}x = -\int_a^b \dfrac{1}{b-a}\log\dfrac{1}{b-a}\mathrm{d}x = \log(b-a)$

- 当 $(b-a)>1$ 时，$h(X)>0$；
- 当 $(b-a)=1$ 时，$h(X)=0$；
- 当 $(b-a)<1$ 时，$h(X)<0$。

这说明连续熵不具有非负性，失去了信息的部分含义和性质(但是熵差具有信息的特性)。

【例 3.9】 求均值为 m、方差为 σ^2 的高斯分布的随机变量的微分熵。

解 高斯随机变量的概率密度为

$$p(x) = \dfrac{1}{\sqrt{2\pi}\sigma}\mathrm{e}^{-\frac{(x-m)^2}{2\sigma^2}}$$

微分熵为

$$\begin{aligned}
h(X) &= -\int_{-\infty}^{+\infty} p(x)\log p(x)\mathrm{d}x \\
&= -\int_{-\infty}^{+\infty} p(x)\log\left[\dfrac{1}{\sqrt{2\pi}\sigma}\mathrm{e}^{-\frac{(x-m)^2}{2\sigma^2}}\right]\mathrm{d}x \\
&= -\int_{-\infty}^{+\infty} p(x)\log\dfrac{1}{\sqrt{2\pi}\sigma}\mathrm{d}x - \log\mathrm{e}\int_{-\infty}^{+\infty} p(x)\left[-\dfrac{(x-m)^2}{2\sigma^2}\right]\mathrm{d}x \\
&= \log\sqrt{2\pi}\sigma + \log\mathrm{e}\int_{-\infty}^{+\infty} p(x)\dfrac{(x-m)^2}{2\sigma^2}\mathrm{d}x \\
&= \log\sqrt{2\pi}\sigma + \dfrac{1}{2}\log\mathrm{e} \\
&= \log\sqrt{2\pi\mathrm{e}}\sigma
\end{aligned}$$

这里对数以 2 为底，所得微分熵的单位为比特/样值；如果对数以 e 为底，则得到

$$h(X) = \ln\sqrt{2\pi\mathrm{e}}\sigma \quad \text{奈特/样值}$$

我们看到，正态分布的连续信源的微分熵与数学期望 m 无关，只与方差 σ^2 有关。

【例 3.10】 求指数分布的随机变量的微分熵。

$$p(x) = \begin{cases} \dfrac{1}{a}\mathrm{e}^{-\frac{x}{a}} & x>0 \\ 0 & x\leqslant 0 \end{cases}$$

解 $\begin{aligned}[t]
h(X) &= -\int_{-\infty}^{+\infty} p(x)\ln p(x)\mathrm{d}x \\
&= -\int_0^{+\infty} p(x)\ln\left(\dfrac{1}{a}\mathrm{e}^{-\frac{x}{a}}\right)\mathrm{d}x \\
&= -\int_0^{+\infty} p(x)\ln\dfrac{1}{a}\mathrm{d}x - \int_0^{+\infty} p(x)\ln\mathrm{e}^{-\frac{x}{a}}\mathrm{d}x \\
&= \ln a\int_0^{+\infty} p(x)\mathrm{d}x + \dfrac{1}{a}\ln\mathrm{e}\int_0^{+\infty} xp(x)\mathrm{d}x \quad \left(\int_0^{+\infty} xp(x)\mathrm{d}x = a, \int_0^{+\infty} p(x)\mathrm{d}x = 1\right) \\
&= \ln a + \ln\mathrm{e} \\
&= \ln a\mathrm{e}
\end{aligned}$

所以，指数分布的相对熵只取决于信源的均值 a。

【例 3.11】 求 N 维高斯信源的熵。

解 把 N 维高斯信源输出的 N 维连续随机矢量记为列向量，则其转置为行向量：$\boldsymbol{X}=(X_1,X_2,\cdots,X_N)^{\mathrm{T}}$，其均值矢量 $\boldsymbol{M}=(m_1,m_2,\cdots,m_N)^{\mathrm{T}}$，协方差矩阵为

$$\boldsymbol{R}=\begin{pmatrix} r_{11} & r_{12} & \cdots & r_{1N} \\ r_{21} & r_{22} & \cdots & r_{2N} \\ \vdots & \vdots & & \vdots \\ r_{N1} & r_{N2} & \cdots & r_{NN} \end{pmatrix}$$

其中，$r_{ij}=E[(X_i-m_i)(X_j-m_j)]$，$i,j=1,2,\cdots,N$。$N$ 维联合概率密度为

$$p(x_1x_2\cdots x_N)=\frac{1}{(2\pi)^{\frac{N}{2}}|\boldsymbol{R}|^{\frac{1}{2}}}\exp\left[-\frac{1}{2}(\boldsymbol{X}-\boldsymbol{M})^{\mathrm{T}}\boldsymbol{R}^{-1}(\boldsymbol{X}-\boldsymbol{M})\right]$$

N 维联合熵为

$$\begin{aligned} & h(X_1X_2\cdots X_N) \\ =& -\int_{-\infty}^{+\infty}\int_{-\infty}^{+\infty}\cdots\int_{-\infty}^{+\infty} p(x_1x_2\cdots x_N)\ln p(x_1x_2\cdots x_N)\mathrm{d}x_1\mathrm{d}x_2\cdots\mathrm{d}x_N \\ =& -\int_{-\infty}^{+\infty}\int_{-\infty}^{+\infty}\cdots\int_{-\infty}^{+\infty} p(x_1x_2\cdots x_N)\left[-\ln\sqrt{(2\pi)^N|\boldsymbol{R}|}-\frac{1}{2}(\boldsymbol{X}-\boldsymbol{M})^{\mathrm{T}}\boldsymbol{R}^{-1}(\boldsymbol{X}-\boldsymbol{M})\right]\mathrm{d}x_1\mathrm{d}x_2\cdots\mathrm{d}x_N \\ =& \frac{1}{2}\ln[(2\pi)^N|\boldsymbol{R}|]+\int_{-\infty}^{+\infty}\int_{-\infty}^{+\infty}\cdots\int_{-\infty}^{+\infty}\frac{1}{2}(\boldsymbol{X}-\boldsymbol{M})^{\mathrm{T}}\boldsymbol{R}^{-1}(\boldsymbol{X}-\boldsymbol{M})p(x_1x_2\cdots x_N)\mathrm{d}x_1\mathrm{d}x_2\cdots\mathrm{d}x_N \\ =& \frac{1}{2}\ln[(2\pi)^N|\boldsymbol{R}|]+\frac{N}{2} \end{aligned}$$

当 $X_1,X_2,\cdots,X_N$ 统计独立时，$|\boldsymbol{R}|=\prod_{i=1}^{N}\sigma_i^2$，这时

$$h(X_1X_2\cdots X_N)=\frac{1}{2}\sum_{i=1}^{N}\ln\sigma_i^2+\frac{N}{2}\ln 2\pi+\frac{N}{2}$$

3.4.2 连续信源的最大熵

当信源符号为等概分布时，离散信源有最大熵。连续信源微分熵也有极大值，但是与约束条件有关，当约束条件不同时，信源的最大熵也不同。我们一般关心的是下面两种约束下的最大熵。

定理 3.2 在输出幅度受限的情况下，服从均匀分布的随机变量 X 具有最大熵，即

$$p(x)=\begin{cases}\dfrac{1}{b-a} & a\leqslant x\leqslant b \\ 0 & 其他\end{cases}$$

$$h(X)=-\int_a^b p(x)\log p(x)\mathrm{d}x=-\int_a^b\frac{1}{b-a}\log\frac{1}{b-a}\mathrm{d}x=\log(b-a)$$

因此，对于输出信号幅度受限的连续信源，当满足均匀分布时达到最大熵。这个结论与离散信源在等概分布时达到最大熵的结论类似。

定理 3.3 对于平均功率受限的连续随机变量，当服从高斯分布时具有最大熵。

对于均值为 m、方差为 σ^2 的连续随机变量,平均功率 $P=m^2+\sigma^2$。该定理的证明相当于在如下约束条件下求 $h(X)$ 的极值:

$$\int_{-\infty}^{+\infty} p(x)\mathrm{d}x = 1$$

$$\int_{-\infty}^{+\infty} xp(x)\mathrm{d}x = m$$

$$\int_{-\infty}^{+\infty} (x-m)^2 p(x)\mathrm{d}x = \sigma^2$$

可以证明,当 $h(X)$ 为极大值时,有

$$p(x) = \frac{1}{\sqrt{2\pi}\sigma}\exp\left[-\frac{(x-m)^2}{2\sigma^2}\right]$$

这时 $h(X)=\log\sqrt{2\pi e}\sigma$,参见例 3.9。

这说明,当平均功率受限时,高斯分布的连续信源的熵最大,也就是说,高斯信源输出的每个样值(也称自由度)提供的平均信息量最大,其大小随交流功率 σ^2 的变化而变化。

以上定理的证明需要用到数学上的变分法,请感兴趣的同学参考相关书籍。

3.4.3 连续信源的熵功率

与离散信源一样,在讨论了连续信源的最大熵问题之后,也要考虑没有达到最大熵的信源的冗余度问题。从这个角度出发,引出熵功率的概念。我们知道,在不同的约束条件下,连续信源有不同的最大熵,因为均值为零、平均功率受限的连续信源是实际中最常见的一种信源,我们重点讨论这种信源的冗余问题。

均值为零、平均功率限定为 P 的连续信源在服从高斯分布时达到最大熵:

$$h_0(X)=\ln\sqrt{2\pi e\sigma^2}=\ln\sqrt{2\pi eP} \tag{3.37}$$

也就是说,高斯信源的熵值与 P 有确定的对应关系:

$$P=\frac{1}{2\pi e}e^{2h_0(X)} \tag{3.38}$$

如果另一个信源的平均功率也为 P,但不是高斯分布,那么它的熵值 $h(X)$ 一定比高斯信源的熵 $h_0(X)$ 小。反过来说,如果有一个信源与这个高斯信源有相同的熵 $h(X)$,则它的平均功率 $P\geqslant\overline{P}$,$\overline{P}$ 为高斯信源的平均功率,因为对于非高斯信源,$h(X)\leqslant\ln\sqrt{2\pi e\overline{P}}$,而对于高斯信源,$h(X)=\ln\sqrt{2\pi e\overline{P}}$。

现在假定某连续信源的熵为 $h(X)$,平均功率为 P,则与它具有相同熵的高斯信源的平均功率 $\overline{P}$ 定义为**熵功率**,即

$$\overline{P}=\frac{1}{2\pi e}e^{2h(X)} \tag{3.39}$$

所以,$\overline{P}\leqslant P$,当该连续信源为高斯信源时等号成立。

$\overline{P}$ 的大小可以表示连续信源剩余度的大小。熵功率等于信源的平均功率,则说明信源没有剩余;熵功率和信源的平均功率相差越大,则说明信源的剩余度越大,所以把信源平均功率和熵功率之差 $P-\overline{P}$ 称为**连续信源的剩余度**。

习 题 3

3.1 证明: $\lim_{n\to\infty} \frac{1}{2}H(X_n X_{n-1}|X_1 \cdots X_{n-2}) = H_\infty$。

3.2 有一无记忆信源的符号集为$\{0,1\}$,已知信源的概率空间为$\begin{pmatrix} X \\ P \end{pmatrix} = \begin{pmatrix} 0 & 1 \\ 1/4 & 3/4 \end{pmatrix}$。

(1) 求信源熵;

(2) 求由m个"0"和$100-m$个"1"构成的某一特定序列的自信息量的表达式;

(3) 计算由100个符号构成的符号序列的熵。

3.3 有一离散无记忆信源,其输出为$X \in \{0,1,2\}$,相应的概率为$p_0 = 1/4, p_1 = 1/4, p_2 = 1/2$,设计两个独立实验去观察它,其结果分别为$Y_1 \in \{0,1\}, Y_2 \in \{0,1\}$,已知条件概率分别如题表3.1和题表3.2所示。

题表3.1

X	Y_1	
	0	1
0	1	0
1	0	1
2	$\frac{1}{2}$	$\frac{1}{2}$

题表3.2

X	Y_2	
	0	1
0	1	0
1	1	0
2	0	1

(1) 求$I(X;Y_1)$和$I(X;Y_2)$,并判断哪一个实验较好;

(2) 求$I(X;Y_1 Y_2)$,并计算做Y_1和Y_2两个实验比做Y_1或Y_2中的一个实验各可多得多少关于X的信息;

(3) 求$I(X;Y_1|Y_2)$和$I(X;Y_2|Y_1)$,并解释它们的含义。

3.4 某信源的消息符号集的概率分布和二进制代码如题表3.3所示。

题表3.3

信源符号	u_0	u_1	u_2	u_3
概率	1/2	1/4	1/8	1/8
代码	0	10	110	111

(1) 求信源的符号熵;

(2) 求平均每个消息符号所需要的二进制码元的个数或平均代码长度,进而用这一结果求码序列中的二进制码元的熵;

(3) 当消息由符号序列组成时,若各符号之间相互独立,求其对应的二进码序列中出现"0"和"1"的无条件概率$p(0)$和$p(1)$,以及相邻码元间的条件概率$p(0|1)$、$p(1|0)$、$p(1|1)$和$p(0|0)$。

3.5 二次扩展信源的熵为$H(X^2)$,而一阶马尔可夫信源的熵为$H(X_2|X_1)$。试比较

两者的大小,并说明原因。

3.6 一个马尔可夫过程的基本符号为 0、1、2,这 3 个符号等概率出现,并且具有相同的转移概率。

(1) 画出一阶马尔可夫过程的状态图,并求稳定状态下的一阶马尔可夫信源熵 H_1;

(2) 画出二阶马尔可夫过程的状态图,并求稳定状态下二阶马尔可夫信源熵 H_2 和信源剩余度。

3.7 一阶马尔可夫信源的状态转移如题图 3.1 所示,信源 X 的符号集为 $\{0,1,2\}$。

(1) 求平稳后信源的概率分布;

(2) 求信源熵 H_∞;

(3) 求当 $p=0$ 或 $p=1$ 时信源的熵,并说明理由。

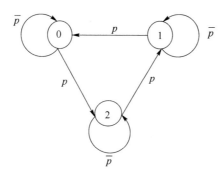

题图 3.1

3.8 有一个二元无记忆信源,其发出 0 的概率为 p,而 $p\approx 1$,所以在发出的二元序列中经常出现的是那些一串为 0 的序列(称为高概率序列)。对于这样的信源,我们可以用另一个新信源来代替,新信源中只包含这些高概率序列。这时新信源 $S_n=\{s_1,s_2,s_3,\cdots,s_n,s_{n+1}\}$,共有 $n+1$ 个符号,它与高概率的二元序列的对应关系如下。

- 二元序列:$1,01,001,\cdots,00\cdots01$(共 $n-1$ 个 0),$00\cdots000$(共 n 个 0)。
- 新信源符号:$s_1,s_2,s_3,\cdots,s_n,s_{n+1}$。

(1) 求 $H(S_n)$;

(2) 当 $n\to\infty$ 时,求信源的熵 $H(S)=\lim_{n\to\infty}H(S_n)$。

3.9 给定状态转移概率矩阵,$\mathbf{P}=\begin{pmatrix}1-p & p \\ 1 & 0\end{pmatrix}$,求:

(1) 此两状态马尔可夫链的熵率 H_∞;

(2) 此熵率的极大值及相应的 p;

(3) 在达到最大熵率的情况下,求出每一个 n 长序列的概率。

3.10 在一个 3×3 的国际象棋棋盘上,分别计算"王""车""左象""右象"和"后"随机行走的概率。

3.11 题图 3.2 是一张有 4 个节点的随机行走图,从任何一个节点走到下一个节点的概率都相等。

(1) 求随机行走的稳态分布;

(2) 求随机行走的熵率。

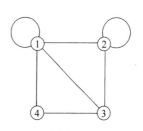

题图 3.2

3.12 求具有如下概率密度函数的随机变量的熵。

(1) 指数分布 $f(x)=\lambda e^{-\lambda x}, x \geq 0$；

(2) $f(x)=\dfrac{1}{2}\lambda e^{-\lambda|x|}$；

(3) 单边高斯密度 $f(x)=\dfrac{2}{\sqrt{2\pi\sigma^2}}e^{-x^2/2\sigma^2}, x \geq 0$。

3.13 连续随机变量 X 和 Y 的联合概率密度为

$$p(xy)=\dfrac{1}{2\pi\sqrt{SN}}\exp\left\{-\dfrac{1}{2N}\left[x^2\left(1+\dfrac{N}{S}\right)-2xy+y^2\right]\right\}$$

试求 $h(X)$、$h(Y)$、$h(Y|X)$ 和 $I(X;Y)$。

3.14 一信源产生的时不变波形信号（信号统计特性不随时间而变）的带宽 $W=4\text{ kHz}$，幅度分布为

$$p(x)=e^{-x} \quad x\geq 0$$

设在信号幅度 $0\sim 2$ 区间按量化单位 $\Delta=0.5$ 做量化，试求该信源的信息输出率。

3.15 随机变量 X 和 Y 的联合概率密度函数在曲线 $y=\dfrac{1}{\sqrt{2\pi}}e^{-x^2/2}$ 和 x 轴所组成的区域内均匀分布，如题图 3.3 所示。

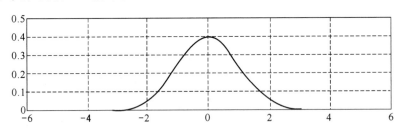

题图 3.3

(1) 求 $h(X,Y)$；

(2) 求 $h(X)$；

(3) Y 的概率密度函数为 $f(y)=2\sqrt{-2\ln(y\sqrt{2\pi})}, 0<y\leq 1/\sqrt{2\pi}$。证明：

$$-\dfrac{1}{2}\ln 2\pi-\dfrac{1}{2}<h(Y)<-\dfrac{1}{2}\ln 2\pi$$

3.16 给定状态转移概率矩阵 $\mathbf{P}=\begin{pmatrix}1-\alpha & \alpha \\ \beta & 1-\beta\end{pmatrix}$，求此两状态马尔可夫信源的熵率 H_∞。

3.17 在布袋中有手感完全相同的 3 个红球和 3 个蓝球，每次从中随机取出一个球，取出后不放回布袋。用 X_i 表示第 i 次取出的球的颜色，$i=1,2,\cdots,6$，求：

(1) $H(X_1)$；

(2) $H(X_2)$；

(3) $H(X_2|X_1)$；

(4) 随着 k 的增加，$H(X_k|X_1\cdots X_{k-1})$ 是增加还是减少？请解释。

(注：所有的答案用 $H(p)$ 的形式表示。)

3.18 已知一个二元一阶马尔可夫信源的状态转移概率矩阵为 $\boldsymbol{P}=\begin{pmatrix}0.9 & 0.1\\ 0.2 & 0.8\end{pmatrix}$。

(1) 求此马尔可夫信源的熵率;

(2) 求符号序列 1000011 的概率(根据平稳分布确定第一个符号的概率);

(3) 计算分布函数 $F(x)=P[(X_1X_2\cdots)<x]$ 在 $x=1000011$ 时的值。

3.19 盒子里有两枚偏畸硬币,硬币 1 正面向上的概率为 p,硬币 2 正面向上的概率为 $1-p$,$0<p<0.5$。随机取一枚硬币并且连续投掷。用 $Z\in\{1,2\}$ 表示所选择的硬币,X_1,X_2,X_3,$\cdots$ 表示每次投掷的结果(正面或反面)。

(1) X_1,X_2,X_3,$\cdots$ 是否为平稳过程?是否为马尔可夫过程?

(2) 求 $H(X_1X_2\cdots X_n|Z)$;

(3) 求 $I(X_1;X_2|Z)$;

(4) 求 $H(X_1X_2)$;

(5) 求 $I(X_1;X_2)$ 和 $I(X_3;X_{729})$;

(6) 求熵率 $H_\infty=\lim\limits_{n\to\infty}\dfrac{1}{n}H(X_1X_2\cdots X_n)$;

(7) 求熵率 $\lim\limits_{n\to\infty}H(Z|X_1X_2\cdots X_n)$。

3.20 一个二元一阶马尔可夫信源的状态转移如题图 3.4 所示。计算当 $p_{12}=0.2$,$p_{21}=0.3$ 时该马尔可夫信源的熵率,并求具有同样的符号概率分布的离散无记忆信源的熵。

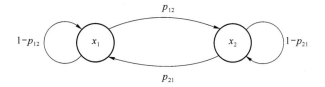

题图 3.4

3.21 求具有如下概率密度函数的连续随机变量的微分熵($\lambda>0$):

$$f_X(x)=\begin{cases}(x+\lambda)/\lambda^2 & -\lambda\leqslant x\leqslant 0\\ (-x+\lambda)/\lambda^2 & 0<x\leqslant\lambda\\ 0 & \text{其他}\end{cases}$$

3.22 $\boldsymbol{X}$ 是 n 维连续型随机矢量,$\boldsymbol{Y}=\boldsymbol{A}\boldsymbol{X}$ 是 $\boldsymbol{X}$ 的线性变换,并且 $\boldsymbol{A}$ 是一个 $n\times n$ 的非奇异矩阵,证明 $h(\boldsymbol{Y})=\log|\det(\boldsymbol{A})|+h(\boldsymbol{X})$。

3.23 设以 8 000 样值/秒的速率对一语音信号进行抽样,并以 $M=2^8=256$ 级对抽样进行均匀量化,设抽样值取各量化值的概率相等,且抽样间相互统计独立。

(1) 求每抽样的信息熵;

(2) 求信源的信息输出率。

第 4 章 信道及信道容量

信道及信道容量

信道是指信息传输的通道,包括空间传输信道和时间传输信道。在实际通信中所利用的各种物理通道是空间传输信道最典型的例子,如电缆、光纤、电波的传输空间、载波线路等;时间传输是指将信息保存,以便以后读取,如磁带、光盘等就是在时间上将信息进行传输的信道。有时把为了某种目的而使信息不得不经过的通道也看作信道,例如,一个分类器的输入到输出就可以看作一个信道。这里最关键的是信道有一个输入以及一个与输入有关的输出。至于信道本身的物理结构,则可能是千差万别的,最简单的如一个放大器的输入到输出,而复杂的如一条国际通信线路,其中可能包括终端设备、电缆、微波等。信息论研究的信道的输入点和输出点在一个实际物理通道中所处位置的选择完全取决于研究的目的。例如,在通信中可以把发送天线到接收天线之间的通道看作信道,也可以把从话机到话机之间的通道看作信道。

关于信道的主要问题有:
- 信道的建模(信道统计特性的描述);
- 信道传输信息能力(信道容量)的计算;
- 在有噪信道中能不能实现可靠传输?怎样实现可靠传输?

本章要回答前两个问题,第 6 章回答第三个问题。我们将按信道的分类介绍信道的数学模型及信道容量的计算。

4.1 信道的分类

在通信中,信道按其物理组成常被分成微波信道、光纤信道、电缆信道等,这种分类是因为信号在这些信道中传输时遵循不同的物理规律,而通信技术必须研究这些规律以获得信号在这些信道中的传输特性。信息论不研究怎样获得这些传输特性,而是假定传输特性是已知的,并在此基础上研究信息的传输问题。

由上可知,信息论不研究信号在信道中传输的物理过程,它假定信道的传输特性是已知的,这样信道就可以用图 4.1 所示的抽象数学模型来描述。由于信道的输入随机变量 X 和输出随机变量 Y 之间往往没有确定的关系,在信息论

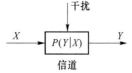

图 4.1 信道模型

中,信道用在输入已知的情况下输出的条件概率分布$P(Y|X)$来表示,再加上输入随机变量X和输出随机变量Y,通常表示成:$\{X,P(Y|X),Y\}$。

根据实际应用的需要,信道有几种分类方法。

1. 按其输入/输出信号在幅度和时间上的取值是离散还是连续来划分

此分类方式如表 4.1 所示。

表 4.1 按输入/输出信号在幅度和时间上是离散还是连续划分

幅度	时间	信道名称
离散	离散	离散信道(数字信道)
连续	离散	连续信道
连续	连续	模拟信道(波形信道)
离散	连续	(理论和实用价值均很小)

2. 按其输入/输出信号之间关系的记忆特性来划分

按这种分类方式,信道可分为有记忆信道和无记忆信道。如果信道的输出只与信道该时刻的输入有关而与其他时刻的输入、输出都无关,则称此信道是**无记忆的**,反之称为**有记忆的**。实际信道一般都是有记忆的,信道中的记忆现象来源于物理信道中的惯性,如电缆信道中的电感电容、无线信道中电波传播的衰落现象等。有记忆信道的分析比较复杂,有用的研究成果很少,因此我们主要研究无记忆信道。

3. 按输入/输出信号之间的关系是否确定来划分

按这种分类方式,信道可分为有噪声信道和无噪声信道。一般来说,因为信道中总是存在某种程度的噪声,所以信道输入/输出之间的关系是一种统计依赖的关系。但是当噪声与信号相比强度很小时,可以将信道近似为无噪声信道。有噪声信道是信息论研究的主要对象。信道输入、输出以及信道输入、输出信号之间的统计关系的描述就构成了有噪声信道的数学模型。

4. 根据信道输入和输出的个数来划分

① 两端信道(单用户信道):只有一个输入端和一个输出端的单向通信的信道。

② 多端信道(多用户信道):双向通信以及 3 个或更多个用户之间相互通信的信道。

本书主要研究两端信道的情况。

5. 根据信道的统计特性是否随时间变化来划分

① 恒参信道(平稳信道):信道的统计特性不随时间变化。卫星通信信道在某种意义上可以近似为恒参信道。

② 随参信道(非平稳信道):信道的统计特性随时间变化。在短波通信中,其信道可看作随参信道。

本书主要研究恒参信道的情况。

4.2 离散单符号信道及其信道容量

4.2.1 离散单符号信道的数学模型

信道的输入、输出都取值于离散符号集,且都用一个随机变量来表示的信道就是离散单符号信道。它是最简单的信道,是实际信道的基本组成单元。

设离散单符号信道的输入随机变量为 X,其所有可能的取值为 $x_i, i=1,2,\cdots,r$,输出随机变量为 Y,其所有可能的取值为 $y_j, j=1,2,\cdots,s$,由于信道中存在干扰,因此输入符号在传输中会产生错误,这种信道干扰对传输的影响可用传递概率 $p(y_j|x_i)$ 来描述:

$$p(y_j|x_i)=P_r\{Y=y_j|X=x_i\} \quad i=1,2,\cdots,r; j=1,2,\cdots,s$$

信道传递概率实际上是一个传递概率矩阵,称为**信道矩阵**,记为

$$\boldsymbol{P} = \begin{matrix} & \begin{matrix} y_1 & y_2 & \cdots & y_s \end{matrix} \\ \begin{matrix} x_1 \\ x_2 \\ \vdots \\ x_r \end{matrix} & \begin{bmatrix} p(y_1|x_1) & p(y_2|x_1) & \cdots & p(y_s|x_1) \\ p(y_1|x_2) & p(y_2|x_2) & \cdots & p(y_s|x_2) \\ \vdots & \vdots & & \vdots \\ p(y_1|x_r) & p(y_2|x_r) & \cdots & p(y_s|x_r) \end{bmatrix} \end{matrix}$$

为了表述简便,常常写成

$$\boldsymbol{P} = \begin{bmatrix} p_{11} & p_{12} & \cdots & p_{1s} \\ p_{21} & p_{22} & \cdots & p_{2s} \\ \vdots & \vdots & & \vdots \\ p_{r1} & p_{r2} & \cdots & p_{rs} \end{bmatrix}$$

并且传递概率满足 $p_{ij} \geqslant 0, \sum_{j=1}^{s} p_{ij} = 1, i=1,2,\cdots,r$,即信道矩阵中每个元素均为非负,每一行元素之和为 1。

最常见的信道是二元对称信道(Binary Symmetric Channel, BSC),如图 4.2 所示,其输入符号集和输出符号集分别为 $X=\{0,1\}$ 和 $Y=\{0,1\}$。其信道传递概率为

$$p(y_1|x_1) = p(0|0) = 1-p = \bar{p}$$
$$p(y_2|x_1) = p(1|0) = p$$
$$p(y_2|x_2) = p(1|1) = 1-p = \bar{p}$$
$$p(y_1|x_2) = p(0|1) = p$$

图 4.2 二元对称信道

其中,$\bar{p}$ 表示单个符号无错误传输的概率,p 表示单个符号传输发生错误的概率。所以,二元对称信道的信道矩阵为 $\boldsymbol{P} = \begin{pmatrix} \bar{p} & p \\ p & \bar{p} \end{pmatrix}$,它满足 $\sum_{j=1}^{2} p(y_j|x_1) = \sum_{j=1}^{2} p(y_j|x_2) = 1$。

下面推导一般离散单符号信道的一些概率关系。

设信道输入随机变量的概率空间为

$$\begin{pmatrix} X \\ P(X) \end{pmatrix} = \begin{pmatrix} x_1 & \cdots & x_2 & \cdots & x_r \\ p(x_1) & \cdots & p(x_2) & \cdots & p(x_r) \end{pmatrix}$$

并且 $\sum_{i=1}^{r} p(x_i) = 1, 0 \leqslant p(x_i) \leqslant 1, i=1,2,\cdots,r$。又设输出符号集为 $Y=\{y_1,y_2,\cdots,y_s\}$，给定信道矩阵为

$$\boldsymbol{P} = \begin{bmatrix} p(y_1|x_1) & p(y_2|x_1) & \cdots & p(y_s|x_1) \\ p(y_1|x_2) & p(y_2|x_2) & \cdots & p(y_s|x_2) \\ \vdots & \vdots & & \vdots \\ p(y_1|x_r) & p(y_2|x_r) & \cdots & p(y_s|x_r) \end{bmatrix}$$

(1) 输入输出随机变量的联合概率分布为 $P_r\{X=x_i,Y=y_j\}=p(x_iy_j)$，则有

$$p(x_iy_j) = p(x_i)p(y_j|x_i) = p(y_j)p(x_i|y_j) \tag{4.1}$$

其中：$p(y_j|x_i)$ 是信道传递概率，即输入为 x_i，通过信道传输输出 y_j 的概率，称为**前向概率**，通常用它描述信道噪声的特性；而 $p(x_i|y_j)$ 是已知信道输出符号 y_j 时，输入符号为 x_i 的概率，称为**后向概率**。有时把 $p(x_i)$ 称为输入符号的**先验概率**（在接收到输出符号之前，判断输入符号为 x_i 的概率），而对应地把 $p(x_i|y_j)$ 称为输入符号的**后验概率**（接收到输出符号 y_j 之后，判断输入符号为 x_i 的概率）。

(2) 根据全概率公式，可从先验概率和信道传递概率求输出符号的概率：

$$p(y_j) = \sum_{i=1}^{r} p(x_i)p(y_j|x_i) \tag{4.2}$$

写成向量的形式为

$$(p(y_1),p(y_2),\cdots,p(y_s)) = (p(x_1),p(x_2),\cdots,p(x_r)) \cdot \boldsymbol{P}$$

或记成

$$\boldsymbol{P}_Y = \boldsymbol{P}_X \boldsymbol{P}_{Y|X}$$

(3) 根据贝叶斯公式，可由先验概率和信道的传递概率求后向概率：

$$p(x_i|y_j) = \frac{p(x_iy_j)}{p(y_j)} = \frac{p(x_i)p(y_j|x_i)}{\sum_{i=1}^{r} p(x_i)p(y_j|x_i)} \quad i=1,2,\cdots,r; j=1,2,\cdots,s \tag{4.3}$$

且 $\sum_{i=1}^{r} p(x_j|y_i) = 1, j=1,2,\cdots,s$。

4.2.2 信道容量的概念

平均互信息 $I(X;Y)$ 是接收到输出符号集 Y 后所获得的关于输入符号集 X 的信息量。信源的不确定性为 $H(X)$，由于干扰的存在，接收端收到 Y 后对信源仍然存在的不确定性为 $H(X|Y)$，$H(X|Y)$ 又称为**信道疑义度**。信宿所消除的关于信源的不确定性也就是获得的关于信源的信息为 $I(X;Y)$，它是平均意义上每传输一个符号流经信道的信息量，从这个意义上来说，平均互信息 $I(X;Y)$ 又称为信道的**信息传输率**，通常用 R（单位为比特/符号）表示，即

$$R = I(X;Y) = H(X) - H(X|Y) \tag{4.4}$$

有时我们所关心的是信道在单位时间内平均传输的信息量。如果平均传输一个符号的时间为 t 秒,则信道平均每秒传输的信息量(单位为比特/秒)为

$$R_t = \frac{1}{t} I(X;Y) \tag{4.5}$$

一般称为**信息传输速率**。

$I(X;Y)$ 是信源概率分布 $p(x_i)$ 和信道转移概率 $p(y_j|x_i)$ 的二元函数,当信道特性 $p(y_j|x_i)$ 固定后,$I(X;Y)$ 是 $p(x_i)$ 的一元函数,并且由定理 2.1 可知,对于给定的信道转移概率 $p(y_j|x_i)$,$I(X;Y)$ 是输入分布 $p(x_i)$ 的上凸函数。因此对于固定的信道,总存在一种信源(某种输入概率分布)使信道传输一个符号接收端获得的平均信息量最大,也就是说,对于每个固定信道都有一个最大的信息传输率,这个最大的信息传输率即为**信道容量**,而相应的输入概率分布称为**最佳输入分布**。

因此,对于某一个固定信道,必然有一个最佳输入分布使 $I(X;Y)$ 得到极大值。因此,信道容量是信道转移概率的函数,它是由信道的统计特性决定的,是信道的最大信息传输率。

定义 4.1 信道容量为平均互信息对于输入概率分布的最大值:

$$C = \max_{p(x)} I(X;Y) \tag{4.6}$$

其单位依所用的对数底不同可以是比特/符号、奈特/符号等。

若平均传输一个符号需要 t 秒,则信道在单位时间内平均传输的最大信息量为

$$C_t = \max_{p(x)} I(X;Y) \tag{4.7}$$

信道容量是信道传输信息的最大能力的度量,信道实际传输的信息量必然不大于信道容量。如果待传输的信息量大于信道容量,则在传输过程中将会发生错误。这是第 6 章信道编码定理即香农第二定理的内容。

下面以二元对称信道为例来说明信道容量与输入概率分布和信道转移概率的关系。

【**例 4.1**】 输入概率分布 $\begin{pmatrix} X \\ P(X) \end{pmatrix} = \begin{pmatrix} 0 & 1 \\ \omega & \bar{\omega} \end{pmatrix}$,信道矩阵为 $\boldsymbol{P} = \begin{pmatrix} \bar{p} & p \\ p & \bar{p} \end{pmatrix}$,$p$ 为信道错误传递概率。求二元对称信道的信道容量。

解 二元对称信道的平均互信息为

$$I(X;Y) = H(Y) - H(Y|X) = H(\omega \bar{p} + \bar{\omega} p) - H(p)$$

当固定信道时,p 是一个固定常数,$I(X;Y)$ 是输入概率分布的上凸函数,因此存在一个关于 ω 的极大值,当 $\omega = \bar{\omega} = \frac{1}{2}$ 时,$H(\omega \bar{p} + \bar{\omega} p) = H\left(\frac{1}{2}\right) = 1$,于是二元对称信道的信道容量(单位为比特/符号)为 $C = 1 - H(p)$。

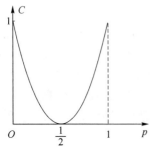

图 4.3 二元对称信道的信道容量

由此可见,信道容量 C 仅为信道传递概率 p 的函数,而与信道输入随机变量 X 的概率分布无关。对于不同的二元对称信道,其传递概率 p 不同,信道容量也不同。

图 4.3 所示为不同二元对称信道的信道容量 C 与错误概率的函数关系。

当 $p=1/2$ 时,是一种最坏的信道,$C=0$,即该信道不能传输任何信息,信息全部损失在信道中了。而当 $p=0$ 或 $p=1$ 时,$C=1$,这是最好的情况,信道能够无失真地传

输信源信息。

4.2.3 几种特殊信道的信道容量

对于一般信道,求信道容量的计算是非常复杂的,需要对平均互信息 $I(X;Y)$ 求极大值。下面先讨论某些特殊类型信道的信道容量,然后讨论一般离散信道的信道容量。

1. 具有扩展性能的无损信道

无损信道的一个输入对应多个输出,如图 4.4 所示,其信道矩阵为

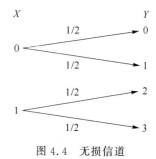

图 4.4 无损信道

$$P=\begin{pmatrix} \frac{1}{2} & \frac{1}{2} & 0 & 0 \\ 0 & 0 & \frac{1}{2} & \frac{1}{2} \end{pmatrix}$$

在无损信道的信道矩阵中每一列只有一个非零元素,接收到信道输出符号后对输入符号将不存在不确定性,即信道疑义度 $H(X|Y)=0$。同时 $H(X|Y)$ 又表示信源符号通过有噪信道传输后损失的信息量,因为如果没有信息损失的话,信源含有的信息量将全部到达接收端,接收端对信源不再有不确定性,所以 $H(X|Y)$ 又称为**损失熵**。对于无损信道,有

$$I(X;Y)=H(X)-H(X|Y)=H(X) \tag{4.8}$$

其信道容量为

$$C=\max_{p(x)} I(X;Y)=\max_{p(x)} H(X)=\log r \tag{4.9}$$

当信道输入等概分布时,信道达到信道容量。由于噪声熵 $H(Y|X)>0$,因此

$$I(X;Y)=H(X)<H(Y) \tag{4.10}$$

2. 具有归并性能的无噪信道

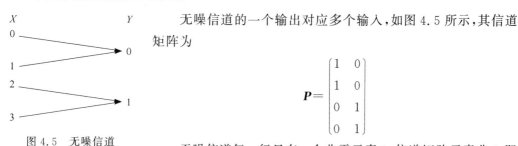

图 4.5 无噪信道

无噪信道的一个输出对应多个输入,如图 4.5 所示,其信道矩阵为

$$P=\begin{pmatrix} 1 & 0 \\ 1 & 0 \\ 0 & 1 \\ 0 & 1 \end{pmatrix}$$

无噪信道每一行只有一个非零元素 1,信道矩阵元素非 0 即 1。已知信道输入符号,必能确定输出符号,因此 $H(Y|X)=0$。$H(Y|X)$ 又称为**噪声熵**,因为是信道的噪声使得 $H(Y|X)\neq 0$。

无噪信道的信道容量为

$$C=\max_{p(x)} I(X;Y)=\max_{p(x)} H(Y)=\log s \tag{4.11}$$

当信道输出等概分布时,信道达到信道容量。但是输出端接收到某个符号后并不能确定是哪一个输入符号,因而信道疑义度 $H(X|Y)>0$,于是无噪信道的平均互信息为

$$I(X;Y) = H(Y) < H(X) \tag{4.12}$$

3. 具有一一对应关系的无噪无损信道

无噪无损信道输入、输出之间有确定的一一对应关系，即 $y = f(x)$ 且 $x = g(x)$，其信道传递概率为

$$p(y_j | x_i) = \begin{cases} 1 & y_j = f(x_i) \\ 0 & y_j \neq f(x_i) \end{cases}$$

如图 4.6 所示，其信道矩阵为

$$\boldsymbol{P} = \begin{pmatrix} 1 & 0 \\ 0 & 1 \end{pmatrix}$$

图 4.6 无噪无损信道

无噪无损信道的每一行、每一列只有一个 1，已知 X 后对 Y 不存在不确定性，收到 Y 后对 X 也不存在不确定性，所以噪声熵和损失熵均为零。这时

$$I(X;Y) = H(X) = H(Y) \tag{4.13}$$

其信道容量

$$C = \max_{p(x)} I(X;Y) = \max_{p(x)} H(Y) = \max_{p(x)} H(X) = \log s = \log r \tag{4.14}$$

当信道输入为等概分布时，输出也为等概分布，信道达到信道容量。

对于以上 3 种信道，求信道容量 C 的问题已经从求 $I(X;Y)$ 的极值问题转化为求 $H(X)$ 或 $H(Y)$ 的极值问题。信道容量 C 只取决于信道的输入符号数 r 或输出符号数 s，与信源无关，它表征信道的统计特性。

4.2.4 离散对称信道的信道容量

在离散信道中有一类特殊的信道，其特点是信道矩阵具有行对称性，利用这个对称性可以简化信道容量的计算。

定义 4.2 若在信道矩阵中，每行都是第一行元素的不同排列，则称此类信道为**行对称信道**。

例如，$\boldsymbol{P} = \begin{pmatrix} \frac{1}{3} & \frac{1}{3} & \frac{1}{6} & \frac{1}{6} \\ \frac{1}{6} & \frac{1}{3} & \frac{1}{6} & \frac{1}{3} \end{pmatrix}$ 和 $\boldsymbol{P} = \begin{pmatrix} \frac{1}{3} & \frac{1}{3} & \frac{1}{6} & \frac{1}{6} \\ \frac{1}{6} & \frac{1}{6} & \frac{1}{3} & \frac{1}{3} \end{pmatrix}$ 都是行对称信道。

定义 4.3 若在信道矩阵中，不仅每行都是第一行元素的不同排列，而且每列都是第一列元素的不同排列，则这类信道称为**对称信道**。

例如，$\boldsymbol{P} = \begin{pmatrix} \frac{1}{3} & \frac{1}{3} & \frac{1}{6} & \frac{1}{6} \\ \frac{1}{6} & \frac{1}{6} & \frac{1}{3} & \frac{1}{3} \end{pmatrix}$ 和 $\boldsymbol{P} = \begin{pmatrix} \frac{1}{2} & \frac{1}{3} & \frac{1}{6} \\ \frac{1}{6} & \frac{1}{2} & \frac{1}{3} \\ \frac{1}{3} & \frac{1}{6} & \frac{1}{2} \end{pmatrix}$ 都是对称信道。

定义 4.4 若在信道矩阵中，每行都是第一行元素的不同排列，每列并不都是第一列元素的不同排列，但是可以按照信道矩阵的列将信道矩阵划分成若干对称的子矩阵，则称这类信道为**准对称信道**。

例如，信道矩阵

$$\boldsymbol{P} = \begin{pmatrix} 0.8 & 0.1 & 0.1 \\ 0.1 & 0.1 & 0.8 \end{pmatrix}$$

可以划分成两个对称的子矩阵

$$\boldsymbol{P}_1 = \begin{pmatrix} 0.8 & 0.1 \\ 0.1 & 0.8 \end{pmatrix}$$

$$\boldsymbol{P}_2 = \begin{pmatrix} 0.1 \\ 0.1 \end{pmatrix}$$

因此它是准对称信道。

定义 4.5 若对称信道中的输入符号和输出符号个数相同,且信道中总的错误概率为 p,平均分配给 $r-1$ 个输出符号,r 为输入、输出符号的个数,即信道矩阵为

$$\boldsymbol{P} = \begin{pmatrix} \overline{p} & \dfrac{p}{r-1} & \dfrac{p}{r-1} & \cdots & \dfrac{p}{r-1} \\ \dfrac{p}{r-1} & \overline{p} & \dfrac{p}{r-1} & \cdots & \dfrac{p}{r-1} \\ \vdots & \vdots & \vdots & & \vdots \\ \dfrac{p}{r-1} & \dfrac{p}{r-1} & \dfrac{p}{r-1} & \cdots & \overline{p} \end{pmatrix}$$

则称此信道为**强对称信道**或**均匀信道**。

二元对称信道就是 $r=2$ 的均匀信道。在一般信道的信道矩阵中各行之和等于 1,但各列之和不一定等于 1,而在均匀信道中各列之和亦等于 1。

定理 4.1 对于对称信道,当输入分布为等概分布时,输出分布必能达到等概分布。

证明 当输入为等概分布时,$p(x_i) = \dfrac{1}{r}, i=1,2,\cdots,r$,输出为

$$p(y_j) = \sum_i p(x_i) p(y_j | x_i) = \frac{1}{r} \sum_i p(y_j | x_i) = \frac{1}{r} H_j \tag{4.15}$$

其中,$H_j = \sum_i p(y_j | x_i)$ 表示信道矩阵 $\boldsymbol{P}$ 中第 j 列元素之和。由信道的对称性可知,H_j 是一个与 j 无关的常数,每一列元素之和均为 H_j。由于信道矩阵每一行的元素之和为 1,因此 r 行元素之和为 r,并且 r 行元素之和必等于 s 列元素之和,即 $sH_j = r$,$H_j = r/s$,于是

$$p(y_j) = \frac{1}{r} H_j = \frac{1}{s} \quad j=1,2,\cdots,s \tag{4.16}$$

即当信道输入为等概分布 $p(x_j) = 1/r, i=1,2,\cdots,r$ 时,输出 $p(y_j) = 1/s, j=1,2,\cdots,s$ 亦为等概分布。

证毕。

定理 4.2 若一个离散对称信道具有 r 个输入符号、s 个输出符号,则当输入为等概分布时达到信道容量,且

$$C = \log s - H(p'_1, p'_2, \cdots, p'_s) \tag{4.17}$$

其中,$p'_1, p'_2, \cdots, p'_s$ 为信道矩阵中的任一行元素。

证明 平均互信息为

$$I(X;Y) = H(Y) - H(Y|X) \tag{4.18}$$

其中，噪声熵为

$$H(Y|X) = \sum_i \sum_j p(x_i y_j) \log \frac{1}{p(y_j|x_i)}$$
$$= \sum_i p(x_i) \sum_j p(y_j|x_i) \log \frac{1}{p(y_j|x_i)}$$
$$= \sum_i p(x_i) H(Y|x_i)$$

由于信道的对称性，$H(Y|x_i)$ 与 x_i 无关，且 $H(Y|x_i)=H(p_1',p_2',\cdots,p_s')$，所以

$$I(X;Y) = H(Y) - H(p_1',p_2',\cdots,p_s')$$

根据信道容量的定义可得

$$C = \max_{p(x)} I(X;Y) = \max_{p(x)} [H(Y) - H(p_1',p_2',\cdots,p_s')]$$
$$= \max_{p(x)} H(Y) - H(p_1',p_2',\cdots,p_s')$$

当输出 Y 为等概分布时，$H(Y)$ 达到最大 $\log s$，所以当信源 X 的概率分布使输出 Y 等概分布时，信道达到信道容量，并且

$$C = \log s - H(p_1',p_2',\cdots,p_s')$$

即离散对称信道的信道容量只与输出符号个数和信道矩阵中的任一行元素 $p_1',p_2',\cdots,p_s'$ 有关。

证毕。

推论 均匀信道的信道容量为 $C=\log r - p\log(r-1) - H(p)$。 (4.19)

证明 在均匀信道中输入、输出符号数相等，$r=s$，所以

$$C = \log r - H(p_1',p_2',\cdots,p_s')$$
$$= \log r - H(\overline{p}, \frac{p}{r-1}, \cdots, \frac{p}{r-1})$$
$$= \log r + \overline{p}\log\overline{p} + \frac{p}{r-1}\log\frac{p}{r-1} + \cdots + \frac{p}{r-1}\log\frac{p}{r-1}$$
$$= \log r + \overline{p}\log\overline{p} + p\log\frac{p}{r-1}$$
$$= \log r - p\log(r-1) + \overline{p}\log\overline{p} + p\log p$$
$$= \log r - p\log(r-1) - H(p)$$

其中，p 是总的错误传递概率，$\overline{p}$ 是正确传递概率。

证毕。

当输入为等概分布时，输出也为等概分布，信道达到信道容量。$r=2$ 的均匀信道常称为**二元对称信道**，这时 $C=1-H(p)$。

对于一般的离散行对称信道，信道容量 C 仍然可以写成

$$C = \max_{p(x)} H(Y) - H(p_1',p_2',\cdots,p_s') \tag{4.20}$$

但是不一定存在一种输入分布使输出达到等概分布，此时的信道容量为

$$C \leqslant \log s - H(p_1',p_2',\cdots,p_s') \tag{4.21}$$

而在离散对称信道的信道矩阵中每一列都是由同一组元素的不同排列组成的，所以保证了当输入符号 X 为等概分布时，输出符号 Y 也一定是等概分布，输出随机变量的熵可以达到 $\log s$。

对于离散准对称信道，由于不一定存在一种输入分布使输出等概，所以

$$C \leqslant \log s - H(p'_1, p'_2, \cdots, p'_s) \quad (4.22)$$

但是可以证明,当输入为等概分布时,可以达到信道容量

$$C = \log r - \sum_{k=1}^{n} N_k \log M_k - H(p'_1, p'_2, \cdots, p'_s)$$

其中,N_k 是 n 个子矩阵中第 k 个子矩阵的行元素之和,M_k 是第 k 个子矩阵中列元素之和。(证明留给读者作为习题。)

【例 4.2】 设某离散对称信道的信道矩阵为

$$\boldsymbol{P} = \begin{pmatrix} \dfrac{1}{2} & \dfrac{1}{3} & \dfrac{1}{6} \\ \dfrac{1}{6} & \dfrac{1}{2} & \dfrac{1}{3} \\ \dfrac{1}{3} & \dfrac{1}{6} & \dfrac{1}{2} \end{pmatrix}$$

求信道容量。

解 这是一个对称信道,所以

$$\begin{aligned} C &= \log s - H(p'_1, p'_2, \cdots, p'_s) \\ &= \log 3 - H\left(\dfrac{1}{2}, \dfrac{1}{3}, \dfrac{1}{6}\right) \\ &= \log 3 + \dfrac{1}{2}\log\dfrac{1}{2} + \dfrac{1}{3}\log\dfrac{1}{3} + \dfrac{1}{6}\log\dfrac{1}{6} \\ &= 0.126 \text{ 比特/符号} \end{aligned}$$

在这个对称信道中,每个符号平均能够传输的最大信息量为 0.126 比特。只有当信道输入符号是等概分布时才可以达到这个最大值。

【例 4.3】 求二元对称删除信道的信道容量。

$$\boldsymbol{P} = \begin{pmatrix} 1-p-q & q & p \\ p & q & 1-p-q \end{pmatrix}$$

解 这是一个准对称信道,$N_1 = 1-q, M_1 = 1-q, N_2 = q, M_2 = 2q$,所以

$$\begin{aligned} C &= \log r - \sum_{k=1}^{2} N_k \log M_k - H(p_1, p_2, \cdots, p_s) \\ &= \log 2 - (1-q)\log(1-q) - q\log(2q) - H(1-p-q, q, p) \end{aligned}$$

4.2.5 一般离散信道的信道容量

信道容量定义为在信道固定的条件下,平均互信息对所有可能的输入分布的极大值。前面已经导出,平均互信息 $I(X;Y)$ 是输入概率分布 $p(x)$ 的上凸函数,因此极大值必定存在。

在信道固定的条件下,平均互信息 $I(X;Y)$ 是 r 个变量 $p(x_i), i=1,2,\cdots,r$ 的多元函数,且满足约束条件 $\sum_{i=1}^{r} p(x_i) = 1$,故可用拉格朗日乘子法来求这个条件极值,即在

$$\begin{cases} p(x_i) \geqslant 0 \\ \sum_i p(x_i) = 1 \end{cases} \quad i=1,2,\cdots,r$$

条件下求 $I(X;Y)$ 的极值。因为 $I(X;Y)$ 是关于 $p(x_i)$ 的上凸函数，所以得到的极值是极大值。

设辅助函数

$$F = I(X;Y) - \lambda \sum_i p(x_i) \tag{4.23}$$

当 $\dfrac{\partial F}{\partial p(x_i)} = 0$ 时求得的 $I(X;Y)$ 的值即为信道容量。

整理式(4.23)得

$$\begin{aligned} F &= H(Y) - H(Y\mid X) - \lambda \sum_i p(x) \\ &= \sum_i p(x_i) \sum_j p(y_j\mid x_i) \log p(y_j\mid x_i) - \sum_j p(y_j) \log p(y_j) - \lambda \sum_i p(x_i) \end{aligned} \tag{4.24}$$

因为

$$p(y_j) = \sum_i p(x_i) p(y_j\mid x_i) \tag{4.25}$$

所以

$$\frac{\partial p(y_j)}{\partial p(x_i)} = p(y_j\mid x_i) \tag{4.26}$$

又因为

$$\log p(y_j) = \frac{\ln p(y_j)}{\ln 2} \tag{4.27}$$

$$\frac{\partial \log p(y_j)}{\partial p(x_i)} = \frac{\partial \ln p(y_j)}{\partial p(x_i)} \cdot \frac{1}{\ln 2} = \frac{1}{p(y_j)} \frac{\partial p(y_j)}{\partial p(x_i)} \log \mathrm{e} = \frac{1}{p(y_j)} p(y_j\mid x_i) \log \mathrm{e} = \frac{p(y_j\mid x_i)}{p(y_j)} \log \mathrm{e} \tag{4.28}$$

所以

$$\begin{aligned} \frac{\partial F}{\partial p(x_i)} &= \sum_j p(y_j\mid x_i) \log p(y_j\mid x_i) - \sum_j p(y_j\mid x_i) \log p(y_j) - \sum_j p(y_j) \frac{p(y_j\mid x_i)}{p(y_j)} \log \mathrm{e} - \lambda \\ &= \sum_j p(y_j\mid x_i) \log \frac{p(y_j\mid x_i)}{p(y_j)} - \sum_j p(y_j) \frac{p(y_j\mid x_i)}{p(y_j)} \log \mathrm{e} - \lambda \\ &= \sum_j p(y_j\mid x_i) \log \frac{p(y_j\mid x_i)}{p(y_j)} - \log \mathrm{e} - \lambda \end{aligned} \tag{4.29}$$

令 $\dfrac{\partial F}{\partial p(x_i)} = 0$，得

$$\sum_j p(y_j\mid x_i) \log \frac{p(y_j\mid x_i)}{p(y_j)} - \log \mathrm{e} - \lambda = 0 \tag{4.30}$$

即

$$\sum_j p(y_j\mid x_i) \log \frac{p(y_j\mid x_i)}{p(y_j)} = \log \mathrm{e} + \lambda \qquad i = 1, 2, \cdots, r \tag{4.31}$$

将式(4.31)两边都乘以 $p(x_i)$ 并对 i 求和，得

$$\sum_i p(x_i) \sum_j p(y_j\mid x_i) \log \frac{p(y_j\mid x_i)}{p(y_j)} = \sum_i p(x_i)(\log \mathrm{e} + \lambda) \tag{4.32}$$

式(4.32)左边即为平均互信息的极大值 C，所以得到

$$C = \log \mathrm{e} + \lambda \tag{4.33}$$

这样得到的信道容量有一个参数 λ。在某些情况下，可以消去 λ 得到信道容量值。

例如，对于信道矩阵为可逆矩阵的信道，可以采用解方程组的方法得解。

在一般信道的信道容量的推导中推出式(4.34)：

$$\sum_j p(y_j|x_i)\log\frac{p(y_j|x_i)}{p(y_j)} = \log e + \lambda = C \quad i=1,2,\cdots,r \quad (4.34)$$

移项得

$$\sum_j p(y_j|x_i)\log p(y_j|x_i) = \sum_j p(y_j|x_i)\log p(y_j) + C$$

$$= \sum_j p(y_j|x_i)[\log p(y_j) + C] \quad (4.35)$$

令

$$\beta_j = \log p(y_j) + C \quad (4.36)$$

则

$$\sum_j p(y_j|x_i)\log p(y_j|x_i) = \sum_j p(y_j|x_i)\beta_j \quad (4.37)$$

这是含有 s 个未知数 β_j、由 r 个方程组成的方程组。

当 $r=s$，且信道矩阵是可逆矩阵时，该方程组有唯一解。这时就可以求出 β_j，然后根据 $p(y_j)=2^{\beta_j-C}$〔由式(4.36)可得〕和 $\sum_j p(y_j)=1$ 求出信道容量：

$$\sum_j 2^{\beta_j-C} = 1 \quad (4.38)$$

所以

$$C = \log \sum_j 2^{\beta_j} \quad (4.39)$$

由 β_j 和 C 求得输出概率分布为

$$p(y_j) = 2^{\beta_j-C} \quad (4.40)$$

再根据

$$p(y_j) = \sum_i p(x_i)p(y_j|x_i) \quad (4.41)$$

列方程组求出 $p(x_i)$。

将计算步骤总结如下：

(1) 由式(4.37)列方程组求出 β_j；
(2) 由式(4.39)求出 C；
(3) 由式(4.40)求出 $p(y_j)$；
(4) 由式(4.41)列方程组求 $p(x_i)$。

需要强调的是，在第(2)步求出信道容量以后，计算并没有结束，还必须解出 $p(x_i)$，如果所有的 $p(x_i) \geq 0$，则求出的信道容量才是正确的。因为用拉格朗日乘子法没有加入 $p(x_i) \geq 0, i=1,2,\cdots,r$ 的约束条件，所以算出的 $p(x_i)$ 有可能是负值。如果 $p(x_i)$ 有负值，则此解无效，它表明所求得的极限值出现的区域不满足概率条件，那么这时最大值必在边界上，即有某些输入符号的概率 $p(x_i)=0$。因此，必须先设某些输入符号的概率 $p(x_i)=0$，然后重新进行计算。这样的计算比较复杂，一般要经过反复尝试才能得到最终结果。

【例 4.4】 求如下信道的信道容量：

$$P = \begin{pmatrix} \frac{1}{2} & \frac{1}{4} & 0 & \frac{1}{4} \\ 0 & 1 & 0 & 0 \\ 0 & 0 & 1 & 0 \\ \frac{1}{4} & 0 & \frac{1}{4} & \frac{1}{2} \end{pmatrix}$$

解 在信道矩阵中，$r=s$，且为可逆矩阵（满秩矩阵），所以以下方程组有唯一解：

$$\begin{cases} \frac{1}{2}\beta_1 + \frac{1}{4}\beta_2 + \frac{1}{4}\beta_4 = \frac{1}{2}\log\frac{1}{2} + \frac{1}{4}\log\frac{1}{4} + \frac{1}{4}\log\frac{1}{4} \\ \beta_2 = 0 \\ \beta_3 = 0 \\ \frac{1}{4}\beta_1 + \frac{1}{4}\beta_3 + \frac{1}{2}\beta_4 = \frac{1}{4}\log\frac{1}{4} + \frac{1}{4}\log\frac{1}{4} + \frac{1}{2}\log\frac{1}{2} \end{cases}$$

解方程组得

$$\beta_2 = \beta_3 = 0$$
$$\beta_1 = \beta_4 = -2$$
$$C = \log \sum_j 2^{\beta_j} = \log(2^{-2} + 2^0 + 2^0 + 2^{-2}) = \log 5 - 1$$

根据 $p(y_j) = 2^{\beta_j - C}$ 求 $p(y_j)$，得

$$p(y_1) = p(y_4) = 2^{-2 - \log 5 + 1} = \frac{1}{10}$$

$$p(y_2) = p(y_3) = 2^{0 - \log 5 + 1} = \frac{4}{10}$$

根据 $p(y_j) = \sum_i p(x_i) p(y_j | x_i)$ 列方程组求 $p(x_i)$，求出最佳输入分布：

$$p(x_1) = p(x_4) = \frac{4}{30}$$

$$p(x_2) = p(x_3) = \frac{11}{30}$$

上述求得的 $p(x_i), i=1,2,3,4$ 都大于 0，故求得的结果是正确的。

如果输入概率分布只有一个变量，例如，当 $r=2$ 时，可以设输入概率分布为 α 和 $1-\alpha$，因此输入概率分布只有一个变量，这时可以直接对 $I(X;Y)$ 求导，求出 α，从而得出 $I(X;Y)$ 的极大值 C。对于 $r \neq 2$ 的情况，可以通过已知条件消去一些变量，使得最后的输入概率分布只有一个变量。

【例 4.5】 已知信道的转移矩阵为 $P = \begin{pmatrix} 0.5 & 0.3 & 0.2 \\ 0.3 & 0.5 & 0.2 \end{pmatrix}$，求信道容量。

解 设输入概率分布 $p(x_1) = \alpha, p(x_2) = 1 - \alpha$，则输出 y_1, y_2, y_3 的概率分布为

$$P_Y = P_X P_{Y|X} = (\alpha, 1-\alpha) \begin{pmatrix} 0.5 & 0.3 & 0.2 \\ 0.3 & 0.5 & 0.2 \end{pmatrix} = (0.3 + 0.2\alpha, 0.5 - 0.2\alpha, 0.2)$$

其中，$p(y_3)$ 固定，与 x_i 的分布无关。

$$I(X;Y) = H(Y) - H(Y|X)$$
$$= -\sum_j p(y_j)\log p(y_j) + \sum_i p(x_i)\sum_j p(y_j|x_i)\log p(y_j|x_i)$$
$$= -(0.3 + 0.2\alpha)\log(0.3 + 0.2\alpha) - (0.5 - 0.2\alpha)\log(0.5 - 0.2\alpha) -$$
$$0.2\log 0.2 + 0.5\log 0.5 + 0.3\log 0.3 + 0.2\log 0.2$$

由 $\dfrac{\partial I(X;Y)}{\partial \alpha} = 0$，得

$$0.2\log(0.3 + 0.2\alpha) - 0.2 + 0.2\log(0.5 - 0.2\alpha) + 0.2 = 0$$

解得 $\alpha = 1/2$，即当输入等概分布时 $I(X;Y)$ 达到极大值，且

$$C = \max I(X;Y) = 0.036 \text{ 比特/符号}$$

4.2.6 信道容量定理

从以上的讨论可知，求信道容量的问题实际上是在约束条件下求多元函数极值的问题，在通常情况下，计算量是非常大的。下面介绍一般离散信道的平均互信息 $I(X;Y)$ 达到信道容量的充要条件，在某些情况下它可以帮助我们较快地找到极值点。

定理4.3 设有一般离散信道，它有 r 个输入符号、s 个输出符号。当且仅当存在常数 C，使输入分布 $p(x_i)$ 满足

(1) $I(x_i;Y) = C$ [当 $p(x_i) \neq 0$ 时]；

(2) $I(x_i;Y) \leqslant C$ [当 $p(x_i) = 0$ 时]，

$I(X;Y)$ 达到最大值。其中

$$I(x_i;Y) = \sum_j p(y_j|x_i)\log \frac{p(y_j|x_i)}{p(y_j)} \tag{4.42}$$

它表示信道输入 x_i 时，所给出的关于输出 Y 的信息量。常数 C 即为所求的信道容量。

信道容量对输入概率分布求偏导可以得出以下关系式：

$$\frac{\partial I(X;Y)}{\partial p(x_i)} = \sum_j p(y_j|x_i)\log\frac{p(y_j|x_i)}{p(y_j)} - \log e = I(x_i;Y) - \log e \tag{4.43}$$

用式(4.33)和式(4.43)可以将上述充要条件改写成：

(1) $\dfrac{\partial I(X;Y)}{\partial p(x_i)} = \lambda$ [$p(x_i) \neq 0$]；

(2) $\dfrac{\partial I(X;Y)}{\partial p(x_i)} \leqslant \lambda$ [$p(x_i) = 0$]。

我们将利用信道容量定理的引理条件(参见附录A.3)证明这个改写后的充要条件。

证明 证明充分性，也就是要证明如果输入分布 $\boldsymbol{p} = (p_1, p_2, \cdots, p_r)$ 满足

(1) $\dfrac{\partial I(X;Y)}{\partial p(x_i)} = \lambda$ [$p(x_i) \neq 0$]；

(2) $\dfrac{\partial I(X;Y)}{\partial p(x_i)} \leqslant \lambda$ [$p(x_i) = 0$]，

则 $\boldsymbol{p}$ 一定使平均互信息 $I(X;Y)$ 达到极大值 $I(\boldsymbol{p})$。也就是对于任何其他的输入分布 $\boldsymbol{q} = (q_1, q_2, \cdots, q_r)$，必然有

$$I(\boldsymbol{q}) \leqslant I(\boldsymbol{p}) \tag{4.44}$$

因为平均互信息 $I(X;Y)$ 是输入分布的上凸函数,所以
$$\theta I(\boldsymbol{q})+\bar{\theta}I(\boldsymbol{p})\leqslant I(\theta\boldsymbol{q}+\bar{\theta}\boldsymbol{p}) \tag{4.45}$$
其中,$\theta+\bar{\theta}=1,0<\theta<1$,移项得
$$I(\boldsymbol{q})-I(\boldsymbol{p})\leqslant[I(\theta\boldsymbol{q}+\bar{\theta}\boldsymbol{p})-I(\boldsymbol{p})]/\theta \tag{4.46}$$
式(4.46)对一切 $0<\theta<1$ 均成立。取 $\theta\to 0$,根据引理可得
$$I(\boldsymbol{q})-I(\boldsymbol{p})\leqslant\sum_{i=1}^{r}(q_i-p_i)\frac{\partial I(\boldsymbol{p})}{\partial p_i} \tag{4.47}$$
其中,$p_i=p(x_i),q_i=q(x_i)$。

根据假设,输入分布 $\boldsymbol{p}$ 满足

(1) $\dfrac{\partial I(\boldsymbol{p})}{\partial p_i}=\lambda(p_i\neq 0)$;

(2) $\dfrac{\partial I(\boldsymbol{p})}{\partial p_i}\leqslant\lambda(p_i=0)$。

所以,$I(\boldsymbol{q})-I(\boldsymbol{p})\leqslant\lambda\sum_{i=1}^{r}(q_i-p_i)=\lambda\left(\sum_{i=1}^{r}q_i-\sum_{i=1}^{r}p_i\right)=0$,即
$$I(\boldsymbol{q})\leqslant I(\boldsymbol{p}) \tag{4.48}$$

充分性得证。

证明必要性,就是要证明如果输入分布 $\boldsymbol{p}$ 使平均互信息 $I(X;Y)$ 达到极大值 $I(\boldsymbol{p})$,则输入分布 $\boldsymbol{p}$ 必然满足

(1) $\dfrac{\partial I(\boldsymbol{p})}{\partial p_i}=\lambda(p_i\neq 0)$;

(2) $\dfrac{\partial I(\boldsymbol{p})}{\partial p_i}\leqslant\lambda(p_i=0)$。

如果输入分布 $\boldsymbol{p}$ 使平均互信息 $I(X;Y)$ 达到极大值,取任一其他输入分布 $\boldsymbol{q}=(q_1,q_2,\cdots,q_r)$,必然有
$$I(\theta\boldsymbol{q}+\bar{\theta}\boldsymbol{p})-I(\boldsymbol{p})\leqslant 0 \tag{4.49}$$
式(4.49)两边都除以 θ 并取当 $\theta\to 0$ 时的极限
$$\lim_{\theta\to 0}\frac{1}{\theta}\{I[\theta\boldsymbol{q}+(1-\theta)\boldsymbol{p}]-I(\boldsymbol{p})\}\leqslant 0 \tag{4.50}$$
根据引理可得
$$\sum_{i=1}^{r}(q_i-p_i)\frac{\partial I(\boldsymbol{p})}{\partial p_i}\leqslant 0 \tag{4.51}$$

对于输入分布 $\boldsymbol{p}$,因为概率分布的完备性 $\sum_{i=1}^{r}p_i=1$,所以其中至少有一个分量不为零,令 $p_l\neq 0$,再选择另一个输入分布 $\boldsymbol{q}=(q_1,q_2,\cdots,q_r)$,并且满足:
$$\begin{cases}q_l=p_l-\varepsilon\\ q_j=p_j+\varepsilon\quad\text{(保证输入分布 }\boldsymbol{q}\text{ 的完备性)}\\ q_i=p_i\quad\text{(其他分量均相同)}\end{cases} \tag{4.52}$$

其中,ε 为任意数。代入式(4.51),得到
$$-\varepsilon\frac{\partial I(\boldsymbol{p})}{\partial p_l}+\varepsilon\frac{\partial I(\boldsymbol{p})}{\partial p_j}\leqslant 0 \tag{4.53}$$

令
$$\frac{\partial I(\boldsymbol{p})}{\partial p_l}=\lambda$$

所以，有
$$\varepsilon\frac{\partial I(\boldsymbol{p})}{\partial p_j}\leqslant\lambda\varepsilon$$

因为概率的非负性，所以 $p_l-\varepsilon\geqslant 0,p_j+\varepsilon\geqslant 0,\varepsilon$ 必满足 $-p_j\leqslant\varepsilon\leqslant p_l$。

当 $p_j=0$ 时，$0\leqslant\varepsilon\leqslant p_l,\varepsilon$ 为正数，所以 $\frac{\partial I(\boldsymbol{p})}{\partial p_j}\leqslant\lambda$。当 $p_j>0$ 时，$-p_j\leqslant\varepsilon\leqslant p_l,\varepsilon$ 可为正数，也可为负数。

如果 ε 取正数，$\frac{\partial I(\boldsymbol{p})}{\partial p_j}\leqslant\lambda$；如果 ε 取负数，$\frac{\partial I(\boldsymbol{p})}{\partial p_j}\geqslant\lambda$。所以，当 $p_j\neq 0$ 时，必然有 $\frac{\partial I(\boldsymbol{p})}{\partial p_j}=\lambda$，因此输入分布 $\boldsymbol{p}$ 必满足充要条件，必要性得证。

证毕。

$I(x_i;Y)$ 表示信道输入 x_i 时，所给出的关于输出 Y 的信息量，一般来说，x_i 不同，$I(x_i;Y)$ 的值不同。信道容量定理告诉我们，平均互信息 $I(X;Y)$ 取到极大值也就是信道容量时，对于任意 x_i，只要它出现的概率大于 0，$I(x_i;Y)$ 都相等。

【例 4.6】 证明：当输入为等概分布时，离散准对称信道达到信道容量。

证明 根据信道容量定理，需要证明输入为等概分布 $p(x_i)=1/r$ 时，$I(x_i;Y)$ 为一个与 x_i 无关的常数。

$$\begin{aligned}I(x_i;Y)&=\sum_{j=1}^{s}p(y_j|x_i)\log\frac{p(y_j|x_i)}{p(y_j)}\\&=\sum_{j=1}^{s}p(y_j|x_i)\log\frac{p(y_j|x_i)}{\sum_{k=1}^{r}p(x_k)p(y_j|x_k)}\\&=\sum_{j=1}^{s}p(y_j|x_i)\log\frac{p(y_j|x_i)}{\frac{1}{r}\sum_{k=1}^{r}p(y_j|x_k)}\end{aligned}$$

准对称信道的信道矩阵可以按列分为一些对称的子矩阵 $\boldsymbol{P}_1,\boldsymbol{P}_2,\cdots,\boldsymbol{P}_l,\cdots,\boldsymbol{P}_n$，在同一子矩阵中，每一列都是第一列的同一组元素的排列，所以在同一子矩阵 $\boldsymbol{P}_l$ 中，$p(y_j)=\frac{1}{r}\sum_{k=1}^{r}p(y_j|x_k),y_j\in Y_l$ 都相等。而在同一子矩阵中每一行又都是其他行的同一组元素的排列，所以在同一子矩阵 $\boldsymbol{P}_l$ 中，对于任意 x_i，$\sum_{y_j\in Y_l}p(y_j|x_i)\log\frac{p(y_j|x_i)}{\frac{1}{r}\sum_{k=1}^{r}p(y_j|x_k)}$ 也都相等。对于任意 x_i，$I(x_i;Y)=\sum_{l}\sum_{y_j\in Y_l}p(y_j|x_i)\log\frac{p(y_j|x_i)}{\frac{1}{r}\sum_{k=1}^{r}p(y_j|x_k)}$ 必然相等。所以 $I(x_i;Y)$ 是一个与 x_i 无关的常数，根据信道容量定理，这时信道达到信道容量，即当输入为等概分布时，离散准对称信道达到信道容量。

证毕。

信道容量定理只给出了达到信道容量时,最佳输入概率分布应满足的条件,并没有给出最佳输入概率分布值,也没有给出信道容量的值。另外,定理本身也隐含着达到信道容量的最佳分布不是唯一的,只要输入概率分布满足充要条件,就是信道的最佳输入分布。在一些特殊情况下,常常利用这一定理寻求最佳输入分布和信道容量值。

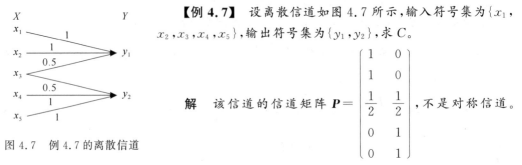

【例 4.7】 设离散信道如图 4.7 所示,输入符号集为 $\{x_1, x_2, x_3, x_4, x_5\}$,输出符号集为 $\{y_1, y_2\}$,求 C。

解 该信道的信道矩阵 $\boldsymbol{P} = \begin{bmatrix} 1 & 0 \\ 1 & 0 \\ \frac{1}{2} & \frac{1}{2} \\ 0 & 1 \\ 0 & 1 \end{bmatrix}$,不是对称信道。

图 4.7 例 4.7 的离散信道

由于 x_3 传递到 y_1、y_2 是等概率的,如果令 $p(x_3)=0$,则会减少收到 Y 以后对输入 X 的不确定性,这时 x_1、x_2 与 x_4、x_5 分别转移到 y_1、y_2。如果令 $p(x_2)=p(x_4)=0$,信道就变成了一一对应的信道,接收到 Y 后对输入端 X 是完全确定的,这时再令 $p(x_1)=p(x_5)=1/2$,检查它是否满足信道容量定理的条件,若满足,则该输入分布就是最佳输入分布。

可计算得
$$I(x_1;Y)=I(x_5;Y)=\log 2$$
$$I(x_2;Y)=I(x_4;Y)=0$$
$$I(x_3;Y)=0$$

满足信道容量定理的充要条件,因此信道容量
$$C=\log 2 = 1 \text{ 比特/符号}$$

设 $p(x_1)=p(x_2)=p(x_4)=p(x_5)=\frac{1}{4}$,$p(x_3)=0$ 也满足信道容量定理的充要条件,这时
$$I(x_1;Y)=I(x_2;Y)=I(x_4;Y)=I(x_5;Y)=\log 2$$
$$I(x_3;Y)<\log 2$$

所以该分布也是最佳分布。

可见,这个信道的最佳输入分布不是唯一的。由于 $I(x_i;Y)$ 仅直接与信道传递概率及输出符号概率有关,因此达到信道容量的输入概率分布不是唯一的,但是输出概率分布是唯一的。

对于某些比较简单直观的信道,可以利用以上方法求信道容量。

*4.2.7 信道容量的迭代算法

对于任意离散信道,前述几种方法都不能保证求出其信道容量。利用计算机的迭代算法可以以任意给定的精度在有限步数内求出任意离散信道的信道容量。

$$I(X;Y)=H(X)-H(X|Y)=-\sum_i p(x_i)\ln p(x_i)+\sum_i\sum_j p(x_i)p(y_j|x_i)\ln p(x_i|y_j)$$

(4.54)

对于某一固定的信道,其转移概率 $p(y_j|x_i)$ 是已定的,所以 $I(X;Y)$ 是关于 $p(x_i)$ 和 $p(x_i|y_j)$ 的函数(上凸函数)。虽然事实上, $p(x_i|y_j)=\dfrac{p(x_i)p(y_j|x_i)}{\sum_i p(x_i)p(y_j|x_i)}$ 也是 $p(x_i)$ 的函数,但是可以把 $I(X;Y)$ 看作关于 $p(x_i)$ 和 $p(x_i|y_j)$ 的函数,记为 $I[p(x_i),p(x_i|y_j)]$。

先固定变量 $p(x_i)$,求 $I[p(x_i),p(x_i|y_j)]$ 关于 $p(x_i|y_j)$ 的极值。这是在约束条件 $\sum_i p(x_i|y_j)=1,j=1,2,\cdots,s$ 下的条件极值。利用拉格朗日乘子法,设辅助函数:

$$F=I[p(x_i),p(x_i|y_j)]-\sum_j \lambda_j \sum_i p(x_i|y_j) \tag{4.55}$$

$$\begin{aligned}&\frac{\partial F}{\partial p(x_i|y_j)}\\&=\frac{\partial}{\partial p(x_i|y_j)}\Big[-\sum_i p(x_i)\ln p(x_i)+\sum_i \sum_j p(x_i)p(y_j|x_i)\ln p(x_i|y_j)-\\&\quad \sum_j \lambda_j \sum_i p(x_i|x_j)\Big]\\&=\frac{p(x_i)p(y_j|x_i)}{p(x_i|y_j)}-\lambda_j\end{aligned} \tag{4.56}$$

令 $\dfrac{\partial F}{\partial p(x_i|y_j)}=0$,得

$$\lambda_j=\frac{p(x_i)p(y_j|x_i)}{p(x_i|y_j)} \tag{4.57}$$

$$p(x_i|y_j)=\frac{p(x_i)p(y_j|x_i)}{\lambda_j} \tag{4.58}$$

其中,$i=1,2,\cdots,r;j=1,2,\cdots,s$。

利用约束条件 $\sum_i p(x_i|y_j)=1$,得

$$\sum_i p(x_i|y_j)=\sum_i \frac{p(x_i)p(y_j|x_i)}{\lambda_j}=1 \tag{4.59}$$

所以

$$\lambda_j=\sum_i p(x_i)p(y_j|x_i) \qquad j=1,2,\cdots,s \tag{4.60}$$

因此,求得使 $I[p(x_i),p(x_i|y_j)]$ 达到极值的 $p(x_i|y_j)^*$ 为

$$p(x_i|y_j)^*=\frac{p(x_i)p(y_j|x_i)}{\sum_i p(x_i)p(y_j|x_i)} \qquad i=1,2,\cdots,r;j=1,2,\cdots,s \tag{4.61}$$

在求得 $p(x_i|y_j)^*$ 后,再固定 $p(x_i|y_j)$,求 $I[p(x_i),p(x_i|y_j)]$ 关于 $p(x_i)$ 的极值。此时的约束条件是 $\sum_i p(x_i)=1$。

设辅助函数:

$$\begin{aligned}Q&=I[p(x_i),p(x_i|y_j)]-\lambda\sum_i p(x_i)\\&=-\sum_i p(x_i)\ln p(x_i)+\sum_i\sum_j p(x_i)p(y_j|x_i)\ln p(x_i|y_j)-\lambda\sum_i p(x_i)\end{aligned} \tag{4.62}$$

$$\frac{\partial Q}{\partial p(x_i)}=-\ln p(x_i)-1+\sum_j p(y_j|x_i)\ln p(x_i|y_j)-\lambda \tag{4.63}$$

令 $\dfrac{\partial Q}{\partial p(x_i)}=0$，得

$$-\ln p(x_i)-1+\sum_j p(y_j|x_i)\ln p(x_i|y_j)-\lambda=0 \qquad (4.64)$$

所以

$$p(x_i)=\exp\left[\sum_j p(y_j|x_i)\ln p(x_i|y_j)-\lambda-1\right]$$
$$=\dfrac{\exp\left[\sum_j p(y_j|x_i)\ln p(x_i|y_j)\right]}{\exp(1+\lambda)} \qquad (4.65)$$

利用约束条件 $\sum_i p(x_i)=1$，得

$$\sum_i p(x_i)=\sum_i\dfrac{\exp\left[\sum_j p(y_j|x_i)\ln p(x_i|y_j)\right]}{\exp(1+\lambda)}=1 \qquad (4.66)$$

所以

$$\exp(1+\lambda)=\sum_i\exp\left[\sum_j p(y_j|x_i)\ln p(x_i|y_j)\right] \qquad (4.67)$$

$$1+\lambda=\ln\sum_i\exp\left[\sum_j p(y_j|x_i)\ln p(x_i|y_j)\right] \qquad (4.68)$$

使 $I[p(x_i),p(x_i|y_j)]$ 达到极值的 $p(x_i)^*$ 为

$$p(x_i)^*=\dfrac{\exp\left[\sum_j p(y_j|x_i)\ln p(x_i|y_j)\right]}{\sum_i\exp\left[\sum_j p(y_j|x_i)\ln p(x_i|y_j)\right]} \qquad i=1,2,\cdots,r \qquad (4.69)$$

由式(4.64)移项得

$$-\ln p(x_i)+\sum_j p(y_j|x_i)\ln p(x_i|y_j)=1+\lambda \qquad (4.70)$$

式(4.70)两端都乘以 $p(x_i)$，并对 i 求和，有

$$-\sum_i p(x_i)\ln p(x_i)+\sum_i p(x_i)\sum_j p(y_j|x_i)\ln p(x_i|y_j)=1+\lambda$$

得

$$I[p(x_i)^*,p(x_i|y_j)^*]=1+\lambda=\ln\sum_i\exp\left[\sum_j p(y_j|x_i)\ln p(x_i|y_j)\right] \qquad (4.71)$$

利用式(4.61)、式(4.69)、式(4.71)便可以对信道容量进行迭代计算。

记 $p(y_j|x_i)=p_{ij}$，$p(x_i)=p_i$，$p(x_i|y_j)=\varphi_{ji}$，$i=1,2,\cdots,r;j=1,2,\cdots,s$。用迭代法计算信道容量 C 的计算步骤如下：

① 初始化信源分布 $\boldsymbol{p}^{(0)}=(p_1,p_2,\cdots,p_i,\cdots,p_r)$（一般初始化为均匀分布），置迭代计数器 $k=0$，设信道容量相对误差门限为 δ，$\delta>0$，可设 $C^{(0)}=-\infty$；

② 求 $\varphi_{ji}^{(k)}$，即

$$\varphi_{ji}^{(k)}=\dfrac{p_{ij}p_i^{(k)}}{\sum_i p_{ij}p_i^{(k)}} \qquad i=1,\cdots,r;j=1,\cdots,s \qquad (4.72)$$

③ 求 $p_i^{(k+1)}$，即

$$p_i^{(k+1)} = \frac{\exp\left[\sum_j p_{ij} \ln \varphi_{ji}^{(k)}\right]}{\sum_i \left\{\exp\left[\sum_j p_{ij} \ln \varphi_{ji}^{(k)}\right]\right\}} \quad i = 1, \cdots, r \quad (4.73)$$

④ 求 $C^{(k+1)}$，即

$$C^{(k+1)} = \ln\left\{\sum_i \exp\left[\sum_j p_{ij} \ln \varphi_{ji}^{(k)}\right]\right\} \quad (4.74)$$

⑤ 如果 $\dfrac{|C^{(k+1)} - C^{(k)}|}{C^{(k+1)}} \leqslant \delta$，转向⑦；

⑥ 置迭代序号 $k+1 \rightarrow k$，转向②；

⑦ 输出 $p_i^{(k+1)}$ 和 $C^{(k+1)}$ 的结果；

⑧ 停止。

可以证明，平均互信息 $I[p(x_i), p(x_i|y_j)]$ 具有收敛性，即 $\lim\limits_{k \to \infty} |C^{(k+1)} - C^{(k)}| = 0$，所以迭代算法最终能求出任意精度的解。算法的收敛速度与信源初始概率分布的选择有很大的关系，初始分布选得越接近最佳输入分布，则收敛的速度越快；若初始分布选得正好是最佳输入分布，则一步就可求得信道容量。

4.3 离散多符号信道及其信道容量

在 4.2 节中，讨论了最简单的离散信道，即信道的输入和输出都只是单个随机变量的信道。实际离散信道的输入和输出常常是随机变量序列，用随机矢量来表示，称为离散多符号信道，如图 4.8 所示。实际离散信道往往是有记忆信道，为简化起见，我们主要研究离散无记忆信道(Discrete Memoryless Channel, DMC)。

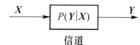

图 4.8 离散多符号信道模型

定义 4.6 若信道在任意时刻的输出只与此时刻信道的输入有关，而与其他时刻的输入和输出均无关，则称为**离散无记忆信道**。

输入、输出随机序列的长度为 N 的离散无记忆平稳信道通常称为离散无记忆信道的 N 次扩展信道。

在输入随机序列 $\boldsymbol{X} = X_1 X_2 \cdots X_N$ 中，每一个随机变量 $X_i, i=1,2,\cdots,N$ 都取值于同一输入符号集 X，而符号集 X 共有 r 个符号，所以随机矢量 $\boldsymbol{X}$ 的可能取值共有 r^N 个。在输出随机序列 $\boldsymbol{Y} = Y_1 Y_2 \cdots Y_N$ 中，每一个随机变量 $Y_i, i=1,2,\cdots,N$ 都取值于同一输出符号集 Y，而符号集 Y 共有 s 个符号，所以随机矢量 $\boldsymbol{Y}$ 的可能取值有 s^N 个，N 次扩展信道的信道矩阵是一个 $r^N \times s^N$ 的矩阵。离散无记忆信道的数学模型仍然表示为 $\{\boldsymbol{X}, P(\boldsymbol{Y}|\boldsymbol{X}), \boldsymbol{Y}\}$，注意这时输入、输出均为随机矢量。

根据信道无记忆的特性，其转移概率为

$$\begin{aligned} P(\boldsymbol{Y}|\boldsymbol{X}) &= P(Y_1 Y_2 \cdots Y_N | X_1 X_2 \cdots X_N) \\ &= P(Y_1|X_1) P(Y_2|X_2) \cdots P(Y_N|X_N) \\ &= \prod_{k=1}^N P(Y_k|X_k) \end{aligned} \quad (4.75)$$

【例 4.8】 求二元对称信道的二次扩展信道的信道矩阵。

解 二元对称信道的二次扩展信道的输入、输出序列的每一个随机变量均取值于$\{0,1\}$,输入共有$r^N=2^2=4$个取值,输出共有$s^N=2^2=4$个取值。根据$P(\boldsymbol{Y}|\boldsymbol{X})=\prod_{k=1}^{N}P(Y_k|X_k)$可求出

$$p(\boldsymbol{y}_1|\boldsymbol{x}_1)=p(00|00)=p(0|0)p(0|0)=\overline{p}^2$$
$$p(\boldsymbol{y}_2|\boldsymbol{x}_1)=p(01|00)=p(0|0)p(1|0)=\overline{p}p$$
$$p(\boldsymbol{y}_3|\boldsymbol{x}_1)=p(10|00)=p(1|0)p(0|0)=p\overline{p}$$
$$p(\boldsymbol{y}_4|\boldsymbol{x}_1)=p(11|00)=p(1|0)p(1|0)=p^2$$

同理可求出其他的转移概率$p_{ij},i=2,3,4,j=1,2,3,4$,得到信道矩阵:

$$\boldsymbol{P}=\begin{pmatrix}\overline{p}^2 & \overline{p}p & p\overline{p} & p^2\\ \overline{p}p & \overline{p}^2 & p^2 & p\overline{p}\\ p\overline{p} & p^2 & \overline{p}^2 & \overline{p}p\\ p^2 & p\overline{p} & \overline{p}p & \overline{p}^2\end{pmatrix}$$

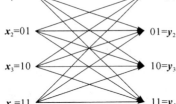

二元对称信道的二次扩展信道如图4.9所示。

图4.9 二元对称信道的二次扩展信道

关于离散无记忆信道的平均互信息,有以下定理。

定理4.4 若信道的输入和输出分别是N长序列$\boldsymbol{X}$和$\boldsymbol{Y}$,且信道是无记忆的,则

$$I(\boldsymbol{X};\boldsymbol{Y})\leqslant\sum_{k=1}^{N}I(X_k;Y_k) \tag{4.76}$$

这里X_k、Y_k分别是序列$\boldsymbol{X}$和$\boldsymbol{Y}$中第k位随机变量。

证明 $$I(\boldsymbol{X};\boldsymbol{Y})=H(\boldsymbol{Y})-H(\boldsymbol{Y}|\boldsymbol{X}) \tag{4.77}$$

根据熵函数的链规则和条件熵与无条件熵的关系,可得

$$H(\boldsymbol{Y})=H(Y_1Y_2\cdots Y_N)$$
$$=H(Y_1)+H(Y_2|Y_1)+\cdots+H(Y_N|Y_1Y_2\cdots Y_{N-1})$$
$$\leqslant\sum_{k=1}^{N}H(Y_k) \tag{4.78}$$

根据熵函数的链规则和离散无记忆信道的定义,可得

$$H(\boldsymbol{Y}|\boldsymbol{X})=H(Y_1Y_2\cdots Y_N|X_1X_2\cdots X_N)$$
$$=H(Y_1|X_1X_2\cdots X_N)+H(Y_2|X_1X_2\cdots X_NY_1)+\cdots+$$
$$H(Y_N|X_1X_2\cdots X_NY_1Y_2\cdots Y_{N-1})$$
$$=\sum_{k=1}^{N}H(Y_k|X_k) \tag{4.79}$$

所以

$$I(\boldsymbol{X};\boldsymbol{Y})\leqslant\sum_{k=1}^{N}H(Y_k)-\sum_{k=1}^{N}H(Y_k|X_k)=\sum_{k=1}^{N}I(X_k;Y_k)$$

即对于离散无记忆信道,其平均互信息$I(\boldsymbol{X};\boldsymbol{Y})$小于等于序列$\boldsymbol{X}$和$\boldsymbol{Y}$中所有对应时刻的随机变量$X_k$和$Y_k$的平均互信息$I(X_k;Y_k)$之和。当且仅当信源也是无记忆信源时等号成立。

当信源是无记忆信源时,

$$P(\boldsymbol{X})=\prod_{k=1}^{N}P(X_k)$$

$$P(\boldsymbol{XY}) = P(\boldsymbol{X})P(\boldsymbol{Y}|\boldsymbol{X})$$
$$= \prod_{k=1}^{N} P(X_k) \prod_{k=1}^{N} P(Y_k|X_k)$$
$$= \prod_{k=1}^{N} P(X_k)P(Y_k|X_k) \qquad (4.80)$$
$$= \prod_{k=1}^{N} P(X_k Y_k)$$

所以

$$p(\boldsymbol{y}_j) = \sum_{i=1}^{r^N} p(\boldsymbol{x}_i \boldsymbol{y}_j) = \sum_{i=1}^{r^N} p(x_{i_1} y_{j_1}) p(x_{i_2} y_{j_2}) \cdots p(x_{i_N} y_{j_N})$$
$$= \sum_{i_1=1}^{r} p(x_{i_1} y_{j_1}) \sum_{i_2=1}^{r} p(x_{i_2} y_{j_2}) \cdots \sum_{i_N=1}^{r} p(x_{i_N} y_{j_N})$$
$$= \prod_{k=1}^{N} p(y_{j_k}) \qquad (4.81)$$

即

$$P(\boldsymbol{Y}) = \prod_{k=1}^{N} P(Y_k)$$

因此

$$H(\boldsymbol{Y}) = \sum_{k=1}^{N} H(Y_k) \qquad (4.82)$$

这时

$$I(\boldsymbol{X};\boldsymbol{Y}) = \sum_{k=1}^{N} I(X_k;Y_k) \qquad (4.83)$$

即信源和信道均为无记忆时，其序列 $\boldsymbol{X}$ 和 $\boldsymbol{Y}$ 的平均互信息 $I(\boldsymbol{X};\boldsymbol{Y})$ 等于序列中所有对应时刻随机变量 X_k 和 Y_k 的平均互信息 $I(X_k;Y_k)$ 之和。

证毕。

对于离散无记忆 N 次扩展信道，如果信道输入序列中的每一个随机变量均取值于同一个信源符号集并且具有同一种概率分布(取自同一概率空间)，通过相同的信道传送到输出端，则输出序列中的每一个随机变量也取自同一符号集，并且具有相同的概率分布。因此有

$$X_1 = X_2 = \cdots = X_N = X$$
$$Y_1 = Y_2 = \cdots = Y_N = Y$$
$$I(X_1;Y_1) = I(X_2;Y_2) = \cdots = I(X_N;Y_N) = I(X;Y) \qquad (4.84)$$

于是

$$I(\boldsymbol{X};\boldsymbol{Y}) = \sum_{k=1}^{N} I(X_k;Y_k) = NI(X;Y) \qquad (4.85)$$

式(4.85)表明，对于离散无记忆 N 次扩展信道，当信源是平稳无记忆信源时，其平均互信息 $I(\boldsymbol{X};\boldsymbol{Y})$ 等于单符号信道平均互信息的 N 倍。

离散无记忆信道的 N 次扩展信道的信道容量为

$$C^N = \max_{P(\boldsymbol{X})} I(\boldsymbol{X};\boldsymbol{Y}) = \max_{P(\boldsymbol{X})} \sum_{k=1}^{N} I(X_k;Y_k) = \sum_{k=1}^{N} \max_{P(X_k)} I(X_k;Y_k) = \sum_{k=1}^{N} C_k \quad (4.86)$$

式中，$C_k = \max_{P(X_k)} I(X_k;Y_k)$ 是时刻 k 通过离散无记忆信道传输的最大信息量，可以用前面介绍的求离散单符号信道的信道容量的方法求解。因为现在输入随机序列 $\boldsymbol{X} = X_1 \cdots X_k \cdots X_N$ 在同一信道中传输，所以任何时刻通过离散无记忆信道传输的最大信息量都相同，即 $C_k = C$，$k = 1, 2, \cdots, N$。所以

$$C^N = NC \quad (4.87)$$

即离散无记忆信道的 N 次扩展信道的信道容量等于单符号离散信道信道容量的 N 倍，当信源也是无记忆信源并且每一时刻的输入分布各自达到最佳输入分布时，才能达到这个信道容量 NC。

在一般情况下，消息序列在离散无记忆 N 次扩展信道中传输时，其平均互信息量 $I(\boldsymbol{X};\boldsymbol{Y}) \leqslant NC$。

4.4 组合信道及其信道容量

前面分析了单符号离散信道和离散无记忆信道。在实际应用中常常会遇到两个或更多个信道组合在一起使用的情况。例如，待发送的消息比较多时，可能要用两个或更多个信道并行发送，这种组合信道称为并联信道；有时消息会依次通过几个信道串联发送，如无线电中继信道、数据处理系统，这种组合信道称为级联信道。在研究较复杂信道时，为使问题简化，往往可以将它们分解成几个简单信道的组合。本节将讨论这两种组合信道的信道容量与组成组合信道的信道容量之间的关系。

4.4.1 独立并联信道

一般的独立并联信道如图 4.10 所示。

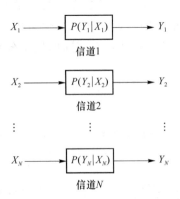

图 4.10 独立并联信道

设有 N 个信道并联，它们的输入分别为 $X_1, X_2, \cdots, X_N$，输出分别为 $Y_1, Y_2, \cdots, Y_N$，N 个信道的传递概率分别为 $P(Y_1|X_1), P(Y_2|X_2), \cdots, P(Y_N|X_N)$。在这 N 个独立信道中，每一个信道的输出 Y_k 只与本信道的输入 X_k 有关，而与其他信道的输入、输出均无关。这 N 个信道的联合传递概率满足以下关系：

$$P(Y_1 Y_2 \cdots Y_N | X_1 X_2 \cdots X_N)$$
$$= P(Y_1|X_1) P(Y_2|X_2) \cdots P(Y_N|X_N) \quad (4.88)$$

这相当于离散无记忆信道应满足的条件。因此，可以把定理 4.4 的结论推广到 N 个独立并联信道：

$$I(X_1 X_2 \cdots X_N; Y_1 Y_2 \cdots Y_N) \leqslant \sum_{k=1}^{N} I(X_k;Y_k)$$

即联合平均互信息不大于各信道的平均互信息之和。因此,独立并联信道的信道容量为

$$C_{并} = \max_{P(X_1 \cdots X_N)} I(X_1 \cdots X_N; Y_1 \cdots Y_N) = \sum_{k=1}^{N} C_k \tag{4.89}$$

式中,$C_k = \max\limits_{P(X_k)} I(X_k; Y_k)$ 是各个独立信道的信道容量。

因此,独立并联信道的信道容量等于各个信道的信道容量之和。只有输入随机变量相互独立且当每个输入随机变量的概率分布均达到各自信道的最佳输入分布时,独立并联信道的信道容量才等于各信道容量之和,即

$$C_{并} = \sum_{k=1}^{N} C_k \tag{4.90}$$

当 N 个独立并联信道的信道容量都相同时,

$$C_{并} = NC \tag{4.91}$$

4.4.2 级联信道

级联信道是信道最基本的组合形式,许多实际信道都可以被看作级联信道。图 4.11 是由两个离散单符号信道组成的最简单的级联信道。

对于信道Ⅰ,输入随机变量为 X,输出随机变量为 Y。对于信道Ⅱ,输入随机变量为

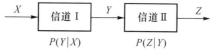

图 4.11 级联信道

Y,输出随机变量为 Z。信道Ⅰ的输出恰好是信道Ⅱ的输入。信道Ⅰ的输出 Y 与输入 X 统计相关,而信道Ⅱ的输出 Z 与输入 Y 统计相关,一般来说,Z 将与 X 统计相关。但是级联的结构又决定了在给定 Y 以后,Z 的取值将不再与 X 有关,而只取决于信道Ⅱ的前向转移概率 $P(Z|Y)$,也就是说 $X \to Y \to Z$ 组成一个马尔可夫链。根据马尔可夫链的性质,级联信道的总的信道矩阵等于这两个串接信道的信道矩阵的乘积。求得级联信道的总的信道矩阵后,级联信道的信道容量就可以用求离散单符号信道的信道容量的方法计算。

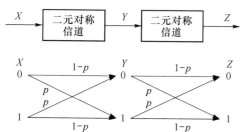

图 4.12 二元对称信道的级联信道

【例 4.9】 设有两个离散二元对称信道,其级联信道如图 4.12 所示,求级联信道的信道容量。

解 两个二元对称信道的信道矩阵为

$$\mathbf{P}_1 = \mathbf{P}_2 = \begin{pmatrix} 1-p & p \\ p & 1-p \end{pmatrix}$$

因为 X, Y, Z 组成马尔可夫链,则级联信道的总的信道矩阵为

$$\mathbf{P} = \mathbf{P}_1 \mathbf{P}_2 = \begin{pmatrix} 1-p & p \\ p & 1-p \end{pmatrix} \begin{pmatrix} 1-p & p \\ p & 1-p \end{pmatrix} = \begin{pmatrix} (1-p)^2 + p^2 & 2p(1-p) \\ 2p(1-p) & (1-p)^2 + p^2 \end{pmatrix}$$

因此级联信道仍然是一个二元对称信道。

$$C_{级} = 1 - H[2p(1-p)]$$

*4.5 连续信道及其信道容量

4.5.1 连续随机变量的互信息

连续随机变量 X 和 Y 之间的平均互信息定义为

$$I(X;Y) = \iint_{\mathbf{R}^2} p(xy) \log \frac{p(xy)}{p(x)p(y)} \mathrm{d}x\mathrm{d}y \tag{4.92}$$

连续随机变量的平均互信息 $I(X;Y)$ 的计算和离散随机变量一样,只要将离散情况下的概率分布换成概率密度,求和换成积分即可。连续随机变量的平均互信息具有和离散随机变量的平均互信息一样的性质。

1. 对称性

$$I(X;Y) = I(Y;X) = h(X) - h(X|Y) = h(Y) - h(Y|X) = h(X) + h(Y) - h(XY) \tag{4.93}$$

2. 非负性

$$I(X;Y) \geqslant 0 \tag{4.94}$$

当且仅当随机变量 X 和 Y 统计独立时等号成立。

因此,虽然连续随机变量的熵不具有非负性,但连续随机变量的熵差 $I(X;Y)$ 仍然具有非负性。

【**例 4.10**】 设 $p(xy)$ 是二维高斯随机变量 XY 的概率密度函数,

$$p(xy) = \frac{1}{2\pi\sigma_X\sigma_Y\sqrt{1-\rho^2}} \exp\left\{-\frac{1}{2(1-\rho^2)}\left[\frac{(x-m_X)^2}{\sigma_X^2} - \frac{2\rho(x-m_X)(y-m_Y)}{\sigma_X\sigma_Y} + \frac{(y-m_Y)^2}{\sigma_Y^2}\right]\right\}$$

其中,m_X、m_Y、σ_X^2、σ_Y^2 分别表示随机变量 X 和 Y 的均值、方差,ρ 是归一化相关函数 $\rho = \dfrac{E[(X-E(X))(Y-E(Y))]}{\sigma_X\sigma_Y}$。求 $I(X;Y)$。

解 先求 X 和 Y 的一维概率密度函数:

$$p(x) = \int_{-\infty}^{+\infty} p(xy)\mathrm{d}y = \frac{1}{\sqrt{2\pi}\sigma_X}\exp\left[-\frac{(x-m_X)^2}{2\sigma_X^2}\right]$$

$$p(y) = \int_{-\infty}^{+\infty} p(xy)\mathrm{d}x = \frac{1}{\sqrt{2\pi}\sigma_Y}\exp\left[-\frac{(y-m_Y)^2}{2\sigma_Y^2}\right]$$

由平均互信息的定义求得

$$\begin{aligned}
I(X;Y) &= \int_{-\infty}^{+\infty}\int_{-\infty}^{+\infty} p(xy)\ln\frac{p(xy)}{p(x)p(y)}\mathrm{d}x\mathrm{d}y \\
&= \ln\frac{1}{\sqrt{1-\rho^2}} - \frac{1}{2}\int_{-\infty}^{+\infty}\int_{-\infty}^{+\infty}\left[\frac{(x-m_X)^2}{(1-\rho^2)\sigma_X^2} - \frac{2\rho(x-m_X)(y-m_Y)}{(1-\rho^2)\sigma_X\sigma_Y} + \right.\\
&\quad \left. \frac{(y-m_Y)^2}{(1-\rho^2)\sigma_Y^2} - \frac{(x-m_X)^2}{\sigma_X^2} - \frac{(y-m_Y)^2}{\sigma_Y^2}\right]p(xy)\mathrm{d}x\mathrm{d}y
\end{aligned}$$

$$= -\frac{1}{2}\ln(1-\rho^2) - \frac{1}{2}\left(\frac{1}{1-\rho^2} - \frac{2\rho^2}{1-\rho^2} + \frac{1}{1-\rho^2} - 1 - 1\right)$$

$$= -\frac{1}{2}\ln(1-\rho^2) \text{ 奈特/样值}$$

它表明两个高斯随机变量之间的互信息只与相关系数 ρ 有关,而与数学期望 m_X、m_Y 及方差 σ_X^2、σ_Y^2 无关。因为数学期望 m_X、m_Y 代表变量的直流成分,而直流成分不会含有任何信息。互信息只与归一化相关函数值或功率的相对大小有关,与功率的绝对大小无关。

4.5.2 高斯加性信道的信道容量

可以证明,连续信道输入、输出随机变量的平均互信息是信源的概率密度 $p(x)$ 的上凸函数。我们仍然定义连续信道的信道容量为平均互信息关于信源概率密度函数的极大值,即

$$C = \max_{p(x)} I(X;Y) \tag{4.95}$$

一般连续信道的信道容量并不容易计算,而加性噪声信道则相对简单一些,下面只研究这种信道,其噪声(记为连续随机变量 N)与输入随机变量 X 相互统计独立。这种信道噪声对输入的干扰作用表现为输出是噪声和输入的线性叠加,即 $Y = X + N$。

对于加性噪声信道,由坐标变换理论可以证明 $p(y|x) = p(n)$,其中 $p(n)$ 是噪声 N 的概率密度函数,也就是说信道的条件概率密度函数等于噪声的概率密度函数,这时

$$h(Y|X) = -\int_{-\infty}^{+\infty}\int_{-\infty}^{+\infty} p(xy) \log p(y|x) \mathrm{d}x \mathrm{d}y$$

$$= -\int_{-\infty}^{+\infty}\int_{-\infty}^{+\infty} p(x) p(y|x) \log p(y|x) \mathrm{d}x \mathrm{d}y$$

$$= -\int_{-\infty}^{+\infty}\int_{-\infty}^{+\infty} p(x) p(n) \log p(n) \mathrm{d}x \mathrm{d}n$$

$$= -\int_{-\infty}^{+\infty} p(n) \log p(n) \mathrm{d}n$$

$$= h(N) \tag{4.96}$$

该结论进一步说明条件熵 $h(Y|X)$ 是由信道中的噪声引起的,它完全等于噪声的信源熵,所以称为噪声熵。其信道容量为

$$C = \max_{p(x)} I(X;Y) = \max_{p(x)} [h(Y) - h(Y|X)] = \max_{p(x)} [h(Y) - h(N)] \tag{4.97}$$

由于加性信道的噪声 N 和信源 X 相互统计独立,X 的概率密度 $p(x)$ 的变动不会引起噪声熵 $h(N)$ 的改变,所以通过选择 $p(x)$ 使输出随机变量熵 $h(Y)$ 达到最大值时,加性信道即达到信道容量:

$$C = \max_{p(x)} h(Y) - h(N) \tag{4.98}$$

对于不同的限制条件,连续随机变量具有不同的最大值,所以连续信道的信道容量取决于输入随机变量 X 所受的限制条件以及噪声 N(信道)的统计特性。

可以证明,噪声功率 σ_N^2 给定后,高斯噪声信道的信道容量 C 最小,因此高斯信道是最差的信道。在实际应用中往往把噪声视为高斯噪声。下面研究噪声源为高斯噪声的加性信道。

如果噪声 N 是均值为 0、方差为 σ_N^2 的高斯随机变量,即满足

$$\int_{-\infty}^{+\infty} p(n) \mathrm{d}n = 1$$

$$\int_{-\infty}^{+\infty} n p(n) \mathrm{d}n = 0$$

$$\int_{-\infty}^{+\infty} n^2 p(n) \mathrm{d}n = \sigma_N^2 = P_N$$

其中，P_N 表示噪声 N 的平均功率。这种信道称为高斯加性信道。

一般输入随机变量 X 的平均功率是有限的，假设限定为 P_X，而噪声的平均功率限定为 $P_N = \sigma_N^2$，因而输出随机变量 Y 的平均功率也是有限的，设为 P_Y。根据最大连续熵定理，要使 $h(Y)$ 达到最大，Y 必须是一个高斯随机变量。而当输入 $p(x)$ 满足什么条件时才能使 Y 为高斯分布呢？

由概率论的知识可知，当 X、N 统计独立且 $Y = X + N$ 时，若输入 X 是均值为 0、方差为 $\sigma_X^2 = P_X$ 的高斯随机变量，即 $p(x) = \frac{1}{\sqrt{2\pi\sigma_X^2}} e^{-\frac{x^2}{2\sigma_X^2}}$，则 $p(y) = \frac{1}{\sqrt{2\pi\sigma_Y^2}} e^{-\frac{y^2}{2\sigma_Y^2}}$，$Y$ 为高斯分布，并且

$$\sigma_Y^2 = \sigma_X^2 + \sigma_N^2 = P_Y \tag{4.99}$$

也就是说，当输入随机变量 X 的概率密度是均值为 0、方差为 σ_X^2 的高斯随机变量，加性信道的噪声 N 是均值为 0、方差为 σ_N^2 的高斯随机变量时，输出随机变量 Y 也是一个高斯随机变量，其均值为 0，方差为 $\sigma_Y^2 = \sigma_X^2 + \sigma_N^2 = P_Y$，此时输出随机变量的熵 $h(Y)$ 达到最大，而信道达到信道容量：

$$\begin{aligned}
C &= \max_{p(x)} h(Y) - h(N) \\
&= \frac{1}{2} \log 2\pi e (\sigma_X^2 + \sigma_N^2) - \frac{1}{2} \log 2\pi e \sigma_N^2 \\
&= \frac{1}{2} \log \frac{\sigma_X^2 + \sigma_N^2}{\sigma_N^2} \\
&= \frac{1}{2} \log \left(1 + \frac{\sigma_X^2}{\sigma_N^2} \right) \\
&= \frac{1}{2} \log \left(1 + \frac{P_X}{P_N} \right)
\end{aligned} \tag{4.100}$$

其中，$\frac{P_X}{P_N}$ 称为信道的信噪比。

4.5.3 多维高斯加性信道的信道容量

对于多维高斯加性信道，当噪声是加性白噪声时信道必然是一个无记忆信道，所以

$$I(\boldsymbol{X}; \boldsymbol{Y}) \leqslant \sum_{k=1}^{n} I(X_k; Y_k) \tag{4.101}$$

于是

$$\begin{aligned}
C &= \max_{p(\boldsymbol{x})} I(\boldsymbol{X}; \boldsymbol{Y}) = \max_{p(\boldsymbol{x})} \sum_{k=1}^{n} I(X_k; Y_k) \\
&= \frac{1}{2} \sum_{k=1}^{n} \log \left(1 + \frac{P_{X_k}}{P_{N_k}} \right) \\
&= \frac{n}{2} \log \left(1 + \frac{P_X}{P_N} \right)
\end{aligned} \tag{4.102}$$

当且仅当输入随机矢量 X 中各分量统计独立,并且均为高斯变量时达到信道容量。

如果在每个抽样时刻信源和噪声是均值为 0、方差分别为 σ_X^2 和 σ_N^2 的高斯随机变量,则

$$C = \frac{n}{2}\log\left(1+\frac{\sigma_X^2}{\sigma_N^2}\right) \tag{4.103}$$

其单位为比特/n 个样值。

*4.6 波形信道及其信道容量

波形信道通常可根据抽样定理转化成多维连续信道进行处理。

一般来说,信道的带宽总是有限的。假设某信道的频带限于$(0,B)$,则其输入、输出信号和噪声都是限频的随机过程,频带限于$(0,B)$。根据抽样定理,可以把一个时间连续的信道变换成时间离散的信道来处理,即用每隔 $1/(2B)$ 秒时间的采样值来表示输入、输出信号和噪声。我们把一次采样看作信道的一次传输,由于每秒传送 $2B$ 个样值,所以单位时间的信道容量(单位为 bit/s)为

$$C_t = B\log\left(1+\frac{\sigma_X^2}{\sigma_N^2}\right) \tag{4.104}$$

当噪声是双边功率谱密度为 $\frac{N_0}{2}$ 的高斯白噪声时,有

$$C_t = B\log\left(1+\frac{\sigma_X^2}{N_0 B}\right) \tag{4.105}$$

这就是著名的香农公式,它适用于加性高斯白噪声信道。从前面的讨论可知,只有当输入信号为功率受限的高斯白噪声信号时,才能达到该信道容量。

香农公式说明,当信道容量一定时,增大信道的带宽可以降低对信噪功率比的要求;反之,当信道频带较窄时,可以通过提高信噪功率比来补偿。

当 $B \to \infty$ 时,

$$C_t = \lim_{B \to \infty} B\log\left(1+\frac{\sigma_X^2}{N_0 B}\right) = \lim_{B \to \infty} \frac{\sigma_X^2}{N_0}\frac{N_0 B}{\sigma_X^2}\log\left(1+\frac{\sigma_X^2}{N_0 B}\right) = \frac{\sigma_X^2}{N_0}\log e = 1.44\frac{\sigma_X^2}{N_0} \tag{4.106}$$

式(4.106)表明,当频带很宽时,信道容量正比于信号功率与噪声谱密度之比。式(4.106)是加性高斯白噪声信道信息传输率的极限值。

【**例 4.11**】 一般模拟电话信道的带宽为 3 300 Hz,若信噪比为 20 dB($\frac{\sigma_X^2}{N_0 B}=100$),则根据香农公式可得电话信道的信道容量为

$$C_t = B\log\left(1+\frac{\sigma_X^2}{N_0 B}\right) = 22\,000 \text{ bit/s}$$

由于高斯加性信道是实际信道中最差的信道,所以香农公式可用于确定实际信道的信道容量的下限值。香农公式给出了在有噪信道中无失真传输所能达到的极限信息传输率,因此对实际通信系统的设计有非常重要的指导意义。

习 题 4

4.1 设一个二元信道如题图 4.1 所示,其输入概率空间为 $\begin{pmatrix} X \\ P \end{pmatrix} = \begin{pmatrix} 0 & 1 \\ 0.2 & 0.8 \end{pmatrix}$,试计算 $I(X=0;Y=1)$、$I(X=1;Y)$ 和 $I(X;Y)$。

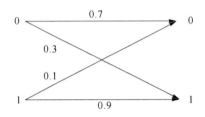

题图 4.1

4.2 二元删除信道有两个输入(0 和 1)和 3 个输出(0、1 和 E),其中 E 表示可检出但无法纠正的错误。信道前向转移概率为

$$p(0|0) = 1-\alpha$$
$$p(E|0) = \alpha$$
$$p(1|0) = 0$$
$$p(0|1) = 0$$
$$p(E|1) = \alpha$$
$$p(1|1) = 1-\alpha$$

求信道容量 C。

4.3 设某二进制数字传输系统接收判决器的输入信号电平、噪声密度分布及判决电平如题图 4.2 所示。试求:(1)信道模型;(2)互信息;(3)信道容量。

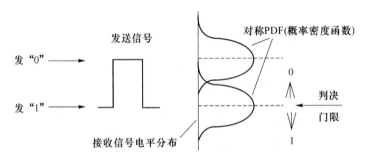

题图 4.2

4.4 设有扰离散信道的输入端是以等概率出现的 A、B、C、D 4 个字母。该信道的正确传输概率为 1/2,错误传输概率平均分布在其他 3 个字母上。验证在该信道上每个字母传输的平均信息量为 0.21 bit。

4.5 Z 信道及其输入、输出如题图 4.3 所示。

$$p(y|x) = \begin{pmatrix} 1 & 0 \\ \varepsilon & 1-\varepsilon \end{pmatrix} \quad x, y \in \{0,1\}$$

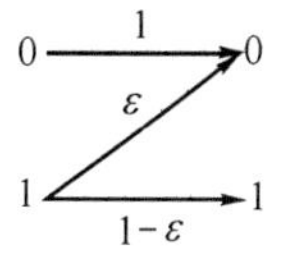

题图 4.3

(1) 求最佳输入分布；
(2) 求当 $\varepsilon = 1/2$ 时的信道容量；
(3) 求当 $\varepsilon \to 0$ 和 $\varepsilon \to 1$ 时的最佳输入分布值。

4.6 如题图 4.4 所示，把 n 个二元对称信道串接起来，每个二元对称信道的错误传递概率为 p。证明这 n 个串接信道可以等效于一个二元对称信道，其错误传递概率为 $\frac{1}{2}[1-(1-2p)^n]$，并证明 $\lim\limits_{n \to \infty} I(X_0; X_n) = 0$，设 $p \neq 0$ 或 1。

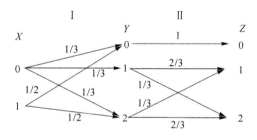

题图 4.4

4.7 试求出准对称信道的信道容量的一般表达式。

4.8 试画出三元对称信道在理想（无噪声）和强噪声（输出不依赖于输入）情况下的信道模型，设信道输入等概分布。

4.9 串联信道如题图 4.5 所示，求总的信道矩阵。

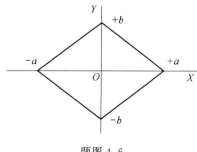

题图 4.5

4.10 设一时间离散、幅度连续的无记忆信道的输入是一个零均值、方差为 E 的高斯随机变量，信道噪声为加性高斯噪声，方差为 $\sigma^2 = 1\mu W$，信道的符号传输速率为 $r = 8\,000$ 符号/秒。如令一路电话通过该信道，电话机产生的信息率为 64 kbit/s，求输入信号功率 E 的最小值。

4.11 连续随机变量 X 和 Y 的联合概率密度函数在由 $\frac{1}{a}|x| + \frac{1}{b}|y| \leq 1$ 确定的菱形内均匀分布，如题图 4.6 所示。

题图 4.6

(1) 求 $I(X;Y)$；

(2) 解释为什么 $I(X;Y)$ 与 a 和 b 无关。

4.12 高斯加性信道的输入信号为 X_1、X_2，噪声信号为 Z_1、Z_2，输出信号为 $Y=X_1+Z_1+X_2+Z_2$，如题图 4.7 所示。输入和噪声均为相互独立的零均值的高斯随机变量，功率分别为 P_1、P_2 和 N_1、N_2。

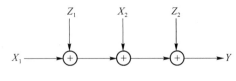

题图 4.7

(1) 求 $I(X_1;Y)$ 和 $I(X_2;Y)$；

(2) 求 $I(X_1X_2;Y)$；

(3) 当输入信号的总功率受限 $P_1+P_2 \leqslant P$ 时，求 $I(X_1;Y)+I(X_2;Y)$ 的最大值。

4.13 一个无记忆信道的输入为离散随机变量 X，噪声 Z 在区间 $[-a,+a]$ 上均匀分布，因此输出 $Y=X+Z$ 是一个连续随机变量。

(1) 当 $X \in \{-1,+1\}$ 并且等概分布时，求 $I(X;Y)$（用 a 表示）；

(2) 当 $X \in \{-1,0,+1\}$，$a=1/2$ 时，求最佳输入分布。

4.14 设某一信号的信息输出率为 5.6 kbit/s，噪声功率谱为 $N=5\times 10^{-6}$ mW/Hz，在带宽 $B=4$ kHz 的高斯信道中传输。试求无差错传输需要的最小输入功率 P。

4.15 判断题图 4.8 中各信道是否对称，如对称，求其信道容量。

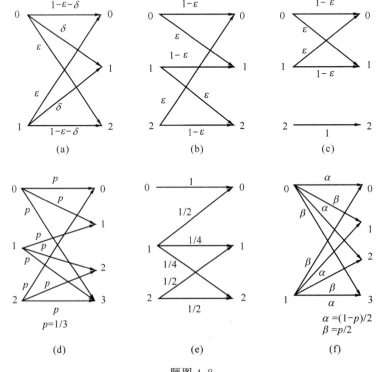

题图 4.8

4.16 求题图 4.9 中信道的信道容量及最佳输入概率分布，并求当 $\varepsilon=0,1/2$ 时的信道容量值。

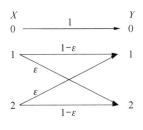

题图 4.9

4.17 积信道。有两个离散无记忆信道 $\{X_1,p(y_1|x_1),Y_1\}$ 和 $\{X_2,p(y_2|x_2),Y_2\}$，信道容量分别为 C_1 和 C_2。两个信道同时输入 $x_1\in X_1$ 和 $x_2\in X_2$，输出 $y_1\in Y_1$ 和 $y_2\in Y_2$，这两个信道组成一个新的信道 $\{X_1\times X_2,p(y_1|x_1)\times p(y_2|x_2),Y_1\times Y_2\}$。求它的信道容量。

4.18 和信道。有两个离散无记忆信道 $\{X_1,p(y_1|x_1),Y_1\}$ 和 $\{X_2,p(y_2|x_2),Y_2\}$，信道容量分别为 C_1 和 C_2。这两个信道的输入、输出符号集各不相同，假定每次只有一个信道有输入，试证明：

(1) $2^C=2^{C_1}+2^{C_2}$；

(2) 如果 $C_1>C_2$，那么一直用信道 1 是不是效率更高？

4.19 有记忆信道的信道容量高于无记忆信道的信道容量。考虑一个二元对称信道 $Y_i=X_i\oplus Z_i$，$\oplus$ 表示模 2 加，$X_i,Y_i\in\{0,1\}$。假定 $Z_1,Z_2,\cdots,Z_n$ 有相同的边缘概率分布 $P_r\{Z_i=1\}=p=1-P_r\{Z_i=0\}$，且并不相互独立，而 Z^n 与输入 X^n 相互独立。如果记 $C=1-H(p,1-p)$，证明：

$$\max_{p(x_1x_2\cdots x_n)} I(X_1X_2\cdots X_n;Y_1Y_2\cdots Y_n)\geq nC$$

4.20 时变信道。离散无记忆时变信道 $p(y_1\cdots y_n|x_1\cdots x_n)=\prod_{i=1}^{n}p_i(y_i|x_i)$，求它的信道容量 $\max_{p(x_1x_2\cdots x_n)} I(X_1X_2\cdots X_n;Y_1Y_2\cdots Y_n)$。

4.21 假定 C 为有 N 个输入、M 个输出的离散无记忆信道的信道容量，证明 $C\leq\min\{\log M,\log N\}$。

4.22 证明：n 个 $P_r\{Y=1|X=0\}=\varepsilon$ 的 Z 信道（如题图 4.10 所示）级联相当于一个 $P_r\{Y=1|X=0\}=1-(1-\varepsilon)^n$ 的 Z 信道。

题图 4.10

4.23 一个信道的信道矩阵为

$$\begin{array}{c} \\ 0 \\ 1 \\ 2 \end{array} \begin{array}{ccc} 0 & 1 & 2 \end{array} \\ \begin{pmatrix} 3/4 & 1/4 & 0 \\ 1/3 & 1/3 & 1/3 \\ 0 & 1/4 & 3/4 \end{pmatrix}$$

(1) 求信道容量；

(2) 若它的输入概率分布为

$$P_r\{X=0\}=1/2-p$$
$$P_r\{X=1\}=2p$$

$$P_r\{X=2\}=1/2-p$$

画出 $I(X=0;Y)$、$I(X=1;Y)$ 和 $I(X=2;Y)$ 作为 p 的函数的函数曲线，$0 \leqslant p \leqslant 1/2$。你能从这些曲线得到关于这个信道的信道容量和最佳输入分布的什么结论？

4.24 假定 (X,Y,Z) 是一个多维高斯分布，并且 $X \to Y \to Z$ 组成一个马尔可夫链，X 和 Y、Y 和 Z 的相关系数分别为 ρ_1 和 ρ_2，求 $I(X;Z)$。

第 5 章
无失真信源编码

无失真
信源编码

对于信源来说有两个重要问题:一个是信源输出信息量的定量度量问题;另一个是如何更有效地表示信源输出的问题。在第 3 章我们讨论了第一个问题,这一章我们要讨论第二个问题。信源输出的符号序列经过信源编码,变换成适合信道传输的符号序列(一般称为码符号序列,例如对于二元信道,就要编为二元码序列),同时,在不失真或允许一定失真的条件下,用尽可能少的码符号来传递信源消息,提高信息传输的效率。所以,信源编码是以提高通信的有效性为目的的,包括无失真信源编码和限失真信源编码。

本章主要讨论无失真信源编码,也就是在不允许失真的情况下怎样通过降低信源的冗余度来提高信息传输率。无失真信源编码主要采用统计匹配编码,也就是信源符号的概率不同,编码的码长也不同。概率大的信源符号编的码字短,反之概率小的信源符号编的码字长,这样可以使平均码长最短,达到降低信源冗余度的目的。

本章主要介绍的香农编码、霍夫曼编码、费诺编码都是统计匹配编码。

5.1 信源编码的相关概念

5.1.1 编码器

将信源符号序列按一定的数学规律映射成码符号序列的过程称为信源编码,完成编码功能的器件称为**编码器**。接收端有一个译码器完成相反的功能。图 5.1 为信源编码模型。

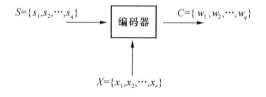

图 5.1 信源编码模型

信源编码器的输入是信源符号集 $S=\{s_1,s_2,\cdots,s_q\}$,共有 q 个信源符号。同时存在另一个符号集,称为码符号集 $X=\{x_1,x_2,\cdots,x_r\}$,共有 r 个码符号,码符号集中的元素称为**码元**或者**码符号**,编码器的作用就是将信源符号集 S 中的符号 $s_i,i=1,2,\cdots,q$ 变换成由 l_i 个码符号组成的一一对应的输出符号序列 $w_i = x_{i_1} x_{i_2} \cdots x_{i_{l_i}}$。编码器输出的符号序列又称为**码字**,并用 $w_i, i=1,2,\cdots,q$ 来表示,它与信源符号 $s_i, i=1,2,\cdots,q$ 是一一对应的关系。

码字的集合 C 称为**码**,即 $C = \{w_1, w_2, \cdots, w_q\}$。信源符号 s_i 对应码字 w_i,用 l_i 个码符号来表示,l_i 称为**码字长度**,简称**码长**。

所以,信源编码就是把信源符号序列变换到码符号序列的一种映射。若要实现无失真编码,那么这种映射必须是一一对应的、可逆的。一般来说,人们总是希望把信源输出的信息毫无保留地传递到接收端,即实现无失真传递,所以要对信源实现无失真编码。

无失真信源编码主要针对离散信源,连续信源在量化编码的过程中必然会有量化失真,所以对连续信源只能近似地再现信源的消息。

由第 3 章的讨论可知,信源概率分布的不均匀性和符号之间存在的相关性使得信源存在冗余度,而实际上传送信源信息只需要传送信源极限熵大小的信息量。信源编码的主要任务就是降低冗余度,提高编码效率。具体来说,就是针对信源输出符号序列的统计特性寻找一定的方法把信源输出符号序列变换为最短的码字序列。降低冗余度的方法有两个:一是去除相关性,使编码后码序列的各个码符号尽可能地相互独立,这一般是利用对信源的符号序列进行编码而不是对单个的信源符号进行编码的方法实现的;二是使编码后各个码符号出现的概率尽可能地相等,即概率分布均匀化,这可以通过概率匹配的方法实现,也就是小概率消息对应长码,大概率消息对应短码。

下面举一个例子说明怎样用编码器实现对信源符号的编码。

【**例 5.1**】 信源概率空间为

$$\begin{pmatrix} S \\ P \end{pmatrix} = \begin{pmatrix} s_1 & s_2 & \cdots & s_4 \\ p(s_1) & p(s_2) & \cdots & p(s_4) \end{pmatrix}$$

把信源符号编码为适合二元信道的二元码。二元信道是数字通信中最常用的一种信道,它的码符号集为 $\{0, 1\}$。

解 将信源通过一个二元信道传输,就必须把信源符号 s_i 变换成由 0、1 符号组成的码符号序列,即进行编码。我们可将不同的二元码符号序列 w_i 与信源符号 s_i 一一对应,这样就得到不同的码。在一般情况下,码可分两类,一类是固定长度码,另一类是可变长度码。固定长度码又称为定长码,在码组中所有码字的长度都相同,如表 5.1 中的码 1。可变长度码又称为变长码,在码组中所有码字的长短不一,即码字中码符号个数不同,如表 5.1 中的码 2。

本章我们讨论的都是同价码,即每个码符号所占的传输时间都相同的码。显然对同价码来说,定长码中每个码字 $w_i, i=1,2,\cdots,q$ 的传输时间相同,而变长码中每个码字的传输时间不一定相同。

一般来说,信源输出的是符号序列,把离散无记忆信源的 N 次扩展信源的概念加以引申便得到 N 次扩展码。

假定把信源 $S = \{s_1, s_2, \cdots, s_q\}$ 中的符号变换成码 $C = \{w_1, w_2, \cdots, w_q\}$ 中的码字,则 N 次扩展信源 $\boldsymbol{S} = \{\boldsymbol{s}_1, \boldsymbol{s}_2, \cdots, \boldsymbol{s}_{q^N}\}$ 对应 N 次扩展码 $\boldsymbol{C} = \{\boldsymbol{w}_1, \boldsymbol{w}_2, \cdots, \boldsymbol{w}_{q^N}\}$。

例如,表 5.1 中码 2 的二次扩展码如表 5.2 所示。

表 5.1 二元码

信源符号 s_i	$p(s_i)$	码 1	码 2
s_1	$p(s_1)$	00	0
s_2	$p(s_2)$	01	01
s_3	$p(s_3)$	10	001
s_4	$p(s_4)$	11	111

表 5.2 二次扩展码

二次扩展信源符号 s_j	二次扩展码字 w_j
$s_1 = s_1 s_1$	00
$s_2 = s_1 s_2$	001
$s_3 = s_1 s_3$	0001
⋮	⋮
$s_{16} = s_4 s_4$	111111

5.1.2 码的分类

1. 分组码和非分组码

如表 5.2 所示,可以将信源编码过程抽象为一种映射,即将信源符号集 $S=\{s_i, i=1,2,\cdots,q\}$ 中的每一个信源符号 s_i 分别映射为一个长度为 l_i 的码字 $w_i, i=1,2,\cdots,q$,而信源符号序列对应的码符号序列是由这些信源符号对应的码字组合而成的。

定义 5.1 将信源符号集中的每个信源符号 s_i 固定地映射成一个码字 w_i,这样的码称为分组码,又称为块码。

直观地理解,分组码就是把信源的符号序列分成组,从信源符号序列到码字序列的变换是在分组的基础上进行的,特定的信源符号组唯一地确定了特定的码字组。

与分组码相对应的分类是非分组码,又称为树码。树码编码器输出的码符号通常与编码器所有的输入信源符号都有关,如后面会讲到的算术编码。

2. 奇异码和非奇异码

定义 5.2 若一种分组码中的所有码字都不相同,则称此分组码为非奇异码,否则称为奇异码。

在表 5.3 中,码 1 是奇异码,码 2 是非奇异码。但是分组码是非奇异码是正确译码的必要条件,而不是充分条件。例如,传送分组码 2 时,如果接收端接收到 00,并不能确定发送端的消息是 $s_1 s_1$ 还是 s_3。

3. 唯一可译码和非唯一可译码

定义 5.3 任意有限长的码元序列只能唯一地分割成一个个码字,我们便称其为唯一可译码。

唯一可译码是指不仅要求不同的码字表示不同的信源符号,而且还进一步要求对由信源符号构成的符号序列进行编码时,在接收端仍能正确译码而不发生混淆。唯一可译码首先是非奇异码,且任意有限长的码字序列不会雷同。一个分组码若对于任意有限的整数 N,其 N 次扩展码均为非奇异的,则为唯一可译码。

4. 即时码和非即时码

同是唯一可译码,其译码方法仍有不同。例如,表 5.4 中列出的两组唯一可译码的译码方法不同。当传送码 1 时,信道输出端接收到一个码字后不能立即译码,还必须等接收到下一个码字时才能判断是否可以译码。若传送码 2,则无此限制,接收到一个完整码字后可以立即译码,我们称后一种码为即时码。

表 5.3　奇异码和非奇异码

信源符号 s_i	码 1	码 2
s_1	0	0
s_2	11	10
s_3	00	00
s_4	11	01

表 5.4　即时码和非即时码

信源符号 s_i	码 1	码 2
s_1	1	1
s_2	10	01
s_3	100	001
s_4	1 000	0001

定义 5.4　无须考虑后续的码符号就可以从码符号序列中译出码字,这样的唯一可译码称为即时码。

下面讨论唯一可译码成为即时码的条件。

定义 5.5　设 $w_i = x_{i_1} x_{i_2} \cdots x_{i_l}$ 为一个码字,对于任意的 $1 \leqslant j \leqslant l$,称码符号序列的前 j 个元素 $x_{i_1} x_{i_2} \cdots x_{i_j}$ 为码字 w_i 的前缀。

按照上述前缀的定义,有下述结论。

定理 5.1　一个唯一可译码成为即时码的充要条件是其中任何一个码字都不是其他码字的前缀。

这个定理很好理解,因为如果没有一个码字是其他码字的前缀,则在接收到相当于一个完整码字的码符号序列后便可以立即译码,而无须考虑其后的码符号。反过来说,如果有一个码字是其他码字的前缀,假设 w_j 是 w_i 的前缀,则在收到相当于 w_j 的码符号序列后还不能立即判定它是一个完整的码字,若想正确译码,还必须参考后续的码符号。这与即时码的定义相矛盾,所以即时码的必要条件是其中任何一个码字都不是其他码字的前缀。

综上所述,码的分类如图 5.2 所示。

图 5.2　码的分类

5. 树图

即时码可以方便地用树图来构造。图 5.3 所示是一个二元即时码。

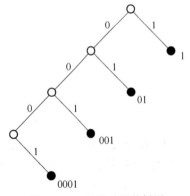

图 5.3　二元即时码的树图

树图中有树枝和节点。树图最顶部的节点称为根节点,没有再产生分支的节点称为终端节点,其他称为中间节点。每个节点能够生出的树枝数目等于码符号数 r(这里 $r=2$)。在树枝旁边分别标以相应的码符号:$0,1,\cdots,r-1$。将从根节点到终端节点的各树枝代表的码符号依次连接,就得到了编码码字。

树图中自根部经过一个分支到达的节点称为一阶节点,一阶节点最多有 r 个。它们的子节点称为二阶节点,二阶节点最多有 r^2 个。N 阶节点最多

有 r^N 个。

如果指定某个 N 阶节点为终端节点,表示一个信源符号,则该节点就不再延伸,相应的码字即为从树根到此端点的树枝标号序列,其长度为 N。这样构造的码满足即时码的条件,因为从树根到每一个终端节点所走的路径均不相同,并且中间不安排码字,故一定满足对前缀的限制。如果有 q 个信源符号,那么在码树上就要选择 q 个终端节点,相应地有 q 个码字。

即时码的码树图还可以用来译码。当接收到一串码符号序列后,首先从树根出发,根据接收到的第一个码符号来选择应走的第一条路径,如果沿着所选支路走到一个中间节点,再根据接收到的第二个码符号来选择应走的第二条路径,若又走到中间节点,就再依次继续下去,直到走到终端节点为止。走到终端节点,就可根据所走的支路立即判断出所接收的码字,同时使系统重新返回树根,再作下一个接收码字的判断。这样就可以将接收到的一串码符号序列译成对应的信源符号序列。

5.2 定长码及定长信源编码定理

一般来说,若要实现无失真的编码,所编的码必须是唯一可译码,否则就会因译码带来错误与失真。

对于定长码来说,若定长码是非奇异码,则它的任意有限长 N 次扩展码一定也是非奇异码,因此定长非奇异码一定是唯一可译码。

表 5.5 中的码 2 是奇异码,当接收到码符号 11 后既可译成 s_2 也可译成 s_4,所以不能唯一地译码。表 5.5 中的码 1 是等长非奇异码,因此它是一个唯一可译码。

若对一个有 q 个信源符号的信源 S 进行定长编码,那么信源 S 存在唯一可译定长码的条件是 $q \leqslant r^l$,其中 r 是码符号集中的码元数,l 是定长码的码长。例如,在表 5.5 中,信源 S 共有 $q=4$ 个信源符号,进行二元等长编码,$r=2$,则信源存在唯一可译定长码的条件是 $l \geqslant 2$。

表 5.5 定长码

信源符号 s_i	码 1	码 2
s_1	00	00
s_2	01	11
s_3	10	10
s_4	11	11

我们对信源 S 的 N 次扩展信源进行定长编码,若要编得的定长码是唯一可译码,则必须满足

$$q^N \leqslant r^l \tag{5.1}$$

q^N 是信源 S 的 N 次扩展信源的符号个数。当把 N 次扩展信源的信源符号 $s_j,j=1,2,\cdots,q^N$ 编成长度为 l 的码字时,如果要求编得的定长码是唯一可译码,则每一个信源符号 s_j 都应有一个码字对应,所以必须满足式(5.1)。换句话说,只有当 l 长的码符号序列个数 r^l 不小于 N 次扩展信源的符号个数 q^N 时,才能存在定长非奇异码。

对式(5.1)两边取对数 $N\log q \leqslant l\log r$ 得 $\dfrac{l}{N} \geqslant \dfrac{\log q}{\log r} = \log_r q$,$\dfrac{l}{N}$ 表示平均每个原始信源符号所需要的码符号个数,对于定长唯一可译码,平均每个原始信源符号至少需要用 $\log_r q$ 个码符号来表示。

当 $r=2$ 时,$\frac{l}{N} \geq \log q$,表示对于二元定长唯一可译码,平均每个原始信源符号至少需要用 $\log q$ 个二元符号来表示。当 $N=1$ 时,则有 $l \geq \log q$。

例如,英文电报信源有 32 个符号(26 个英文字母加 6 个标点符号),即 $q=32$,我们对每个符号进行二元编码,即 $r=2$,则 $l \geq \log_r q = \log q = \log 32 = 5$,也就是说,每个英文电报符号至少要用 5 位二元符号进行编码才能得到唯一可译码。

由第 3 章已知,对于实际的英文电报信源,在考虑了符号出现的概率以及符号之间的相关性以后,平均每个英文电报符号所提供的信息量约等于 1.4 bit,远小于 5 bit。因此,定长编码后,每个码字只承载约 1.4 bit 信息量,也就是 5 个二元码符号只携带约 1.4 bit 信息量,而 5 个二元码符号最多能承载 5 bit 的信息量。因此,定长编码的信息传输效率是很低的。那么怎样才能提高信息传输效率,也就是怎样才能使每个信源符号用尽可能少的码符号来表示呢?

方法 1:对信源符号序列进行编码,当考虑符号间的依赖关系以后,有些信源符号序列不会出现,这样可能出现的信源符号序列个数会小于 q^N。对于不会出现的符号序列不予编码,这样就不会造成误差。

方法 2:对于概率非常小的信源符号序列不予编码,这样可能会造成一定的误差,但是当信源符号序列长度 N 足够大时,这种误差概率可以任意小,即可做到几乎无失真编码。

下面将要讨论的定长信源编码定理给出了定长信源编码所需码长的理论极限值。

在定长信源编码定理的证明中需要用到渐进等分割性和 ε 典型序列的概念,具体请参见附录 A.4。

离散无记忆信源 S 的 N 次扩展信源的输出序列 s_j 可以分为两类,一类是 ε 典型序列,另一类是非 ε 典型序列。ε 典型序列是 $\frac{I(s_j)}{N}$ 非常接近 $H(S)$ 的一类序列。

可以证明,当 $N \to \infty$ 时,ε 典型序列的概率总和趋于 1,因此 ε 典型序列的总概率大,非 ε 典型序列的总概率小(注意,单个非 ε 典型序列出现的概率不一定比 ε 典型序列出现的概率小)。

虽然 ε 典型序列的总概率很大,但是它的个数在全部序列中的比例却很小,因此我们只对占少数的 ε 典型序列进行等长编码,码字总数就会大大减少,所需码长也就可以减小。

由 ε 典型序列的性质可以很容易地推出以下的定长信源编码定理。

定理 5.2 离散无记忆信源的熵为 $H(S)$,若对信源长为 N 的序列进行定长编码,码符号集中有 r 个码符号,码长为 l,则对于任意 $\varepsilon > 0$,只要满足 $\frac{l}{N} \geq \frac{H(S)+\varepsilon}{\log r}$,则当 N 足够大时,可实现几乎无失真编码,即译码错误概率为任意小。反之,如果 $\frac{l}{N} \leq \frac{H(S)-2\varepsilon}{\log r}$,则不可能实现几乎无失真编码,且当 N 足够大时,译码错误概率为 1。

定长信源编码定理给出了定长编码时每个信源符号最少所需的码符号的理论极限,该极限值由 $H(S)$ 决定。

对于二元编码,$r=2$,有

$$\frac{l}{N} \geq H(S)+\varepsilon \tag{5.2}$$

这是定长编码时平均每个信源符号所需的二元码符号数的理论极限。

定理 5.2 是在离散平稳无记忆信源的条件下证明的，但它同样适合用于平稳有记忆信源，只需将式中的 $H(S)$ 改为极限熵 H_∞，条件是有记忆信源的极限熵 H_∞ 和极限方差都存在。

比较式(5.2)与 $\frac{l}{N}=\log q$，当信源符号等概分布时两式就完全一致，但在一般情况下信源符号并非等概率分布，而且符号之间有很强的关联性，故信源的熵 H_∞（极限熵）远小于 $\log q$。根据定长信源编码定理，每个信源符号平均所需的二元码符号可大大减少，从而使编码效率提高。

仍以英文电报为例，由于英文信源的极限熵 $H_\infty \approx 1.4$ 比特/信源符号，因此码长 l 只要满足 $\frac{l}{N}>1.4$，即平均每个英文符号只需近似用 1.4 个二元码符号来表示，这比由 $\frac{l}{N} \geqslant \log q$ 计算的需要 5 个二元符号少了许多，从而提高了信息传输效率。

定理 5.2 的条件又可写成 $l\log r > NH(S)$，这个式子表明只要 l 长码符号序列所能携带的最大信息量大于 N 长信源序列所携带的信息量，就可以实现无失真编码，当然条件是 N 足够大。

为了衡量编码效果，我们引进编码效率的概念。

定义 5.6 设有熵为 $H(S)$ 的离散无记忆信源，若对信源的长为 N 的符号序列进行定长编码，码符号集中的码符号个数为 r，设码字长为 l，定义 $\eta=\dfrac{H(S)}{\dfrac{l}{N}\log r}$ 为编码效率。其中 $\frac{l}{N}\log r$（单位为比特/信源符号）表示平均每个信源符号编码后能承载的最大信息量。

因此，定理 5.2 的条件也可表述为，只有平均每个信源符号编码后能承载的最大信息量大于信源的熵才能实现几乎无失真编码。

根据定理 5.2，最佳编码效率可表示为 $\eta=\dfrac{H(S)}{H(S)+\varepsilon}$，$\varepsilon>0$，所以 $\varepsilon=\dfrac{1-\eta}{\eta}\cdot H(S)$。

在已知方差 $D[I(s_i)]$ 和信源熵的条件下，要达到最佳编码效率 η 并且允许的译码错误概率小于任一给定的正数 δ，信源序列长度 N 必须满足：

$$N \geqslant \frac{D[I(s_i)]}{\varepsilon^2 \delta}=\frac{D[I(s_i)]}{H^2(S)}\frac{\eta^2}{(1-\eta)^2 \delta} \tag{5.3}$$

从式(5.3)可以看出，允许的错误概率 δ 越小，且编码效率越高，信源序列长度 N 必须越长。在实际情况下，要实现几乎无失真的定长编码，N 的长度将会大到难以实现。

【例 5.2】 设有离散无记忆信源

$$\binom{S}{P}=\begin{pmatrix} s_1 & s_2 & s_3 & s_4 & s_5 & s_6 & s_7 & s_8 \\ 0.4 & 0.18 & 0.10 & 0.10 & 0.07 & 0.06 & 0.05 & 0.04 \end{pmatrix}$$

如果对信源符号采用定长二元编码，要求编码效率 $\eta=90\%$，允许的错误概率 $\delta \leqslant 10^{-6}$，求所需信源序列长度 N。

解 信息熵

$$H(S)=E[-\log p(s_i)]=-\sum_{i=1}^{8} p(s_i)\log p(s_i)=2.55 \text{ 比特/信源符号}$$

自信息的方差

$$D[I(s_i)] = \sum_{i=1}^{8} p(s_i)[-\log p(s_i)]^2 - H(S)^2 = 7.82$$

$$\varepsilon = \frac{1-\eta}{\eta} H(S) = 0.28$$

所以

$$N \geqslant \frac{D[I(s_i)]}{\varepsilon^2 \delta} = \frac{7.82}{0.28^2 \times 10^{-6}} = 9.8 \times 10^7 \approx 10^8$$

即信源序列长度 N 需长达 10^8 以上才能达到上述给定的要求。

【例 5.3】 设离散无记忆信源

$$\begin{pmatrix} S \\ P \end{pmatrix} = \begin{pmatrix} s_1 & s_2 \\ 3/4 & 1/4 \end{pmatrix}$$

要求 $\eta = 0.96, \delta \leqslant 10^{-5}$，求 N。

解 信源熵

$$H(S) = \frac{1}{4}\log 4 + \frac{3}{4}\log \frac{4}{3} = 0.811 \text{ 比特/信源符号}$$

自信息的方差

$$\begin{aligned} D[I(s_i)] &= \sum_{i=1}^{2} p(s_i)[-\log p(s_i)]^2 - H(S)^2 \\ &= \frac{3}{4}\left(\log \frac{3}{4}\right)^2 + \frac{1}{4}\left(\log \frac{1}{4}\right)^2 - (0.811)^2 \\ &= 0.4715 \end{aligned}$$

因为

$$\varepsilon = \frac{1-\eta}{\eta} H(S)$$

所以

$$N \geqslant \frac{0.4715}{(0.811)^2} \times \frac{(0.96)^2}{(0.04)^2 \times 10^{-5}} = 4.13 \times 10^7$$

即信源序列长度为 4×10^7 以上，才能达到给定的要求，这在实际中是很难实现的。因此，一般来说，当 N 有限时，高编码效率的定长码往往要引入一定的失真和错误，但是变长码则可以在 N 不太大时就实现无失真编码。

5.3 变长码及变长信源编码定理

变长码要成为唯一可译码不仅本身应该是非奇异的，而且它的有限长 N 次扩展码也应该是非奇异的。例如，表 5.6 中的码 2 是非奇异码，但是当信宿收到"00"时，它不能判断是 $s_1 s_1$ 还是 s_3，所以不是唯一可译码。码 3、码 4 是唯一可译码，其中码 4 还是即时码。什么样的码是唯一可译码或者即时码？下面的 Kraft 不等式和 McMillan 不等式分别给出了即时码和唯一可译码的码长条件。

表 5.6 变长码

信源符号 s_i	概率分布	码 1	码 2	码 3	码 4
s_1	1/2	0	0	1	1
s_2	1/4	11	10	10	01
s_3	1/8	00	00	100	001
s_4	1/8	11	01	1000	0001

5.3.1 Kraft 不等式和 McMillan 不等式

对于一个给定信源的编码，Kraft 不等式和 McMillan 不等式可以让我们从码长来判断它是不是满足即时码和唯一可译码的条件。这两个不等式在形式上是完全一样的。

定理 5.3 设信源符号集为 $S=\{s_1,s_2,\cdots,s_q\}$，码符号集为 $X=\{x_1,x_2,\cdots,x_r\}$，对信源进行编码，得到的码为 $C=\{w_1,w_2,\cdots,w_q\}$，码长分别为 $l_1,l_2,\cdots,l_q$，则即时码存在的充要条件是

$$\sum_{i=1}^{q} r^{-l_i} \leqslant 1 \tag{5.4}$$

这称为 Kraft 不等式。

证明 充分性证明如下。

证明如果码长满足不等式(5.4)就可以得到即时码。

现在假设码字长度满足 $l_1 \leqslant l_2 \leqslant \cdots \leqslant l_q \leqslant l$，由于这样假设只影响码字的编号，所以是可以的。码长最长为 l，对于深度为 l 的 r 叉树，如果所有分支都延伸到最后一阶节点，则有 r^l 个终端节点，可以编 r^l 个码字。如果从根出发，取一个 l_1 阶节点作为码字 w_1，则后续的树枝应该被砍去，因此共有 r^{l-l_1} 个 l 阶节点不能得到使用。

同样，在 l_i 阶节点上的终端节点可以使得 r^{l-l_i} 个 l 阶节点不能得到使用。最后 l 阶节点只剩下 $r^l - r^{l-l_1} - r^{l-l_2} - \cdots - r^{l-l_q} = r^l - \sum_{i=1}^{q} r^{l-l_i}$ 个可以使用的终端节点。

如果码长满足不等式(5.4)，即

$$1 - \sum_{i=1}^{q} r^{-l_i} \geqslant 0$$

那么

$$r^l - \sum_{i=1}^{q} r^{l-l_i} \geqslant 0$$

即可以使用的 r 阶节点数大于等于 0，可以构造一个即时码。

必要性证明如下。

证明即时码必然满足不等式(5.4)。

由于即时码必然可以用树图来构造，并且安排了码字的终端节点不会再生出树枝。我们可以取一个有 l 阶节点的 r 叉树且 $l \geqslant \max_i l_i$。树的第 0 阶为根，在第 l 阶上有 r^l 个节点。长为 l_i 的码字相当于砍去了第 l 阶上的 r^{l-l_i} 个节点，q 个码字共砍去第 l 阶的节点数必小于 r^l，即

$$\sum_{i=1}^{q} r^{l-l_i} \leqslant r^l$$

那么

$$\sum_{i=1}^{q} r^{-l_i} \leqslant 1$$

证毕。

由 Kraft 不等式可知,给定 r、q,只要允许码字长度足够长,则码长总可以满足 Kraft 不等式而得到即时码,Kraft 不等式指出了即时码的码长必须满足的条件。后来,McMillan 证明唯一可译码的码长也必须满足此不等式。在码长的选择上唯一可译码并不比即时码有更宽松的条件。因此,对于唯一可译码,该不等式又称为 McMillan 不等式。

定理 5.4 唯一可译码存在的充要条件是

$$\sum_{i=1}^{q} r^{-l_i} \leqslant 1$$

其中,r 为码符号个数,l_i 为码字长度,q 为信源符号个数。这称为 McMillan 不等式。

定理 5.4 指出了唯一可译码中 r、q、l_i 之间的关系,如果码长满足这个不等式,则一定能够构造至少一种唯一可译码;否则,无法构成唯一可译码。

例如,在表 5.6 中,码 1、码 2 的码长为 $l_1 = 1, l_2 = l_3 = l_4 = 2, \sum_{i=1}^{4} 2^{-l_i} = \frac{5}{4} > 1$,所以不能构成唯一可译码。而码 3、码 4 的码长 $l_1 = 1, l_2 = 2, l_3 = 3, l_4 = 4, \sum_{i=1}^{4} 2^{-l_i} = \frac{15}{16} < 1$,可以构成唯一可译码。当然,满足此码长条件的也不一定就是唯一可译码,如 $C = \{1, 01, 011, 0001\}$,但至少可以找到一个唯一可译码。同样,满足此码长条件的码也可能不是即时码,但至少可以找到一种即时码。

另外,从定理 5.3 和定理 5.4 可以得到一个重要的结论,即任何一个唯一可译码均可用一个相同码长的即时码来代替。由于即时码很容易用树图法构造,因此要构造唯一可译码,只要构造即时码就可以了。用树图法可以很方便地实现即时码的编码和译码,也可以很方便地判别一个码是不是即时码,那么唯一可译码怎么判别呢?

5.3.2 唯一可译码的判别准则

定理 5.4 只给出了唯一可译码的码长条件,不能作为一个具体的码是不是唯一可译码的判别方法,因为满足 McMillan 不等式的码不一定是唯一可译码,也不可能根据唯一可译码的定义来判断,因为在实际应用中不可能一一检查所有 N 阶扩展码的奇异性。A. A. Sardinas 和 G. W. Patterson 于 1957 年提出了一种唯一可译码的判别准则,原理如图 5.4 所示,其中 A_i、B_i 都是码字。

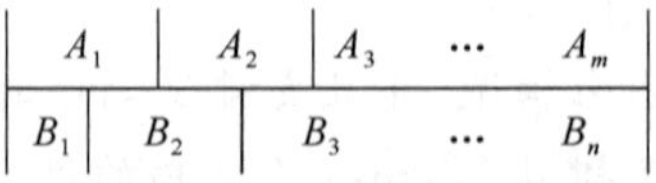

A_1	A_2	A_3	$\cdots$	A_m
B_1	B_2	B_3	$\cdots$	B_n

图 5.4 唯一可译码的判别准则

如图 5.4 所示,如果某个有限长的码符号序列能译成两种不同的码字序列,此码不是唯一可译码,此时 B_1 一定是 A_1 的前缀,而 A_1 的尾随后缀一定是另一码字 B_2 的前缀,B_2 的尾随后缀又是其他码字的前缀。最后,码符号序列的尾部也一定是一个码字。

根据这个原理,该判别准则的判别方法如下。

设 C 为码字的集合,我们要构造尾随后缀的集合 $F_1, F_2, \cdots$ 和 F。

(1) F_1 是 C 中所有码字尾随后缀的集合:若 C 中码字 w_j 是码字 w_i 的前缀,即 $w_i = w_j A$,则将尾随后缀 A 列为 F_1 中的元素,所有这样的尾随后缀构成了 F_1。

(2) 考察 C 和 F_i 两个集合,如果 C 中任一码字是 F_i 中元素的前缀,或者 F_i 中任一元素是 C 中码字的前缀,则将其相应的尾随后缀放入集合 F_{i+1} 中。

(3) $F = \bigcup_i F_i$。

(4) 一旦 F 中出现了 C 中的元素,则算法终止,判断 C 不是唯一可译码;若 F_{i+1} 为空集或 F_{i+1} 中的元素在 F 中已经全部存在了,算法终止,判断 C 是唯一可译码。

也就是说,一个码是唯一可译码的充要条件是 F 中不含 C 中的码字。

【例 5.4】 设消息集合共有 7 个元素 $\{s_1, s_2, s_3, s_4, s_5, s_6, s_7\}$,它们分别被编码为 $\{a, c, ad, abb, bad, deb, bbcde\}$,判断其是不是唯一可译码。

解 按照上述方法构造表 5.7 所列的尾随后缀集。

表 5.7 唯一可译码的判别准则

C	F_1	F_2	F_3	F_4	F_5
a	d	eb	de	b	***ad***
c	bb	cde			$bcde$
ad					
abb					
bad					
deb					
$bbcde$					

F_5 中的第一个元素正好是 C 中第三个码字,所以 C 不是唯一可译码。

5.3.3 紧致码平均码长界限定理

由前面的讨论可知,对同一信源用同一码符号集编成的即时码或唯一可译码有很多种,究竟哪一种最好呢?从高效传输信息的角度出发,我们希望尽可能选择码符号序列长度较短的码字,也就是采用码长较短的码字,为此引入码的平均长度的概念。

定义 5.7 设有信源

$$\begin{pmatrix} S \\ P \end{pmatrix} = \begin{pmatrix} s_1 & s_2 & \cdots & s_q \\ p(s_1) & p(s_2) & \cdots & p(s_q) \end{pmatrix}$$

编码后的码字分别为 $w_1, w_2, \cdots, w_q$,各码字相应的码长分别为 $l_1, l_2, \cdots, l_q$。因为是唯一可译码,信源符号 s_i 和码字 w_i 一一对应,定义此码的平均码长(单位为码符号/信源符号)为

$$\overline{L} = \sum_{i=1}^{q} p(s_i) l_i$$

其中，$\overline{L}$ 表示每个信源符号平均需要的码元数。

定义 5.8 当信源给定时，信源熵 $H(S)$ 就确定了，而编码后每个信源符号平均用 $\overline{L}$ 个码元来表示，编码后平均每个码元承载的信息量 $H(X)$ 定义为编码后的信息传输率（单位为比特/码符号）：

$$R = H(X) = \frac{H(S)}{\overline{L}}$$

如果传输一个码符号平均需要 t 秒，则编码后信源每秒提供的信息量（单位为比特/秒）为

$$R_t = \frac{H(S)}{\overline{L} \cdot t}$$

R_t 越大，信息传输率就越高，因此我们感兴趣的码是使平均码长 $\overline{L}$ 最短的码。

定义 5.9 对于给定的信源和码符号集，若有一个唯一可译码，其平均码长 $\overline{L}$ 小于所有其他唯一可译码的平均码长，则称这个码为紧致码或最佳码。

无失真信源编码的核心问题就是寻找紧致码。

下面我们来看紧致码的平均码长 $\overline{L}$ 可能达到的理论极限。

定理 5.5 一个离散无记忆信源 S 熵为 $H(S)$，码符号集 $X = \{x_1, x_2, \cdots, x_r\}$，总可以找到一种唯一可译码，其平均码长满足

$$\frac{H(S)}{\log r} \leqslant \overline{L} < 1 + \frac{H(S)}{\log r} \tag{5.5}$$

定理 5.5 告诉我们，平均码长 $\overline{L}$ 不能小于极限值 $\frac{H(S)}{\log r}$，否则唯一可译码不存在，同时定理又给出了平均码长的上界。并不是说大于这个上界就不能构成唯一可译码，而是希望 $\overline{L}$ 尽可能短，因此我们关心的是紧致码的平均码长的范围。$\overline{L}$ 是紧致码的平均码长，它与 $H(S)$ 有关。

另外还可以看到这个极限值与定长信源编码定理中的极限值是一致的。下面我们证明这个定理。

证明 先证明下界成立，即证明 $H(S) - \overline{L} \log r \leqslant 0$。

$$\begin{aligned}
H(s) - \overline{L} \log r &= -\sum_{i=1}^{q} p(s_i) \log p(s_i) - \sum_{i=1}^{q} p(s_i) l_i \log r \\
&= -\sum_{i=1}^{q} p(s_i) \log p(s_i) + \sum_{i=1}^{q} p(s_i) \log r^{-l_i} \\
&= \sum_{i=1}^{q} p(s_i) \log \frac{r^{-l_i}}{p(s_i)} \\
&\leqslant \log \sum_{i=1}^{q} \left[p(s_i) \frac{r^{-l_i}}{p(s_i)} \right] \\
&= \log \sum_{i=1}^{q} r^{-l_i}
\end{aligned}$$

根据 McMillan 不等式，唯一可译码的码长满足下式：

$$\sum_{i=1}^{q} r^{-l_i} \leqslant 1$$

所以 $\overline{L} \geqslant \dfrac{H(S)}{\log r}$ 成立。等号成立的条件是对于 $\forall i, \dfrac{r^{-l_i}}{p(s_i)}=1$，即 $p(s_i)=r^{-l_i}$。这时

$$H(S) - \overline{L}\log r = \sum_{i=1}^{q} p(s_i)\log 1 = 0$$

因此

$$\overline{L} = \dfrac{H(S)}{\log r}$$

这时每个码字的相应码长 $l_i = \dfrac{-\log p(s_i)}{\log r} = -\log_r p(s_i)$。

下面证明上界成立，即证明满足条件 $\overline{L} < 1 + \dfrac{H(S)}{\log r}$ 的唯一可译码是存在的。

从上面的证明过程我们知道，平均码长要达到下界，必须满足

$$l_i = \dfrac{-\log p(s_i)}{\log r} = -\log_r p(s_i)$$

也就是每个信源符号的概率分布恰好使它的码长为整数，这是比较苛刻的条件，如果不能满足的话，那么 l_i 应该是一个小于 $-\log_r p(s_i)+1$ 的整数，即

$$l_i < -\log_r p(s_i) + 1$$

所以

$$p(s_i) < r^{-(l_i-1)} \quad i = 1, 2, \cdots, q$$

对这个不等式略加变化可得

$$\sum_{i=1}^{q} p(s_i)\log p(s_i) < \sum_{i=1}^{q} p(s_i)\log r^{-(l_i-1)}$$

$$H(S) > \log r \sum_{i=1}^{q} p(s_i)(l_i-1) = \log r(\overline{L}-1)$$

所以

$$\overline{L} < \dfrac{H(S)}{\log r} + 1$$

综合上、下界得到

$$\dfrac{H(S)}{\log r} \leqslant \overline{L} < \dfrac{H(S)}{\log r} + 1$$

证毕。

若熵以 r 进制为单位，则式(5.5)可写成

$$H_r(S) \leqslant \overline{L} < H_r(S) + 1$$

5.3.4 无失真变长信源编码定理(香农第一定理)

与无失真定长信源编码定理一样，这也是一个关于码长的极限定理，这个极限和定长编码的极限其实是一致的。

定理 5.6 设离散无记忆信源 S 的信源熵为 $H(S)$，它的 N 次扩展信源 $S^N = \{s_1, s_2, \cdots, s_{qN}\}$，其熵为 $H(S^N)$。若用码符号 $X = \{x_1, x_2, \cdots, x_r\}$ 对信源 S^N 进行变长编码，那么总可以找到一种唯一可译码，使每个信源符号所需的平均码长 $\dfrac{\overline{L}_N}{N}$ 满足

$$\frac{H(S)}{\log r} \leqslant \frac{\overline{L}_N}{N} < \frac{H(S)}{\log r} + \frac{1}{N}$$

或者写成

$$H_r(S) \leqslant \frac{\overline{L}_N}{N} < H_r(S) + \frac{1}{N}$$

当 $N \to \infty$ 时

$$\frac{\overline{L}_N}{N} = H_r(S)$$

其中，$\overline{L}_N = \sum_{i=1}^{q^N} p(s_i)\lambda_i$，$\lambda_i$ 是扩展信源的信源符号 s_i 所对应的码字长度，因此 $\overline{L}_N$ 是扩展信源的信源符号的平均码长，而 $\frac{\overline{L}_N}{N}$ 仍是单个信源符号所需的平均码长。这里要注意 $\frac{\overline{L}_N}{N}$ 与 $\overline{L}$ 的区别，它们两个都是单个信源符号所需的码符号的平均数，但是 $\frac{\overline{L}_N}{N}$ 的含义是：为了得到这个平均值，不是对单个信源符号 s_i 进行编码，而是对 N 个信源符号的序列 s_i 进行编码，然后对 N 求算术平均。

定理 5.5 可以看作定理 5.6 在 $N=1$ 时的特殊情况。

证明 将 S^N 视为一个新的离散无记忆信源，它的熵为 $H_r(S^N)$，平均码长为 $\overline{L}_N$。根据定理 5.5 可得

$$H_r(S^N) \leqslant \overline{L}_N < H_r(S^N) + 1$$

由于离散无记忆信源的 N 次扩展信源 S^N 的熵 $H_r(S^N)$ 是信源 S 的熵 $H_r(S)$ 的 N 倍，即 $H_r(S^N) = NH_r(S)$，将其代入上式得

$$NH_r(S) \leqslant \overline{L}_N < NH_r(S) + 1$$

两边除以 N 得

$$H_r(S) \leqslant \frac{\overline{L}_N}{N} < H_r(S) + \frac{1}{N}$$

当 $N \to \infty$ 时，有

$$\lim_{N \to \infty} \frac{\overline{L}_N}{N} = H_r(S)$$

证毕。

定理 5.6 的结论推广到平稳遍历的有记忆信源（如马尔可夫信源）便有

$$\lim_{N \to \infty} \frac{\overline{L}_N}{N} = \frac{H_\infty}{\log r}$$

其中，H_∞ 为有记忆信源的极限熵。

定理 5.6 是香农信息论的主要定理之一。该定理指出，要实现无失真信源编码，每个信源符号平均所需最少的 r 元码符号数就是信源的熵值（以 r 进制单位为信息量单位）。若编码的平均码长小于信源的熵值，则唯一可译码不存在，在译码时必然要带来失真或差错。同时该定理还指出，可以通过扩展信源进行变长编码，当 $N \to \infty$ 时，平均码长 $\frac{\overline{L}_N}{N}$ 可达到这个极限值。可见，信源的信息熵是无失真信源编码平均码长的极限值，也可以认为信源的信息熵〔$H(S)$ 或 H_∞〕表示每个信源符号平均所需最少的二元码符号数。

我们可以看到,定长码和变长码的平均码长的理论极限是一致的,而且要达到这个极限,也就是平均单个信源符号所需的码符号数最少,所用的方法都是对信源的 N 次扩展信源进行编码,但是变长码与定长码的区别在于:变长码在 N 不需要很大就能达到这个极限,而定长码的 N 值通常大到设备难以实现;定长码在达到这个码长极限时往往还会引入一定的失真,而变长码则不会引入失真。

编码后的信息传输率为

$$R = \frac{H(S)}{\overline{L}}$$

这里 $\overline{L} = \frac{\overline{L_N}}{N} \geqslant \frac{H(S)}{\log r}$,所以 $R \leqslant \log r$。$H(S)$ 的单位为比特/信源符号,$\overline{L}$ 的单位为码符号/信源符号,R 的单位为比特/码符号。

当平均码长 $\overline{L}$ 达到极限值 $\frac{H(S)}{\log r}$ 时,$R = \log r$,编码后信源的信息传输率等于有 r 个码符号的无噪无损信道的信道容量 C,这时信息传输效率最高。因此,无失真信源编码的实质就是对离散信源进行适当的变换,使变换后新的码符号信源(信道的输入)尽可能为无记忆等概率分布,使新信源的每个码符号平均所含的信息量达到最大,从而使信道的信息传输率 R 达到无噪无损信道的信道容量,实现信源与信道的理想统计匹配。这就是香农第一定理的物理意义。

为了衡量各种编码是否已达到极限情况,我们来定义变长码的编码效率。

定义 5.10 设对信源 S 进行编码所得到的平均码长为 $\overline{L}$,则 $\overline{L} \geqslant H_r(S)$,定义 $\eta = \frac{H_r(S)}{\overline{L}}$ 为编码效率,$\eta \leqslant 1$。

对同一信源来说,若码的平均码长 $\overline{L}$ 越短,越接近极限 $H_r(S)$,则信息传输率越高,越接近无噪无损信道的信道容量,这时 η 也越接近 1,所以用编码效率 η 来衡量各种编码的优劣。

另外,为了衡量各种编码与最佳码的差距,引入码的剩余度的概念。

定义 5.11 定义 $\gamma = 1 - \eta = 1 - \frac{H_r(S)}{\overline{L}}$ 为码的剩余度。

在二元无噪无损信道中 $r = 2$,$\eta = \frac{H(S)}{\overline{L}}$,所以在二元无噪无损信道中信息传输率为

$$R = \frac{H(S)}{\overline{L}} = \eta$$

注意,这时它们的数值相同,但单位不同。η 是个无单位的比值,而 R 的单位是比特/码符号。因此在二元信道中可直接用码的效率来衡量编码后信道的信息传输率是否提高了。当 $\eta = 1$,即 $R = 1$ 时,达到二元无噪无损信道的信道容量,编码效率最高,码剩余度为零。

与定长码一样,通过对扩展信源进行编码,可以提高编码后信道的信息传输率。

【例 5.5】 有一离散无记忆信源

$$\binom{S}{P} = \binom{s_1 \quad s_2}{3/4 \quad 1/4}$$

求其信息传输率及二次、三次、四次扩展信源的信息传输率。

解 信源熵为

$$H(S) = \frac{1}{4}\log 4 + \frac{3}{4}\log\frac{4}{3} = 0.811$$

表 5.8 二次扩展码

s_i	$p(s_i)$	即时码
$s_1 s_1$	9/16	0
$s_1 s_2$	3/16	10
$s_2 s_1$	3/16	110
$s_2 s_2$	1/16	111

用二元码符号$\{0,1\}$来构造一个即时码 $s_1 \to 0, s_2 \to 1$，这时 $\overline{L} = 1$，编码效率 $\eta = \frac{H(S)}{\overline{L}} = 0.811$，二元码编码后的信息传输率和编码效率在数值上是相等的，因此 $R = 0.811$ 比特/码符号。

如果对信源 S 的二次扩展信源 S^2 进行编码，S^2 和它的一种即时码如表 5.8 所示。这时码的平均长度为

$$\overline{L}_2 = \frac{9}{16} \times 1 + \frac{3}{16} \times 2 + \frac{3}{16} \times 3 + \frac{1}{16} \times 3 = \frac{27}{16} \text{ 二元码符号/二个信源符号}$$

单个信源符号的平均码长

$$\frac{\overline{L}_2}{2} = \frac{27}{32} \text{ 二元码符号/信源符号}$$

编码效率

$$\eta_2 = \frac{0.811 \times 32}{27} = 0.961$$

$$R_2 = 0.961 \text{ 比特/码符号}$$

可见编码复杂了些，但信息传输率有了提高。

用同样的方法进一步对信源的三次和四次扩展信源进行编码，得出其编码效率为

$$\eta_3 = 0.985$$
$$\eta_4 = 0.991$$

信道的信息传输率分别为

$$R_3 = 0.985 \text{ 比特/码符号}$$
$$R_4 = 0.991 \text{ 比特/码符号}$$

将此例与例 5.3 相比较，对于同一信源，要求编码效率达到 96% 时，变长码只需对二次扩展信源（$N=2$）进行编码，而等长码则要求 N 大于 4.13×10^7。因此，用变长码编码时，N 不需要很大就可以达到相当高的编码效率，而且可实现无失真编码，随着扩展信源次数 N 的增加，编码效率越来越接近 1，编码后的信息传输率 R 也越来越接近无噪无损二元信道的信道容量 $C=1$ 比特/码符号，达到信源与信道匹配的目的，使信道得到充分利用。

5.4 变长码的编码方法

本节介绍的编码方法，如香农编码、香农-费诺-埃利斯编码、霍夫曼编码、费诺编码均为统计匹配编码，都是对出现概率较大的信源符号编短码，而对出现概率较小的信源符号编长码，从而使平均码长最短，达到最佳编码的目的。

5.4.1 香农编码

香农第一定理指出了平均码长与信源熵之间的关系,同时也指出了可以通过编码使码长达到极限值。如何构造这种码?香农编码的方法是使每个码字长度 l_i 满足

$$l_i = \left\lceil \log \frac{1}{p(s_i)} \right\rceil \quad i = 1, 2, \cdots, q$$

其中,$\lceil x \rceil$ 表示不小于 x 的整数,即 x 为整数时等于 x,x 不是整数时,等于 x 取整加 1。这样选择的码长一定满足 Kraft 不等式,所以一定存在这样的即时码。

按照香农编码方法构造的码,其平均码长 $\overline{L}$ 不超过上界,即

$$\overline{L} < H_r(S) + 1$$

只有当信源符号的概率分布满足 $\left(\frac{1}{r}\right)^{l_i}$($l_i$ 是正整数)形式时,$\overline{L}$ 才能达到极限值 $H_r(S)$。在一般情况下,香农编码的 $\overline{L}$ 不是最短的,即编出来的码不是紧致码(最佳码)。

香农编码的具体方法如下。

(1) 将所有 q 个信源符号按其概率的递减次序排列。

$$p(s_1) \geqslant p(s_2) \geqslant \cdots \geqslant p(s_q)$$

(2) 按下式依次计算每个信源符号的二元码码长 l_i:

$$l_i = \left\lceil \log \frac{1}{p(s_i)} \right\rceil \quad i = 1, 2, \cdots, q$$

(3) 计算每个信源符号的累加概率 $F(s_i)$,并将其变换成二进制小数得到其码字。

累加概率

$$F(s_i) = \sum_{k=1}^{i-1} p(s_k) \quad i = 1, 2, \cdots, q$$

将累加概率 $F(s_i)$ 变换成二进制小数,取小数点后 l_i 位数作为第 i 个信源符号的码字。

【例 5.6】 参见表 5.9,按照以上步骤对一个有 7 个信源符号的信源编码。

例如当 $i = 4$ 时,先求第 4 个信源符号的二元码的码长:

$$l_4 = \lceil -\log p(s_4) \rceil = 3$$

因此码长取 3。

表 5.9 香农编码

信源符号 s_i	概率 $p(s_i)$	累加概率 $F(s_i)$	$-\log p(s_i)$	码长 l_i	二元码
s_1	0.20	0	2.34	3	000
s_2	0.19	0.2	2.41	3	001
s_3	0.18	0.39	2.48	3	011
s_4	0.17	0.57	2.56	3	100
s_5	0.15	0.74	2.74	3	101
s_6	0.10	0.89	3.34	4	1110
s_7	0.01	0.99	6.66	7	1111110

再计算累加概率:

$$F(s_4) = \sum_{k=1}^{3} p(s_k) = p(s_1) + p(s_2) + p(s_3) = 0.57$$

将累加概率 $F(s_4)$ 变成二进制小数：

$$F(s_4) = 0.57 = 0 \times 2^0 + 1 \times 2^{-1} + 0 \times 2^{-2} + 0 \times 2^{-3} + 1 \times 2^{-4} + \cdots$$

即

$$F(s_4) = (0.57)_{10} = (0.1001\cdots)_2$$

根据码长 $l_4 = 3$ 取小数点后 3 位作为第 4 个信源符号的二元码，即"100"。其他信源符号的编码可依次求得，过程不再赘述。

由表 5.9 可以看出，一共有 5 个 3 位的二元码，各码字至少有一位码符号不同。这个码是唯一可译码，而且是即时码。

平均码长为

$$\overline{L} = \sum_{i=1}^{7} p(s_i) l_i = 3.14 \text{ 码符号/信源符号}$$

编码后的信息传输率为

$$R = \frac{H(S)}{\overline{L}} = \frac{2.61}{3.14} = 0.831 \text{ 比特/码符号}$$

5.4.2 香农-费诺-埃利斯编码

香农-费诺-埃利斯编码与香农编码方法大致相同，但有 3 点不同：一是它不需要对信源符号概率进行排序；二是它的累加概率是修正的累加概率；三是码长的计算方法也不同。

(1) 修正的累加概率的计算方法：

$$\overline{F}(s_i) = \sum_{k=1}^{i-1} p(s_k) + \frac{1}{2} p(s_i) \quad i = 1, 2, \cdots, q$$

(2) 码长的计算方法：

$$l_i = \left\lceil \log \frac{1}{p(s_i)} \right\rceil + 1 \quad i = 1, 2, \cdots, q$$

5.4.3 二元霍夫曼编码

这是霍夫曼于 1952 年提出的一种构造紧致码的方法。具体方法如下。

(1) 将所有 q 个信源符号按其概率的递减次序排列：

$$p(s_1) \geqslant p(s_2) \geqslant \cdots \geqslant p(s_q)$$

(2) 合并概率最小的两个信源符号的概率，从而得到只包含 $q-1$ 个符号的新信源 S_1，称为缩减信源。在概率最小的两个信源符号旁边用 0、1 码符号标注。

(3) 把缩减信源 S_1 的符号仍按概率递减次序排列，再将两个概率最小的信源符号用 0 和 1 码符号标注，并且合并概率，这样又形成了 $q-2$ 个信源符号的缩减信源 S_2。

(4) 依此类推，直至信源最后只剩下两个信源符号为止，将最后两个信源符号分别用二元码符号 0 和 1 标注。

(5) 从最后一级缩减信源开始向前回溯，将每次标注的码符号连接起来就得到各信源符号所对应的码符号序列，即相应的码字。

【例 5.7】 以例 5.6 中的信源为例编制二元霍夫曼码。

二元霍夫曼编码如表 5.10 所示。

表 5.10 二元霍夫曼编码

码字	信源符号	编码过程						码长
10	s_1	0.20	0.20	0.26	0.35	0.39	0.61 0	2
11	s_2	0.19	0.19	0.20	0.26	0.35 0	0.39 1	2
000	s_3	0.18	0.18	0.19	0.20 0	0.26 1		3
001	s_4	0.17	0.17	0.18 0	0.19 1			3
010	s_5	0.15	0.15 0	0.17 1				3
0110	s_6	0.10 0	0.11 1					4
0111	s_7	0.01 1						4

该码的平均码长为

$$\overline{L} = \sum_{i=1}^{7} p(s_i) l_i$$
$$= 0.2 \times 2 + 0.19 \times 2 + 0.18 \times 3 + 0.17 \times 3 + 0.15 \times 3 + 0.1 \times 4 + 0.01 \times 4$$
$$= 2.72 \text{ 比特/码符号}$$

其编码效率为

$$\eta = \frac{H_r(S)}{\overline{L}} = \frac{2.61}{2.72} = 0.960$$

从二元霍夫曼码的编码方法可知,这样得到的码并不是唯一的,原因有以下两个。

(1) 每次对信源缩减时,概率最小的两个信源符号对应的码符号 0 和 1 是可以互换的,所以可得到不同的霍夫曼码。

(2) 对信源进行缩减时,如果两个概率最小的信源符号合并后的概率与其他信源符号的概率相同,则在缩减信源中进行概率排序时次序可以是任意的,因此会得到不同的霍夫曼码。

表 5.11 给出了同一信源的两种霍夫曼码,它们的平均码长和编码效率都相同,都是紧致码,但是质量不完全相同,因为它们的码长方差不同。

表 5.11 两种霍夫曼码的比较

信源符号 s_i	概率 $p(s_i)$	码 1	码 1 的码长	码 2	码 2 的码长
s_1	0.4	1	1	00	2
s_2	0.2	01	2	10	2
s_3	0.2	000	3	11	2
s_4	0.1	0010	4	010	3
s_5	0.1	0011	4	011	3

平均码长为

$$\overline{L} = \sum_{i=1}^{5} p(s_i) l_i = 2.2 \text{ 码符号/信源符号}$$

编码效率为

$$\eta = \frac{H_r(S)}{\overline{L}} = 0.965$$

码 1 的码长方差：

$$\begin{aligned}
\sigma_1^2 &= \sum_{i=1}^{5} p(s_i)(l_i - \overline{L})^2 \\
&= 0.4 \times (1-2.2)^2 + 0.2 \times (2-2.2)^2 + 0.2 \times (3-2.2)^2 + \\
&\quad 0.1 \times (4-2.2)^2 + 0.1 \times (4-2.2)^2 \\
&= 1.36
\end{aligned}$$

码 2 的码长方差：

$$\begin{aligned}
\sigma_2^2 &= \sum_{i=1}^{5} p(s_i)(l_i - \overline{L})^2 \\
&= 0.4 \times (2-2.2)^2 + 0.2 \times (2-2.2)^2 + 0.2 \times (2-2.2)^2 + \\
&\quad 0.1 \times (3-2.2)^2 + 0.1 \times (3-2.2)^2 \\
&= 0.16
\end{aligned}$$

由此可见，码 2 的码长方差要比码 1 的码长方差小很多，因此码 2 的码长更均匀，质量更好。

从此例可以看出，霍夫曼编码在信源缩减排列时，应使合并的信源符号位于缩减信源中尽可能高的位置上，这样可以使合并的信源符号码长较短，充分利用短码，而非合并的信源符号码长较长，所以得到方差最小的码。

霍夫曼码的编码过程也可以用树图来表示。表 5.11 中码 1 的编制过程可以用图 5.5 表示。

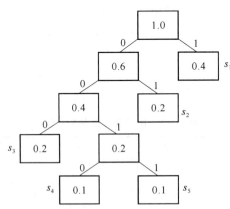

图 5.5 霍夫曼码的树图

可以看出霍夫曼码是即时码。

霍夫曼码是用概率匹配的方法进行信源编码，它有以下两个明显的特点。

(1) 霍夫曼码的编码方法保证了概率大的信源符号对应于短码，概率小的信源符号对应于长码，充分利用短码。

(2) 每次缩减信源的最后两个码字有相同的码长,并且总是最后一位码元不同,前面各位码元均相同。

这两个特点保证了所得的霍夫曼码一定是最佳码。

下面我们证明这一点。

定理 5.7 霍夫曼码是紧致码。

证明 在这里我们证明二元霍夫曼码是紧致码,其结论可以推广到 r 元霍夫曼码。

由于霍夫曼码最后一步得到的缩减信源只有两个信源符号,编码为 0 和 1,它们是紧致码,所以我们可以先假设缩减后的编码是紧致码,然后证明缩减前的编码也是紧致码,这样就可以证明最后得到的霍夫曼码是紧致码。

设霍夫曼码中第 j 步缩减信源为 S_j,S_j 有 m 个信源符号,被编码为 C_j,其平均码长为 $\overline{L}_j$,则

$$\overline{L}_j = \sum_{i=1}^{m} p(s_i) l_i$$

假设 S_j 中的某一元素 s_m 是由前一次缩减信源 S_{j-1} 中两个概率最小的信源符号 s_{m_0} 和 s_{m_1} 合并而来的,即

$$p(s_m) = p(s_{m_0}) + p(s_{m_1})$$

设 C_{j-1} 为第 $j-1$ 步缩减信源 S_{j-1} 的编码,其平均码长为 $\overline{L}_{j-1}$,S_{j-1} 有 $m+1$ 个元素。

$$\begin{aligned} \overline{L}_{j-1} &= \sum_{i=1}^{m-1} p(s_i) l_i + p(s_{m_0})(l_m + 1) + p(s_{m_1})(l_m + 1) \\ &= \sum_{i=1}^{m} p(s_i) l_i + p(s_{m_0}) + p(s_{m_1}) \\ &= \overline{L}_j + p(s_{m_0}) + p(s_{m_1}) \end{aligned}$$

我们可以看出,缩减信源 S_j 和 S_{j-1} 的平均码长之差是一个与码长 l_i 无关的固定常数 $p(s_{m_0}) + p(s_{m_1})$,所以如果平均码长 $\overline{L}_j$ 最小,则 $\overline{L}_{j-1}$ 也最小,也就是如果 C_j 是缩减后信源 S_j 的紧致码,则 C_{j-1} 是缩减前信源 S_{j-1} 的紧致码。

由于最后一级缩减信源可以肯定是紧致码,则由霍夫曼编码方法使得它前面一级缩减信源的编码也一定是紧致码,再前面一级缩减信源的编码也是紧致码。由递推关系可知,信源 S 所得的编码是紧致码。

证毕。

5.4.4 r 元霍夫曼编码

二进制霍夫曼码的编码方法很容易推广到 r 进制的情况,只是在编码过程中构成缩减信源时,每次都是将 r 个概率最小的信源符号合并,并分别用 $0,1,\cdots,r-1$ 码符号表示。

为了充分利用短码,使霍夫曼码的平均码长最短,必须使最后一个缩减信源有 r 个信源符号。因此,对于 r 元霍夫曼编码,信源 S 的符号个数 q 必须满足

$$q = (r-1)\theta + r$$

其中,θ 表示信源缩减次数。如果不满足上式,则可以在最后增补一些概率为 0 的信源符号,因此上式又可以写成 $q+i=(r-1)\theta+r$,i 为增加的信源符号个数,是满足上式的最小正整数或 0。对于 $r=2$ 的二元码,信源 S 的符号个数 q 必定满足 $q=\theta+2$。

【例 5.8】 针对表 5.11 所示信源构造一个三元霍夫曼码。

解 编码结果如表 5.12 所示。

表 5.12 三元霍夫曼编码

信源符号	概率 $p(s_i)$	码字	码长
s_1	0.4	1	1
s_2	0.2	2	1
s_3	0.2	00	2
s_4	0.1	01	2
s_5	0.1	02	2

这里满足 $q+i=(r-1)\theta+r$ 的 i 的最小值为 $i=0$，所以不需增加概率为 0 的信源符号。该码的平均码长为

$$\bar{L}=\sum_{i=1}^{5}p(s_i)l_i$$
$$=0.4\times1+0.2\times1+0.2\times2+0.1\times2+0.1\times2$$
$$=1.4 \text{ 三进制码符号/信源符号}$$

信息传输率为

$$R=\frac{H(S)}{\bar{L}}=\frac{2.122}{1.4}=1.515 \text{ 比特/三进制码符号}$$

编码效率为

$$\eta=\frac{H_3(S)}{\bar{L}}=\frac{1.339}{1.4}=0.956$$

信源的 N 次扩展信源同样可以使用霍夫曼编码方法。由于霍夫曼码是紧致码，所以编码后单个信源符号的平均码长随 N 的增加很快就接近极限值——信源熵。

5.4.5 费诺编码

费诺编码与香农编码一样，也不是最佳的编码方法，但是某些情况下也能得到紧致码。费诺编码过程如下。

(1) 将信源符号 $s_i,i=1,2,\cdots,q$ 以概率递减次序排列，即

$$p(s_1)\geqslant p(s_2)\geqslant\cdots\geqslant p(s_q)$$

(2) 将依次排列的信源符号分为两组，使两组的概率和基本相等，并对各组赋予二元码符号 0 和 1。

(3) 将每组的信源符号进一步再分成两组，使划分后的两个组的概率和近似相等，又分别赋予各组二元码符号"0"和"1"。

(4) 如此重复，直至每组只剩下一个信源符号为止。

(5) 信源符号所对应的码符号序列即为费诺码。

【例 5.9】 信源与例 5.6 和例 5.7 的相同，请编制费诺码。

编码过程如表 5.13 所示。

表 5.13 费诺码

信源符号	概率	第1次分组	第2次分组	第3次分组	第4次分组	二元码	码长
s_1	0.20	0	0			00	2
s_2	0.19	0	1	0		010	3
s_3	0.18	0	1	1		011	3
s_4	0.17	1	0	0		10	2
s_5	0.15	1	1	0		110	3
s_6	0.10	1	1	1	0	1110	4
s_7	0.01	1	1	1	1	1111	4

该码的平均码长为

$$\overline{L} = \sum_{i=1}^{7} p(s_i) l_i$$
$$= 0.20 \times 2 + 0.19 \times 3 + 0.18 \times 3 + 0.17 \times 2 + 0.15 \times 3 + 0.10 \times 4 + 0.01 \times 4$$
$$= 2.74 \text{ 码符号/信源符号}$$

信息传输率为

$$R = \frac{H(s)}{\overline{L}} = \frac{2.61}{2.74} = 0.953 \text{ 比特/码符号}$$

对同一信源 3 种编码方法的性能比较如表 5.14 所示。

如果信源概率满足 $p(s_i) = \left(\frac{1}{r}\right)^{l_i}, i=1,2,\cdots,q, l_i$ 为正整数,则 3 种码都能得到紧致码。

表 5.14 3 种编码方法的比较

编码	平均码长 $\overline{L}$	信息传输率 R
香农编码	3.14	0.831
霍夫曼编码	2.72	0.960
费诺编码	2.74	0.953

上面讲述的几种编码都是针对离散无记忆信源的单个信源符号的编码,因此在编码时没有考虑其信源符号之间的相关性,仅仅考虑了信源符号概率分布的不均匀性。对于有记忆信源,需要考虑信源符号间的相关性,对符号序列进行编码,才能进一步提高编码效率。

以上我们讨论了几种常用的编码方法,并且证明了霍夫曼码是最佳码,当 N 不很大时,它能使无失真编码的效率接近 1,但是在实际使用时霍夫曼编码的设备还是比较复杂的。

首先,由于每个信源符号所对应的码长不同,在一般情况下,信源符号以匀速输出,信道也是匀速传输的。经过霍夫曼编码后,有长码,也有短码,会造成编码输出的信息速率不是常量,因而不能直接由信道来传送。为了适应信道,必须增加缓冲寄存器,先将编码输出暂存在缓冲寄存器中,然后再匀速向信道输出。但当缓冲寄存器容量有限时,会出现缓冲寄存器溢出或取空的现象。例如,当信源连续输出低概率的信源符号时,因为码长较长,有可能使缓冲寄存器存不下而溢出;反之,当信源连续输出高概率符号时,则有可能使缓冲区输入比特数小于向信道中输出的比特数,以致使缓冲寄存器取空。所以,一般变长码只适用于有限长的信息传输,或者在输出一批消息后能暂停一下。

其次,还有差错扩散的问题。变长码一个码元的差错可能会被误认为是另一个码字,结果后面的一系列码字也可能会译错。为了避免出现这种情况,需要进行纠错编码或出错重发等,这样又会降低信息传输的有效性。

最后,霍夫曼码的编译码需要用查表的方法来进行。在信息传输过程中,必须先存储与传输这一霍夫曼编码表,这会影响信息的传输效率。特别是当 N 增大时,所需存储的码表也增大,所以使得设备复杂化,且查表搜索时间增加。我们还需根据信源的统计特性,事先建立霍夫曼编码表。因此,这种方法只适用于我们已知其统计特性的信源。如果信源的统计特性未知或者经常发生变化,那么就要采用所谓通用编码的方法来解决,如后面要介绍的 LZW 编码。

尽管如此,霍夫曼编码还是一种有效的无失真信源编码方法,它便于硬件实现和软件实现,适用于文件传真、语声处理和图像处理的数据压缩。

5.5 实用的无失真信源编码方法

5.5.1 游程编码

对于某些相同符号会连续出现的信源,特别对于二值图像文件(如图 5.6 所示),采用游程编码会得到较高的编码效率。游程编码又称运行长度编码或行程编码,是一种统计编码,属于无失真信源编码。游程编码算法简单,速度快,编码效率与信源符号序列中字符重复出现的概率及长度有关,字符重复出现的次数越多,重复字符串的平均长度越长,编码效率越高。

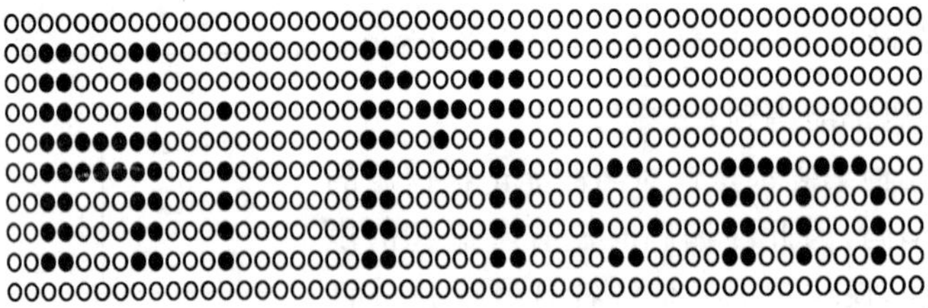

图 5.6 二值图像

游程编码的基本原理是:用一个符号值或串长表示连续出现的信源符号(这些连续出现的信源符号构成了一段连续的"游程",游程编码因此而得名),使码符号序列长度少于原始信源符号序列的长度。基本的游程编码的数据结构如图 5.7 所示。

| 符号码 | 标识码 | 游程长度 |

图 5.7 游程编码的数据结构

例如,我们要表示 BBBBBBBBBBXXXXXXXXXAAAAAAUUUUUUUUUUUU,游程编码为 B♯10X♯9A♯6U♯13,♯是游程编码的标识符,表示有一个字符串在此位置,它前面是构成串的符号,后面是游程长度。可见,游程编码的码符号序列长度远远少于原始信源符号序列的长度。

对于黑、白二值文件来说,以上方法还有可以改进的地方。

(1) 黑白游程总是交替出现,可以规定第一游程为白游程,若不是则可以将此白游程的长度定为 0,这样可以省略符号码和标识符,只需对游程长度进行编码。

(2) 不同游程长度出现的概率不同,对游程长度进行编码采用霍夫曼编码,概率大的编长码,概率小的编短码。

修正的霍夫曼编码是一种实用的游程编码方案,是 CCITT 为三类传真机制定的图像编码方式。修正的霍夫曼编码的码表是由各类传真文件(打字文件、电路图、手写文稿、气象图等)的统计特性得到,并且固定不变的,因而在多数情况下,并非紧致码。

为了保证收发图文颜色同步,每行总是从白色游程开始(例如,第一像素为黑色,则此长度可设为零)。对概率不同的游程长度编码码字不同,例如,长度为 2 和 3 的黑游程的码字分别为 11 和 10,而长度为 63 的黑游程的码字为 000001100111。

如果游程长度超过 63 个像素,则将码字分成两部分,前面是组合基干码,后面是结尾码,这样可以提高编码效率。例如,长度为 73 的白游程的码字为 1101110100,其中前面的 11011 为组合基干码,后面的 10100 为结尾码。结尾码和组合基干码码表如表 5.15 和表 5.16 所示。

其基本的编码规范如下。

(1) 游程长度在 0~63 时,直接查表用相应的结尾码作为码字。

(2) 游程长度在 64~1 728(标准 A4 大小的黑白传真文件每行 1 728 像素)时,用组合码加上结尾码作为相应的码字。

(3) 每行的第一个游程规定为白游程(长度可以为零),每行用一个结束码(EOL)终止。

(4) 在传输时,每页数据之前加一个结束码,每页尾部连续使用 6 个结束码。

【**例 5.10**】 某行经过修正的霍夫曼编码压缩的传真信号为

00110101010110101011110110000110011000000000001

请恢复黑白像素序列,并计算压缩比。

解 码字为 00110101,010,110101,011,11011+000011,0011,000000000001(结束码)。

查表即知原来的信号是:0 白 1 黑 15 白 4 黑 77 白 5 黑。

压缩比=1 728/47=36.7∶1

表 5.15 结尾码码表

游程长度	白游程编码	黑游程编码	游程长度	白游程编码	黑游程编码
0	00110101	0000110111	13	000011	00000100
1	000111	010	14	110100	00000111
2	0111	11	15	110101	000011000
3	1000	10	16	101010	0000010111
4	1011	011	17	101011	0000011000
5	1100	0011	18	0100111	0000001000
6	1110	0010	19	0001100	00001100111
7	1111	00011	20	0001000	00001101000
8	10011	000101	21	0010111	00001101100
9	10100	000100	22	0000011	00000110111
10	00111	0000100	23	0000100	00000101000
11	01000	0000101	24	0101000	00000010111
12	001000	0000111	25	0101011	00000011000

续 表

游程长度	白游程编码	黑游程编码	游程长度	白游程编码	黑游程编码
26	0010011	000011001010	45	00000100	000001010101
27	0100100	000011001011	46	00000101	000001010110
28	0011000	000011001100	47	00001010	000001010111
29	00000010	000011001101	48	00001011	000011100100
30	00000011	000001101000	49	01010010	000001100101
31	00011010	000001101001	50	01010011	000001010010
32	00011011	000001101010	51	01010100	000001010011
33	00010010	000001101011	52	01010101	000000100100
34	00010011	000011010010	53	00100100	000000110111
35	00010100	000011010011	54	00100101	000000111000
36	00010101	000011010100	55	01011000	000000100111
37	00010110	000011010101	56	01011001	000000101000
38	00010111	000011010110	57	01011010	000001011000
39	00101000	000011010111	58	01011011	000001011001
40	00101001	000001101100	59	01001010	000000101011
41	00101010	000001101101	60	01001011	000000101100
42	00101011	000011011010	61	00110010	000001011010
43	00101100	000011011011	62	00110011	000001100110
44	00101101	000001010100	63	00110100	000001100111

表 5.16 组合基干码码表

游程长度	白游程编码	黑游程编码	游程长度	白游程编码	黑游程编码
64	11011	0000001111	960	011010100	0000001110011
128	10010	000011001000	1 024	011010101	0000001110100
192	010111	000011001001	1 088	011010110	0000001110101
256	0110111	000001011011	1 152	011010111	0000001110110
320	00110110	000000110011	1 216	011011000	0000001110111
384	00110111	000000110100	1 280	011011001	0000001010010
448	01100100	000000110101	1 344	011011010	0000001010011
512	01100101	000001101100	1 408	011011011	0000001010100
576	01101000	000001101101	1 472	010011000	0000001010101
640	01100111	000001001010	1 536	010011001	0000001011010
704	011001100	000001001011	1 600	010011010	0000001011011
768	011001101	000001001100	1 664	011000	0000001100100
832	011010010	000001001101	1 728	010011011	0000001100101
896	011010011	0000001110010			

5.5.2 算术编码

霍夫曼编码虽然是个实用、高效的编码方法,但是对于信源符号个数不多且概率分布比较均匀的信源,需要对较长的信源符号序列进行编码才能得到较高的编码效率(参见例 5.5),所以需要预先计算信源符号序列的概率分布。

与霍夫曼编码不同,算术编码是一种非分组码,无须计算所有 N 长信源序列的概率分布及码表,可以直接对输入的信源符号序列编码输出。这种方法是由香农-费诺-埃利斯编码直接推广得到的。

香农-费诺-埃利斯编码是将累加概率分布函数的[0,1]区间分成许多互不重叠的小区间,每个信源符号对应于各个小区间,每个小区间的长度等于这个信源符号的概率,在此区间内取一点,取该点二进制小数点后若干位作为这个信源符号的码字,码字的长度由这个信源符号的概率决定。

算术编码的思想与之相同,不过算术编码不是针对单个信源符号的,而是针对整个信源符号序列。或者说其他的编码方法是把输入的消息分割为符号,然后对每个符号进行编码,而算术编码是直接把整个输入的消息编码为一个数,一个在 0 到 1 之间的小数。因此,算术编码的关键仍然是计算 N 长信源符号序列 s 的概率 $p(s)$ 和累加概率 $F(s)$,然后用区间 $[F(s),F(s)+p(s))$ 中的一个值来作为 s 的码字。计算的过程是随着信源符号序列变长,采用递推的方法来完成的。信源符号序列的概率决定了编码的效率,概率越小,就需要越多的码符号来表示这个信源符号序列。

例如,信源符号集 $S=\{a_1,a_2,a_3,a_4\}$,$p(a_1)=0.6,p(a_2)=0.2,p(a_3)=0.1$,$p(a_4)=0.1$,对符号序列 $a_1a_3a_4$ 编码。先确定第一个符号 a_1 的概率区间,如图 5.8(a)粗线所示,再确定前两个符号 a_1a_3 的概率区间,如图 5.8(b)粗线所示,最后确定整个符号序列 $a_1a_3a_4$ 的概率区间,如图 5.8(c)粗线所示。

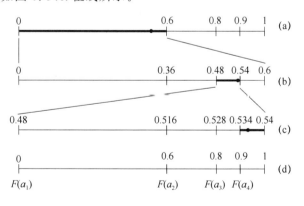

图 5.8 算术编码

假设已知 N 长信源符号序列 s 的概率 $p(s)$ 和累加概率 $F(s)$,由递推关系我们很容易得到 $N+1$ 长信源符号序列 sr 的概率 $p(sr)$ 和累加概率 $F(sr)$,r 为新添加的符号:

$$F(sr)=F(s)+p(s)F(r)$$
$$p(sr)=p(s)p(r)$$

根据下式计算信源符号序列 s 的码长:

$$l = \left\lceil \log \frac{1}{p(s)} \right\rceil$$

将信源符号序列 s 的累加概率 $F(s)$ 变换成二进制小数，取 l 位为码字。注意，如果 l 位后还有尾数需要进位。

符号序列 $a_1 a_3 a_4$ 的概率为

$$p(a_1 a_3 a_4) = p(a_1) p(a_3) p(a_4)$$
$$= 0.6 \times 0.1 \times 0.1$$
$$= 0.006$$

累加概率为

$$F(a_1 a_3 a_4) = F(a_1) + p(a_1) F(a_3) + p(a_1 a_3) F(a_4)$$
$$= 0 + 0.6 \times 0.8 + 0.6 \times 0.1 \times 0.9$$
$$= 0.534$$

码长为

$$l = \left\lceil \log \frac{1}{0.006} \right\rceil = 8$$

将累加概率变换成二进制小数：

$$F(a_1 a_3 a_4) = (0.534)_{10} = (0.100010001\cdots)_2$$

所以，编码码字为 10001001。注意，最后一位有进位。这样得到的码字代表的数值一定在区间 $[F(s), F(s)+p(s))$ 内，也就是图 5.8(a)～(c)中数轴上的黑点表示的值。对方收到 10001001 后，根据该码字表示的区间位置，可以判断出第一个符号为 a_1，因为在区间 $[0,0.6)$ 内，第二个符号为 a_3，因为在区间 $[0.48,0.54)$ 内，依此类推，对方很容易解出原符号序列为 $a_1 a_3 a_4$。

因此，算术编码是从全序列出发，采用递推形式的连续编码。它不是将单个的信源符号映射成一个码字，而是将整个输入符号序列映射为实数轴上 $[0,1)$ 区间内的一个小区间，小区间长度等于该序列的概率；再在该小区间内选择一个有代表性的二进制小数，作为实际的编码输出，从而达到了高效编码的目的。不论是不是二元信源，也不论数据的概率分布如何，其平均码长均能逼近信源的熵。当信源符号概率接近时，建议使用算术编码，这种情况下其效率高于霍夫曼编码。

在算术编码中需要注意以下几个问题。

(1) 由于实际上计算机的精度不可能无限长，在运算中很容易出现溢出的问题。

(2) 算术编码器对整个消息序列只产生一个码字，这个码字是在 $[0,1)$ 中的一个实数，因此译码器在接收到表示这个实数的所有消息序列之前不能进行译码。

(3) 算术编码是一种对错误很敏感的编码方法，如果有一位发生错误，就会导致整个消息译错。

算术编码可以是静态的或自适应的。在静态算术编码中，信源符号的概率是固定的。在自适应算术编码中，信源符号的概率根据编码时符号出现的频率动态地进行修改，在编码期间估算信源符号的概率。需要开发动态算术编码的原因是事前知道精确的信源概率是很难的，而且是不切实际的。

算术编码比霍夫曼编码等熵编码方法要复杂，但是它不需要传送霍夫曼编码的码表，同时算术编码还有自适应能力,所以算术编码是一种实现高效数据压缩的编码方法。这也是我们学习算术编码的意义。

5.5.3 LZW 编码

对于统计特性已知的平稳信源,霍夫曼编码和算术编码的编码效率已非常高,而且实现也不算太困难,但在信源统计特性不可知时就需要用到具有自适应性能的通用编码方法。LZW 编码就是一种高效的通用编码。LZW 编码是一种基于字典的编码方法,它继承了 LZ77 和 LZ78 压缩效果好、速度快的优点,而且在算法描述上更容易被人们接受,实现方法也相对简单。其后发展起来的各式各样的字典编码算法基本上都是这 3 种编码算法的分支或变体,这 3 种编码算法现在已成为计算机文件压缩的标准算法。

基于字典的编码方法既没有高深的理论背景,也没有复杂的数学公式,它们只是巧妙地将字典方法运用于编码技术中。所谓字典方法,就是用字典中的页码和行号代替文章中的每个单词。LZW 编码是一种自适应编码方法,它的字典是直接由被压缩文件在编码过程中生成的。

1. 基于字典的编码方法的基本原理

计算机文件是以字节为单位组成的。每个字节的取值范围为 $0 \sim 255$。每个字节都可被看作一个字符,共 256 种字符。再把连续的若干个字符看作一个单词,全部字符(可以看作单字节单词)、单词及它们对应的序号(码字)组成字典。编码时,把字符、单词用对应的码字来代替。通常字典的容量为 4 096,所以序号(码字)的长度为 12 bit,一般单词的平均长度远大于 12 bit,因而可以达到压缩的目的。每个单词的序号都相同,因此它是定长码。

例如,在一个文件中,有一个片段的内容为"ABCD 空空空空空 20000",共 14 个字节,长度为 112 bit,编码时被分割成 4 个单词,即"ABCD"、"空空空空空"、"2"和"0000",编码长度为 $4 \times 12 = 48$ bit,则压缩比为 2.33。

2. 字典的构成

假定字典容量为 4 096($0 \sim 4$ 095),序号用 12 bit 表示。最后一个单词(编码为 4 095)为空。单词由前缀字符串和尾字符两部分组成。其中:前缀字符串是字典中已经存在的某个单词,用序号表示;尾字符是本单词的最后一个字符。例如,假定 AB 这个单词在字典中已经存在,且序号为 100,那么单词 ABC 的内容可以用 20 个比特表示,其中前 12 个比特表示前缀单词 AB 的序号 100,后一个字节为尾字符 C。将压缩文件恢复为原始文件(解压缩)时,根据单词的这种格式,使用递归算法来恢复单词的内容。

3. 编码算法

① 字典初始化,即将所有使用到的单字节单词放入字典中。为了能压缩任何类型的文件,可以将字典的前 256 个位置(0x000 到 0x0FF)依次分配给 0x00 到 0xFF 的 256 个单字节单词,这 256 个单字节的单词前缀均为 4 095(0xFFF),表示前缀为空。

② 动态数据初始化,即初始化新单词存放位置指针 P,将它指向字典的第一个空位置。例如,$P = 256$(0x100)。读入被压缩文件的第一个字符,作为待处理的当前单词 W 的尾字符。当前单词的前缀为空,即 0xFFF。

③ 如果文件再没有字符了,输出当前单词 W 的序号,编码结束。如果文件中还有字

符,把当前单词 W(的序号)作为前缀,再从被压缩文件中读入一个字符,作为尾字符,得到一个新单词 W_1。

④ 如果字典中已有 W_1,则将 W_1 看作当前单词 W,返回③。如果字典中没有 W_1(发现一个新单词),先将原单词 W 的序号输出,再将新单词 W_1 增加到字典中,把刚刚读入的字符作为当前单词 W,返回③。

4. 解码算法

① 字典初始化,即将字典的前 256 个位置(0x000 到 0x0FF)依次分配给 0x00 到 0xFF 这 256 个单字节单词。

② 动态数据初始化,即初始化新单词存放位置指针 P,将它指向字典的第一个空位置。例如,$P=256$(0x100)。读入压缩文件的第一个码字,由于第一个码字必定是一个单字节单词,可以从初始字典中查表得到,译码输出,并记录它的码字。

③ 如果压缩中已经没有码字,解码结束,否则继续读入一个码字。

④ 如果读入的码字是无效码字(0xFFF),则解码结束,否则进入下一步。

⑤ 如果在字典中已经有该码字对应的单词,则采用递归算法,输出该单词的内容,并将单词的第一个有效字符作为尾字符,将已经记忆的前一个码字作为前缀,组成一个新单词,写入字典中,然后将当前码字记录下来,返回③。否则,首先在字典中生成新的单词,然后输出这个单词,将新单词的码字记录下来,返回③,这时的新单词一定是首尾相同的单词。

LZW 编码对于非平稳信源具有较好的处理效果;对于平滑且噪声小的信源具有较高的压缩比,且压缩解压缩速度快;对于数据流中连续重复出现的字节和字串,具有很高的压缩比。LZW 编码常用于图像数据的压缩处理和文本程序等领域的数据压缩。

LZW 编码不适合用于小文件的压缩(因为压缩编码初期,字典中的单词很少,字典对压缩效果的贡献也很少,主要是进行字典的扩充),也不适合用于太大文件的压缩(因为字典容量有限,文件太大的话字典满了,效率将受到制约),适合用于内容有明显单词结构的文件(如文本文件、程序文件)的编码。

为了进一步提高压缩效果和适应超大型文件的压缩需要,LZW 压缩算法不断被改进。例如,字典的大小根据需要可以扩充,码字的长度也可以不断调整。PKZIP、ART、ARC、LHA、WINZIP 等压缩软件都是各自采用了不同的技术改进而成的。

【例 5.11】 信源符号序列为 ABCABDABCAAAABBBABCABCA,其编解码过程如表 5.17 和表 5.18 所示。

表 5.17 LZW 码的编码过程

读入字符	要查找的新单词 W_1	当前单词 W	输出码字	字典扩充内容及序号
A				
B	AB	A	041	AB(0x100)
C	BC	B	042	BC(0x101)
A	CA	C	043	CA(0x102)
B	AB			
D	ABD	AB	100	ABD(0x103)
A	DA	D	044	DA(0x104)

续 表

读入字符	要查找的新单词 W_1	当前单词 W	输出码字	字典扩充内容及序号
B	AB			
C	ABC	AB	100	ABC(0x105)
A	CA			
A	CAA	CA	102	CAA(0x106)
A	AA	A	041	AA(0x107)
A	AA			
B	AAB	AA	107	AAB(0x108)
B	BB	B	042	BB(0x109)
B	BB			
A	BBA	BB	109	BBA(0x10A)
B	AB			
C	ABC			
A	ABCA	ABC	105	ABCA(0x10B)
B	AB			
C	ABC			
A	ABCA			
		ABCA	10B	

表 5.18 LZW 码的译码过程

读入码字	解码输出单词	记忆码字	字典扩充内容及序号
041	A	—	—
042	B	041	AB(0x100)
043	C	042	BC(0x101)
100	AB	043	CA(0x102)
044	D	100	ABD(0x103)
100	AB	044	DA(0x104)
102	CA	100	ABC(0x105)
041	A	102	CAA(0x106)
107	AA	041	AA(0x107)
042	B	107	AAB(0x108)
109	BB	042	BB(0x109)
105	ABC	109	BBA(0x10A)
10B	ABCA	105	ABCA(0x10B)
FFF	—	—	—

习 题 5

5.1 一信源产生概率为 $p(1)=0.005, p(0)=0.995$ 的统计独立二进制数符。这些数符组成长度为 $N=100$ 的数符组。我们对只含有 3 个或少于 3 个"1"的数符组提供一个二进制码字,所有码字的长度 l 相等。

(1) 求信源的熵及其冗余度;

(2) 求出为所规定的所有数符组都提供码字所需的最小码长,比较 l/N 和 $H(S)$;

(3) 求信源发出一数符组而编码器无相应码字的概率。

5.2 设某城市有 805 门公务电话和 60 000 门居民电话。作为系统工程师,你需要为这些用户分配电话号码。所有号码均是十进制数,且不考虑电话系统中 0、1 不可用在号码首位的限制。(提示:用即时码的概念。)

(1) 如果要求所有公务电话号码为 3 位长,所有居民电话号码等长,求居民号码长度 L_1 的最小值;

(2) 设城市分为 A、B 两个区,其中 A 区有 9 000 门电话,B 区有 51 000 门电话。现进一步要求 A 区的电话号码比 B 区的短 1 位,试问 A 区号码长度 L_2 的最小值。

5.3 设一信源有 6 个符号,概率分别为

$$p(s_1)=1/2$$
$$p(s_2)=1/4$$
$$p(s_3)=1/8$$
$$p(s_4)=p(s_5)=1/20$$
$$p(s_6)=1/40$$

求其二元霍夫曼码,并求编码效率。

5.4 设一信源有 3 个符号,概率分别为 0.5、0.4 和 0.1。

(1) 求二元霍夫曼码及编码效率;

(2) 求二次扩展码的霍夫曼码及编码效率。

5.5 一信源有 8 个符号,概率分别为 0.2、0.15、0.15、0.1、0.1、0.1、0.1、0.1。求其三进制霍夫曼码。

5.6 已知 5 瓶酒中有一瓶变质了(尝起来是苦的)。通过观察酒瓶从而判断这些酒坏了的概率分布为 $(p_1,p_2,p_3,p_4,p_5)=\left(\dfrac{1}{3},\dfrac{1}{4},\dfrac{1}{6},\dfrac{1}{6},\dfrac{1}{12}\right)$。通过品尝可确定哪瓶酒坏了。

(1) 假设每次品尝一瓶,怎样安排合适的品尝顺序才能用尽可能少的品尝次数来确定坏酒?求品尝次数的均值。

(2) 此人改变了策略,每次不再品尝单独的一瓶酒,而是将数瓶酒混合起来一起品尝,直到找到坏酒为止。首先品尝的应该是哪几瓶酒的混合?答案是唯一的吗?如果是唯一的,请解释为什么;如果不是唯一的,请给出另外一种方案。(提示:品尝数瓶酒的混合等效于品尝其他几瓶酒的混合,因此这不算两种方案。另外,有两瓶酒坏掉的概率相等,都是 1/6,所以交换这两瓶酒不算新的方案。)

5.7 设 X_1、X_2、X_3 为独立的二进制随机变量,并且 $P_r\{X_1=1\}=\frac{1}{2}$,$P_r\{X_2=1\}=\frac{1}{3}$,$P_r\{X_3=1\}=\frac{1}{4}$,请给出联合随机变量 $X_1X_2X_3$ 的霍夫曼码并求其平均码长。

5.8 下面是4种不同的码:

a. $\{000,10,00,11\}$;
b. $\{100,101,0,11\}$;
c. $\{01,100,011,00,111,1010,1011,1101\}$;
d. $\{01,111,011,00,010,110\}$。

请分别回答以下问题:

(1) 此码的码长分布是否满足 Kraft-McMillan 不等式?
(2) 此码是不是即时码?如果不是,请说明原因。
(3) 此码是不是唯一可译码?如果不是,请说明原因。

5.9 下述哪些不可能是一个霍夫曼码?

(1) $\{0,10,11\}$;
(2) $\{00,01,10,110\}$;
(3) $\{01,10\}$。

5.10 即时码在译码时产生的译码延时为0。变长码的译码延时定义为在译码时需要查看的下一个码字的码符号个数的最大值。例如,码$\{0,01\}$的译码延时为1。请给出一个译码延时为3的变长码。

5.11 香农的信源编码定理告诉我们,一个随机变量的紧致码平均码长的下界是它的熵,而在很多情况下实际编码效率要差得多。例如,一个二元随机变量的概率分布是$\{\varepsilon,1-\varepsilon\}$,当 $\varepsilon \to 0$ 时,$H(X)=H(\varepsilon)\to 0$,而它的紧致码平均码长为1。请找出一个随机变量,其熵为2,它的紧致码平均码长为3。

5.12 考虑这样一个信源分布 $\left\{\frac{1}{3},\frac{1}{3},\frac{1}{4},\frac{1}{12}\right\}$。

(1) 为此信源构造一个霍夫曼码;
(2) 找出两组不同的最佳编码方案;
(3) 用实例说明在最佳码中某些码字的码长会大于它的香农编码的码字长度 $l_i = \left\lceil \log \frac{1}{p_i} \right\rceil$。

5.13 在赛马比赛中,共有8匹马,赢的概率分别为 $\left\{\frac{1}{2},\frac{1}{4},\frac{1}{8},\frac{1}{16},\frac{1}{64},\frac{1}{64},\frac{1}{64},\frac{1}{64}\right\}$。如果我们要告诉别人哪匹马会赢,采用的方法是给这些马编上号,每匹马要用3个二元符号表示。考虑到这些马赢的概率并不相等,有没有更简洁的表示方法?

5.14 请找出一个唯一可译码,其既不满足前缀条件,也不满足后缀条件。

5.15 (1) 若 $r=2$,请问无限长的即时码 $l_1=1,l_2=2,\cdots,l_k=k,\cdots$ 是否满足 Kraft 不等式?

(2) 将(1)推广到任意 r 的情况。

5.16 一信源有4个符号,概率分布和两种可能的二进制编码如题表5.1所示。

题表 5.1

s_k	$p(s_k)$	码1	码2
s_1	0.4	1	1
s_2	0.3	01	10
s_3	0.2	001	100
s_4	0.1	000	1000

试回答下列问题(无须计算和证明):

(1) 哪个码是唯一可译码?

(2) 哪个码符合即时码的条件?

5.17 已知信源分布如下,

$$\begin{pmatrix} X \\ P \end{pmatrix} = \begin{pmatrix} s_1 & s_2 & s_3 & s_4 & s_5 & s_6 & s_7 & s_8 \\ \frac{1}{12} & \frac{1}{6} & \frac{1}{12} & \frac{1}{8} & \frac{1}{12} & \frac{1}{4} & \frac{1}{12} & \frac{1}{8} \end{pmatrix}$$

(1) 请给出此信源的二进制和三进制费诺码;

(2) 求相应的平均码长、编码效率和码方差。

5.18 现在需要对下面的英文绕口令(共 44 个符号)进行无失真编码:peter piper picked a peck of pickled peppers,其相应的概率分布如题表 5.2 所示。

题表 5.2

符号	p	e	␣	c	i	k	r
次数	9	8	7	3	3	3	3
频率	0.205	0.182	0.159	0.068	0.068	0.068	0.068
符号	d	a	f	l	o	s	t
次数	2	1	1	1	1	1	1
频率	0.045	0.023	0.023	0.023	0.023	0.023	0.023

(1) 若采用二进制定长编码,共需要多少个码符号?编码效率是多少?

(2) 理论上对此信源进行编码最少需要多少个二进制码符号?

(3) 给出此信源的二进制霍夫曼码。

(4) 当使用(3)中的编码方案时,共需要多少个码符号?平均码长是多少?编码效率是多少?

5.19 某文本文件包含 4 KB=4 096 个字符,这些字符来自一个 8 符号的信源符号集合 $S=\{a,b,c,d,e,f,g,h\}$。假设已知此文件中各个字符出现的次数如题表 5.3 所示。

题表 5.3

字符	a	b	c	d	e	f	g	h
次数	299	250	501	478	491	512	474	1 091

(1) 设计一个二进制霍夫曼码以及一个文件头结构来压缩并传输这个文件,请问最终需要多少比特?(注:文件的接收者已知信源符号表以及压缩策略,但并不知道霍夫曼编码

的码表。)

(2) 同样使用(1)中的编码策略,如果源文件中各字符出现的次数如题表 5.4 所示,则需要多少比特?

题表 5.4

字符	a	b	c	d	e	f	g	h
次数	1 024	0	1 024	0	1 024	0	1 024	0

(3) 如果源文件中各字符出现的次数如题表 5.5 所示,则需要多少比特?

题表 5.5

字符	a	b	c	d	e	f	g	h
次数	4 096	0	0	0	0	0	0	0

第 6 章
有噪信道编码

有噪信道编码

我们知道,一般信道中总是存在噪声或干扰,信息传输会造成损失,那么在有噪信道中能不能无差错地传递信息?如果能,那么无差错传输的最大信息传输率是多少?这就是本章要研究的内容,即通信的可靠性问题。香农在 1948 年发表的文章中提出并证明了这个极限信息传输率的存在,这个定理叫作信道编码定理,也称香农第二定理。

在有噪信道中,信道输入、输出之间是统计依赖关系而不是确定关系,因此,信道输出要唯一地译成一个输入一般将无法避免差错,发生译码错误的概率称为译码错误概率。对于有噪信道,这一错误概率取决于信道的特性,且不可能为零。但是香农的研究表明,如果我们把要传输的消息在传输前事先进行编码,并在接收端采用适当的方法译码,则消息有可能得到几乎无误的传输,也就是说,通过不可靠的信道可以实现可靠的信息传输。

6.1 信道编码的相关概念

广义的信道编码指为特定信道传输而进行的传输信号设计与实现,通常包括以下几类。

(1)描述编码:对特定数据信号的描述,如 NRZ 码、ASCII 码、Gray 码等。

(2)约束编码:对于特定信号特性的约束,如用于减少直流分量的 HDB3 码、用于相位与同步检测的 Barker 码等。

(3)扩频编码:用于扩展信号频谱为近似白噪声谱并满足某些相关特性,如 m 序列、Gold 序列等。

(4)纠错编码:用于检测与纠正在信号传输过程中因噪声干扰导致的差错,如重复码、循环码、BCH 码、卷积码等,即狭义的信道编码。在本书中,我们研究的是狭义的信道编码。

纠错编码又称为差错控制码,虽然和信源编码一样都是一种编码,但信源编码的作用是压缩冗余度以得到信息的有效表示,提高信息传输率,而信道编码的作用是提高信息传输时的抗干扰能力,以增加信息传输的可靠性。

在研究信道编码时,我们把信源编码器和信源译码器分别归于信源和信宿,如图 6.1 所示。

第6章 有噪信道编码

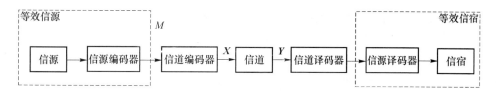

图 6.1 等效通信系统模型

在这里我们假定等效信源送给信道的信源符号是已经经过信源编码的 M 个码字。信道编码的对象就是这 M 个信源码字。这 M 个信源码字通常是由二元符号 0、1 构成的码字序列,也叫作信息序列,而且经过信源编码后可以假定符号 0 和 1 是独立等概的。所谓信道编码,就是按一定的规则给信息序列增加一些多余的码元,使不具有规律性的信息序列变为具有某种规律性的信道码字序列 X,也就是说码字序列 X 的码元之间是相关的。在接收端,信道译码器利用这种相关性也就是已知的编码规则来译码,检验接收到的码字序列 Y 中是否有错,并且纠正其中的差错。根据相关性来检测和纠正传输过程中产生的差错就是信道编码的基本思想。

下面我们分别讨论在有噪信道中信息传输发生错误的概率与什么因素有关,它们是怎样影响译码错误概率的。

6.1.1 错误概率和译码规则

我们已经知道错误概率与信道的统计特性有关。信道的统计特性可由信道矩阵来表示,由信道矩阵就可以求出错误概率。

【例 6.1】 在图 6.2 所示的二元对称信道中,单个符号的错误传递概率是 p,单个符号的正确传递概率为 $\bar{p}=1-p$,信道输入的概率分布 $\begin{pmatrix} X \\ P \end{pmatrix} = \begin{pmatrix} 0 & 1 \\ \omega & \bar{\omega} \end{pmatrix}$,可以求出信道输出的概率分布:

$$\begin{cases} P(Y=0) = \omega \bar{p} + \bar{\omega} p \\ P(Y=1) = \omega p + \bar{\omega} \bar{p} \end{cases}$$

一般收到 0 后译成 0,收到 1 后译成 1。如果收到 0 而实际的信道输入是 1,或者收到 1 而实际的信道输入是 0,则发生了译码错误。因此,错误概率为

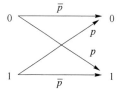

图 6.2 二元对称信道

$$\begin{cases} P(X=1|Y=0) = \dfrac{P(X=1,Y=0)}{P(Y=0)} = \dfrac{\bar{\omega} p}{\omega \bar{p} + \bar{\omega} p} \\ P(X=0|Y=1) = \dfrac{P(X=0,Y=1)}{P(Y=1)} = \dfrac{\omega p}{\omega p + \bar{\omega} \bar{p}} \end{cases}$$

平均错误概率为

$$\begin{aligned} P_E &= P(Y=0)P(X=1|Y=0) + P(Y=1)P(X=0|Y=1) \\ &= (\omega \bar{p} + \bar{\omega} p) \dfrac{\bar{\omega} p}{\omega \bar{p} + \bar{\omega} p} + (\omega p + \bar{\omega} \bar{p}) \dfrac{\omega p}{\omega p + \bar{\omega} \bar{p}} \\ &= \bar{\omega} p + \omega p \\ &= p \end{aligned}$$

因此,错误概率与信道的统计特征有关。

但是通信的过程并不是信息传输到信道输出端就结束了,还要经过译码过程才能到达信宿,译码过程和译码规则对系统的错误概率影响很大。

例如,假定图 6.2 中的二元对称信道 $p=0.9$,其输入符号为等概分布。如果在信道输出端接收到符号 0 时,译码器把它译成 0,接收到 1 时,把它译成 1,那么译码错误概率 $P_E=0.9$。反之,如果规定在信道输出端接收到符号 0 时,译码器把它译成 1,接收到 1 时,把它译成 0,则译码错误概率 $P_E=0.1$。可见,错误概率既与信道统计特性有关,也与译码规则有关。

定义 6.1 设信道的输入符号集 $X=\{x_i, i=1,2,\cdots,r\}$,输出符号集 $Y=\{y_j, j=1,2,\cdots,s\}$,若对每一个输出符号 y_j 都有一个确定的函数 $F(y_j)$,使 y_j 对应唯一的一个输入符号 x_i,则称这样的函数为译码规则,记为

$$F(y_j)=x_i \quad i=1,2,\cdots,r; \quad j=1,2,\cdots,s$$

对有 r 个输入、s 个输出的信道而言,输出 y_j 可以对应 r 个输入中的任何一个,所以译码规则共有 r^s 种。

【例 6.2】 设有一信道,信道矩阵为

$$\boldsymbol{P}=\begin{pmatrix} 0.5 & 0.3 & 0.2 \\ 0.2 & 0.3 & 0.5 \\ 0.3 & 0.3 & 0.4 \end{pmatrix}$$

根据此信道矩阵,可以设计一个译码规则:

$$A:\begin{cases} F(y_1)=x_1 \\ F(y_2)=x_2 \\ F(y_3)=x_3 \end{cases}$$

也可以设计另一个译码规则:

$$B:\begin{cases} F(y_1)=x_1 \\ F(y_2)=x_3 \\ F(y_3)=x_2 \end{cases}$$

由于 $r=3, s=3$,总共可以设计出 $r^s=27$ 种译码规则,应该怎样选择译码规则呢?一个很自然的准则就是使平均错误概率为最小。

在确定译码规则 $F(y_j)=x_i$ 后,若信道输出端接收到符号 y_j,则一定译成 x_i,如果发送端发送的确实就是 x_i,就是正确译码;反之,若发送端发送的不是 x_i,就是错误译码。于是在收到符号 y_j 的条件下,译码的正确概率为

$$p[F(y_j)|y_j]=p(x_i|y_j)$$

而错误概率为

$$p(e|y_j)=1-p[F(y_j)|y_j]=1-p(x_i|y_j)$$

其中,e 表示除了 $F(y_j)=x_i$ 以外所有符号的集合。

译码后的平均错误概率 P_E 是错误概率 $p(e|y_j)$ 对 Y 空间取平均值,即

$$P_E = E[p(e|y_j)] = \sum_{j=1}^{s} p(y_j) p(e|y_j) \tag{6.1}$$

它表示经过译码后接收到一个符号平均产生的错误大小。

如何设计译码规则 $F(y_j)=x_i$ 使 P_E 最小呢?由于式(6.1)右边是非负项之和,所以选

择译码规则使每一项为最小,则所得 P_E 为最小。因为 $p(y_j)$ 与译码规则无关,所以只要设计译码规则 $F(y_j)=x_i$ 使错误概率 $p(e|y_j)$ 最小,也就是要选择 $p[F(y_j)|y_j]$ 最大。这就是最大后验概率规则。

定义 6.2 选择译码函数 $F(y_j)=x^*$,使之满足条件
$$p(x^*|y_j) \geqslant p(x_i|y_j) \quad \forall i, x^* \in X \tag{6.2}$$
称为最大后验概率译码规则,又称为最小错误概率规则、最优译码规则、最佳译码规则。

它是将每一个输出符号 $y_j, j=1,2,\cdots,s$ 均译成具有最大后验概率的那个输入符号 x^*,这样译码平均错误概率最小。

因为一般我们已知信道的前向概率 $p(y_j|x_i)$ 和输入符号的先验概率 $p(x_i)$,而后验概率不知,所以最大后验概率译码规则使用起来不是很方便。

根据贝叶斯公式,式(6.2)又可写成
$$\frac{p(y_j|x^*)p(x^*)}{p(y_j)} \geqslant \frac{p(y_j|x_i)p(x_i)}{p(y_j)} \quad \forall i$$

一般 $p(y_j) \neq 0$。这样,最大后验概率译码规则就可表示为:选择译码函数 $F(y_j)=x^*$,使 $p(y_j|x^*)p(x^*) \geqslant p(y_j|x_i)p(x_i)$, $x_i \in X$,即
$$p(x^* y_j) \geqslant p(x_i y_j) \tag{6.3}$$

当输入符号的先验概率 $p(x_i)$ 相等时,式(6.3)又可写成
$$p(y_j|x^*) \geqslant p(y_j|x_i)$$
因此,我们又定义了一个极大似然译码规则。

定义 6.3 选择译码函数 $F(y_j)=x^*$ 使
$$p(y_j|x^*) \geqslant p(y_j|x_i) \quad \forall i, x^* \in X$$
称为极大似然译码规则。

根据极大似然译码规则,可以直接从信道矩阵的转移概率中选定译码函数。当收到 y_j 后,将其译成信道矩阵 P 第 j 列中最大的转移概率所对应的 x_i。

当输入符号等概时,这两个译码规则是等价的,均可以使平均错误概率 P_E 最小。如果先验概率不相等或不知道时,采用极大似然译码规则不一定能使 P_E 最小。

根据上述译码规则,我们来推导计算平均错误概率的多种表达式:
$$\begin{aligned}
P_E &= \sum_j p(e|y_j) p(y_j) \\
&= \sum_j \{1 - p[F(y_j)|y_j]\} p(y_j) \\
&= \sum_j \sum_{i \neq *} p(y_j|x_i) p(x_i) \\
&= \sum_{Y, X - x^*} p(xy)
\end{aligned} \tag{6.4}$$

共 $(r-1)s$ 项求和。求和号下面的 $X-x^*$ 表示在输入符号集 X 中对 x^* 以外的所有元素求和。式(6.4)表示对联合概率矩阵中除 $p(x^* y_j), j=1,2,\cdots,s$ 以外的所有元素求和。

平均正确概率为
$$\overline{P}_E = 1 - P_E = \sum_j p[F(y_j) y_j] = \sum_j p(x^* y_j) \tag{6.5}$$

式(6.4)又可写成

$$P_E = \sum_{Y, X-x^*} p(y_j|x_i) p(x_i)$$

如果输入等概，即 $p(x_i) = \dfrac{1}{r}$，则

$$P_E = \dfrac{1}{r} \sum_{Y, X-x^*} p(y_j|x_i) \tag{6.6}$$

式(6.6)表明，在输入等概的情况下，平均错误概率可用信道矩阵中的元素 $p(y_j|x_i)$ 求和来表示，在除去每列中对应 $F(y_j) = x^*$ 的那一项后，求矩阵中其余元素之和。

【例 6.3】 讨论输入为等概分布和不等概分布两种情况下例 6.2 中两种译码规则对应的平均错误概率。

解 译码规则 B 就是极大似然译码规则。在输入为等概分布时，极大似然译码规则可使平均错误概率最小。

当输入为等概分布时，两种译码规则所对应的平均错误概率分别为

$$P_E(A) = \dfrac{1}{3} \sum_{Y, X-x^*} p(y_j|x_i) = \dfrac{1}{3}[(0.2+0.3)+(0.3+0.3)+(0.2+0.5)] = 0.6$$

$$P_E(B) = \dfrac{1}{3} \sum_{Y, X-x^*} p(y_j|x_i) = \dfrac{1}{3}[(0.2+0.3)+(0.3+0.3)+(0.2+0.4)] = 0.567$$

当输入不为等概分布时，假设某个输入概率分布 $p(x_1) = \dfrac{1}{4}, p(x_2) = \dfrac{1}{4}, p(x_3) = \dfrac{1}{2}$，则

$$P'_E(A) = \dfrac{1}{4}(0.3+0.2) + \dfrac{1}{4}(0.2+0.5) + \dfrac{1}{2}(0.3+0.3) = 0.6$$

而

$$P'_E(B) = \dfrac{1}{4}(0.3+0.2) + \dfrac{1}{4}(0.2+0.3) + \dfrac{1}{2}(0.3+0.4) = 0.6$$

当输入不为等概分布时，极大似然译码规则的平均错误概率不是最小的。最小错误概率译码规则可以得到最小的平均错误概率。

根据式(6.3)，由其联合概率矩阵

$$\boldsymbol{P} = \begin{pmatrix} 0.125 & 0.075 & 0.05 \\ 0.05 & 0.075 & 0.125 \\ 0.15 & 0.15 & 0.2 \end{pmatrix}$$

可得译码函数

$$C: \begin{cases} F(y_1) = x_3 \\ F(y_2) = x_3 \\ F(y_3) = x_3 \end{cases}$$

此时的平均错误概率为

$$P_E(C) = (0.125+0.05) + (0.075+0.075) + (0.05+0.125) = 0.5$$

发生译码错误是由于信道中存在噪声，信道噪声的影响使得在接收端收到输出符号 Y 后对发送端发送的符号 X 仍然存在不确定性，因此平均错误概率与信道疑义度存在一定的关系，这个关系用下面的费诺不等式表示。

定理 6.1 平均错误概率 P_E 与信道疑义度 $H(X|Y)$ 满足以下关系：
$$H(X|Y) \leqslant H(P_E) + P_E \log(r-1)$$

证明 因为
$$P_E = \sum_{Y, X-x^*} p(xy)$$
$$\overline{P}_E = 1 - P_E = \sum_{Y} p(x^* y)$$

所以
$$H(P_E) + P_E \log(r-1) = P_E \log \frac{1}{P_E} + (1-P_E) \log \frac{1}{1-P_E} + P_E \log(r-1)$$
$$= P_E \log \frac{r-1}{P_E} + (1-P_E) \log \frac{1}{1-P_E}$$
$$= \sum_{Y, X-x^*} p(xy) \log \frac{r-1}{P_E} + \sum_{Y} p(x^* y) \log \frac{1}{1-P_E}$$

而信道疑义度为
$$H(X|Y) = \sum_{XY} p(xy) \log \frac{1}{p(x|y)}$$
$$= \sum_{Y, X-x^*} p(xy) \log \frac{1}{p(x|y)} + \sum_{Y} p(x^* y) \log \frac{1}{p(x^*|y)}$$

所以
$$H(X|Y) - H(P_E) - P_E \log(r-1)$$
$$= \sum_{Y, X-x^*} p(xy) \log \frac{P_E}{(r-1)p(x|y)} + \sum_{Y} p(x^* y) \log \frac{1-P_E}{p(x^*|y)}$$

因为 $\ln x \leqslant x-1$，所以
$$H(X|Y) - H(P_E) - P_E \log(r-1)$$
$$\leqslant \left\{ \sum_{Y, X-x^*} p(xy) \left[\frac{P_E}{(r-1)p(x|y)} - 1 \right] + \sum_{Y} p(x^* y) \left[\frac{1-P_E}{p(x^*|y)} - 1 \right] \right\} \cdot \log_2 e$$
$$= \left\{ \frac{P_E}{r-1} \sum_{Y, X-x^*} p(y) - \sum_{Y, X-x^*} p(xy) + (1-P_E) \sum_{Y} p(y) - \sum_{Y} p(x^* y) \right\} \cdot \log_2 e$$
$$= \left\{ \frac{P_E}{r-1} \sum_{X-x^*} \sum_{Y} p(y) - P_E + (1-P_E) - (1-P_E) \right\} \cdot \log_2 e$$
$$= \left\{ \frac{P_E}{r-1}(r-1) - P_E \right\} \cdot \log_2 e$$
$$= 0$$

证毕。

虽然 P_E 与译码规则有关，但是不管采用什么译码规则，该不等式都是成立的。费诺不等式表明，接收到 Y 后关于 X 的平均不确定性可以分为两部分：第一部分 $H(P_E)$ 是指接收到 Y 后是否产生错误的不确定性；第二部分 $P_E \log(r-1)$ 是指当错误发生后，判断是哪个输入符号造成错误的最大不确定性，是 $r-1$ 个符号不确定性的最大值与 P_E 的乘积。若以 P_E 为横

坐标,则 $H(P_E)+P_E\log(r-1)$ 是随 P_E 变化的曲线,如图 6.3 所示。$H(X|Y)$ 的值在曲线的下方。P_E 的最大值为 1,这时 $H(X|Y) \leqslant \log(r-1)$,当 $P_E=\dfrac{r-1}{r}$ 时,曲线取到最大值,$H(X|Y) \leqslant \log r$。

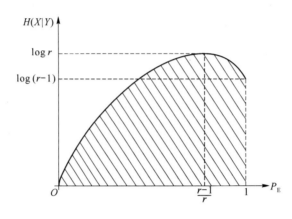

图 6.3 费诺不等式曲线图

6.1.2 错误概率与编码方法

前面我们讨论了平均错误概率 P_E 与译码规则的关系,选择最佳译码规则可以减小平均错误概率 P_E。下面我们将讨论如何选择恰当的编码方法进一步减小平均错误概率 P_E。

1. 简单重复编码

设有二元对称信道如图 6.2 所示。

相应的信道矩阵为

$$\boldsymbol{P}=\begin{pmatrix}0.99 & 0.01\\ 0.01 & 0.99\end{pmatrix}$$

选择最佳译码规则为

$$\begin{cases}F(y_1)=x_1\\ F(y_2)=x_2\end{cases}$$

在输入分布为等概的条件下,总的平均错误概率为

$$P_E=\frac{1}{r}\sum_{Y,X-x^*}p(y|x)=\frac{1}{2}(0.01+0.01)=10^{-2}$$

对于一般的数字通信系统,这个平均错误概率是非常大的,一般数字通信要求平均错误概率在 $10^{-9}\sim10^{-6}$ 的范围内,有的甚至要求更低的平均错误概率。

那么,在上述统计特性的二元信道中,是否有办法使错误概率降低呢?实际经验告诉我们,只要在发送端把消息重复发几遍,就可使接收端接收消息时减少错误,从而提高通信的可靠性。

例如,发送信源符号 0 时,可以重复发送 3 个 0,发送 1 时,可以重复发送 3 个 1,这可以

看成离散无记忆信道的三次扩展信道。这样在信道输入端有两个码字 000 和 111，在输出端由于信道干扰，各个码元都可能发生错误，则有 8 个可能的输出序列。在输入端是在三次扩展信道的 8 个二元序列中选两个作为消息，而在输出端这 8 个二元序列都是可能的接收序列。

这时信道矩阵为

$$\boldsymbol{P} = \begin{matrix} & 000 & 001 & 010 & 011 & 100 & 101 & 110 & 111 \\ 000 \\ 111 \end{matrix} \begin{pmatrix} \bar{p}^3 & \bar{p}^2 p & \bar{p}^2 p & \bar{p} p^2 & \bar{p}^2 p & \bar{p} p^2 & \bar{p} p^2 & p^3 \\ p^3 & \bar{p} p^2 & \bar{p} p^2 & \bar{p}^2 p & \bar{p} p^2 & \bar{p}^2 p & \bar{p}^2 p & \bar{p}^3 \end{pmatrix}$$

假设输入符号为等概分布，采用极大似然译码规则。假定 p 远小于 1，则接收序列与译成的发送码字的对应关系如表 6.1 所示。

表 6.1　接收序列与译成的发送码字的对应关系

接收序列	译码输出	接收序列	译码输出
000		011	
001	000	101	111
010		110	
100		111	

译码后的平均错误概率（当 $p = 0.01$）：

$$P_E = \frac{1}{2}(p^3 + \bar{p}p^2 + \bar{p}p^2 + \bar{p}p^2 + \bar{p}p^2 + \bar{p}p^2 + \bar{p}p^2 + p^3)$$

$$= p^3 + 3\bar{p}p^2$$

$$\approx 3 \times 10^{-4}$$

这个译码函数也可以直观地根据输出端接收序列是 0 多还是 1 多来判断，如果有两个以上是 0，则译码器就判定为 0，如果有两个以上是 1，则判定为 1，即择多译码。根据择多译码规则，同样可以得到

$$P_E = 错 3 个码元的概率 + 错 2 个码元的概率$$

$$= C_3^3 p^3 + C_3^2 \bar{p} p^2$$

$$= p^3 + 3\bar{p}p^2$$

$$\approx 3 \times 10^{-4}$$

与原来的二元对称信道的平均错误概率 10^{-2} 相比，这种简单重复编码（重复 3 次）的平均错误概率降低了近两个数量级。这是因为若接收码字中有一位码元发生错误，译码器还能正确译出所发送的码字，若传输中两位或 3 位码元发生错误，译码器才会译错。所以，这种简单重复编码能纠正一位码元的错误，使得平均错误概率降低。

显然，如果进一步增大重复次数 n，则会继续降低平均错误概率。可算得

- 当 $n = 5$ 时，　$P_E = 10^{-5}$；
- 当 $n = 7$ 时，　$P_E = 4 \times 10^{-7}$；
- 当 $n = 9$ 时，　$P_E = 10^{-8}$；

- 当 $n=11$ 时，$P_E=5\times10^{-10}$。

可见，当 n 很大时，使 P_E 很小是可能的。但这带来了一个新问题，当 n 很大时，信息传输率会降低很多。我们把经过信道编码后的信息传输率（单位为比特/码符号）表示为

$$R=\frac{\log M}{n}$$

这是因为一般假定 M 个信源符号（序列）已接近等概分布，则平均每个信源符号（序列）所携带的信息量为 $\log M$ 比特，用 n 个码元的信道编码码字来传输，平均每个码符号所携带的信息量即为信息传输率 R。

如果传输每个码符号平均需要 t 秒，则信道编码后的信息传输率（单位为比特/秒）为

$$R_t=\frac{\log M}{nt}$$

当 $M=2$ 时，可依次求得简单重复编码的信息传输率：当 $n=1$ 时，$R=1$；当 $n=3$ 时，$R=\frac{1}{3}$；当 $n=5$ 时，$R=\frac{1}{5}$；…；当 $n=11$ 时，$R=\frac{1}{11}$。

由此可见，利用简单重复编码减小平均错误概率 P_E 是以降低信息传输率 R 为代价的，那么怎样编码可以使平均错误概率 P_E 充分小而信息传输率又不至于太低呢？

我们首先看一下简单重复编码为什么使信息传输率降低？在未重复时，输入端有两个消息，$M=2$。假设为等概率分布，则每个消息携带的信息量是 $\log M=1$ bit。

$n=3$ 的简单重复编码后，可以把信道看作无记忆信道的三次扩展信道，这时输入端有 8 个二元序列可以作为消息，我们只选择两个二元序列作为消息，$M=2$，每个消息携带的平均信息量仍为 1 bit，而传送一个消息需要 3 个二元码符号，所以 R 就降低到 $\frac{1}{3}$ 比特/码符号。

如果在扩展信道的输入端把 8 个二元序列都用上，则 $M=8$，每个消息平均携带的信息量就是 $\log M=\log 8=3$ bit，而传递一个消息仍需 3 个二元码符号，这样 R 就提高到 1 比特/码符号。译码时将接收端 8 个接收序列译成与它对应的发送序列，只要接收序列中有一个码元发生错误就会变成其他的码字序列，使译码错误。只有接收序列中每个码元都不发生错误才能正确传递，所以得到正确传递的概率为 $\bar{p}^3$。于是平均错误概率（当 $p=0.01$ 时）为

$$P_E=1-\bar{p}^3=3\times10^{-2}$$

这时的 P_E 反而是单符号信道传输的 P_E 的 3 倍。

因此，我们看到这样一个现象：在一个二元信道的 n 次无记忆扩展信道中，输入端有 2^n 个符号序列可以作为消息。如果选出其中的 M 个作为消息传递，则 M 取大一些，R 就大一些，P_E 也大一些；M 取小一些，R 就要降低，P_E 也会降低。对于简单重复编码来说，这似乎是个不可调和的矛盾。

2. (5,2)线性码

若在三次无记忆扩展信道中，取 $M=4$。用如下 4 个符号序列作为消息：

000　011　101　110

信息传输率为

$$R=\frac{\log 4}{3}=\frac{2}{3}$$

按照极大似然译码规则,可计算出平均错误概率为
$$P_E = 2 \times 10^{-2}$$

与 $M=8$ 的情况相比,平均错误概率降低了,而信息传输率也降低了。再进一步看,从 2^3 个符号序列中取 $M=4$ 个作为消息可以有 C_8^4 共 70 种选择方法。现在我们来比较 $M=4$ 的第 2 种选法:000,001,010,100。

第 2 种选法的平均错误概率为
$$P_E = 2.28 \times 10^{-2}$$
$$R = \frac{2}{3}$$

选取的方法不同也就是编码方法不同,平均错误概率不同。对于第 1 种选法来说,若发送码字中任一码元发生错误,译码时就可判断消息在传输中发生了错误,但无法判断哪个消息发生错误。对于第 2 种选法,当发送码字 000 时,传输中任一码元发生错误就变成了其他 3 个可能的发送码字,根本无法判断传输时有无发生错误,可见错误概率与编码方法有很大关系。

我们考察这样一个例子:信道输入端所选的消息数不变,即取 $M=4$,增加码字的长度,取 $n=5$。这时信道为二元对称信道的五次扩展信道,我们在信道输入端 $2^5=32$ 个二元序列中选取其中 4 个作为发送码字。这时信息传输率为
$$R = \frac{\log 4}{5} = \frac{2}{5}$$

设输入序列 $\bm{x}_i = x_{i_1} x_{i_2} x_{i_3} x_{i_4} x_{i_5}$,$x_{i_k} \in \{0,1\}$,$i=1,2,3,4$,其中 x_{i_k} 为 $\bm{x}_i$ 序列中第 k 个分量,若 $\bm{x}_i$ 中各分量满足

$$\begin{cases} x_{i_1} = x_{i_1} \\ x_{i_2} = x_{i_2} \\ x_{i_3} = x_{i_1} \oplus x_{i_2} \\ x_{i_4} = x_{i_1} \\ x_{i_5} = x_{i_1} \oplus x_{i_2} \end{cases}$$

其中,$\oplus$ 为模 2 和运算,也叫异或。将上式写成矩阵形式为

$$\begin{pmatrix} x_{i_1} \\ x_{i_2} \\ x_{i_3} \\ x_{i_4} \\ x_{i_5} \end{pmatrix} = \begin{pmatrix} 1 & 0 & 0 & 0 & 0 \\ 0 & 1 & 0 & 0 & 0 \\ 1 & 1 & 0 & 0 & 0 \\ 1 & 0 & 0 & 0 & 0 \\ 1 & 1 & 0 & 0 & 0 \end{pmatrix} \begin{pmatrix} x_{i_1} \\ x_{i_2} \\ x_{i_3} \\ x_{i_4} \\ x_{i_5} \end{pmatrix}$$

由上述编码方法得到一种 (5,2) 线性码:00000,01101,10111,11010。如果译码采用极大似然译码规则,它的译码规则如表 6.2 所示。

表 6.2 (5,2)线性码译码规则

接收码字	译码输出	接收码字	译码输出
00000	00000	10111	10111
00001		10110	
00010		10101	
00100		10011	
01000		11111	
10000		00111	
10001		00110	
00011		10100	
01101	01101	11010	11010
01100		11011	
01111		11000	
01001		11110	
00101		10010	
11101		01010	
11100		01011	
01110		11001	

这种编码方法在接收端译码时既能纠正码字中所有发生一位码元的错误,也能纠正其中两个二位码元的错误,所以可计算得平均译码正确概率为

$$\overline{P}_E = \overline{p}^5 + 5\overline{p}^4 p + 2\overline{p}^3 p^2$$

平均译码错误概率(当 $p=0.01$ 时)为

$$\begin{aligned} P_E &= 1 - \overline{P}_E \\ &= 1 - \overline{p}^5 - 5\overline{p}^4 p - 2\overline{p}^3 p^2 \\ &= 7.8 \times 10^{-4} \end{aligned}$$

将这种编码方法与前述 $M=4, n=3$ 的两种编码方法相比,虽然信息传输率略低了些,但平均错误概率减小了很多。再与 $M=2, n=3$ 的简单重复码相比,它们的平均错误概率接近同一个数量级,但(5,2)线性码的信息传输率却比 $n=3$ 的简单重复码的信息传输率高。因此,增大 n 并且适当增大 M,采用恰当的编码方法,既能使 P_E 降低,又能使信息传输率不至于太低。

下面我们先引入码字距离的概念,然后再解释(5,2)线性码能获得较低 P_E 的原因。

3. 汉明距离

定义 6.4 长度为 n 的两个符号序列(码字)$\boldsymbol{x}_i$ 与 $\boldsymbol{y}_j$ 之间的距离是指序列 $\boldsymbol{x}_i$ 和 $\boldsymbol{y}_j$ 对应位置上码符号的不同个数,通常称为汉明距离,用 $d(\boldsymbol{x}_i, \boldsymbol{y}_j)$ 表示。

例如二元序列 $\boldsymbol{x}_i = 101111, \boldsymbol{y}_j = 111100$,则 $d(\boldsymbol{x}_i, \boldsymbol{y}_j) = 3$;四元序列 $\boldsymbol{x}_i = 1320120, \boldsymbol{y}_j = 1220310, d(\boldsymbol{x}_i, \boldsymbol{y}_j) = 3$。

若二元码序列

$$\boldsymbol{x}_i = x_{i_1} x_{i_2} \cdots x_{i_n} \quad x_{i_k} \in \{0,1\}$$
$$\boldsymbol{y}_j = y_{j_1} y_{j_2} \cdots y_{j_n} \quad y_{j_k} \in \{0,1\}$$

则 $\boldsymbol{x}_i$ 和 $\boldsymbol{y}_j$ 的汉明距离可表示为

$$d(\boldsymbol{x}_i, \boldsymbol{y}_j) = \sum_{k=1}^{n} x_{i_k} \oplus y_{j_k}$$

码字之间的距离越大,则由一个码字变成另一个码字的可能性越小。码间距离为 1,表示它们在逻辑空间中是相邻的。对于一个码长为 n 的码字,它有 n 个相邻的码字。

这样定义的码字距离满足距离公理,即汉明距离满足以下性质。

(1) 非负性:$d(\boldsymbol{x}_i, \boldsymbol{y}_j) \geqslant 0$,当且仅当 $\boldsymbol{x}_i = \boldsymbol{y}_j$ 时等号成立。
(2) 对称性:$d(\boldsymbol{x}_i, \boldsymbol{y}_j) = d(\boldsymbol{y}_j, \boldsymbol{x}_i)$。
(3) 三角不等式:$d(\boldsymbol{x}_i, \boldsymbol{z}_k) + d(\boldsymbol{y}_j, \boldsymbol{z}_k) \geqslant d(\boldsymbol{x}_i, \boldsymbol{y}_j)$。

定义 6.5 在码 C 中,任意两个码字汉明距离的最小值称为该码的最小距离,即

$$d_{\min} = \min \{d(w_i, w_j)\} \quad w_i \neq w_j \quad w_i, w_j \in C$$

码的最小距离 $d_{\min}$ 与平均译码错误概率有关。我们用距离的概念来考察以下 5 个码,如表 6.3 所示。

表 6.3 码的最小距离与平均译码错误概率

	码 1	码 2	码 3	码 4	码 5
码字	000 111	000 011 101 110	000 001 010 100	00000 01101 10111 11010	000 001 010 011 100 101 110 111
消息数 M	2	4	4	4	8
信息传输率 R	1/3	2/3	2/3	2/5	1
码的最小距离 $d_{\min}$	3	2	1	3	1
平均译码错误概率 P_E(极大似然译码)	3×10^{-4}	2×10^{-2}	2.28×10^{-2}	7.8×10^{-4}	3×10^{-2}

显然,$d_{\min}$ 越大,P_E 越小。码的最小距离 $d_{\min}$ 越大,受干扰后,越不容易把一个码字错译成另一个码字,因而错误概率小;反之,$d_{\min}$ 越小,受干扰后越容易把一个码字错译成另一个码字,因而错误概率大。这就告诉我们,在编码选择码字时,码字之间的距离越大越好。

现在还可以把汉明距离与极大似然译码规则联系起来,用汉明距离来表述极大似然译码规则。

极大似然译码规则是对于 $\forall i$,选择译码函数 $F(\boldsymbol{y}_j) = \boldsymbol{x}^*$,使 $p(\boldsymbol{y}_j | \boldsymbol{x}^*) \geqslant p(\boldsymbol{y}_j | \boldsymbol{x}_i)$。设码字 $\boldsymbol{x}_i = x_{i_1} x_{i_2} \cdots x_{i_n}, \boldsymbol{y}_j = y_{j_1} y_{j_2} \cdots y_{j_n}$,在传输过程中发送码字 $\boldsymbol{x}_i$ 有 d_{ij} 个位置发生错误,接收端接收序列为 $\boldsymbol{y}_j$,即 $d(\boldsymbol{x}_i, \boldsymbol{y}_j) = d_{ij}$,没有发生错误的位置有 $n - d_{ij}$ 个。

当二元对称信道是无记忆时,有

$$p(\boldsymbol{y}_j|\boldsymbol{x}_i) = p(y_{j_1}|x_{i_1})p(y_{j_2}|x_{i_2})\cdots p(y_{j_n}|x_{i_n}) = p^{d_{ij}} \cdot \bar{p}^{(n-d_{ij})}$$

只要 $p < \frac{1}{2}$（这是正常情况，例如 $p = 10^{-2}$），则 d_{ij} 越大，$p(\boldsymbol{y}_j|\boldsymbol{x}_i)$ 越小，d_{ij} 越小，$p(\boldsymbol{y}_j|\boldsymbol{x}_i)$ 越大。

因此，在二元对称信道中极大似然译码规则可用汉明距离表示为：选择译码函数 $F(\boldsymbol{y}_j) = x^*$ 使 $d(\boldsymbol{x}^*, \boldsymbol{y}_j) \leqslant d(\boldsymbol{x}_i, \boldsymbol{y}_j)$，即

$$d(\boldsymbol{x}^*, \boldsymbol{y}_j) = \min_i(\boldsymbol{x}_i, \boldsymbol{y}_j)$$

也就是在接收到码字 $\boldsymbol{y}_j$ 后，在输入码字集 $\{\boldsymbol{x}_i, i=1,2,\cdots,r\}$ 中寻找一个与 $\boldsymbol{y}_j$ 的汉明距离最小的码字 $\boldsymbol{x}^*$，这又称为最小距离译码规则。前面提到的择多译码就是一种最小距离译码的方法。

这时平均译码错误概率也可用汉明距离来表示。设输入码字数为 M（并设输入等概分布），则有

$$P_E = \frac{1}{M}\sum_{Y, X-x^*} p(\boldsymbol{y}|\boldsymbol{x}) = \frac{1}{M}\sum_j\sum_{i\neq *} p^{d_{ij}}(1-p)^{n-d_{ij}}$$

或者

$$P_E = 1 - \frac{1}{M}\sum_Y p(\boldsymbol{y}|\boldsymbol{x}^*) = 1 - \frac{1}{M}\sum_j p^{d_{*j}}(1-p)^{n-d_{*j}}$$

其中，$d_{*j} = d(\boldsymbol{x}^*, \boldsymbol{y}_j)$。

在非二元对称信道中也可采用最小距离译码规则，但它不一定等价于极大似然译码规则。

当输入为等概时，因为极大似然译码规则与最大后验概率译码规则是等价的，所以这时最小汉明距离译码规则与最大后验概率译码规则也是等价的。

从上面的讨论可知，在 M 和 n 相同的情况下，即保持一定的信息传输率 R 时，选择不同的编码方法时码的最小距离也不同，我们选择码的最小距离最大的那一个码。在译码时，则将接收序列译成与其距离最小的码字，这样得到的 P_E 最小。因此，只要码长 n 足够长，总可以通过恰当地选择 M 个码字使 P_E 很小，而使 R 保持一定的水平。

6.2 有噪信道编码定理

定理 6.2 设有一个离散无记忆平稳信道，其信道容量为 C。当信息传输率 $R < C$ 时，只要码长 n 足够长，就总存在一种编码，可以使平均译码错误概率 P_E 任意小。否则，如果 $R > C$，则无论 n 取多大，也找不到一种编码，使平均译码错误概率 P_E 任意小。

这个定理称为有噪信道编码定理，又称为香农第二定理。有噪信道编码定理告诉我们，如果编码码长为 n，选用的码字个数 $M \leqslant 2^{n(C-\varepsilon)}$，$\varepsilon$ 为任意小的正数，则编码后，信道的信息传输率（单位为比特/码符号）为

$$R = \frac{\log M}{n}$$

$R < C$，所以可以在有噪声干扰的信道中以任意小的错误概率传输信息，而且当 n 足够大时，可以以任意接近信道容量 C 的信息传输率传输信息。若选用码字总数 $M \geqslant 2^{n(C+\varepsilon)}$，则无论 n

取多大,也找不到一种编码,使平均译码错误概率 P_E 任意小。

通过一个有噪信道可以实现几乎无失真地传输,这与人们的直观想象似乎是大相径庭的,而这个定理的证明也是非常巧妙的。按照通常的思路证明这一结论可能要先构造一个理想的好码,然后计算这个码用于传输时的平均错误概率,但这两点都难以实现。首先,构造具有理想性能的好码是一个非常复杂的问题,在当时的计算条件下无法解决。其次,想在 n 很大时计算这一理想好码在最佳译码或极大似然译码规则下的 P_E 也是极其困难的。香农巧妙地避开了这两个难题,首先,他不去构造理想的好码,而是用随机编码的方法得到所有可能生成的码的集合,然后在码集合中随机选择一个码作为输入码序列,最后计算这样随机选择的一个码在码集合上的平均性能。这样算出的 P_E 可以达到任意小,因而可以证明一定存在一种编码,它的 P_E 达到或者超过随机编码的平均性能。证明的基本思路如下。

① 允许平均错误概率任意小而非零。

② 在 n 次无记忆扩展信道中讨论, n 足够大,这样可以使用大数定理。

③ 在随机编码的基础上计算整个码集的码的平均错误概率,由此证明至少有一种好码存在。因为是随机编码,所以求错误译码概率时与特定的码无关。

所谓随机编码,是指在 n 长的输入序列中,随机选择 M 个作为输入码字组成一个码 $C=\{x_1, x_2, \cdots, x_M\}$, M 为信源消息数。每次选择一个码字有 2^n 种可能的选择方法,共 M 个码字,所以共有 $(2^n)^M$ 种可能的码,也就是通过随机编码可以得到 2^{nM} 个码。这是一个很大的数,例如, $M=2^8$,当 $n=16$ 时为 $2^{nM}=2^{4\,096}\approx 10^{1\,233}$。当然,在这些码中有一部分是无法使用的,例如,某些码的码字有重复,但由于码字个数为 $M=2^{nR}$,这只占全部可能的码字序列 2^n 中很小的一部分,因此在同一码中出现相同码字的概率很小,我们可以忽略这个问题。

由于所求的是平均性能,所以可以用大数定律且不必考虑码的结构。这种译码方法不是最优译码,但便于理论分析。

以上定理是在离散无记忆信道的情况下证明的,但是对于连续信道和有记忆信道结论同样成立。

香农第二定理也只是一个存在定理,它说明平均错误概率趋于零的好码是存在的,但是没有说明如何构造这个好码,尽管如此,香农第二定理仍然具有重要的理论意义和实践指导作用,它可以指导各种通信系统的设计,有助于评价各种通信系统及其编码效率。

从香农第一定理和香农第二定理可以看出,要做到有效和可靠地传递信息,我们需要进行信源编码和信道编码。首先,通过信源编码,用尽可能少的信道符号来表达信源,也就是对信源数据用最有效的表达方式表达,尽可能减少编码后数据的冗余度。然后,对信源编码后的数据设计信道编码,也就是适当增加一些冗余度以纠正和克服信道中干扰引起的错误。这两部分是分别独立考虑的。

这种分两部分编码的方法在实际通信系统中有着重要的意义。现代通信系统大多数都是数字通信系统,与模拟通信系统相比,它有许多优点。在实际的数字通信系统中,信道常常是共用的数字信道(二元信道),而无论语音、音乐、图像、数据都用同一个通信信道来传输。因此,我们可以将语音、图像等先数字化,再对数字化的语音、图像等信源进行不同的信源编码,针对各自信源的不同特点采用不同的数据压缩方法。而对于共同的数字信道来说,输入端只是二元序列,所以信道编码只需针对不同的信道特性进行,以纠正信道传输带来的错误,这样可以大大降低通信系统设计的复杂度。

在离散无记忆信道中，P_E 趋于零的速度与 n 呈指数关系。当 $R<C$ 时，平均错误概率为
$$P_E \leqslant \exp[-nE_r(R)]$$
其中，$E_r(R)$ 称为随机编码指数，又称为可靠性函数或加拉格（Gallaqer）函数。一般可靠性函数 $E_r(R)$ 与信息传输率 R 的关系曲线如图 6.4 所示，它是一条下凸函数曲线。在 $R<C$ 范围内 $E_r(R)>0$，所以随着 n 增大，P_E 以指数趋于零。实际编码的码长 n 不必选得很大，P_E 就能很快趋于零。

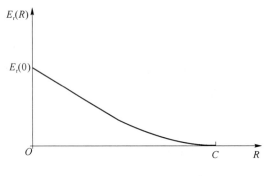

图 6.4 $E_r(R)$ 曲线图

可靠性函数 $E_r(R)$ 在信道编码中有极其重要的意义，它表示在码长 n 已定时 P_E 的上界。在实际问题中，为了达到一定的可靠性，即要求 P_E 小于某个值（如 10^{-6}），可靠性函数 $E_r(R)$ 可以帮助我们选择信息传输率和编码长度 n。

综合上述定理和论述可知，信道的信道容量是可靠传输的分界点：当 $R<C$ 时，P_E 以指数趋于零；当 $R>C$ 时，P_E 很快趋于 1。因此，在任何信道中 C 是可靠传输的最大信息传输率。

6.3 纠错编码

香农的信道编码定理引起了人们对信道编码的极大兴趣，但是香农只是证明了满足这种特性（当 $R<C$ 时，$P_E \to 0$）的码的存在，但不能按其证明方法得到这种好码。证明过程采用随机编码的方法，由于随机编码所得的码集很大，通过搜索得到好码的方法实际上很难实现，而且即使找到其中的好码，这种码的码字也是毫无结构的，这意味着译码时只能用查表的方法，而在 N 很大时译码表所需的存储量也是很难被接受的，因此真正实用的信道编码还需通过各种数学工具来构造，使码具有很好的结构以便于译码。抽象代数（也称近世代数）就是编码理论最重要的数学工具，它包括群论、环论、域论、格论、线性代数等许多分支。

信道编码的目的是提高信号传输的可靠性，广义的信道编码还包括为特定信道设计的传输信号，如 NRZ（不归零）码、HDB3 码、伪随机序列码都属于信道编码，而纠错编码作为提高传输可靠性最主要的措施之一，是我们研究的主要内容。

6.3.1 纠错码的分类

在信道中存在干扰和噪声，使得经信道传输后的接收码字与原来的发送码字存在差异，也就是差错。一般在信道中噪声干扰越大，码字产生错误的概率也越大。

信道中的干扰一般分为两种形式：一种是随机噪声，它主要来源于设备的热噪声和散弹噪声以及传播媒介的热噪声，它是通信系统中的主要噪声；另一种是脉冲干扰和信道衰落，它的特点是突然出现，主要来源于雷电、通电开关、负荷突变或设备故障等。

根据干扰和噪声的形式，信道可分为 3 类：随机信道、突发信道和混合信道。

(1) 随机噪声产生的错误是独立随机出现的，称为随机错误。它的特点是各码元是否发生错误是随机的，且相互独立，因而不会出现成片的错误。只产生随机错误的信道称为随机信道。这是一类比较典型、常见的信道。以高斯白噪声为主体的信道属于这类信道，如卫星信道、同轴电缆、光缆信道以及大多数微波中继信道。

(2) 脉冲干扰和信道衰落产生的错误是成串出现的，产生的错误之间有相关性，这类错误称为突发错误。产生突发错误的信道称为突发信道。实际的短波信道、移动通信信道、由于擦伤造成成串差错的光盘和磁盘均为这一类信道。

(3) 有些实际信道既有随机错误又有突发错误，称为混合信道。

对不同类型的信道要设计不同类型的信道编码才能收到良好的效果。根据不同的信道类型设计的信道编码分为纠独立随机错误码、纠突发错误码和纠混合错误码。在通信系统中，纠检错的工作方式有反馈重传纠错、前向纠错和混合纠错。

(1) 反馈重传纠错。反馈重传纠错方式如图 6.5 所示。

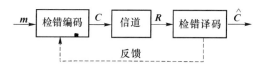

图 6.5　反馈重传纠错

发送端发出的是能够发现错误的检错码，接收端对接收到的信息进行译码，当发现有错时，通过反馈系统向发送端请求重传已发送的全部或部分码字，直到接收端认为无错误为止。我国的电报系统就是一种反馈重传纠错系统。

(2) 前向纠错。图 6.6 即为前向纠错图示。

图 6.6　前向纠错

前向纠错也称为自动纠错。发送端发出的是具有纠错能力的纠错码，接收端根据编码规则进行解码。若误码个数在码的纠错能力范围之内，译码器可以自动纠正错误。根据信道类型的不同，可设计不同的纠错编码。

(3) 混合纠错。对发送端进行适当的编码，当错误不严重，在码的纠错能力范围之内时，采用自动纠错；若超出码的纠错能力范围，则通过反馈系统向发送端要求重发。同时具有反馈重传纠错和自动纠错工作方式的纠错称为混合纠错。

检错码和纠错码在不加区别时统称为纠错码。纠错编码的目的是引入剩余度，就是在传输的信息码元后增加一些多余的码元（称为校验元），以使信息损失或发生传输错误后仍然能在接收端恢复。信息序列用 m 表示，纠错编码输出序列为 C，通过信道传输后接收码序列为 R，通过纠错以后我们希望恢复的码序列 $\hat{C} = C$。

从理论上讲,编码实现的是信息序列到纠错码序列的映射。在具体实现时,由于考虑到时延和计算复杂度的限制,只能将信息序列分组后按一定的映射关系变换成输出码序列。

根据不同的分组方式及其随后的映射关系,纠错码可以分成分组码和树码。

(1) 分组码:先将信息序列以每 k 个码元为一组分组,然后把每组 k 个信息元按一定规律产生 r 个多余的校验元,输出序列每组长为 $n=k+r$。每一个码字的 r 个校验元只与本组的 k 个信息元有关,与别的分组的信息元无关,记为分组码 (n,k)。

(2) 树码:信息序列以每 k_0(通常较小)个码元为一段分段,编码器输出的该段的校验元不仅与本段的 k_0 个信息元有关,而且还与其前面若干段的信息元有关,称为树码或链码。在树码中最重要的一类是卷积码,它的校验元与信息元之间是线性关系。

根据信息码元与校验码元之间是否存在线性关系还可以将纠错码分为线性码和非线性码。线性码的校验码元是若干位信息码元的线性组合,而非线性码的校验位与信息位不满足线性关系。线性码具有良好的数学结构,编译码比较简单,性能优于具有同样纠错能力的非线性码。

本章主要介绍线性分组码。有一类特别重要的线性分组码是循环码,它具有完整的代数结构,编译码都比较简单和易于实现。

纠错码的分类如图 6.7 所示。

图 6.7 纠错码的分类

因为目前的通信系统大多是二进制的数字系统,所以如不特别说明,以下提到的纠错码都是指二元码。

6.3.2 纠错码的基本概念

通常信源编码把信源符号用二元序列来表示,这个二元序列称为信息序列。信源编码主要解决的是通信的有效性问题,即用尽可能少的码符号来表示信源符号或信源符号序列。信息序列进入信道传输以前还需经过信道编码变成具有纠检错能力的码序列。信道编码要解决的问题是通信的可靠性问题。先在信息序列中插入冗余码元(称为校验元或监督元),使新序列的码元之间具有相关特性,然后进行传输。在接收端,信道译码器根据这个相关特性对接收序列进行译码,在纠错能力范围内可以对差错进行自动纠正,恢复原发送码序列。

对信道编码的一般要求如下。

① 纠检错能力强,可发现和纠正多个错误。

② 信息传输率高。信息传输率也称为码率,公式为 $R=\dfrac{\log M}{n}$,M 为信息序列的个数,所以码长 n 应尽可能短。信息传输率表示每个码元符号所携带的信息量。

③ 编码规律简单,实现设备简单且费用合理。
④ 与信道的差错统计特性相匹配。

信道编码就是在综合考虑以上因素的情况下选择和设计合理的编译码实现方案。

将信源编码器的输出序列进行分组,分组长度为 k,则可以有 $M=2^k$ 个不同的分组信息序列。每个分组信息序列用一个 $n(n>k)$ 长的码字来表示,即 $C=C_1C_2\cdots C_n$,这样的 2^k 个码字的集合称为二元分组码。

每个码字 $C=C_1C_2\cdots C_n$ 中的 k 位称为信息位,其余 $n-k$ 位为校验位或监督位。例如,当 $k=3$,$n=7$ 时,最大的信息序列数 $M=2^3=8$ 个,而长为 $n=7$ 的二元码一共有 $2^7=128$ 个,选出其中的 8 个作为码字,称为许用序列,而其他序列则为禁用序列。

通常用 $\eta=\dfrac{k}{n}$ 表示码字中信息位所占的比重,称其为编码效率或码率。η 越大,编码效率越高,它是衡量码性能的一个重要参数。

【例 6.4】 下面给出一种编码:

消息序列	码字
000	0000000
001	0011101
010	0100111
011	0111010
100	1001110
101	1010011
110	1101001
111	1110100

信息位 $k=3$,码长 $n=7$,监督位 $r=4$,$\eta=\dfrac{3}{7}=43\%$。而 $R=\dfrac{\log M}{n}=\dfrac{\log 2^k}{n}=\dfrac{k}{n}=\dfrac{3}{7}$,恰好等于编码效率。这是因为这个码充分利用了 3 位的信息位生成了 8 个码字。

如果 n 长码字的每一位与原始信息序列的 k 个信息位之间的函数关系是线性关系,则称该分组码为线性分组码,否则称为非线性分组码。

若 (n,k) 分组码中 k 个信息元与原始信息序列的 k 个信息元相同,且位于 n 长码字的前(或后)k 位,而校验元位于其后(或前)$n-k$ 位,则该分组码为系统码,否则为非系统码。

对于某一码字,其非零元素的个数称为该码字的汉明重量。

对于二元码,其码字的汉明重量是码字中 1 的个数。若码字 $c_i = c_{i_1}c_{i_2}\cdots c_{i_n}$,其汉明重量可以表示为 $W(c_i) = \sum_{k=1}^{n} c_{i_k}$。例如,码字 $c_1 = 1010101$,其汉明重量为 4。

一个线性分组码中的任意两个码字的和仍然是它的一个码字。因此,码字距离和汉明重量之间的关系为

$$d(c_i, c_j) = W(c_i \oplus c_j) = \sum_{k=1}^{n} c_{i_k} \oplus c_{j_k}$$

6.3.3 线性分组码

线性分组码是最有实用价值的一类码,汉明码、Golay 码、RS 码、BCH 码等都属于线性分组码。

线性分组码的编码方式是先将信源输出序列分组,每组是长为 k 的信息序列,然后按照一定的编码规则插入 $n-k$ 位的校验元,校验元是所有信息位的线性组合,组成 n 长的码字序列。

1. 校验矩阵与生成矩阵

线性分组码可以由一组信息元的模 2 线性方程生成。

例如,有一个 $(7,3)$ 线性分组码,$\boldsymbol{C}=C_1C_2C_3C_4C_5C_6C_7$,其中 C_1、C_2、C_3 为信息元,C_4、C_5、C_6、C_7 为校验元,假设校验元可以用下面的方程组得到:

$$\begin{cases} C_4=C_1+C_3 \\ C_5=C_1+C_2+C_3 \\ C_6=C_1+C_2 \\ C_7=C_2+C_3 \end{cases}$$

这里的 + 为模 2 加 $\oplus$。这是一组线性方程,它确定了由信息元得到校验元的规则,所以称为校验方程或监督方程。

方程组还可以写成矩阵形式。

首先将方程组改写一下,使方程的等号右边为 0,即

$$\begin{cases} C_1+C_3+C_4=0 \\ C_1+C_2+C_3+C_5=0 \\ C_1+C_2+C_6=0 \\ C_2+C_3+C_7=0 \end{cases}$$

然后写成矩阵相乘的形式:

$$\begin{pmatrix} 1 & 0 & 1 & 1 & 0 & 0 & 0 \\ 1 & 1 & 1 & 0 & 1 & 0 & 0 \\ 1 & 1 & 0 & 0 & 0 & 1 & 0 \\ 0 & 1 & 1 & 0 & 0 & 0 & 1 \end{pmatrix} \begin{pmatrix} C_1 \\ C_2 \\ C_3 \\ C_4 \\ C_5 \\ C_6 \\ C_7 \end{pmatrix} = \begin{pmatrix} 0 \\ 0 \\ 0 \\ 0 \end{pmatrix} \quad (6.7)$$

令

$$\boldsymbol{H} = \begin{pmatrix} 1 & 0 & 1 & 1 & 0 & 0 & 0 \\ 1 & 1 & 1 & 0 & 1 & 0 & 0 \\ 1 & 1 & 0 & 0 & 0 & 1 & 0 \\ 0 & 1 & 1 & 0 & 0 & 0 & 1 \end{pmatrix}$$

则式(6.7)可写成

$$\boldsymbol{HC}^\mathrm{T}=\boldsymbol{0}^\mathrm{T} \text{ 或 } \boldsymbol{CH}^\mathrm{T}=\boldsymbol{0}$$

其中，H 称为一致校验矩阵。一旦建立了校验矩阵，校验元与信息元的关系就确定了，码字也随之确定。

校验方程还可以改写成：

$$\begin{cases} C_1 = C_1 \\ C_2 = C_2 \\ C_3 = C_3 \\ C_4 = C_1 + C_3 \\ C_5 = C_1 + C_2 + C_3 \\ C_6 = C_1 + C_2 \\ C_7 = C_2 + C_3 \end{cases} \tag{6.8}$$

令

$$\boldsymbol{m} = (C_1 \quad C_2 \quad C_3)$$

$$\boldsymbol{G} = \begin{pmatrix} 1 & 0 & 0 & 1 & 1 & 1 & 0 \\ 0 & 1 & 0 & 0 & 1 & 1 & 1 \\ 0 & 0 & 1 & 1 & 1 & 0 & 1 \end{pmatrix}$$

则式(6.8)可以写成

$$\boldsymbol{C} = \boldsymbol{mG}$$

其中，C 为 n 维行向量，m 为 k 维行向量。G 为 $k \times n$ 矩阵，称为线性分组码 C 的生成矩阵。利用生成矩阵可将信息序列 m 变成码字序列 C。例如，当 $m=(0\ 1\ 1)$ 时，可以得到

$$\begin{aligned} \boldsymbol{C} &= \boldsymbol{mG} \\ &= (0 \quad 1 \quad 1) \begin{pmatrix} 1 & 0 & 0 & 1 & 1 & 1 & 0 \\ 0 & 1 & 0 & 0 & 1 & 1 & 1 \\ 0 & 0 & 1 & 1 & 1 & 0 & 1 \end{pmatrix} \\ &= (0 \quad 1 \quad 1 \quad 1 \quad 0 \quad 1 \quad 0) \end{aligned}$$

为方便起见，可以将生成矩阵写成

$$\boldsymbol{G} = \begin{pmatrix} \boldsymbol{G}_1 \\ \boldsymbol{G}_2 \\ \vdots \\ \boldsymbol{G}_k \end{pmatrix}$$

的形式，其中 $\boldsymbol{G}_i, i=1,2,\cdots,k$ 为 n 维行向量，即

$$\boldsymbol{G}_i = (g_{i_1} \quad g_{i_2} \quad \cdots \quad g_{i_n})$$

信息序列

$$\boldsymbol{m} = (m_1 \quad m_2 \quad \cdots \quad m_k)$$

则

$$\boldsymbol{C} = \boldsymbol{mG} = \sum_{i=1}^{k} m_i \boldsymbol{G}_i \tag{6.9}$$

式(6.9)表明，码字 C 为信息序列 m 和生成矩阵 G 的行向量的线性组合，这里的和为"模 2 加"。当信息组 m 中只有一个非零元素时，码字为生成矩阵的某一行，因此生成矩阵的每一行都是一个码字，k 个不相同的码字可以构成码的生成矩阵，而这 k 个码字的不同线性组合便组成了整个码组。所选取的 k 个码字必须是线性无关的，也就是说只有生成矩阵

的秩为 k，才能由生成矩阵组合出 2^k 种不同的码字，这样生成的全部码字组成了 n 维矢量空间的一个 k 维子空间，矩阵 G 的 k 个行向量是这个子空间的 k 个基矢量，而 k 维子空间的任意 k 个线性无关的矢量都可以作为这个子空间的基矢量。这些基矢量组成的矩阵都可以看作这个子空间或这个码的生成矩阵，同一个码的所有可能的生成矩阵都是等价的。

G 可以写成分块矩阵，即 $G=(I\quad P)$。其中，I 为 $k\times k$ 的单位矩阵，P 为 $k\times(n-k)$ 的一般矩阵。这样生成的码 C 是系统码，信息位在码字的前 k 位。当生成矩阵不能写成由 k 阶单位矩阵构成的分块矩阵时，生成的码 C 不是系统码。但根据矩阵理论，可以将一般形式的矩阵通过初等变换变成系统形式的矩阵，两个矩阵是等价的，因而这样产生的码与系统码是等价的，每一个线性码对应唯一一个系统形式的生成矩阵。因此，以系统码为研究对象不失一般性。

由于系统形式的生成矩阵有 k 阶单位子阵，因此组成系统形式的生成矩阵的 k 个码字是线性无关的。转化成系统形式之后，容易验证生成矩阵的各行是否线性无关。

由于生成矩阵 G 的每一行都是一个码字，所以生成矩阵和校验矩阵有如下关系：

$$HG^T = 0^T$$

或

$$GH^T = 0$$

即线性分组码的生成矩阵和校验矩阵的行矢量彼此正交。以上结果表明，线性分组码既可以由生成矩阵确定，也可以由校验矩阵确定。(n,k) 线性分组码是指 n 维 n 长向量构成的线性空间中一个 k 维线性子空间，它可以由 G 或 H 确定。同时 H 矩阵的行矢量在 n 维矢量空间中张成一个 $n-k$ 维子空间。这两个子空间的矢量是互相垂直的。$n-k$ 维子空间也对应一个线性码，这个码与 G 生成的码互为对偶码。G 为 $n-k$ 维子空间的校验矩阵。

一般要构造一个 (n,k) 线性分组码，只要找出一个秩为 $n-k$ 的 $n-k$ 行、n 列矩阵 H，就可由齐次线性方程组 $HC^T=0^T$ 的解空间的全部向量作为许用码字，得到一个 (n,k) 线性分组码。因此，线性分组码可以用齐次线性方程组这样方便的数学工具来研究。

系统形式的校验矩阵可以写成 $H=(Q\quad I)$ 的形式，其中 Q 为 $(n-k)\times k$ 矩阵，I 为 $(n-k)\times(n-k)$ 单位矩阵。而系统形式的生成矩阵可以写成 $G=(I\quad P)$，所以

$$HG^T = (Q\quad I)\begin{pmatrix}I\\P^T\end{pmatrix} = Q+P^T = 0^T$$

可得

$$P^T = Q$$

或

$$P = Q^T$$

因此，系统形式的校验矩阵和生成矩阵可以很方便地实现转换。

线性分组码具有以下性质。

① 码中任意两个码字之和仍为一个码字。

② 任意码字是 G 的行向量 $G_1,G_2,\cdots,G_k$ 的线性组合。

③ 零向量 $0=(0,0,\cdots,0)$ 是一个码字，称为零码字。

④ 线性分组码的最小距离等于非零码字的最小重量。

线性分组码最重要的性质是其线性特性以及在此基础上的对称性。所谓线性特性,是指线性码中任意两个码字的和或差仍为一个码字。对称性是指我们在一个码的所有码字上减去一个特定的码字,结果仍是同一个码的全部码字。这样在求码字间的距离分布时,只需求出任一码字与其他所有码字的距离分布就可以了。

【例6.5】 重复码是一个(3,1)线性分组码。其生成矩阵为

$$G=(1\ \ 1\ \ 1)$$

$$C=C_1C_2C_3=(m_1)(1\ \ 1\ \ 1)=(m_1\ \ m_1\ \ m_1)$$

【例6.6】 偶校验码是一个(4,3)线性分组码,其生成矩阵为

$$G=\begin{pmatrix}1&0&0&1\\0&1&0&1\\0&0&1&1\end{pmatrix}$$

$$C=C_1C_2C_3C_4$$

$$=(m_1\ \ m_2\ \ m_3)\begin{pmatrix}1&0&0&1\\0&1&0&1\\0&0&1&1\end{pmatrix}$$

$$=(m_1\ \ m_2\ \ m_3\ \ m_1+m_2+m_3)$$

【例6.7】 已知生成矩阵为

$$G=\begin{pmatrix}1&0&0&1&1&1&0\\0&1&0&0&1&1&1\\0&0&1&1&1&0&1\end{pmatrix}$$

求生成的线性分组码及由 H 生成的线性分组码。

解 由于 $G=(I\ \ P)$,则有

$$P=\begin{pmatrix}1&1&1&0\\0&1&1&1\\1&1&0&1\end{pmatrix}$$

又因为 $Q=P^T$,则

$$H=(Q\ \ I)=\begin{pmatrix}1&0&1&1&0&0&0\\1&1&1&0&1&0&0\\1&1&0&0&0&1&0\\0&1&1&0&0&0&1\end{pmatrix}$$

由生成矩阵 G 生成的(7,3)线性分组码为

m	C
000	0000000
001	0011101
010	0100111
011	0111010
100	1001110
101	1010011
110	1101001
111	1110100

把校验矩阵 H 当作生成矩阵,可生成(7,4)线性分组码:

m	C'
0000	0000000
0001	0110001
0010	1100010
0011	1010011
0100	1110100
0101	1000101
0110	0010110
0111	0100111
1000	1011000
1001	1101001
1010	0111010
1011	0001011
1100	0101100
1101	0011101
1110	1001110
1111	1111111

这样生成的 C 和 C' 是相互正交的。

2. 线性分组码的纠检错能力

由生成矩阵产生的码字在信道中传输,干扰的存在使得一些码元发生错误。接收端通过编码规则进行译码,若能发现错误,则称为检错,若再能纠正错误,则称为纠错。码能纠检错误码元的个数称为该码的纠检错能力。如果发现错误和纠正错误的个数越多,则说明该码的纠检错能力越强。只要接收码字 R 没有错到变成其他发送码字,就可以发现错误。如果不会错判成其他发送码字,就可以纠正错误正确译码。因此,我们设计的码字之间应有较大的区别,即它们的汉明距离要大。

线性分组码的最小距离等于非零码字的最小重量。根据线性分组码的封闭性可知,任意两个码字的和仍是一个码字。根据码字之间距离的定义,两个码字和的非零个数即为它们之间的距离,而两个码字和的非零个数又是新码字的重量。所以,线性分组码的最小距离必为它的非零码字的最小重量。

码的最小距离越大,即码中任意两个码字之间的差别越大,越不容易把一个码字误传成其他的码字,译码时也越容易正确译码,因此码的纠检错能力越强,即码的最小距离和非零码字的最小重量决定了码的纠检错能力。

关于码的最小距离与纠检错能力的关系有以下结论。

定理 6.3 对于 (n,k) 线性分组码,设 d_{min} 为码的最小汉明距离,则

(1) 这组码有纠正 u 个错误的能力的充要条件是 $d_{min}=2u+1$;

(2) 能检测 l 个错误的充要条件是 $d_{min}=l+1$;

(3) 能纠正 u 个错误同时可以发现 $l(l>u)$ 个错误的充要条件为

$$d_{\min}=u+l+1$$

证明 (1) 这组码有纠正 u 个错误的能力,也就是只要发生小于等于 u 个错误,译码的时候就能正确地译成原来的码字而不会错纠成其他的码字。如图 6.8(a)所示,如果分组码中任意两个码字之间的汉明距离 $d(\boldsymbol{x}_i,\boldsymbol{x}_j) \geqslant d_{\min}=2u+1$,那么当码字发生小于等于 u 个错误的时候,仍然在它的纠错范围内(可以用半径为 u 的球体表示码字的纠错范围),而不会进入另一个码字的纠错范围内,所以 $d_{\min}=2u+1$ 的线性分组码具有纠正 u 个错误的能力。反过来说,如果这组码有纠正 u 个错误的能力,那么码字之间的距离至少为 $2u+1$,两个球体之间的距离至少为 1,才能保证在发生小于等于 u 个错误的时候,不会进入另一个码字的纠错范围内。

(2) 能检测 l 个错误,就意味着一个码字发生小于等于 l 个错误能够被发现,而不会被认为是其他的码字。这就要求以一个码字为球心,以 l 为半径的球与其他码字的距离至少为 1,这样在发生小于等于 l 个错误的时候,才不会变成其他码字,所以可以被检测到,如图 6.8(b)所示。否则,会变成其他码字,就不能被检测到了。

(3) 这是一种纠检结合的工作方式。如果发生小于等于 u 个错误,则按前向纠错方式工作,以节省反馈重发的时间;而如果发生大于 u 个错误,则超过了该码的纠错能力,自动按检错重发方式工作,如图 6.8(c)所示。

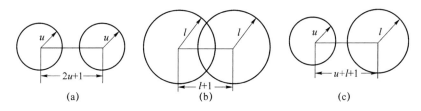

图 6.8 码的最小距离与纠检错能力

对于任意码字 $d(\boldsymbol{x}_i,\boldsymbol{x}_j) \geqslant d_{\min}=u+l+1,l>u$,由前面的讨论可知,该码发生小于等于 u 个错误,显然满足(1)的条件,所以具有纠正不大于 u 个错误的能力,而只要错误码元的个数小于等于 l 就不会落入其他码字的纠错范围,不会被错纠,因此可以发现不大于 l 个错误。所以,$d_{\min}=u+l+1$ 的线性分组码能纠正 u 个错误,同时可以发现 $l(l>u)$ 个错误。

例如,$d_{\min}=5$,按检错方式工作时,$l=4$;按纠错方式工作时,$u=2$;按纠检结合方式工作时,$u=1$,$l=3$,当发送码发生 1 个错误时可纠,发生 2 个或 3 个错误时可检,发生 4 个错误时就会落入另一个发送码的纠错范围内,被错纠了。

例如,表 6.4 所示为简单重复码(3,1)线性分组码,$k=1,l=3$。$d_{\min}=3$ 可纠一个错误。

定理 6.3 说明了码的最小距离与纠检错能力的关系。选择编码方案时选择极大最小距离码可以得到较强的纠检错能力。

表 6.4 (3,1)简单重复码

m	C	R
0	000	000
		001
		010
		100
1	111	011
		101
		110
		111

3. 校验矩阵与最小距离的关系

码的最小距离或者说码的纠错能力与它的校验矩阵列向量的线性相关程度有关。

定理 6.4 对于 (n,k) 线性分组码，若校验矩阵 H 中的任意 t 列线性无关而 $t+1$ 列线性相关，则码的最小距离或码字的最小重量为 $t+1$；若码字的最小重量或码的最小距离为 $t+1$，则 H 的任意 t 列线性无关而 $t+1$ 列线性相关。

证明 把 H 写成行向量的形式 $H=(H_1\ H_2\ \cdots\ H_n)$，其中 H_j 为列向量。

对于任意的码字 C，有以下关系：

$$\begin{aligned} HC^T &= (H_1\ H_2\ \cdots\ H_n)(C_1\ C_2\ \cdots\ C_n)^T \\ &= C_1H_1 + C_2H_2 + \cdots + C_nH_n \\ &= 0 \end{aligned}$$

HC^T 等于 n 个 $n-k$ 维列向量 H_j 的线性组合，并且由 $HC^T=0$ 可知，n 个向量 H_j 是线性相关的。

若 H 中任意 t 列线性无关而 $t+1$ 列线性相关，则说明 $C_1,C_2,\cdots,C_n$ 这 n 个码符号中必有 $t+1$ 个 1，其余为 0，使得 $t+1$ 个向量 H_j 的线性组合等于 0，即 C 的码重为 $t+1$。而且 C 的码重不可能为 t，否则可使 t 个向量 H_j 的线性组合等于 0，即 H 中有 t 列线性相关，这与我们前面的假定矛盾。

反过来，如果码字的最小重量为 $t+1$，则重量最小的码字有 $t+1$ 个非零码元，代入 $HC^T=0$，则有 $t+1$ 个 H_j 线性组合等于 0。这说明必有 $t+1$ 个向量 H_j 线性相关，并且任意 t 个向量必定线性无关。因为如果有 t 个 H 的列向量线性相关，则必然存在一个重量为 t 的码字。这与最小码重为 $t+1$ 是矛盾的。

证毕。

由于 H 是 $(n-k)\times n$ 阶矩阵，其秩至多为 $n-k$，即最多有 $n-k$ 个列向量线性无关。在寻找好码时，我们希望 $d_{\min}$ 越大越好，即希望 H 中线性无关的列向量越多越好。而线性无关的列向量最多为 $n-k$ 个，所以 $d_{\min}\leq n-k+1$。

如果设计的 (n,k) 线性分组达到了 $d_{\min}=n-k+1$，则称为极大最小距离码。

4. 线性分组码的伴随式及伴随式译码

根据校验方程 $CH^T=0$，校验矩阵可以用来验证接收码字是不是许用码字。

设发送码字为 C，接收码字为 R，令 $S=RH^T$，当 R 为许用码字时因为满足校验方程，所以 $S=RH^T=0$。若 $S\neq 0$，则说明 R 不是一个发送码字，码字在传输过程中发生了错误，因此 S 是码字在传输过程中是否出现错误的标志，称为伴随式（或称监督子、校验子等）。

因为接收码字 R 是由发送码字 C 在传输过程中产生差错得到的，可以将 R 写成 $R=C+E$。$E=(e_1\ e_2\ \cdots\ e_n)$ 称为差错图样。当码字的第 i 位发生错误时 $e_i=1$，否则 $e_i=0$。这样伴随式又可以写成

$$S=(C+E)H^T=CH^T+EH^T=EH^T$$

可以看出，伴随式仅与差错图样有关，与码字无关，即伴随式中仅含有差错图样信息。$S=0$，则表示传输中要么无差错发生，要么差错图样恰好为一个码字，而差错图样恰为一个码字的机会是很小的。如果 $S\neq 0$，我们可以先由伴随式得到差错图样信息，然后对接收码字加以修正，以得到正确译码。

伴随式 S 是伴随接收码的一个 $n-k$ 维向量,但是从 $S=EH^T$ 可以看出 S 并不反映发送的码字是什么,而只是反映信道对码字造成怎样的干扰。差错图样 E 是 n 维矢量,共有 2^n 个可能的组合,而伴随式 S 是 $n-k$ 维矢量,只有 2^{n-k} 个可能的组合,因此不同的差错图样可能有相同的伴随式。

在接收端我们并不知道发送码字 C 是什么,但可以知道 H^T 和 R 是什么,并通过伴随式译码找到 $\hat{C}$ 的估值。其过程是 $S=RH^T=EH^T \Rightarrow E \Rightarrow \hat{C}=R+E$,即首先算出 S,然后由 S 算出 E,最后令 $\hat{C}=R+E$ 求出 $\hat{C}$。这里关键是如何从 S 找出 E。

因为 $S^T = HE^T = \sum_{i=1}^{n} e_i H_i$,$H_i$ 为 H 的列向量,所以伴随式是接收码字中发生错误的码元在 H 中对应列的矢量和。由于同一个伴随式会对应多个差错图样,根据最小距离译码规则,求出 S 后应该译成其重量最小的差错图样。伴随式有 2^{n-k} 个,其中 1 个对应没有差错的图样,n 个对应 n 个码元中发生了 1 个差错的图样,C_n^2 个对应 n 个码元中发生了两个差错的图样,C_n^3 个对应 n 个码元中发生了 3 个差错的图样,C_n^u 个对应 n 个码元中发生了 u 个差错的图样,直到把 2^{n-k} 个伴随式用尽,所以 $2^{n-k} \geq \sum_{i=0}^{u} C_n^i$。因为假设该线性分组码可以纠正 u 个错误码元。

把 S、E 以及 R、C 的对应关系列成一个表,称为标准阵列(如表 6.5 所示)。通过查标准阵列译码可以很快得到发送码字 C。

表 6.5 标准阵列译码

S	E	C			
		00000	10111	01101	11010
000	00000	00000	10111	01101	11010
111	10000	10000	00111	101101	01010
101	01000	01000	11111	00101	10010
100	00100	00100	10011	01001	11110
010	00010	0010	10101	01111	11000
001	00001	00001	10110	01100	11011
011	00011	00011	10100	01110	11001
110	00110	00110	10001	01011	11100

下面举一个例子来说明这个译码过程。

【例 6.8】 某 (5,2) 系统线性码的生成矩阵是 $G = \begin{pmatrix} 1 & 0 & 1 & 1 & 1 \\ 0 & 1 & 1 & 0 & 1 \end{pmatrix}$,接收码是 $R=$ (10101)。求发送码字的估值 $\hat{C}$。

解 (1) 将信息组 $m=(00),(01),(10),(11)$ 及已知的 G 代入 $C=mG$,求出 4 个许用码字,为

$$C_1 = (00000)$$
$$C_2 = (01101)$$

$$C_3 = (10111)$$
$$C_4 = (11010)$$

(2) 由 $G \to H$，得

$$H = (P^T \quad I) = \begin{pmatrix} 1 & 1 & 1 & 0 & 0 \\ 1 & 0 & 0 & 1 & 0 \\ 1 & 1 & 0 & 0 & 1 \end{pmatrix} = (H_1 \quad H_2 \quad H_3 \quad H_4 \quad H_5)$$

(3) 求标准阵列。因为 $S^T = HE^T = \sum_{i=1}^{n} e_i H_i$，所以无差错时 $S = 0$；当只有一个码元发生差错时，S^T 等于 H 中对应的列；当两个以上码元发生差错时，S^T 等于对应列的矢量和。

由于 $n - k = 3$，所以伴随式共有 $2^{n-k} = 8$ 个，而差错图样中表示无差错的是一个，表示一个差错的图样有 $C_5^1 = 5$ 个。在 8 个伴随式中除了对应这 6 个重量最小的差错图样外，还多出 2 个伴随式，让它们对应两个差错为 2 的图样。差错为 2 的图样共有 $C_5^2 = 10$ 个，从中选出两个。选择方法可有多种，不是唯一的。

将 $E = (00000), (10000), (01000), (00100), (00010), (00001)$ 代入 $S^T = \sum_{i=1}^{n} e_i H_i$，求出对应的 S 为 $(000), (111), (101), (100), (010), (001)$。在剩下的伴随式中，$(011)$ 对应的图样有 2^k 个（$S^T = \sum_{i=1}^{n} e_i H_i$ 是 $n-k$ 个方程，n 个未知数，因此每个未知数有 2^k 个解），即 $(00011), (10100), (01110), (11001)$，其中 (00011) 和 (10100) 并列重量最轻，任选其中一个，如 (00011)。同样，伴随式 (110) 选一个对应的重量最轻的差错图样 (00110)。

根据以上讨论，画出标准阵列，如表 6.5 所示。

(4) 由 $R \to \hat{C}$。例如，若 $S = RH^T = (010)$，查出对应的差错图样为 $E = (00010)$。所以

$$\hat{C} = R + E = (10101) + (00010) = (10111)$$

进一步分析可知，该码的 $d_{\min} = 3$，纠错能力 $u = 1$，所以译码阵列中只有前 6 行具有唯一性、可靠性。而第 7 行和第 8 行表示有 2 个差错图样，已超出了 $u = 1$ 的纠错能力，译码已不可靠。第 7 行、第 8 行在选择差错图样时有多种选法，选法不同，最终的译码结果就会不同。

由于表示单个错误的差错图样的伴随式就等于 H 矩阵中错误码元的对应列，为了使不同错误码元对应不同的伴随式以便译码，就应使 H 中的 n 列互不相同且不能为 0（若某列为 0 就不能表示对应码元出现错误的情况）。

伴随式的个数 2^{n-k} 与 n、k 及纠错能力 u 之间满足以下的关系。

定理 6.5 若 (n, k) 线性分组码能够纠正 u 个错误，则其校验位的数目必须满足

$$2^{n-k} \geq \sum_{i=0}^{u} C_n^i \tag{6.10}$$

证明 由于产生 $i(i \leq u)$ 个错误的差错图样有 C_n^i 个，能够产生不多于 u 个错误的差错图样总共有 $C_n^0 + C_n^1 + \cdots + C_n^u = \sum_{i=0}^{u} C_n^i$ 个，而 $n-k$ 位校验元共有 2^{n-k} 种不同的组合，即有 2^{n-k} 个伴随式。如果某线性分组码能够纠正 u 个错误，则 $\sum_{i=0}^{u} C_n^i$ 个差错图样都应该有一个

对应的伴随式,即伴随式的数目必须满足条件 $2^{n-k} \geqslant \sum_{i=0}^{u} C_n^i$。

证毕。

式(6.10)等号成立时的线性分组码称为完备码,即完备码的伴随式数目不多不少恰好和不大于 u 个差错的图样数目相等,这时校验位得到最充分的利用,所有的伴随式都唯一可靠地对应一个差错图样。

我们从多维矢量空间的角度来看完备码。假定我们围绕每一个码字 $\boldsymbol{C}_i$,有一个半径为 u 的球,每个球内包含了与该码字的汉明距离小于等于 u 的所有接收码字 $\boldsymbol{R}$ 的集合,所有落在这个球内的接收码字都被译为该发送码字。这样在这个半径为 $u=(d_{\min}-1)/2$ 的球内的接收码字数为 $\sum_{i=0}^{u} C_n^i$。因为有 2^k 个可能发送的码字,也就有 2^k 个不相重叠的半径为 u 的球。因为包含在这 2^k 个球中的码字总数不会超过 2^n 个可能的接收码字,于是一个能纠 u 个差错的码必然满足不等式

$$2^k \cdot \sum_{i=0}^{u} C_n^i \leqslant 2^n$$

即

$$2^{n-k} \geqslant \sum_{i=0}^{u} C_n^i$$

当 $u=1$ 时,有 $2^{n-k} \geqslant C_n^0 + C_n^1 = 1+n$。

当式(6.10)等号成立时,表示所有的接收码字都落在 2^k 个球内而球外没有一个码字。这就是完备码。

完备码具有下述特性。

① 每一个接收码字都落在这些球中之一,因此接收码字与发送码字的距离至多为 u。

② 所有差错数不大于 u 的接收码字都能得到纠正,而差错数不小于 $u+1$ 的接收码字因为落在另一个球内被纠为其他的发送码字。

完备码并不多见,我们知道的有 $u=1$ 的汉明码、$u=3$ 的 Golay 码以及 n 为奇数的 $(n,1)$ 线性分组码的简单重复码等。

5. 汉明码

汉明码是香农的信道编码定理提出后最早发现的码,有二进制的,也有非二进制的。我们讨论二进制的汉明码。

汉明码是能够纠正一个错误的完备码,因此它的码长 n 和信息位数 k 服从以下规律:

$$(n,k) = (2^m-1, 2^m-m-1)$$

其中,$m=n-k$ 为校验位数。

当 $m=3,4,5,6,7,8,\cdots$ 时,有 $(7,4),(15,11),(31,26),(63,57),(127,120),(255,247),\cdots$ 汉明码。一个 (n,k) 汉明码的校验矩阵有 $n-k$ 行和 n 列。采用二进制时,$n-k$ 个码元所能组成的列矢量总数(全零矢量除外)是 $2^{n-k}-1$,恰好和校验矩阵的列数 $n=2^m-1$ 相等,因此只要把 $n-k$ 码元组成的列矢量按二进制数大小顺序从左到右排列,就可以得到它的 $\boldsymbol{H}$。这样得到的 $\boldsymbol{H}$ 是非系统码。当发生单个错误时,伴随式是 $\boldsymbol{H}$ 中与错误位置对应的列,并且伴随式的二进制数的值就是错误位置的序号,因此它的编译码规则很简单。

如果想得到系统形式的 H，则可以通过列置换把非系统形式的 H 变成系统形式的 H。

【例 6.9】 构造一个 $m=3$ 的二元 $(7,4)$ 汉明码。

解 所谓构造就是求一个 $(7,4)$ 汉明码的生成矩阵。先利用汉明码的特性构造一个校验矩阵 H，再通过列置换将它变为系统形式。

$$H = \begin{pmatrix} 0 & 0 & 0 & 1 & 1 & 1 & 1 \\ 0 & 1 & 1 & 0 & 0 & 1 & 1 \\ 1 & 0 & 1 & 0 & 1 & 0 & 1 \end{pmatrix} \xrightarrow{\text{列置换}} \begin{pmatrix} 0 & 1 & 1 & 1 & 1 & 0 & 0 \\ 1 & 0 & 1 & 1 & 0 & 1 & 0 \\ 1 & 1 & 0 & 1 & 0 & 0 & 1 \end{pmatrix} = (P^T \quad I_3)$$

$$\rightarrow G = (I_4 \quad P) = \begin{pmatrix} 1 & 0 & 0 & 0 & 0 & 1 & 1 \\ 0 & 1 & 0 & 0 & 1 & 0 & 1 \\ 0 & 0 & 1 & 0 & 1 & 1 & 0 \\ 0 & 0 & 0 & 1 & 1 & 1 & 1 \end{pmatrix}$$

由于 G 中包含了单位阵 I_4，矩阵的秩是 4，所以矩阵 G 的 4 行是 4 个线性无关的基底，可以张成一个包含 $2^4=16$ 个码字的码空间。

必须指出，完备码是标准阵列最规则因而译码最简单的码，但并不一定是纠错能力最强的码，因为它不一定是极大最小距离码，即不满足 $d_{\min}=n-k+1$。$(7,4)$ 汉明码的 $d_{\min}=3$，而同样 n,k 的极大最小距离码的 $d_{\min}=4$。

如果给 (n,k) 汉明码添加一位奇偶校验位，可以得到一个 $d_{\min}=4$ 的 $(n+1,k)$ 扩展汉明码，码长为 $n+1$，校验位为 $n-k+1$。这时

$$H' = \begin{pmatrix} & & & & 0 \\ & H & & & 0 \\ & & & & \vdots \\ & & & & 0 \\ 1 & 1 & \cdots & & 1 \end{pmatrix}$$

其中，H 为 $(n-k) \times n$ 阶矩阵，而 H' 为 $(n-k+1) \times (n+1)$ 阶矩阵。

这个码除了能纠正单个错误外，还能发现两个错误。因为当码字在传输过程中发生两个错误时，其伴随式为对应校验矩阵中的两列之和。为了能够发现两个错误，必须使得校验矩阵的任意两列之和不为其他列，即要求校验矩阵中的任意 3 列线性无关，码字的最小距离为 4。

$$d_{\min} = 4 = 1 + 2 + 1$$

即 $u=1, l=2$。当出现一个错误时伴随式为 H' 的某一列，最后一位为 1。当出现两个错误时，伴随式为某两列之和，最后一位为 0。因为它与 H' 中的任何一列都不相同，所以可与单个错误的伴随式区别开来，故可以检查两个错误。

在同样的纠错能力下，汉明码的码率是最高的，为

$$R = \frac{2^m - 1 - m}{2^m - 1} = 1 - \frac{m}{2^m - 1}$$

当 m 很大时，$R \rightarrow 1$。

6. 循环码

循环码是线性分组码的一个子类，它具有完整的代数结构，编译和译码可以用具有反馈级联的移位寄存器来实现。它满足循环移位特性：码 C 中任何一个码字的循环移位仍是码

C 中的一个码字。

定义 6.6 对于一个 (n,k) 线性分组码,若某一码字为 $C=(C_{n-1},C_{n-2},\cdots,C_2,C_1,C_0)$,该码字向左循环一位后为 $C^{(1)}=(C_{n-2},C_{n-3},\cdots,C_1,C_0,C_{n-1})$,向左循环移动 $n-1$ 位后为 $C^{(n-1)}=(C_0,C_{n-1},C_{n-2},\cdots,C_1)$。若 $C^{(i)}$,$i=1,2,\cdots,n-1$ 均为码字,则称这个 (n,k) 线性分组码为循环码。这里循环移位也可以定义为向右移位。

一般 (n,k) 线性分组码的 k 个基底之间不存在规则的联系,因此我们需用 k 个基底组成生成矩阵来表示一个码的特征。而循环码的 k 个基底可以是同一个基底循环 k 次得到的,因此用一个基底就可以表示一个码的特征。我们可以用不大于 $n-1$ 次的码多项式 $C(x)$ 来表示一个码字:

$$C(x)=c_{n-1}x^{n-1}+\cdots+c_2x^2+c_1x+c_0$$

这里码元序号是 $0\to n-1$ 而不用 $1\to n$ 是为了在以后的多项式运算中系数序号与 x 的幂次一致。

循环码的循环特性可以用码多项式表示为:移 1 位,$C^{(1)}(x)=xC(x)=C_{n-2}x^{n-1}+\cdots+C_1x^2+C_0x+C_{n-1}$;移 2 位,$C^{(2)}(x)=x^2C(x)=C_{n-3}x^{n-1}+\cdots+C_0x^2+C_{n-1}x+C_{n-2}$;$\cdots$;移 $n-1$ 位,$C^{(n-1)}(x)=x^{n-1}C(x)=C_0x^{n-1}+\cdots+C_3x^2+C_2x+C_1$。

$C(x)$ 移 n 位后又回到 $C(x)$,一个码字的移位最多能得到 n 个码字,因此循环码字的循环仍是码字并不意味着循环码可以仅从一个码字循环而得。一个 (n,k) 循环码有 2^k 个码字,它们都是同一基底的线性组合。根据线性码空间的封闭性,码字的线性组合仍是码字。

在 2^k 个码字的码多项式中取一个次数最低即 $n-k$ 次的多项式作为生成多项式,用 $g(x)$ 表示。可以证明,$g(x)$ 是码多项式中唯一一个 $n-k$ 次的多项式且常数项不为 0,即 g_0 及 g_{n-k} 均为 1。由生成多项式 $g(x)$ 可以得到循环码的生成矩阵。因为 $x^ig(x)$,$i=0,1,2,\cdots,k-1$ 均是码字且线性无关,故可用来构成一个生成矩阵。

令

$$g(x)=x^{n-k}+\cdots+g_2x^2+g_1x+1$$

$$\boldsymbol{G}(x)=\begin{pmatrix} x^{k-1}g(x) \\ xg(x) \\ g(x) \end{pmatrix}$$

$$=\begin{pmatrix} 1 & g_{n-k-1} & g_{n-k-2} & \cdots & g_1 & 1 & 0 & 0 & \cdots & 0 \\ 0 & 1 & g_{n-k-1} & g_{n-k-2} & \cdots & g_1 & 1 & 0 & \cdots & 0 \\ 0 & 0 & 1 & g_{n-k-1} & g_{n-k-2} & \cdots & g_1 & 1 & \cdots & 0 \\ \vdots & \vdots & \vdots & \vdots & \vdots & \vdots & \vdots & \vdots & \vdots & \vdots \\ 0 & 0 & \cdots & 0 & 1 & g_{n-k-1} & g_{n-k-2} & \vdots & \cdots & 1 \end{pmatrix}$$

$g(x)$ 的系数是降幂排列的。

由生成多项式 $g(x)$ 和信息多项式可以得到循环码的码多项式:

$$\begin{aligned} C(x) &= (m_{k-1}m_{k-2}\cdots m_1m_0)g(x) \\ &= \sum_{i=0}^{k-1} m_ix^ig(x) \\ &= m(x)g(x) \end{aligned}$$

每个码多项式 $C(x)$ 都是 $g(x)$ 的倍式,并且每个次数小于等于 $n-1$ 的 $g(x)$ 的倍式必是一个码多项式。

生成多项式 $g(x)$ 一定是 x^n+1 的因子,即 $x^n+1=g(x)h(x)$,这是用 $g(x)$ 构造循环码的充要条件;反过来,如果 $g(x)$ 是 x^n+1 的 $n-k$ 次因子,一定可以构造一个 (n,k) 循环码。这样可以保证码的循环移位特性,即码字的循环仍是码字。

构造 (n,k) 循环码的步骤如下。

① 对 x^n+1 作因式分解,找出 $n-k$ 次因式。

② 以该 $n-k$ 次因式作为生成多项式,与不高于 $k-1$ 次的信息多项式相乘得码多项式 $C(x)=m(x)g(x)$。$C(x)$ 的次数不高于 $(k-1)+(n-k)=n-1$ 次。

【**例 6.10**】 构造一个 $(7,4)$ 循环码。

解 (1) 对 x^7+1 作因式分解得
$$x^7+1=(x+1)(x^3+x^2+1)(x^3+x+1)$$
3 次因式有两个 x^3+x^2+1 和 x^3+x+1,均可以作为 $(7,4)$ 循环码的生成多项式,选择不同的 $g(x)$ 会得到不同的 $(7,4)$ 循环码。

(2) 选 $g(x)=x^3+x^2+1$,信息多项式共有 $2^k=16$ 种可能的组合,对应 16 个码字。利用 $C(x)=m(x)g(x)$ 可得到 16 个码字。

例如,$m=(0110)$ 对应码字:
$$\begin{aligned} C(x) &= m(x)g(x) \\ &= (m_3 x^3+m_2 x^2+m_1 x+m_0)g(x) \\ &= x^5+x^3+x^2+x \rightarrow (0101110) \end{aligned}$$

表 6.6 是该 $(7,4)$ 循环码的码字。可以看出,任何码字的循环仍然是码字,整个码组有 4 组码字的循环,但都是 $g(x)=x^3+x^2+1$ 的线性组合。

表 6.6 $(7,4)$ 循环码的码字

信息比特 $m_3 m_2 m_1 m_0$	码字(循环 1) $C_6 C_5 C_4 C_3 C_2 C_1 C_0$	信息比特 $m_3 m_2 m_1 m_0$	码字(循环 2) $C_6 C_5 C_4 C_3 C_2 C_1 C_0$	信息比特 $m_3 m_2 m_1 m_0$	码字(循环 3 和 4) $C_6 C_5 C_4 C_3 C_2 C_1 C_0$
0001	0001101	0011	0010111	0000	0000000
0010	0011010	0110	0101110	1111	1111111
0100	0110100	1100	1011100		
1000	1101000	0101	0111001		
1101	1010001	1010	1110010		
0111	0100011	1001	1100101		
1110	1000110	1111	1001011		

由本例可以验证循环码码字的循环仍是码字,码字的线性组合也仍是码字。

式 $x^n+1=g(x)h(x)$ 中的 $h(x)$ 称为该循环码的一致校验多项式,其阶次为 k。$h(x)$ 的校验作用表现为:任何码多项式 $C(x)$ 与 $h(x)$ 的乘积一定等于 0(模 x^n+1),而非码字与 $h(x)$ 的乘积必不为 0,因为 $C(x)h(x)=m(x)g(x)h(x)=m(x)(x^n+1)=0 \bmod (x^n+1)$。

在 $x^n+1=g(x)h(x)$ 的因式分解中,$g(x)$ 和 $h(x)$ 处于同等地位。既然可以用 $g(x)$ 生成一个循环码,也就可以用 $h(x)$ 生成另一个循环码。此时 $h(x)$ 用作生成多项式,而 $g(x)$ 用作一致校验多项式。由 $g(x)$ 生成的 (n,k) 循环码和由 $h(x)$ 生成的 $(n,n-k)$ 循环码互为对偶码。

由校验多项式可以得到校验矩阵。令
$$h(x) = h_k x^k + \cdots + h_1 x + h_0 = \sum_{i=0}^{k} h_i x^i$$
校验矩阵为
$$\boldsymbol{H} = \begin{pmatrix} h_0 & h_1 & \cdots & h_k & 0 & 0 & \cdots & 0 \\ 0 & h_0 & h_1 & \cdots & h_k & 0 & \cdots & 0 \\ 0 & 0 & h_0 & h_1 & \cdots & h_k & \cdots & 0 \\ \vdots & \vdots & \vdots & \vdots & \vdots & \vdots & & \vdots \\ 0 & 0 & \cdots & \cdots & h_0 & h_1 & \cdots & h_k \end{pmatrix}$$

记 $h^*(x) = h_0 x^k + \cdots + h_{k-1} x + h_k$ 为 $h(x)$ 的倒多项式,即把 $h(x)$ 的系数倒过来排列,则校验矩阵可以表示为
$$\boldsymbol{H}(x) = \begin{pmatrix} x^{n-k-1} h^*(x) \\ \vdots \\ x h^*(x) \\ h^*(x) \end{pmatrix}$$

可以证明,$x^i h^*(x), i = 1, 2, \cdots, n-k-1$ 是线性无关的向量,并且 $\boldsymbol{G} \boldsymbol{H}^\mathrm{T} = \boldsymbol{0}$。

这样得到的循环码的生成矩阵和校验矩阵均不是系统形式的。通过矩阵的初等变换可以将其变成系统形式的 $\boldsymbol{G}$ 和 $\boldsymbol{H}$。

【**例 6.11**】 已知 $(7,4)$ 循环码的生成多项式 $g(x) = x^3 + x + 1$,求它的系统形式的生成矩阵。

解
$$\boldsymbol{G} = \begin{pmatrix} 1 & 0 & 1 & 1 & 0 & 0 & 0 \\ 0 & 1 & 0 & 1 & 1 & 0 & 0 \\ 0 & 0 & 1 & 0 & 1 & 1 & 0 \\ 0 & 0 & 0 & 1 & 0 & 1 & 1 \end{pmatrix} \xrightarrow[\text{把第三、四行加到第一行}]{\text{将第四行加到第二行}} \boldsymbol{G} = \begin{pmatrix} 1 & 0 & 0 & 0 & 1 & 0 & 1 \\ 0 & 1 & 0 & 0 & 1 & 1 & 1 \\ 0 & 0 & 1 & 0 & 1 & 1 & 0 \\ 0 & 0 & 0 & 1 & 0 & 1 & 1 \end{pmatrix}$$

循环码的译码是利用伴随多项式来完成的。

设发送码的多项式 $C(x) = \sum_{i=0}^{n-1} c_i x^i$,差错图样多项式 $e(x) = \sum_{i=0}^{n-1} e_i x^i$,接收码多项式 $R(x) = \sum_{i=0}^{n-1} r_i x^i$,则有 $R(x) = C(x) + e(x)$。

设 $g(x)$ 为码的生成多项式,因为发送码多项式 $C(x)$ 能被 $g(x)$ 除尽,所以
$$\frac{R(x)}{g(x)} = \frac{C(x) + e(x)}{g(x)} = \frac{e(x)}{g(x)}$$

定义伴随多项式(简称伴随式)为
$$s(x) = \frac{e(x)}{g(x)} = e(x) \bmod g(x)$$
若无错误传输,则 $s(x) = 0$,否则 $s(x) \neq 0$。

由伴随多项式可得发送码多项式的估值:
$$\hat{C}(x) = R(x) + e(x) \bmod g(x)$$

因为$g(x)$的次数为$n-k$,$e(x)$的次数为$n-1$,则伴随式$s(x)$的最高次数为$n-k-1$,即$s(x)$共有$n-k$项,故有2^{n-k}种可能的表示式,即有2^{n-k}个伴随式。若$2^{n-k} \geqslant n+1$,则具有至少纠正一位错误的能力。

【**例 6.12**】 已知(7,4)循环码的生成多项式$g(x)=1+x+x^3$,若已知接收码的最高位码元发生错误,求其伴随多项式;若已知接收码字为(0001110),求发送码字。

解 求$s(x)$的计算实际上是对$g(x)$做除法求余运算。

已知$\boldsymbol{E}=(1000000)$,对应的差错图样多项式为$e(x)=x^6$,则

$$s(x)=\frac{e(x)}{g(x)}=\frac{x^6}{1+x+x^3}=(1+x^2) \bmod g(x)$$

对应的伴随式为$\boldsymbol{S}=(101)$。

接收码字(0001110)的码多项式为

$$R(x)=x^3+x^2+x$$

$$s(x)=\frac{e(x)}{g(x)}=\frac{R(x)}{g(x)}=\frac{x^3+x^2+x}{x^3+x+1}=(x^2+1) \bmod g(x)$$

根据$s(x)$从译码表中找出对应的差错图样多项式为x^6,可得到发送码字的估值为

$$\hat{C}(x)=R(x)+e(x)=x^3+x^2+x+x^6=(1001110)$$

循环码是线性分组码中非常重要的一个子类,要设计一个码率$R=\frac{k}{n}$的循环码,只要将x^n+1解出一个$n-k$次因式$g(x)$,就可以生成一个(n,k)循环码。目前有实用价值的纠错码大部分都属于循环码的范围,如在无线信道上应用最广泛的 BCH 码、RS 码等。

BCH 码是一类重要的循环码,它把生成多项式与码的最小距离和纠错能力联系起来,根据所需要的纠错能力,选取适当的$g(x)$,可以方便地得到非常有效的纠正多个独立错误的码。

*6.3.4 卷积码

前面研究过的各种分组码都是将序列切割后分组进行编译码。信息序列被分组后分组之间的相关信息就损失了,并且分组长度越小,损失的信息就越多,如果把分组长度取得很大,则译码复杂度随之呈指数级上升。于是我们考虑在码长n有限的情况下,将若干个分组的相关性消息添加到码字里,从而等效地增加码长。译码时利用前后码字的相关性将前面的译码信息反馈到后面作为译码参考。这样编码器在某个时间段产生的n个码元不但取决于该时间段进入编码器的k个信息位,而且也与前面的$N-1$个时间段内的信息组有关。这就是树码(或链码)。

卷积码是树码中最重要的一类,它的码字与N个时间段信息组的映射关系是时不变的线性关系,卷积码与分组码相似,具有纠正随机错误、突发错误或同时纠正这两类错误的能力。通常它更适用于前向纠错,因为其纠错性能对于许多实际情况常优于分组码,而且设备较简单,可用移位寄存器来完成编解码。

卷积码也可以用生成矩阵和校验矩阵来研究它的编解码。

下面以(3,1)卷积码为例,讨论卷积码的生成矩阵和校验矩阵。

把给定的信息序列$(m_1 \quad m_2 \quad m_3 \quad \cdots)$进行分组,使每组只包含一个信息位$m_1$,校验位有两位$p_{i1},p_{i2}$,对应的码序列为$(m_1 p_{11} p_{12}, m_2 p_{21} p_{22}, m_3 p_{31} p_{32}, \cdots)$。假设校验位与信息位

满足以下关系：
$$p_{i1}=m_i+m_{i-1}+m_{i-3}$$
$$p_{i2}=m_i+m_{i-1}+m_{i-2}$$

当前的校验位与当前的信息位和过去的 3 个信息位有关，且满足线性关系。某信息位影响 4 个分组，即该卷积码的约束长度为 4。

考察编码器的输入、输出之间的关系。令
$$\boldsymbol{m}=(m_1 \quad m_2 \quad m_3 \quad m_4 \quad \cdots)$$
$$\boldsymbol{C}=(m_1 p_{11} p_{12}, m_2 p_{21} p_{22}, m_3 p_{31} p_{32}, m_4 p_{41} p_{42}, \cdots)$$

把监督位与信息位的关系代入得
$$\boldsymbol{C}=(m_1 m_1 m_1, m_2(m_1+m_2)(m_1+m_2), m_3(m_2+m_3)(m_1+m_2+m_3), m_4(m_1+m_3+m_4)(m_2+m_3+m_4), \cdots)$$

已知 $\boldsymbol{m}$ 可以利用下式来生成 $\boldsymbol{C}$：

$$\boldsymbol{C}=(m_1 \quad m_2 \quad m_3 \quad m_4 \quad m_5 \quad \cdots)\begin{pmatrix} 111 & 011 & 001 & 010 & 000 & \cdots \\ 000 & 111 & 011 & 001 & 010 & \cdots \\ 000 & 000 & 111 & 011 & 001 & \cdots \\ 000 & 000 & 000 & 111 & 011 & \cdots \\ 000 & 000 & 000 & 000 & 111 & \cdots \\ \vdots & \vdots & \vdots & \vdots & \vdots & \end{pmatrix}$$

$$=\boldsymbol{mG}$$

其中，矩阵 $\boldsymbol{G}$ 称为卷积码的生成矩阵。它是一个有头无尾的半无穷矩阵。

生成矩阵还可以写成分块矩阵的形式：

$$\boldsymbol{G}=\begin{pmatrix} \boldsymbol{I} & \boldsymbol{P}_1 & \boldsymbol{0} & \boldsymbol{P}_2 & \boldsymbol{0} & \boldsymbol{P}_3 & \boldsymbol{0} & \boldsymbol{P}_4 & \boldsymbol{0} & \boldsymbol{0} & \cdots \\ & & \boldsymbol{I} & \boldsymbol{P}_1 & \boldsymbol{0} & \boldsymbol{P}_2 & \boldsymbol{0} & \boldsymbol{P}_3 & \boldsymbol{0} & \boldsymbol{P}_4 & \cdots \\ & & & & \boldsymbol{I} & \boldsymbol{P}_1 & \boldsymbol{0} & \boldsymbol{P}_2 & \boldsymbol{0} & \boldsymbol{P}_3 & \cdots \\ & & & & & & \boldsymbol{I} & \boldsymbol{P}_1 & \boldsymbol{0} & \boldsymbol{P}_2 & \cdots \\ & & & & & & & & \boldsymbol{I} & \boldsymbol{P}_1 & \cdots \\ & & & & & & & & & & \vdots \end{pmatrix}$$

其中：$\boldsymbol{I}$ 为 $k \times k = 1 \times 1$ 阶单位阵；$\boldsymbol{0}$ 为 $k \times k = 1 \times 1$ 阶全 0 方阵；$\boldsymbol{P}_i$ 为 $k \times (n-k) = 1 \times 2$ 阶矩阵。

$$\boldsymbol{P}_1=(11)$$
$$\boldsymbol{P}_2=(11)$$
$$\boldsymbol{P}_3=(01)$$
$$\boldsymbol{P}_4=(10)$$

可以看到，生成矩阵的每一行都相同，只不过每一行都是上一行向右移动 3 列。

若输入信息序列 $\boldsymbol{m}=(0100101011\cdots)$，则对应的码字为
$$\boldsymbol{C}=\boldsymbol{mG}=(000111011001\cdots)$$

对于所生成的码序列，每 3 个数字组成一个码字，一个码字包括一个信息位和两个校验位。

因为生成矩阵每一行都相同，所以生成矩阵完全可以由第一行确定。把第一行 $\boldsymbol{G}_0 = (\boldsymbol{I} \quad \boldsymbol{P}_1 \quad \boldsymbol{0} \quad \boldsymbol{P}_2 \quad \boldsymbol{0} \quad \boldsymbol{P}_3 \quad \boldsymbol{0} \quad \boldsymbol{P}_4 \quad \cdots)$ 称为基本生成矩阵。这里 $\boldsymbol{G}_0$ 的设定具有一般性。以时刻 i 为基准（一般可将 i 理解为编码时刻或当前时刻），这个时刻在编码过程中是不断向前移动的。设编码器的初始状态为零（移位寄存器清 0），则随着一个个 k 比特信息组的输入，编码器不断地输出码字。

由校验位与信息位的关系还可以确定基本一致校验矩阵。

把有约束关系的 4 个码字写成
$$C_0 = (m_{i-3}p_{i-3,1}p_{i-3,2}, m_{i-2}p_{i-2,1}p_{i-2,2}, m_{i-1}p_{i-1,1}p_{i-1,2}, m_i p_{i1} p_{i2})$$

由
$$\begin{cases} m_{i-3} + m_{i-1} + m_i + p_{i1} = 0 \\ m_{i-2} + m_{i-1} + m_i + p_{i2} = 0 \end{cases}$$

可得
$$\begin{pmatrix} 100 & 000 & 100 & 110 \\ 000 & 100 & 100 & 101 \end{pmatrix} C_0^T = \mathbf{0}$$

令
$$H_0 = \begin{pmatrix} 100 & 000 & 100 & 110 \\ 000 & 100 & 100 & 101 \end{pmatrix}$$

H_0 称为该卷积码的基本一致校验矩阵。它可以判断有约束关系的 4 个接收码字是不是发送码字,与线性分组码的一致校验矩阵一样起着校验作用。由于输入序列 m 是一个半无限长序列,生成的卷积码也是一个半无限长的码序列。这个半无限长的码序列 $C = (m_1 p_{11} p_{12}, m_2 p_{21} p_{22}, m_3 p_{31} p_{32}, m_4 p_{41} p_{42}, \cdots)$ 的校验矩阵也是一个有头无尾的半无穷矩阵。

由校验位和信息位的关系可以得到
$$\begin{cases} m_1 + p_{11} = 0 \\ m_1 + p_{12} = 0 \end{cases}$$
$$\begin{cases} m_1 + m_2 + p_{21} = 0 \\ m_1 + m_2 + p_{22} = 0 \end{cases}$$
$$\begin{cases} m_2 + m_3 + p_{31} = 0 \\ m_1 + m_2 + m_3 + p_{32} = 0 \end{cases}$$
$$\begin{cases} m_1 + m_3 + m_4 + p_{41} = 0 \\ m_2 + m_3 + m_4 + p_{42} = 0 \end{cases}$$
$$\begin{cases} m_2 + m_4 + m_5 + p_{51} = 0 \\ m_3 + m_4 + m_5 + p_{52} = 0 \end{cases}$$
$$\vdots$$

因此
$$\begin{pmatrix} 110 & 000 & \cdots & & & & & \\ 101 & 000 & \cdots & & & & & \\ 100 & 110 & 000 & \cdots & & & & \\ 100 & 101 & 000 & \cdots & & & & \\ 000 & 100 & 110 & 000 & \cdots & & & \\ 000 & 100 & 101 & 000 & \cdots & & & \\ 100 & 000 & 100 & 110 & 000 & \cdots & & \\ 000 & 100 & 100 & 101 & 000 & \cdots & & \\ 000 & 100 & 000 & 100 & 110 & 000 & \cdots & \\ 000 & 000 & 100 & 100 & 101 & 000 & \cdots & \\ \vdots & \vdots & \vdots & \vdots & \vdots & \vdots & & \end{pmatrix} \cdot C^T = \mathbf{0}$$

记系数矩阵为 H,称其为该(3,1)卷积码的一致校验矩阵。

我们可以看到,这个有头无尾的半无穷矩阵每 3 列的结构相同,但后 3 列比前 3 列向下移两行。从第七行开始每两行结构相同,可以看出这两行就是基本一致校验矩阵。

上式中的校验矩阵还可以写为

$$H = \begin{pmatrix} P_1^T & I & \cdots & & & & & & & \\ P_2^T & 0 & P_1^T & I & \cdots & & & & & \\ P_3^T & 0 & P_2^T & 0 & P_1^T & I & \cdots & & & \\ P_4^T & 0 & P_3^T & 0 & P_2^T & 0 & P_1^T & I & \cdots & \\ 0 & 0 & P_4^T & 0 & P_3^T & 0 & P_2^T & 0 & P_1^T & I & \cdots \\ \vdots & \vdots & \vdots & \vdots & \vdots & \vdots & \vdots & \vdots & \vdots & \vdots \end{pmatrix}$$

其中,P_i^T 为 $(n-k) \times k = 2 \times 1$ 阶矩阵,0 为 $(n-k) \times (n-k) = 2 \times 2$ 全 0 方阵,I 为 $(n-k) \times (n-k) = 2 \times 2$ 阶单位阵。

由循环码的生成矩阵 G 和校验矩阵 H 的表示式可知,G 和 H 有一定的关系,由 G 可以得到 H,反之由 H 可以得到 G。

令 C 为发送码字序列,E 为差错图样序列,则接收序列为 $R = C + E$。定义接收序列的伴随式为 $S = RH^T$,由于 $CH^T = 0$,则有 $S = RH^T = (C+E)H^T = EH^T$,因此接收序列的伴随式包含了差错图样信息,可用于译码。

习 题 6

6.1 一个快餐店只提供汉堡包和牛排,当顾客进店以后只需向厨房喊一声"B"或"Z"就表示他点的是汉堡包或牛排。不过通常有 8% 的概率厨师可能会听错。一般来说,进店的顾客 90% 会点汉堡包,10% 会点牛排。问:
(1) 这个信道的信道容量;
(2) 每次顾客点菜时提供多少信息?
(3) 在这个信道有无可能正确地传递顾客的点菜信息?

6.2 设有一离散无记忆信道,其信道矩阵为

$$P = \begin{pmatrix} \frac{1}{2} & \frac{1}{3} & \frac{1}{6} \\ \frac{1}{6} & \frac{1}{2} & \frac{1}{3} \\ \frac{1}{3} & \frac{1}{6} & \frac{1}{2} \end{pmatrix}$$

若 $p(x_1) = \frac{1}{2}, p(x_2) = p(x_3) = \frac{1}{4}$。试求最佳译码时的平均错误概率。

6.3 考虑一个码长为 4 的二元码,其码字为 $W_1 = 0000, W_2 = 0011, W_3 = 1100, W_4 = 1111$。若将码字送入一个二元对称信道,该信道的单符号错误概率为 p,且 $p < 0.01$,输入码字的概率分布为 $p(W_1) = 1/2, p(W_2) = 1/8, p(W_3) = 1/8, p(W_4) = 1/4$。试找出一种译码规则使平均错误概率 P_E 最小。

6.4 设有一离散无记忆信道,其信道矩阵为

$$P = \begin{pmatrix} \frac{1}{2} & \frac{1}{2} & 0 & 0 & 0 \\ 0 & \frac{1}{2} & \frac{1}{2} & 0 & 0 \\ 0 & 0 & \frac{1}{2} & \frac{1}{2} & 0 \\ 0 & 0 & 0 & \frac{1}{2} & \frac{1}{2} \\ \frac{1}{2} & 0 & 0 & 0 & \frac{1}{2} \end{pmatrix}$$

(1) 计算信道容量 C。

(2) 找出一个码长为 2 的重复码,其信息传输率为 $\frac{1}{2}\log 5$。当输入码字为等概分布时,按最大似然译码规则设计译码器,求译码器输出端的平均错误概率。

6.5 已知一个线性分组码的生成矩阵为

$$G = \begin{pmatrix} 1 & 0 & 0 & 0 & 1 & 1 & 1 \\ 0 & 1 & 0 & 0 & 1 & 0 & 1 \\ 0 & 0 & 1 & 0 & 0 & 1 & 1 \\ 0 & 0 & 0 & 1 & 1 & 1 & 0 \end{pmatrix}$$

试求该码组的校验矩阵。

6.6 已知某系统汉明码的校验矩阵为

$$H = \begin{pmatrix} 1 & 1 & 1 & 0 & 1 & 0 & 0 \\ 0 & 1 & 1 & 1 & 0 & 1 & 0 \\ 1 & 1 & 0 & 1 & 0 & 0 & 1 \end{pmatrix}$$

试求其生成矩阵。当输入序列为 110101101010 时,求编码器编出的码序列。

6.7 已知(6,3)线性分组码的全部码字为

110100
110011
011010
011101
101001
000111
101110
000000

该码能纠正单个错误吗?构造该码组的生成矩阵和校验矩阵。

6.8 已知 (n,k) 码的校验矩阵为

$$H = \begin{pmatrix} 1 & 0 & 0 & 1 & 0 & 0 & 1 & 1 & 0 \\ 1 & 0 & 1 & 0 & 1 & 0 & 0 & 1 & 0 \\ 0 & 1 & 1 & 1 & 0 & 0 & 0 & 0 & 1 \\ 1 & 0 & 1 & 0 & 1 & 1 & 1 & 0 & 1 \end{pmatrix}$$

试求信息元 k、编码效率 R 和码的最小距离。

6.9 已知 (n,k) 码的校验矩阵为

$$\boldsymbol{H} = \begin{pmatrix} 1 & 0 & 0 & 1 & 0 & 0 & 1 & 1 & 0 \\ 1 & 0 & 1 & 0 & 1 & 0 & 0 & 1 & 0 \\ 0 & 1 & 1 & 1 & 0 & 0 & 0 & 0 & 1 \\ 1 & 0 & 1 & 0 & 1 & 1 & 1 & 0 & 1 \end{pmatrix}$$

(1) 试求 n、k，并求能生成多少个码字；
(2) 求该码的生成矩阵。

6.10 设线性分组码的校验矩阵为

$$\boldsymbol{H} = \begin{pmatrix} 1 & 0 & 0 & 1 & 0 & 0 & 1 & 1 & 0 \\ 1 & 0 & 1 & 0 & 1 & 1 & 0 & 1 & 0 \\ 0 & 1 & 1 & 1 & 0 & 0 & 0 & 0 & 1 \\ 1 & 0 & 1 & 0 & 1 & 1 & 1 & 0 & 1 \end{pmatrix}$$

试求该矩阵的标准型校验矩阵和生成矩阵。

6.11 考虑一个时变离散无记忆信道。在给定 $X_1, X_2, \cdots, X_n$ 的情况下，$Y_1, Y_2, \cdots, Y_n$ 条件独立，它们之间的条件分布 $p(\boldsymbol{y} \mid \boldsymbol{x}) = \prod_{i=1}^{n} p_i(y_i \mid x_i)$。$\boldsymbol{X} = (X_1, X_2, \cdots, X_n)$，$\boldsymbol{Y} = (Y_1, Y_2, \cdots, Y_n)$。求 $\max_{p(\boldsymbol{x})} I(\boldsymbol{X}; \boldsymbol{Y})$。

6.12 有一信道，其输入 X 的符号集为 $\left\{0, \frac{1}{2}, 1\right\}$，输出 Y 的符号集为 $\{0, 1\}$，信道矩阵为 $\boldsymbol{P} = \begin{pmatrix} 1 & 0 \\ \frac{1}{2} & \frac{1}{2} \\ 0 & 1 \end{pmatrix}$。现有 4 个消息的信源通过该信道传输（消息等概率出现）。若对信源进行编码，我们选这样一种码 $C: \left\{\left(x_1, x_2, \frac{1}{2}, \frac{1}{2}\right)\right\}$，$x_i = 0 (i = 1, 2)$，其码长为 $n = 4$，且译码规则为

$$f(y_1, y_2, y_3, y_4) = \left(y_1, y_2, \frac{1}{2}, \frac{1}{2}\right)$$

(1) 这样编码后信息传输率等于多少？
(2) 证明：在选用的译码规则下，对所有码字都有 $P_E = 0$。

6.13 证明：最小码间距离为 $d_{\min}$ 的码用于二元对称信道能够纠正小于 $d_{\min}/2$ 个错误的所有组合。

6.14 证明：(n,k) 线性码的最小码间距离不能超过 $n-k+1$。

6.15 给定二元对称信道，其输入符号等概分布，单个符号的错误传递概率是 0.01。求当代码组长度 $n=80$ 时的误码率 P_E。

6.16 设一离散无记忆信道的输入符号集为 $X = \{x_1, x_2, \cdots, x_r\}$，输出符号集为 $Y = \{y_1, y_2, \cdots, y_s\}$，信道转移概率为 $p(y_j \mid x_i)$，$i = 1, \cdots, r$；$j = 1, \cdots, s$。若译码器以概率 $\gamma_{ij} (i = 1, \cdots, r)$ 将收到的 y_j 判决为 x_i，试证明对于给定的输入分布，任何随机判决方法得到的错误概率不低于最大后验概率译码时的错误概率。

6.17 设 $(6,3)$ 二元线性码的生成矩阵为

$$G=\begin{pmatrix} 1 & 0 & 1 & 0 & 1 & 1 \\ 0 & 1 & 1 & 1 & 1 & 0 \\ 0 & 0 & 0 & 1 & 1 & 1 \end{pmatrix}$$

(1) 试找出 G 的系统形式的表示；
(2) 求监督矩阵 H；
(3) 找出最小重陪集首项；
(4) 在 BSC 信道中对接收矢量 111010, 000011, 101010 进行译码。

6.18 设码如题表 6.1 所示。

题表 6.1

信息	码字	信息	码字
00	00000	10	10111
01	01101	11	11010

(1) 找出生成矩阵 G 与监督矩阵 H；
(2) 在 BSC 信道下给出最大似然译码的译码表；
(3) 求正确译码的概率。

6.19 试证：
(1) 二元线性码中码字重必全为偶数或奇偶各半；
(2) (n,k) 码的平均码字重不超过 $n/2$。

6.20 设一离散无记忆信道转移概率矩阵为

$$P=\begin{pmatrix} 1/2 & 1/2 & 0 \\ 0 & 1/2 & 1/2 \\ 1/2 & 0 & 1/2 \end{pmatrix}$$

对信源输出作二次重复编码。
(1) 对二次重复编码，请给出极大似然译码规则；
(2) 试求(1)中的平均译码错误概率 P_E。

6.21 考虑一个二进制 (5,3) 线性分组码，其生成矩阵为

$$G=\begin{pmatrix} 1 & 0 & 0 & 0 & 1 \\ 0 & 1 & 0 & 1 & 1 \\ 0 & 0 & 1 & 1 & 0 \end{pmatrix}$$

(1) 请给出此码的所有码字；
(2) 请写出此码的一致校验矩阵；
(3) 请写出所有 4 个伴随式及其相应的、重量最小的 4 个差错图样。

6.22 我们学过三次重复编码以及这种编码在一个错误概率为 p 的二进制对称信道上传输时的译码方法，最终的译码错误概率为 $3p^2-2p^3$，信息传输率为 $R=1/3$。针对四次重复编码，其信息传输率为 $R=1/4$，请问：
(1) 其最优的译码方案是什么？
(2) 其译码错误概率是多少？
(3) 请将它与三次重复编码进行比较。

第 7 章
限失真信源编码

限失真
信源编码

在第 5 章我们讨论了离散信源的无失真信源编码,它是一种冗余度压缩编码,可以有效地表示信源输出的信息,编码不会带来失真。从信号携带信息的角度来看,编译码前后的信号具有相同的信息熵,因此冗余度压缩编码是无失真的保熵的编码。

但是无失真的保熵的编码并非必需的,有时候也不可能实现。例如,在电话通信时,由于人耳能接收的信号带宽和分辨率是有限的,我们可以把频谱范围为 100 Hz~7 kHz 的语音信号去掉低端和高端的频率,只保留 300~3 400 Hz 的信号。这样虽然会有一些失真,但是不会影响对语音信号的理解。再如,在传送活动图像时,由于人眼的视觉暂留特性,只需每秒传送 25 帧的静止图像,人们看到的就是连贯的活动图像了。

另外,由于受到信息存储、处理或传输设备的限制而不得不对信源输出的信号作某种近似的表示。例如,实际信源的输出常常是连续的消息,连续信源的绝对熵 $H(S)$ 是无限大的。若要求无失真地传送连续信源的消息,则信息传输率 R 也应为无限大。而在信道中由于带宽总是有限的,所以信道容量总是受到限制,而实际信源输出的信息率总是大大超过信道容量($R>C$),因此也就不可能实现完全无失真地传输信源的消息。如果要把连续信源的消息离散化,由于信源熵为无穷大,根据无失真信源编码定理,需要用无穷多个比特数才能完全无失真地描述它,这在实际生活中也是做不到的,因此也必然会带来一定程度的失真。

在实际生活中,通常总是要求在保证一定质量的前提下在信宿近似地再现信源输出的信息。因此,实际的信息传输率还可以降低。

在允许一定程度失真的条件下,怎样用尽可能少的码符号来表达信源的信息,也就是信源熵所能压缩的极限或者说编码后信源输出的信息率压缩的极限值,就是本章要讨论的问题——限失真信源编码问题或者信息率失真理论。限失真信源编码也称保真度准则下的信源编码、熵压缩编码,它是量化、数模转换、频带压缩和数据压缩的理论基础。

如果说无失真的冗余度压缩编码主要是针对离散信源的话,那么有失真的熵压缩编码主要是针对连续信源的。本章讨论的是离散无记忆信源的限失真信源编码理论,这样便于理解限失真信源编码理论的基本概念。

我们讨论的物理模型仍然是信源编码器,编码器的输入符号集 $X=\{x_1,x_2,\cdots,x_r\}$,输出符号集 $Y=\{y_1,y_2,\cdots,y_s\}$。编码器可以看作一个广义的信道,X 是信道的输入,Y 是信道的输出。与无失真信源编码不同,这时从输入到输出的映射是一个多对一的映射,它是不可逆的,信源符号序列和码符号序列之间的差异就是编码时引入的失真。

7.1 失真的测度

我们要研究在给定允许失真的条件下,是否可以设计一种信源编码使信息传输率为最低。为了定量地描述信息率和失真的关系,必须先定义失真的测度。

7.1.1 失真函数

设离散无记忆信源为

$$\begin{pmatrix} X \\ P \end{pmatrix} = \begin{pmatrix} x_1 & x_2 & \cdots & x_r \\ p(x_1) & p(x_2) & \cdots & p(x_r) \end{pmatrix}$$

经过信道传输后输出随机变量 Y 的概率空间为

$$\begin{pmatrix} Y \\ P \end{pmatrix} = \begin{pmatrix} y_1 & y_2 & \cdots & y_s \\ p(y_1) & p(y_2) & \cdots & p(y_s) \end{pmatrix}$$

对于每一对(x_i, y_j),指定一个非负的函数 $d(x_i, y_j) \geqslant 0, i=1,2,\cdots,r; j=1,2,\cdots,s$,表示信源发出一个符号 x_i,而在接收端再现为 y_j 所引起的误差或失真的大小,称 $d(x_i, y_j)$ 为单个符号的失真度或失真函数,通常较小的 d 值代表较小的失真,而 $d(x_i, y_j) = 0$ 表示没有失真。

由于信源 X 有 r 个符号,信道输出 Y 有 s 个符号,所以 $d(x_i, y_j)$ 有 $r \times s$ 个,这 $r \times s$ 个非负的函数可以排列成矩阵形式,即

$$\mathbf{D} = \begin{pmatrix} d(x_1, y_1) & d(x_1, y_2) & \cdots & d(x_1, y_s) \\ d(x_2, y_1) & d(x_2, y_2) & \cdots & d(x_2, y_s) \\ \vdots & \vdots & & \vdots \\ d(x_r, y_1) & d(x_r, y_2) & \cdots & d(x_r, y_s) \end{pmatrix}$$

$\mathbf{D}$ 称为失真矩阵,它是一个 $r \times s$ 阶矩阵。

失真函数是根据人们的实际需要和失真引起的损失、风险大小等人为规定的。常用的失真函数有以下两个。

1. 汉明失真

$$d(x_i, y_j) = \begin{cases} 0 & x_i = y_j \\ 1 & x_i \neq y_j \end{cases}$$

例如,在离散对称信道$(r=s)$中,我们经常定义单个符号的失真度为汉明失真。它表示当再现的接收符号与发送的信源符号相同时,就不存在失真和错误,所以失真度 $d(x_i, y_j) = 0$;当再现的接收符号与发送符号不同时,就有失真存在,而且认为发送符号与再现符号不同时所引起的失真都相同,所以失真度 $d(x_i, y_j)(x_i \neq y_j)$ 为常数,这个常数常取为1,这种失真称为汉明失真。汉明失真矩阵 $\mathbf{D}$ 通常为方阵,且对角线上的元素均为0,即

$$D=\begin{pmatrix} 0 & 1 & 1 & \cdots & 1 \\ 1 & 0 & 1 & \cdots & 1 \\ \vdots & \vdots & \vdots & & \vdots \\ 1 & 1 & 1 & \cdots & 0 \end{pmatrix}$$

D 是 $r \times r$ 阶矩阵。

2. 平方误差失真函数

$$d(x_i, y_j) = (x_i - y_j)^2$$

如果 x_i、y_j 代表信源输出信号的幅度值,则上式意味着较大的幅度差值要比较小的幅度差值引起的失真更为严重,严重程度用平方表示。

例如,当信道 $r=s=3$,输入 $X=\{0,1,2\}$,输出 $Y=\{0,1,2\}$ 时,平方误差失真矩阵为

$$D=\begin{pmatrix} 0 & 1 & 4 \\ 1 & 0 & 1 \\ 4 & 1 & 0 \end{pmatrix}$$

【例 7.1】 设信道输入 $X=\{0,1\}$,输出 $Y=\{0,1,2\}$,规定失真函数 $d(0,0)=d(1,1)=0, d(0,1)=d(1,0)=1, d(0,2)=d(1,2)=0.5$,求 D。

解
$$D=\begin{pmatrix} 0 & 1 & 0.5 \\ 1 & 0 & 0.5 \end{pmatrix}$$

这是一个二元删除信道。

以上是单个符号的失真函数,我们可以推广得到长度为 N 的信源符号序列的失真函数。设信源输出的符号序列 $\boldsymbol{X}=X_1X_2\cdots X_N$,其中每一个随机变量 $X_1, X_2, \cdots, X_N$ 均取值于同一符号集 $X=\{x_1, x_2, \cdots, x_r\}$,所以共有 r^N 个不同的信源符号序列 $\boldsymbol{x}_i$,而接收符号序列为 $\boldsymbol{Y}=Y_1Y_2\cdots Y_N$,其中每一个随机变量 $Y_1, Y_2, \cdots, Y_N$ 均取值于同一符号集 $Y=\{y_1, y_2, \cdots, y_s\}$,共有 s^N 个不同的接收符号序列 $\boldsymbol{y}_j$。

定义 7.1 设发送序列为 $\boldsymbol{x}_i = x_{i_1} x_{i_2} \cdots x_{i_N}$,接收序列为 $\boldsymbol{y}_j = y_{j_1} y_{j_2} \cdots y_{j_N}$,定义序列的失真度为

$$\begin{aligned} d(\boldsymbol{x}_i, \boldsymbol{y}_j) &= d(x_{i_1} x_{i_2} \cdots x_{i_N}, y_{j_1} y_{j_2} \cdots y_{j_N}) \\ &= d(x_{i_1}, y_{j_1}) + d(x_{i_2}, y_{j_2}) + \cdots + d(x_{i_N}, y_{j_N}) \\ &= \sum_{k=1}^{N} d(x_{i_k}, y_{j_k}) \end{aligned}$$

也就是信源序列的失真度等于序列中对应单个符号失真度之和,取不同的 $\boldsymbol{x}_i$、$\boldsymbol{y}_j$,其 $d(\boldsymbol{x}_i, \boldsymbol{y}_j)$ 不同,写成矩阵形式 $\boldsymbol{D}(N)$ 时,其是 $r^N \times s^N$ 阶矩阵。

【例 7.2】 假设信源输出序列 $\boldsymbol{X}=X_1X_2X_3$,其中每个随机变量均取值于 $X=\{0,1\}$。经信道传输后的输出为 $\boldsymbol{Y}=Y_1Y_2Y_3$,其中每个随机变量均取值于 $Y=\{0,1\}$。定义失真函数 $d(0,0)=d(1,1)=0, d(0,1)=d(1,0)=1$,求失真矩阵 $\boldsymbol{D}(N)$。

解 由序列失真函数的定义可以求出

$$d(000,000) = d(0,0) + d(0,0) + d(0,0) = 0$$
$$d(000,001) = d(0,0) + d(0,0) + d(0,1) = 1$$

同理可得矩阵其他元素的数值:

$$\boldsymbol{D}(N) = \begin{pmatrix} 0 & 1 & 1 & 2 & 1 & 2 & 2 & 3 \\ 1 & 0 & 2 & 1 & 2 & 1 & 3 & 2 \\ 1 & 2 & 0 & 1 & 2 & 3 & 1 & 2 \\ 2 & 1 & 1 & 0 & 3 & 2 & 2 & 1 \\ 1 & 2 & 2 & 3 & 0 & 1 & 1 & 2 \\ 2 & 1 & 3 & 2 & 1 & 0 & 2 & 1 \\ 2 & 3 & 1 & 2 & 1 & 2 & 0 & 1 \\ 3 & 2 & 2 & 1 & 2 & 1 & 1 & 0 \end{pmatrix}$$

7.1.2 平均失真

单个符号的失真度 $d(x_i,y_j)$ 随 x_i、y_j 的不同而不同,即对于不同的信源符号和不同的接收符号,$d(x_i,y_j)$ 是不同的。为了从总体上描述系统的失真情况,我们定义了信源的平均失真度:

$$\begin{aligned} \overline{D} &= E[d(x_i,y_j)] \\ &= \sum_{i=1}^{r}\sum_{j=1}^{s} p(x_iy_j)d(x_i,y_j) \\ &= \sum_{i=1}^{r}\sum_{j=1}^{s} p(x_i)p(y_j|x_i)d(x_i,y_j) \end{aligned}$$

它是在 XY 的联合概率空间求平均。平均失真度已对信源和信道进行了统计平均,所以此值描述了某一信源在某一信道下的失真大小。

对于 N 维信源符号序列,平均失真度为

$$\begin{aligned} \overline{D}(N) &= E[d(\boldsymbol{x}_i,\boldsymbol{y}_j)] \\ &= \sum_{i=1}^{r^N}\sum_{j=1}^{s^N} p(\boldsymbol{x}_i)p(\boldsymbol{y}_j|\boldsymbol{x}_i)d(\boldsymbol{x}_i,\boldsymbol{y}_j) \\ &= \sum_{i=1}^{r^N}\sum_{j=1}^{s^N} p(\boldsymbol{x}_i)p(\boldsymbol{y}_j|\boldsymbol{x}_i)\sum_{k=1}^{N} d(x_{i_k},y_{j_k}) \end{aligned}$$

当信源与信道都是无记忆时,由概率关系可得

$$\overline{D}(N) = \sum_{k=1}^{N} \overline{D}_k$$

这里,$\overline{D}_k$ 是指信源序列第 k 个分量的平均失真度,而信源单个符号的平均失真度为

$$\overline{D}_N = \frac{1}{N}\overline{D}(N) = \frac{1}{N}\sum_{i=1}^{r^N}\sum_{j=1}^{s^N} p(\boldsymbol{x}_i)p(\boldsymbol{y}_j|\boldsymbol{x}_i)d(\boldsymbol{x}_i,\boldsymbol{y}_j)$$

当信源与信道无记忆时,$\overline{D}_N = \frac{1}{N}\overline{D}(N) = \frac{1}{N}\sum_{k=1}^{N}\overline{D}_k$。注意,$\overline{D}(N)$、$\overline{D}_N$ 和 $\overline{D}_k$ 表示的意义不同。

如果离散信源是平稳信源,即 $p(x_{i_k}) = p(x_i)$,信道又是平稳信道,即 $p(y_{j_k}|x_{i_k}) = p(y_j|x_i)$,$k=1,2,\cdots,N$,则 $\overline{D}_k = \overline{D}$,$\overline{D}(N) = N\overline{D}$,即离散无记忆平稳信源通过离散无记忆平稳信道,其信源序列的平均失真度等于单个符号平均失真度的 N 倍,并且 $\overline{D}_N = \overline{D}$。

7.2 信息率失真函数

信息率失真理论研究在给定的允许失真条件下,设计一种信源编码使信息传输率为最低,这个最低的信息传输率称为信息率失真函数。为了方便起见,我们把编码器看作一个信道,把经过限失真信源编码后产生的失真看作经过一个有噪信道产生的失真。下面先介绍允许失真的概念。

7.2.1 D 失真许可信道

要求信源编码后的平均失真度 $\overline{D}$ 小于所允许的失真度 D,即 $\overline{D} \leqslant D$,称为保真度准则。N 维信源序列的保真度准则是 $\overline{D}(N) \leqslant ND$。

平均失真度 $\overline{D}$ 不仅与单个符号的失真度有关,还与信源的概率分布与信道的转移概率有关。当信源和单个符号失真度固定,即 $P(X)$ 和 $d(x_i, y_j)$ 给定时,选择不同的信道相当于选择不同的编码方法,所得的平均失真度 $\overline{D}$ 不同,有些信道 $\overline{D} \leqslant D$,有些信道 $\overline{D} > D$。凡满足保真度准则 $\overline{D} \leqslant D$ 的信道均称为 D 失真许可的试验信道,所有 D 失真许可的试验信道的集合用 B_D 表示,即

$$B_D = \{p(y_j|x_i): \overline{D} \leqslant D \quad i=1,2,\cdots,r; j=1,2,\cdots,s\}$$

对于离散无记忆信源的 N 次扩展信源和离散无记忆信道的 N 次扩展信道,相应的 D 失真许可的试验信道为

$$B_{D(N)} = \{p(\boldsymbol{y}_j|\boldsymbol{x}_i): \overline{D}(N) \leqslant ND \quad i=1,2,\cdots,r^N; j=1,2,\cdots,s^N\}$$

7.2.2 信息率失真函数的定义

信源输出的信息率为 R,在信道容量为 C 的信道上传输,如果 $R > C$,就会引起失真,我们需要对信源进行压缩,使压缩后信源输出的信息率 R^* 小于信道容量 C。在压缩的过程中会引入失真,但我们可以控制失真在一个可控的范围内,即满足保真度准则。另外,我们总希望在满足保真度准则以后,压缩后的信息传输率 R^* 尽可能地小。这个 R^* 可以用平均互信息 $I(X;Y)$ 来表示,压缩过程中引入的失真可以用 $H(X|Y)$ 表示。

我们的任务就是在满足保真度准则的 D 失真许可的试验信道集合 B_D 中寻找一个信道 $p(y_j|x_i)$,使它的 $I(X;Y)$ 达到最小,这个 $I(X;Y)$ 是允许失真 D 的函数,记为 $R(D)$,即

$$R(D) = \min_{p(y_j|x_i) \in B_D} I(X;Y)$$

$R(D)$ 就是信息率失真函数,也称率失真函数,它的单位根据计算时对数的底不同可以是比特/信源符号、哈特莱/信源符号或奈特/信源符号。

对于 N 维信源符号序列,同样可以得到其信息率失真函数:

$$R_N(D) = \min_{p(\boldsymbol{y}_j|\boldsymbol{x}_i) \in B_{D(N)}} I(\boldsymbol{X};\boldsymbol{Y})$$

当信源和信道均为无记忆时,$I(\boldsymbol{X};\boldsymbol{Y}) = NI(X;Y)$,所以

$$R_N(D) = NR(D)$$

它是在所有满足平均失真度 $\overline{D}(N) \leqslant ND$ 的 N 维试验信道集合中,寻找某个信道使 $I(\boldsymbol{X};\boldsymbol{Y})$ 取极小值。因为平均失真度 $\overline{D}(N)$ 与长度 N 有关,所以在其他条件(信源概率分布、单个符号的失真度)相同时,对于不同的 N,$R_N(D)$ 是不同的。

对于给定的信源,在满足保真度准则 $\overline{D} \leqslant D$ 的前提下,信息率失真函数 $R(D)$ 是信源输出的信息率允许压缩到的最小值。由于 $I(X;Y)$ 是 $p(y_j|x_i)$ 的下凸函数,所以在 B_D 集合中,一定存在一个 $I(X;Y)$ 的最小值。

从数学上来看,平均互信息 $I(X;Y)$ 是信源概率分布 $p(x_i)$ 的上凸函数,又是信道传递概率 $p(y_j|x_i)$ 的下凸函数,因此信道容量 C 和信息率失真函数 $R(D)$ 具有对偶性。

信道容量 $C = \max\limits_{p(x_i)} I(X;Y)$ 是指在信道固定的前提下,选择一种信源概率分布使信息传输率最大(求极大值)。它反映了信道传输信息的能力,是信道可靠传输的最大信息传输率。信道容量与信源无关,是信道特性的参量,不同信道的信道容量不同。

信息率失真函数 $R(D) = \min\limits_{p(y_j|x_i):\overline{D}\leqslant D} I(X;Y)$ 是对于给定的信源,在满足保真度准则的条件下信息传输率的最小值,它反映了在满足一定失真度的条件下信源可以压缩的程度,也就是满足失真要求而再现信源消息所必须获得的最少平均信息量。$R(D)$ 是信源特性的参量,$R(D)$ 一旦被求出就与求极值过程中选择的试验信道无关,不同的信源 $R(D)$ 不同。

这两个概念的适用范围是不一样的。研究信道容量 C 是为了解决在已知信道中尽可能多地传送信息量的问题,是为了充分利用已给信道,使传输的信息量最大而错误概率任意小,这是信道编码的问题。研究信息率失真函数是为了解决在已知信源和允许失真度条件下,使信源输出的信息率尽可能小,也就是在允许一定失真度 D 的条件下,使信源必须传送给信宿的信息量最少,尽可能用最少的码符号来传送信源信息,使信源的信息可以尽快地传送出去,以提高通信的有效性,这是信源编码问题。

7.2.3 信息率失真函数的性质

1. $R(D)$ 的定义域

D 是允许的平均失真度,$R(D)$ 是对应于 D 的一个确定的信息传输率。对于给定的信源,允许失真度 D 不同,$R(D)$ 就不同,它是允许失真度 D 的函数。求 $R(D)$ 的定义域,也就是 D 的取值范围,是在给定信源的概率分布和失真函数 $d(x_i,y_j)$ 的情况下,在不同的试验信道下〔$p(y_j|x_i)$ 不同〕,求得 $\overline{D}$ 的可能取值范围。平均失真度 $\overline{D}$ 是非负实函数 $d(x_i,y_j)$ 的数学期望,因此 $\overline{D}$ 也是一个非负的实数。若 $\overline{D}$ 的下限是 0,那么允许失真度 D 的下限也必然是 0,这是不允许任何失真的情况。平均失真度 $\overline{D}$ 能否达到下限值 0,与单个符号的失真函数的定义有关。

$$D_{\min} = \min \sum_i \sum_j p(x_i) p(y_j|x_i) d(x_i,y_j)$$
$$= \sum_i p(x_i) \min \sum_j p(y_j|x_i) d(x_i,y_j)$$

我们可以这样选择试验信道,也就是选择转移概率:对于每一个 x_i,找出一个使 $d(x_i,y_j)$ 最小的 y_j,令其 $p(y_j|x_i)=1$,而其他的转移概率为 0。这样可以得到

$$D_{\min} = \sum_i p(x_i) \min_j d(x_i,y_j)$$

只有当失真矩阵每一行至少有一个零元素时,信源的平均失真度才能达到下限值 0,否则 $D_{min}>0$。在实际情况中,一般 $D_{min}=0$,它表示信源不允许任何失真存在,直观来讲,这时信息率至少应等于信源输出的平均信息量——信源熵,即 $R(0)=H(X)$。对于连续信源,$R(0)=H(X)\to\infty$。

当失真矩阵除了满足 $D_{min}=0$ 的条件,即每行至少有一个 0 以外,某些列还有不止一个 0 时,说明信源符号集有些符号可以压缩、合并而不带来任何失真,压缩后的信息率必然减小,这时 $R(0)$ 可以小于 $H(X)$。

【例 7.3】 二元删除信道 $X=\{0,1\}$,$Y=\{0,1,2\}$,$\boldsymbol{D}=\begin{pmatrix} 0 & 1 & \frac{1}{2} \\ 1 & 0 & \frac{1}{2} \end{pmatrix}$,求 D_{min}。

解 最小允许失真度为

$$D_{min} = \sum_{i=1}^{2} p(x_i) \min_j d(x_i,y_j) = \sum_{i=1}^{2} p(x_i) \cdot 0 = 0$$

当 $D_{min}=0$ 时,不管何种信源分布都能达到最小允许失真度。满足这个最小允许失真度的试验信道是一个无噪无损的试验信道,$\boldsymbol{P}=\begin{pmatrix} 1 & 0 & 0 \\ 0 & 1 & 0 \end{pmatrix}$,并且 B_D 中只有这样一个信道。这时

$$I(X;Y)=H(X)$$

$$R(0) = \min_{p(y_j|x_i) \in B_D} I(X;Y) = H(X)$$

【例 7.4】 设信源 $\begin{pmatrix} X \\ P(X) \end{pmatrix} = \begin{pmatrix} 0 & 1 & 2 \\ \frac{1}{3} & \frac{1}{3} & \frac{1}{3} \end{pmatrix}$,信宿 $Y=\{0,1\}$,失真矩阵为 $\boldsymbol{D} = \begin{pmatrix} 0 & 1 \\ \frac{1}{2} & \frac{1}{2} \\ 1 & 0 \end{pmatrix}$,求 D_{min}。

解
$$D_{min} = \frac{1}{3} \times 0 + \frac{1}{3} \times \frac{1}{2} + \frac{1}{3} \times 0 = \frac{1}{6}$$

满足这个最小允许失真度的试验信道是

$$\begin{cases} p(y_1|x_1)=1 \\ p(y_2|x_1)=0 \\ p(y_1|x_2)+p(y_2|x_2)=1 \\ p(y_1|x_3)=0 \\ p(y_2|x_3)=1 \end{cases}$$

$B_{D_{min}}$ 的试验信道有无穷多个,因为 $p(y_1|x_2)$ 和 $p(y_2|x_2)$ 可以为多种组合,只要满足均大于等于 0 且和为 1 就行。因为输出可能对应多个输入,所以信道疑义度 $H(X|Y) \neq 0$,于是

$$R(D_{min})=R\left(\frac{1}{6}\right) = \min_{p(y_j|x_i) \in B_{D_{min}}} I(X;Y) < H(X)$$

平均失真度有一个最大值 $D_{\max}$。根据率失真函数的定义，$R(D)$ 是在一定约束条件下平均互信息的 $I(X;Y)$ 的极小值。由于 $I(X;Y)$ 是非负的，$R(D)$ 也必然是非负的，其下限值必为 0。从直观上理解，不允许任何失真时，平均传送一个信源符号所需的信息率最大，即必须等于信源熵，这就是平均互信息的上限值。当允许一定的失真存在时，传送信源符号所需的信息率就小些。反过来说，信息率越小，失真就越大，当 $R(D)$ 等于 0 时，对应的平均失真最大，这就是 $R(D)$ 函数定义域的上限值 $D_{\max}$。

事实上，满足 $R(D)=0$ 的 D 可以有无穷多个，我们取最小的一个定义为 $D_{\max}$。当 $D \geqslant D_{\max}$ 时，$R(D)=0$。

当 $R(D)=0$ 时，这个最小的 $I(X;Y)=0$，这时相当于 X 和 Y 统计独立的情况。这意味着在接收端收不到信源发送的任何信息，与信源不发送任何信息是等效的。换句话说，传送信源符号的信息率可以压缩为 0。

当 $D \geqslant D_{\max}$ 时，$R(D)=0$。只要 X 和 Y 相互独立的试验信道就可以使得 $R(D)=0$，这时 $p(y_j|x_i)=p(y_j)$。这样不同的 $p(y_j)$ 都可以使 $R(D)=0$，但是所造成的 $\overline{D}$ 有不同值，选取其中的最小值定义为 $D_{\max}$，即

$$D_{\max} = \min \sum_j p(y_j) \sum_i p(x_i) d(x_i, y_j)$$

由于信源概率分布 $p(x_i)$ 和失真函数 $d(x_i, y_j)$ 已经给定，因此求 $D_{\max}$ 相当于寻找一种信道输出分布 $p(y_j)$ 使上式等号右边最小。如果令 $\sum_i p(x_i) d(x_i, y_j)$ 的最小值对应的 $p(y_j)=1$，而令其他的 $\sum_i p(x_i) d(x_i, y_j)$ 对应的 $p(y_j)=0$，则有

$$D_{\max} = \min_j \sum_i p(x_i) d(x_i, y_j)$$

【例 7.5】 二元信源 $\begin{pmatrix} X \\ P(X) \end{pmatrix} = \begin{pmatrix} x_1 & x_2 \\ 0.4 & 0.6 \end{pmatrix}$，$\boldsymbol{D} = \begin{pmatrix} \alpha & 0 \\ 0 & \alpha \end{pmatrix}$，计算 $D_{\max}$。

解 $\qquad\qquad D_{\max} = \min(0.4\alpha, 0.6\alpha) = 0.4\alpha$

综上所述，率失真函数 $R(D)$ 的定义域为 $(D_{\min}, D_{\max})$。在一般情况下，$D_{\min}=0$，$R(D)=H(X)$，$R(D_{\max})=0$。而 $D_{\min}<D<D_{\max}$ 时，$H(X)>R(D)>0$。

2. $R(D)$ 是关于 D 的下凸函数

$R(D)$ 是关于 D 的下凸函数，即对于任意 $0 \leqslant \alpha \leqslant 1$ 和 $D_1, D_2 \leqslant D_{\max}$，有

$$R[\alpha D_1 + (1-\alpha) D_2] \leqslant \alpha R(D_1) + (1-\alpha) R(D_2)$$

证明 设给定信源 X 和失真函数 $d(x_i, y_j)$，$i=1,2,\cdots,r$；$j=1,2,\cdots,s$，在 $R(D)$ 函数的定义域内选取两个允许失真度 D_1 和 D_2，设两个试验信道 $p_1(y_j|x_i)$ 和 $p_2(y_j|x_i)$ 分别满足保真度准则并达到相应的信息率失真函数 $R(D_1)$ 和 $R(D_2)$，即

$$\overline{D}_1 = \sum_i \sum_j p(x_i) p_1(y_j|x_i) d(x_i, y_j) \leqslant D_1$$

$$\overline{D}_2 = \sum_i \sum_j p(x_i) p_2(y_j|x_i) d(x_i, y_j) \leqslant D_2$$

并且

$$I[p_1(y_j|x_i)] = R(D_1)$$

$$I[p_2(y_j|x_i)] = R(D_2)$$

另设
$$p(y_j|x_i) = \alpha p_1(y_j|x_i) + (1-\alpha) p_2(y_j|x_i)$$
对应地，
$$\begin{aligned}\overline{D} &= \sum_i \sum_j p(x_i) p(y_j|x_i) d(x_i, y_j) \\ &= \alpha \sum_i \sum_j p(x_i) p_1(y_j|x_i) d(x_i, y_j) + (1-\alpha) \sum_i \sum_j p(x_i) p_2(y_j|x_i) d(x_i, y_j) \\ &\leqslant \alpha D_1 + (1-\alpha) D_2\end{aligned}$$

所以 $p(y_j|x_i)$ 是满足保真度准则 $\overline{D} \leqslant \alpha D_1 + (1-\alpha) D_2$ 的试验信道。

根据率失真函数的定义，有
$$I[p(y_j|x_i)] \geqslant R[\alpha D_1 + (1-\alpha) D_2]$$

对于固定信源 X 来说，平均互信息是信道传递概率 $p(y_j|x_i)$ 的下凸函数，所以
$$\begin{aligned}I[p(y_j|x_i)] &\leqslant \alpha I[p_1(y_j|x_i)] + (1-\alpha) I[p_2(y_j|x_i)] \\ &= \alpha R(D_1) + (1-\alpha) R(D_2)\end{aligned}$$

综合以上两式，有
$$R[\alpha D_1 + (1-\alpha) D_2] \leqslant \alpha R(D_1) + (1-\alpha) R(D_2)$$

即率失真函数 $R(D)$ 在定义域内是允许失真度 D 的下凸函数。

证毕。

3. $R(D)$ 在定义域内是严格递减函数

$R(D)$ 具有凸状性，这就意味着它在定义域内是连续的。$R(D)$ 在定义域内还是递减的，因为允许的失真度越大，需要的信息率可以越小，根据 $R(D)$ 的定义，它是在平均失真度小于或等于允许失真度 D 的所有信道集合 B_D 中取 $I(X;Y)$ 的最小值。如果允许失真度 D 增大，那么 B_D 的集合扩大，在扩大的 B_D 集合中找 $I(X;Y)$ 的最小值，结果或者不变或者比原来的小，因此 $R(D)$ 一定是递减的，即在 $0 < D < D_{\max}$ 范围内，若 $D_1 < D_2$，则 $R(D_1) \geqslant R(D_2)$。

下面我们证明它是严格递减的，上式中等号不成立，即 $R(D_1) > R(D_2)$。

证明 如果上式中等号成立，则在 (D_1, D_2) 中 $R(D)$ 为常数。下面证明 (D_1, D_2) 中 $R(D)$ 不为常数。

假设 $0 < D_1 < D_2 < D_{\max}$，$p_1(y_j|x_i)$ 和 $p_m(y_j|x_i)$ 是分别达到相应的信息率失真函数 $R(D_1)$ 和 $R(D_{\max})$ 的两个试验信道，即
$$\overline{D}_1 = \sum_i \sum_j p(x_i) p_1(y_j|x_i) d(x_i, y_j) \leqslant D_1$$
$$\overline{D}_m = \sum_i \sum_j p(x_i) p_m(y_j|x_i) d(x_i, y_j) \leqslant D_{\max}$$
且
$$I[p_1(y_j|x_i)] = R(D_1)$$
$$I[p_m(y_j|x_i)] = R(D_{\max}) = 0$$

那么总能找到足够小的 $\alpha > 0$ 满足
$$D_1 < \alpha D_{\max} + (1-\alpha) D_1 < D_2$$

因为 $D_1 + \alpha(D_{\max} - D_1) > D_1$，容易看出左边的不等式成立。

而总能找到一个足够小的 α 使得

$$\alpha(D_{\max}-D_1)<D_2-D_1$$

因此右边的不等式也成立。

令 $D_0=\alpha D_{\max}+(1-\alpha)D_1$，则 $D_1<D_0<D_2$。

现在定义一个新的试验信道，设其信道传递概率为
$$p(y_j|x_i)=\alpha p_m(y_j|x_i)+(1-\alpha)p_1(y_j|x_i)$$

对应地，
$$\begin{aligned}\overline{D}&=\sum_i\sum_j p(x_i)p(y_j|x_i)d(x_i,y_j)\\&=\alpha\sum_i\sum_j p(x_i)p_m(y_j|x_i)d(x_i,y_j)+(1-\alpha)\sum_i\sum_j p(x_i)p_1(y_j|x_i)d(x_i,y_j)\\&=\alpha\overline{D}_m+(1-\alpha)\overline{D}_1\\&\leqslant\alpha D_{\max}+(1-\alpha)D_1\\&=D_0\end{aligned}$$

可见新试验信道满足保真度准则 $\overline{D}\leqslant D_0$。所以 $I[p(y_j|x_i)]\geqslant R(D_0)$。

由于平均互信息是信道传递概率 $p(y_j|x_i)$ 的下凸函数，所以
$$\begin{aligned}I[p(y_j|x_i)]&\leqslant\alpha I[p_m(y_j|x_i)]+(1-\alpha)[p_1(y_j|x_i)]\\&=(1-\alpha)R(D_1)<R(D_1)\end{aligned}$$

因此 $R(D_0)<R(D_1)$，而 $D_1<D_0<D_2$，在 (D_1,D_2) 内 $R(D)$ 不为常数，即在 $R(D_1)\geqslant R(D_2)$ 中等号不成立，$R(D)$ 是定义域内的严格递减函数。

证毕。

由于信息率失真函数 $R(D)$ 是严格的单调递减函数，因此在 B_D 中最小的 $I(X;Y)$ 对应的试验信道 $p(y_j|x_i)$ 必在 B_D 的边界上，即
$$\overline{D}=\sum_i\sum_j p(x_i)p(y_j|x_i)d(x_i,y_j)=D$$

所以我们通常选择在 $\overline{D}=D$ 的条件下计算信息率失真函数 $R(D)$。

根据以上性质，可以画出率失真函数 $R(D)$ 的曲线。由 $R(0)=H(X)$，$R(D_{\max})=0$ 决定了曲线的两个端点，在 0 和 $D_{\max}$ 之间 $R(D)$ 是单调递减的下凸函数，如图 7.1(a)所示。在连续信源的情况下，$R(0)\to\infty$，曲线不与 $R(D)$ 轴相交，如图 7.1(b)所示。如果 $D_{\min}\neq 0$，则可以得到图 7.1(c)。

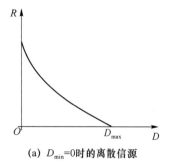
(a) $D_{\min}=0$ 时的离散信源

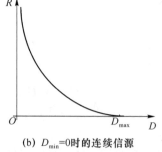
(b) $D_{\min}=0$ 时的连续信源

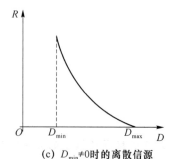
(c) $D_{\min}\neq 0$ 时的离散信源

图 7.1 信息率失真函数

7.3 限失真信源编码定理

对于无失真信源编码来说,每一个信源符号(或符号序列)都必须有一个对应的码字(或码字序列),信源熵不能损失,而在允许一定失真的情况下,有可能是多个信源符号(符号序列)对应一个码字(码字序列),信源输出信息率最小可减小到信息率失真函数 $R(D)$。限失真信源编码定理就是关于信息率和失真关系的一个极限定理,也称香农第三定理,或称保真度准则下的离散信源编码定理。

定理 7.1 设 $R(D)$ 是离散无记忆信源的信息率失真函数并且失真函数为有限值。对于任意的允许失真度 $D \geqslant 0$,当码长 N 足够长时,一定存在一种编码,其编码后的实际信息传输率 $R > R(D)$,而平均失真度 $\overline{D} < D$;不存在信息传输率 $R < R(D)$ 而平均失真度 $\overline{D} < D$ 的任何信源编码。

限失真信源编码定理也是一个极限存在定理。它告诉我们信息率失真函数 $R(D)$ 是一个界限,只要实际信息传输率 R 大于这个界限,就可以通过信源编码技术将译码失真限制在给定的范围内,也就是说在通信过程中虽然有失真,但仍能满足要求。否则,如果实际信息传输率 R 小于 $R(D)$,则无法满足失真要求。限失真信源编码的目的是找到与信息率失真函数 $R(D)$ 相匹配的编码,即希望 R 逼近 $R(D)$,而无失真信源编码是寻求与信源信息熵相匹配的编码,即希望 R 达到 $H_r(S) = R(D=0)$。

*7.4 信息率失真函数的计算

已知信源的概率分布和失真函数就可以确定信源的信息率失真函数 $R(D)$。它是在约束条件即保真度准则下求 $I(X,Y)$ 的极小值的问题。应用拉格朗日乘子法,原则上可以求出解来,但是如果要得到明确的解析表达式是比较困难的,通常只能用参量形式来表示,或采用迭代算法用计算机求解。

7.4.1 应用参量表示式计算信息率失真函数

下面采用拉格朗日乘子法求解 $R(D)$。这是在

$$p(y_j | x_i) \geqslant 0 \quad i = 1, 2, \cdots, n; j = 1, 2, \cdots, m$$

$$\sum_j p(y_j | x_i) = 1 \quad i = 1, 2, \cdots, n$$

$$\sum_{ij} p(x_i) p(y_j | x_i) d_{ij} = D$$

的约束条件下求 $I(X;Y) = \sum_{ij} p(x_i) p(y_j | x_i) \ln \dfrac{p(y_j | x_i)}{p(y_j)}$ 的极值。因为 $I(X;Y)$ 是关于 $p(y_j | x_i)$ 的下凸函数,所以得到的极值是极小值。

设辅助函数

$$F = I(X;Y) - \mu_i \sum_j p(y_j|x_i) - S \sum_{ij} p(x_i) p(y_j|x_i) d_{ij}$$

为了方便起见，令
$$\mu_i = p(x_i) \ln \lambda_i$$

则
$$F = \sum_{ij} p(x_i) p(y_j|x_i) \ln \frac{p(y_j|x_i)}{p(y_j)} - p(x_i) \ln \lambda_i \sum_j p(y_j|x_i) - \sum_{ij} p(x_i) p(y_j|x_i) S d_{ij}$$

令 $\dfrac{\partial F}{\partial p(y_j|x_i)} = 0$，得
$$\ln p(y_j|x_i) - \ln p(y_j) - \ln \lambda_i - S d_{ij} = 0$$

所以
$$p(y_j|x_i) = \lambda_i p(y_j) e^{S d_{ij}} \tag{7.1}$$

将式(7.1)两边都乘以 $p(x_i)$ 并对 X 求和，即
$$\sum_i p(x_i) p(y_j|x_i) = \sum_i p(x_i) \lambda_i p(y_j) e^{S d_{ij}}$$

得
$$p(y_j) = p(y_j) \sum_i p(x_i) \lambda_i e^{S d_{ij}}$$

所以
$$\sum_i p(x_i) \lambda_i e^{S d_{ij}} = 1 \tag{7.2}$$

这是 m 个方程组成的方程组，有 $n+1$ 个变量（分别为 $\lambda_i, i=1,2,\cdots,n$ 和 S）。通过这个方程组可以求出 λ_i、S 作为参数。

将式(7.1)两边对 Y 求和，即
$$\sum_j p(y_j|x_i) = \lambda_i \sum_j p(y_j) e^{S d_{ij}} = 1$$

则得到
$$\sum_j p(y_j) e^{S d_{ij}} = \frac{1}{\lambda_i} \tag{7.3}$$

这是 n 个方程组成的方程组，有 $m+1$ 个变量〔分别为 $p(y_j), j=1,2,\cdots,m$ 和 S〕，通过解这个方程组可以将 $p(y_j)$ 用 S 为参数表示。所以
$$D = \sum_{ij} p(x_i) p(y_j|x_i) d_{ij} = \sum_{ij} p(x_i) \lambda_i p(y_j) e^{S d_{ij}} d_{ij} \tag{7.4}$$

通过式(7.2)和式(7.3)就可以分别确定 λ_i 和 $p(y_j)$，代入
$$I(X;Y) = \sum_{ij} p(x_i) p(y_j|x_i) \ln \frac{p(y_j|x_i)}{p(y_j)}$$

此时的 $I(X;Y)$ 是关于 $p(y_j|x_i)$ 的一个最小值，就是我们要求的率失真函数，以 S 为参数表示：
$$\begin{aligned} R(S) &= \sum_{ij} p(x_i) p(y_j|x_i) \ln \frac{p(y_j|x_i)}{p(y_j)} = \sum_{ij} p(x_i) p(y_j|x_i) \ln \frac{\lambda_i p(y_j) e^{S d_{ij}}}{p(y_j)} \\ &= \sum_{ij} p(x_i) p(y_j|x_i) (\ln \lambda_i + S d_{ij}) \\ &= \sum_{ij} p(x_i) p(y_j|x_i) \ln \lambda_i + \sum_{ij} p(x_i) p(y_j|x_i) S d_{ij} \end{aligned}$$

$$= \sum_{ij} p(x_i)p(y_j|x_i)\ln\lambda_i + SD = \sum_i p(x_i)\ln\lambda_i + SD \tag{7.5}$$

在求率失真函数时,一般要先给定信源的允许失真度 D。利用式(7.4)由 D 来确定对应的 S,则待定系数 S 就可以用 D 表示了。把式(7.5)中的 λ_i 和 S 都用 D 表示,就得到了 $R(D)$。

【例 7.6】 求二元信源的信息率失真函数。信源 $\begin{pmatrix}X\\P\end{pmatrix}=\begin{pmatrix}0 & 1\\ p & 1-p\end{pmatrix}$,$p\leqslant\dfrac{1}{2}$,输出符号集为 $(0,1)$,失真函数定义为

$$d_{ij}=\begin{cases}0 & i=j\\ 1 & i\neq j\end{cases}$$

其中 $i,j=1,2$,求 $R(D)$。

解 (1) 由式(7.2)计算 λ_1 和 λ_2。

记
$$p_1=p(0)=p$$
$$p_2=p(1)=1-p$$
$$\begin{cases}\lambda_1 p_1 e^{Sd_{11}}+\lambda_2 p_2 e^{Sd_{21}}=1\\ \lambda_1 p_1 e^{Sd_{12}}+\lambda_2 p_2 e^{Sd_{22}}=1\end{cases}$$

把已知量代入
$$\begin{cases}\lambda_1 p+\lambda_2(1-p)e^S=1\\ \lambda_1 p e^S+\lambda_2(1-p)=1\end{cases}$$

可得
$$\lambda_1=\frac{1}{p(1+e^S)}$$
$$\lambda_2=\frac{1}{(1-p)(1+e^S)}$$

(2) 由式(7.3)计算 $p(y_1)$ 和 $p(y_2)$。
$$\begin{cases}p(y_1)e^{Sd_{11}}+p(y_2)e^{Sd_{12}}=\dfrac{1}{\lambda_1}\\ p(y_1)e^{Sd_{21}}+p(y_2)e^{Sd_{22}}=\dfrac{1}{\lambda_2}\end{cases}$$

求出 $p(y_1)$ 和 $p(y_1)$,并将 λ_1,λ_2 用 S 表示:

$$p(y_1)=\frac{\dfrac{1}{\lambda_1}e^{Sd_{22}}-\dfrac{1}{\lambda_2}e^{Sd_{12}}}{e^{Sd_{11}+Sd_{22}}-e^{Sd_{12}+Sd_{21}}}=\frac{p-(1-p)e^S}{1-e^S}$$

$$p(y_2)=\frac{\dfrac{1}{\lambda_2}e^{Sd_{11}}-\dfrac{1}{\lambda_1}e^{Sd_{21}}}{e^{Sd_{11}+Sd_{22}}-e^{Sd_{12}+Sd_{21}}}=\frac{1-p-pe^S}{1-e^S}$$

(3) 将求得的 λ_1、λ_2 和 $p(y_1)$、$p(y_1)$ 代入式(7.4)得到平均失真度 D。
$$D(S)=\lambda_1 p_1 p(y_1)d_{11}e^{Sd_{11}}+\lambda_1 p_1 p(y_2)d_{12}e^{Sd_{12}}+\lambda_2 p_2 p(y_1)d_{21}e^{Sd_{21}}+\lambda_2 p_2 p(y_2)d_{22}e^{Sd_{22}}$$
$$=\frac{e^S}{1+e^S}$$

解出参量 S：
$$S=\ln\frac{D}{1-D}$$

(4) 将参量 S 代入式(7.5)得到率失真函数 $R(D)$。
$$\begin{aligned}R(D)&=SD+p\ln\lambda_1+(1-p)\ln\lambda_2\\&=D\ln\frac{D}{1-D}-p\ln p(1+e^S)-(1-p)\ln(1-p)(1+e^S)\\&=H(p,1-p)-H(D,1-D)\\&=H(p)-H(D)\end{aligned}$$

其中，第一项是信源熵，第二项则是因容忍一定的失真而可以压缩的信息率。

当 $D=0$ 时
$$R(D)=H(p)$$

当 $D=D_{\max}=p$ 时
$$R(D_{\max})=0$$

对于不同 p 值可以得出一组 $R(D)$（单位为比特/符号）的曲线，如图 7.2 所示。可以看出，对于给定的平均失真度 D，信源分布越均匀（p 值接近 $1/2$），$R(D)$ 越大，可压缩性越小；反之，信源分布越不均匀，$R(D)$ 越小，可压缩性越大。因为根据最大离散熵定理，信源越趋于等概分布，其熵越大，即不确定性越大，要去除不确定性所需的信息传输率越大，而 $R(D)$ 正是去除信源不确定性所必需的信息传输率（在容忍一定失真的情况下）。当 $D=D_{\max}$ 时，$R(D_{\max})=0$，即不用传输信息。例如，不管信源发 0 还是发 1，都把它编成 1，只传送一种符号也就相当于不用传送任何符号了，即 $R=0$。

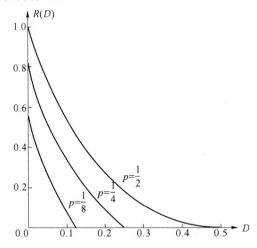

图 7.2 二元信源的信息率失真函数

【例 7.7】 等概信源的信息率失真函数。

信源输出符号集 $X=\{x_1,x_2,\cdots,x_r\}$，等概分布 $p(x_i)=\dfrac{1}{r}$，$i=1,2,\cdots,r$，输出符号集 $Y=\{y_1,y_2,\cdots,y_r\}$，失真函数定义为
$$d(x_i,y_j)=\begin{cases}0 & i=j\\1 & i\neq j\end{cases}$$

其中 $i,j=1,2,\cdots,r$，求 $R(D)$。

解 引入记号：
$$p_i = p(x_i) = \frac{1}{r} \quad i=1,2,\cdots,r$$
$$q_j = p(y_j) \quad j=1,2,\cdots,r$$
$$d_{ij} = d(x_i, y_j) \quad i,j=1,2,\cdots,r$$

(1) 由式(7.2)确定 λ_i。
$$\begin{cases} \lambda_1 + \lambda_2 e^s + \cdots + \lambda_r e^s = r \\ \lambda_1 e^s + \lambda_2 + \cdots + \lambda_r e^s = r \\ \vdots \\ \lambda_1 e^s + \lambda_2 e^s + \cdots + \lambda_r = r \end{cases}$$

解得
$$\lambda_i = \frac{r}{1+(r-1)e^s} \quad i=1,2,\cdots,r$$

(2) 由式(7.3)确定 q_j。
$$\begin{cases} q_1 + q_2 e^s + \cdots + q_r e^s = \dfrac{1+(r-1)e^s}{r} \\ q_1 e^s + q_2 + \cdots + q_r e^s = \dfrac{1+(r-1)e^s}{r} \\ \vdots \\ q_1 e^s + q_2 e^s + \cdots + q_r = \dfrac{1+(r-1)e^s}{r} \end{cases}$$

解得
$$p(y_j) = q_j = \frac{1}{r} \quad j=1,2,\cdots,r$$

(3) 将 λ_i、q_j 代入式(7.4)得 $D(S)$。
$$D(S) = \frac{(r-1)e^s}{1+(r-1)e^s}$$
$$S = \ln \frac{D}{(r-1)(1-D)}$$

(4) 将 S 代入式(7.5)得 $R(D)$。
$$\begin{aligned} R(D) &= SD + \sum_{i=1}^{r} p_i \ln \lambda_i \\ &= \ln r - D\ln(r-1) + D\ln D + (1-D)\ln(1-D) \\ &= \ln r - D\ln(r-1) - H(D) \end{aligned}$$

$R(D)$ 的定义域为 $0 \leqslant D \leqslant 1 - \dfrac{1}{r}$，值域为 $0 \leqslant R(D) \leqslant \ln r$。

对于不同的 r 值可以得到一组 $R(D)$（单位为比特/符号）曲线，如图 7.3 所示。对于给定的允许失真度 D，r 越大，$R(D)$ 越大，信源可压缩性越小。反之，r 越小，$R(D)$ 越小，信源可压缩性越大。

由信息率失真函数可以比较编码方法的压缩效果。

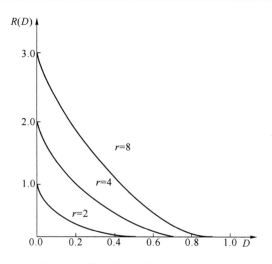

图 7.3 等概信源的信息率失真函数

【例 7.8】 设信源符号集 $X=\{x_1,x_2,\cdots,x_{2r}\}$，信源概率分布为 $p(x_i)=\dfrac{1}{2r}, i=1,2,\cdots,2r$，失真函数为

$$d(x_i,y_j)=\begin{cases}0 & x_i=y_j\\ 1 & x_i\neq y_j\end{cases}$$

求当允许的失真度为 1/2 时信源的输出信息率。

解 由信源概率分布求得信源熵为

$$H(X)=H\left(\frac{1}{2r},\frac{1}{2r},\cdots,\frac{1}{2r}\right)=\log 2r$$

如果对信源进行二元无失真编码，平均每个符号至少需要 $\log 2r$ 个二元码。

当允许的失真度为 1/2 时，平均每个符号需要的码元个数可以减少到什么程度呢？

假设采用如下编码方法：

(1) 当信源输出符号为 $x_1,x_2,\cdots,x_r$ 时，分别赋予一个码字 $y_1,y_2,\cdots,y_r$；

(2) 当信源输出符号为 $x_{r+1},x_{r+2},\cdots,x_{2r}$ 时，赋予一个相同的码字 y_r。

即试验信道的输入符号集 $X=\{x_1,x_2,\cdots,x_{2r}\}$，输出符号集 $Y=\{y_1,y_2,\cdots,y_r\}$，转移概率矩阵为

$$\mathbf{P}=\begin{pmatrix}1 & 0 & \cdots & 0\\ 0 & 1 & \cdots & 0\\ \vdots & \vdots & & \vdots\\ 0 & 0 & \cdots & 1\\ 0 & 0 & \cdots & 1\\ \vdots & \vdots & & \vdots\\ 0 & 0 & \cdots & 1\end{pmatrix}$$

平均失真度为

$$\overline{D}=E[d(x_i,y_j)]$$
$$=\sum_{i=1}^{2r}\sum_{j=1}^{r}p(x_i)p(y_j|x_i)d(x_i,y_j)$$

$$= \sum_{i=r+1}^{2r} p(x_i)p(y_r|x_i)d(x_i,y_r)$$

$$= \sum_{i=r+1}^{2r} p(x_i)$$

$$= \frac{1}{2}$$

所以上述编码方法满足保真度准则

$$\overline{D} \leqslant D = \frac{1}{2}$$

由于该假设信道是具有归并性能的无噪信道，$H(Y|X)=0$，所以

$$I(X;Y) = H(Y) - H(Y|X) = H(Y)$$

由输入概率和转移概率可求输出概率分布：

$$\begin{cases} p(y_j) = \dfrac{1}{2r} & j=1,2,\cdots,r-1 \\ p(y_r) = \dfrac{r+1}{2r} \end{cases}$$

所以

$$H(Y) = H\left(\frac{1}{2r},\frac{1}{2r},\cdots,\frac{1}{2r},\frac{r+1}{2r}\right) = \log 2r - \frac{r+1}{2r}\log(r+1)$$

即采用上述编码方案时，平均每个信源符号所需的二元码符号个数由原来的 $\log 2r$ 减少到 $\log 2r - \dfrac{r+1}{2r}\log(r+1)$，减少了 $\dfrac{r+1}{2r}\log(r+1)$ 个码元。换句话说，信源的信息率由原来的 $\log 2r$ 压缩到了 $\log 2r - \dfrac{r+1}{2r}\log(r+1)$，即信息率压缩了 $\dfrac{r+1}{2r}\log(r+1)$。这是不是达到 $R\left(\dfrac{1}{2}\right)$ 了呢？

由例 7.7 推导的公式可以求出 $D=\dfrac{1}{2}$ 时，有

$$R\left(\frac{1}{2}\right) = \log 2r - \frac{1}{2}\log(2r-1) - 1$$

对于这种编码方案，当 $r>1$ 时 $I(X;Y)=H(Y)>R\left(\dfrac{1}{2}\right)$，所以存在更好的压缩编码方案能够进一步进行压缩，达到更好的压缩效果。

信息率失真理论给出了在给定的失真度 D 条件下，信源输出的信息率所能压缩的极限 $R(D)$，它可以作为一种尺度，衡量一种压缩编码方案的压缩效果。

7.4.2 信息率失真函数的迭代算法

我们在 4.2.7 节讲过信道容量的迭代算法。这个迭代算法的关键是把平均互信息看作两个变量的函数，先固定一个变量，求平均互信息关于另一个变量的极大值，求出极大值后将第二个变量作为已知量，再求平均互信息关于第一个变量的极大值，这样不断迭代最终得到符合精度要求的结果。

根据信息率失真函数和信道容量的对偶性可知，$I(X;Y)$ 是关于 $p(y_j|x_i)$ 和 $p(y_j)$ 的下凸函数，求出的极值是极小值。在给定信源分布和失真度条件下，信息率失真函数的迭代算

法可以通过求 $I(X;Y)$ 关于 $p(y_j|x_i)$ 和 $p(y_j)$ 的极值来得到。

$$I(X;Y) = \sum_{ij} p(x_i)p(y_j|x_i)\ln\frac{p(y_j|x_i)}{p(y_j)}$$
$$= \sum_{ij} p(x_i)p(y_j|x_i)\ln p(y_j|x_i) - \sum_{ij} p(x_i)p(y_j|x_i)\ln p(y_j)$$

记为 $I[p(y_j),p(y_j|x_i)]$。

(1) 先固定 $p(y_j|x_i)$，在 $\overline{D} = \sum_{ij} p(x_i)p(y_j|x_i)d_{ij} = D$ 和 $\sum_j p(y_j) = 1$ 的约束条件下求 $I(X;Y)$ 关于 $p(y_j)$ 的极值。

设辅助函数

$$F = I(X;Y) - SD + \lambda \sum_j p(y_j)$$
$$= \sum_{ij} p(x_i)p(y_j|x_i)\ln p(y_j|x_i) - \sum_{ij} p(x_i)p(y_j|x_i)\ln p(y_j) -$$
$$S\sum_{ij} p(x_i)p(y_j|x_i)d_{ij} + \lambda \sum_j p(y_j)$$

$$\frac{\partial F}{\partial p(y_j)} = -\frac{\sum_i p(x_i)p(y_j|x_i)}{p(y_j)} + \lambda$$

令 $\dfrac{\partial F}{\partial p(y_j)}=0$，得

$$p(y_j) = \frac{\sum_i p(x_i)p(y_j|x_i)}{\lambda} \tag{7.6}$$

根据约束条件 $\sum_j p(y_j) = 1$，对式(7.6)两端求和，消去 λ：

$$\sum_j p(y_j) = \frac{\sum_i \sum_j p(x_i)p(y_j|x_i)}{\lambda} = \frac{1}{\lambda} = 1$$

所以 $\lambda = 1$。

求出极值点：

$$p(y_j)^* = \sum_i p(x_i)p(y_j|x_i) \tag{7.7}$$

(2) 固定 $p(y_j)$，在 $\overline{D} = \sum_{ij} p(x_i)p(y_j|x_i)d_{ij} = D$ 和 $\sum_j p(y_j|x_i) = 1, i=1,2,\cdots,n$ 的约束条件下求 $I(X;Y)$ 关于 $p(y_j|x_i)$ 的极值。

设辅助函数

$$Q = I(X;Y) - SD - \mu_i \sum_j p(y_j|x_i)$$
$$= \sum_{ij} p(x_i)p(y_j|x_i)\ln p(y_j|x_i) - \sum_{ij} p(x_i)p(y_j|x_i)\ln p(y_j) -$$
$$S\sum_{ij} p(x_i)p(y_j|x_i)d_{ij} + \mu_i \sum_j p(y_j|x_i)$$

为方便起见，令 $\mu_i = p(x_i)\ln \lambda_i$，则

$$Q = \sum_{ij} p(x_i)p(y_j|x_i)\ln p(y_j|x_i) - \sum_{ij} p(x_i)p(y_j|x_i)\ln p(y_j) -$$
$$S\sum_{ij} p(x_i)p(y_j|x_i)d_{ij} + p(x_i)\ln \lambda_i \sum_j p(y_j|x_i)$$

所以

$$\frac{\partial Q}{\partial p(y_j|x_i)} = p(x_i)\ln p(y_j|x_i) + p(x_i) - p(x_i)\ln p(y_j) - Sp(x_i)d_{ij} + p(x_i)\ln \lambda_i$$

$$= p(x_i)[\ln p(y_j|x_i) - \ln p(y_j) + \ln \lambda_i - sd_{ij} + 1]$$

令 $\dfrac{\partial Q}{\partial p(y_j|x_i)} = 0$，得

$$\ln p(y_j|x_i) - \ln p(y_j) + \ln \lambda_i - Sd_{ij} + 1 = 0$$

所以

$$p(y_j|x_i) = p(y_j)e^{Sd_{ij}}e^{-(1+\ln \lambda_i)} \tag{7.8}$$

根据约束条件 $\sum\limits_j p(y_j|x_i) = 1$，对式(7.8)两端求和，消去 $e^{-(1+\ln \lambda_i)}$：

$$\sum_j p(y_j|x_i) = \sum_j p(y_j)e^{Sd_{ij}}e^{-(1+\ln \lambda_i)} = 1$$

得

$$e^{-(1+\ln \lambda_i)} = \frac{1}{\sum\limits_j p(y_j)e^{Sd_{ij}}}$$

得到极值点

$$p(y_j|x_i)^* = \frac{p(y_j)e^{Sd_{ij}}}{\sum\limits_j p(y_j)e^{Sd_{ij}}} \tag{7.9}$$

以上求出的 $p(y_j)^*$ 和 $p(y_j|x_i)^*$ 都是以 S 为参量的表达式。

(3) 将 $p(y_j)^*$ 和 $p(y_j|x_i)^*$ 代入信息率失真函数的表达式，结果是以 S 为参量的表达式：

$$R(S) = \sum_{ij} p(x_i)p(y_j|x_i)^* \ln \frac{p(y_j|x_i)^*}{p(y_j)^*} \tag{7.10}$$

$$D(S) = \sum_{ij} p(x_i)p(y_j|x_i)^* d_{ij}$$

利用式(7.7)、式(7.9)、式(7.10)便可以对信息率失真函数进行迭代计算，计算步骤如下。

(1) 先选定一个相当大的负数作为 S 值，并且假定初始的信道转移概率 $p(y_j|x_i)^{(1)}$，$i=1,2,\cdots,n; j=1,2,\cdots,m$，上标表示迭代序号。置迭代序号 $k=1$。一般假定初始的信道转移概率 $p(y_j|x_i)^{(1)} = \dfrac{1}{m}$，把假定的 $p(y_j|x_i)^{(1)}$ 代入式(7.7)得到

$$p(y_j)^{(1)} = \sum_i p(x_i)p(y_j|x_i)^{(1)} \quad j=1,2,\cdots,m$$

(2) 把得到的 $p(y_j)^{(1)}$ 代入式(7.9)得到 $p(y_j|x_i)^{(2)}$：

$$p(y_j|x_i)^{(2)} = \frac{p(y_j)^{(1)}e^{Sd_{ij}}}{\sum\limits_j p(y_j)^{(1)}e^{Sd_{ij}}} \quad i=1,2,\cdots,n; j=1,2,\cdots,m$$

(3) 重复上述步骤，计算出第 k 次迭代的 $p(y_j)^{(k)}$ 和 $p(y_j|x_i)^{(k)}$，同时利用式(7.10)计算第 k 次迭代后的 $R(S)$ 和 $D(S)$。若 $R(S)$ 和 $D(S)$ 趋于稳定，即相邻两次迭代得到的值的差值在要求的精度范围内，则得到最终的极值。极值点的 $R(S)$ 和 $D(S)$ 就是 $R(D)$-D 坐标图上的一个点。

(4) 再选定一个稍大的 S 值,重复(1)~(3),得到 $R(D)$-D 坐标图上的第二个点。这个过程一直到信息率失真函数 $R(D)$ 逼近零为止。这样就得到了 $R(D)$-D 坐标图上的整条曲线。

与信道容量的迭代算法不同的是,信道容量的迭代算法得到的是一个具体的信道容量的数值,而信息率失真函数的迭代算法得到的是一条曲线,是随参数 S 不同而变化的 $(R(D),D)$ 值。

7.5 常用的限失真信源编码方法

限失真信源编码方法又称为熵压缩编码方法,它是不可逆的,没有对应的译码过程。常用的熵压缩编码方法有量化编码、子带编码、预测编码和变换编码。

7.5.1 量化编码

量化和编码是连续信源数字化的一个不可缺少的环节,而对于波形信源,则需要经过采样、量化和编码。采样就是对模拟信号时间轴的离散化,将它变成离散时间信号。量化是将连续幅度值经过量化器转变成只有有限个取值的离散幅度值。编码就是用相应的码字来表示不同的量化电平。这 3 个步骤中量化是一个多对一的处理过程,会产生量化误差,造成失真。

量化的方法有标量量化和矢量量化。标量量化是最早被研究的,在这种量化中,每一个采样使用同一个量化器进行量化,每个采样的量化都与其他所有采样无关,因此也称作零记忆量化或一维量化。矢量量化则是利用采样间的相关性进行量化,它们的量化是一次对多于一个采样值进行的,因此从理论上来说应该具有更好的压缩能力。但是矢量量化无论是在软件上还是在硬件上实现起来要比标量量化复杂得多。标量量化器思想简单,且易于硬件实现,因此至今为止,仍为许多快速压缩编码系统所采用。

1. 标量量化

量化器输出 M 个电平:$\{q_1,q_2,\cdots,q_M\}$,称其为量化电平。量化的过程是通过 $M-1$ 个门限电平 $T_1,T_2,\cdots,T_{M-1}$ 实现的:

$$q(x)=\begin{cases}q_1 & x\leqslant T_1 \\ q_k & T_{k-1}<x\leqslant T_k, k=2,3,\cdots,M-1 \\ q_M & x>T_{M-1}\end{cases}$$

其中 $T_1<T_2<\cdots<T_{M-1}$。两个门限电平之间的间隔称为量化间隔。

标量量化器主要有 3 种形式。

(1) 均匀量化器:其量化间隔是等长的,输出量化电平在量化间隔的中点。

(2) 非均匀量化器:其量化间隔是不等长的。通常大信号采用较大的量化间隔,而小信号采用较小的量化间隔。

(3) 自适应量化器:其量化间隔随传送数据而变。

标量量化研究的主要问题是如何使量化误差最小,使量化信噪比最大。所谓量化误差就是实际输入值与量化值之差,它反映了信号的损失情况,而量化噪声是量化误差的均方值。

2. 矢量量化

矢量量化也称为向量量化(Vector Quantization,VQ)。标量量化每次只量化一个采样值,这样的处理方法忽略了信源符号之间的相关性,因此信源的冗余度没有得到有效的压缩。而矢量量化利用相邻采样值的高度相关性,每次将 k 个采样值量化为一个编码值,这 k 个采样值构成一个 k 维的矢量,而编码值被称为码字或码矢,码字的集合被称为码本或码书。

编码前需要先生成一个码书,编码时先将每个矢量与码书中的每个码字进行比较,求出相应的失真,然后用失真最小的码字的序号作为量化器的输出,这样就实现了矢量量化。

在译码端有一个同样的码书,所以译码工作只是通过接收的码字序号在码书中搜索相应的码字得到解码结果。

矢量量化的关键也就是最重要的问题在于码书的构造,目前最流行的算法是由 Y. Linde、A. Buzo 和 R. M. Gray 共同提出的 LBG 算法,它不需要知道输入矢量的概率分布,而是通过训练矢量集和采用一定的迭代算法来逼近最优的再生码书。

(1) 采集用于构造码书的训练数据。为了得到性能较好的码书,一般要求训练样本的数量 N 和码字的个数 L 满足:$N \geqslant 20L$。

(2) 构造初始码书,常用的构造方法有随机码书法、白噪声码书法等。

(3) 按照初始码书对所有的训练样本进行矢量量化,得到分别属于不同码字的 L 个样本集合和相应的量化误差。

(4) 对每个样本集合进行聚类,根据聚类的结果修正初始码字,得到新的码书。

(5) 判断量化误差是否小于门限值、迭代次数是否超出规定值,若是,则训练结束,否则转第(3)步继续。

矢量量化中的第二个重要问题是量化误差的度量问题,即如何选择一个能准确反映量化前后失真大小的度量函数。这个问题与被编码对象的具体特性有关,没有一个统一的答案。

矢量量化的第三个问题是搜索运算量问题。在量化过程中,需要先比较待量化矢量与所有码字,计算相应的失真,然后选取失真最小的码字。当码书的规模较大时需要很大的计算量,可以通过为码书安排某种特定的结构(如二叉树)来有效地降低运算量。

矢量量化具有如下特点。

(1) 样本数量 N 越大,则量化失真越小。当 N 设定以后,如何找到误差最小的码书是矢量量化器设计的关键。

(2) 码字个数 L 越大,则量化失真越小,但是相应的存储空间开销和搜索时间开销也越大。

(3) 矢量维数 k 越大,则编码效率越高,当然带来误差的危险也越大。

矢量量化算法简单,容易实现。矢量量化技术在图像压缩、语音编码、语音识别以及数字水印等领域得到了广泛的应用。

7.5.2 子带编码

子带编码是先利用带通滤波器组把信号频带分割成若干子频带,然后通过调制将各个子带搬移到零频率近似得到低通表示后,以奈奎斯特速率分别对各子带输出采样,最后将采样值进行数字编码。恢复时将各子带信号解码并重新调制回原始位置,再将所有子带输出相加就可得到接近原始信号的波形。子带编码最早应用于音频的压缩,后来应用于图像的压缩编码。

7.5.3 预测编码

预测编码的概念最早是由 Peter Elias 在 1955 年提出的,它是目前得到广泛应用的一种实用的熵压缩树码,是数据压缩理论的一个重要分支。它根据离散信号之间在时间和空间上具有相关性的特点,解除信源的相关性再进行编码。

1. 预测编码的基本思想

其编码思路是:先利用前面的一个或多个信号对下一个信号进行预测,然后对实际值和预测值的差(预测误差)进行量化编码。编码器输出的不是样本的真实值,而是真实值与预测值的差。在译码端,译码器将接收到的这一差值与译码器的预测值相加,从而恢复信源符号。预测编码的编译码过程如图 7.4 和图 7.5 所示。

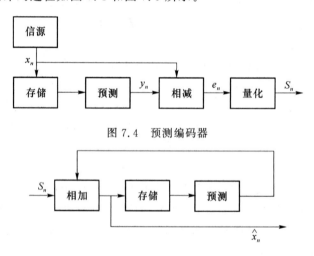

图 7.4 预测编码器

图 7.5 预测译码器

如果预测比较准确,那么误差信号就会很小。因此,在同等精度要求条件下,可用较少的码符号表示差值,从而达到压缩数据的目的。

根据预测器中预测值与信源符号过去时刻的值之间的函数关系,可将预测器分为线性预测器和非线性预测器,相应的预测编码称为线性预测编码和非线性预测编码。

设信源输出的符号序列为 $\cdots, x_{-2}, x_{-1}, x_0, x_1, x_2, \cdots$,预测器根据所存储的过去的符号值对时刻 n 的符号进行预测,得到的预测值 y_n 与实际值 x_n 之间的差值称为预测误差:$e_n = y_n - x_n$。

预测编码设计中的核心问题是如何选取预测函数以使预测误差满足某种最佳条件。常见的几种条件是最小均方误差、最小平均决定误差和最大零误差概率。不同准则下的最佳预测给出不同的预测值和不同的预测误差值,但是预测误差的分布与信源符号的一维分布具有相同的形状,其差别只是因为减去预测值所导致的分布的平移。

预测编码常用的是差分脉冲编码调制（DPCM）和自适应差分脉冲编码调制（ADPCM）。由于声音和图像数据均由采样得到，且相邻值之间的差不会很大，可以用较少的位数来表示差值，因此适用于声音和图像数据的压缩。

2. 常用的编码方案

（1）DPCM 编码。脉冲编码调制（PCM）编码是对原始信号先进行时间采样，然后对每一个样值进行量化并将其作为数字信号的输出，而在 DPCM 编码中，为了压缩传输的数据，不是对每一个样值都进行量化，而是预测下一个样值，并量化实际值与预测值之间的差。解压缩时使用同样的预测器，将这一预测值与存储的已量化的差值相加，产生近似的原始信号，从而基本恢复原始数据。一般该编码每样值可压缩到 2～4 bit。

（2）ADPCM 编码。ADPCM 编码是根据信号分布不均匀的特点，系统随输入信号的变化而自动改变量化区间的大小并选择预测参数。系统对输入信号的变化采用不同的量化区间（自适应量化）。

（3）帧间预测编码。对于动态图像，利用帧间的时间相关性进一步消除图像的冗余度，基于预测技术来提高动态图像的压缩比。

7.5.4 变换编码

1. 变换编码的基本思想

变换编码是先对信号进行变换，从一种信号空间变换为另一种信号空间，然后针对变换后的信号进行编码。一般是把分布在时空域的信号（如时域的语音信号和平面空间的图像信号）映射到变换域（如频域的频谱信号和其他正交矢量空间域），原来相关性很强的原始信号经过变换后，得到的变换域系数相互独立，并且能量集中在少数几个变换系数上，这样只要对这几个变换系数进行量化编码，就能达到数据压缩的目的。

变换编码最典型的例子就是傅里叶变换，它将时域信号变换成频谱信号。将时域信号变换为频域信号，只需振幅和频率两个参数，数据相关性减小（样值更独立），而且声音、图像的大部分信号都是低频信号，在频域中信号的能量较集中，因此再对这些变换参数进行采样、量化、编码处理即可压缩数据。

可以看出，预测编码主要是在时域消除信源的相关性，而变换编码则主要是在变换域上消除信源的相关性。变换编码常用的变换有傅里叶变换、余弦变换、离散余弦变换（DCT）、K-L 变换、沃尔什变换、小波变换等。

通常变换编码的基本过程如下。

（1）变换：将时域信号映射到变换域。

（2）变换域采样：对变换系数进行采样。变换后的样值具有有序性和独立性。

（3）量化编码：要求数据量尽可能少，量化失真也最小。

2. 常用的编码方案

（1）K-L 变换编码。K-L 变换编码也称最佳变换编码。K-L 变换是在已知输入信号矩阵条件下，根据其协方差矩阵去寻找另一种正交变换，使变换后的协方差矩阵满足或接近一个对角矩阵。

（2）离散余弦变换编码。离散余弦变换编码是从快速傅里叶变换（FFT）中取实部，再利用余弦正交变换算法对不同的信号进行压缩。离散余弦变换广泛地应用在图像压缩中。

K-L 变换相关性好,但算法复杂、实现困难;而离散余弦变换的性能接近 K-L 变换,也容易实现,因此被选为众多图像压缩编码技术标准的基本算法。

习 题 7

7.1 根据率失真函数的性质,画出一般的 $R(D)$ 曲线并说明其物理意义。为什么它是非负且非增的?

7.2 设输入符号集为 $X=\{0,1\}$,输出符号集为 $Y=\{0,1\}$。定义失真函数为
$$d(0,0)=d(1,1)=0$$
$$d(0,1)=d(1,0)=1$$
试求失真矩阵 $\boldsymbol{D}$。

7.3 设输入符号集与输出符号集为 $X=Y=\{0,1,2,3\}$,且输入信源的分布为
$$P(X=i)=\frac{1}{4} \quad i=1,2,3$$
设失真矩阵为 $\boldsymbol{D}=\begin{pmatrix} 0 & 1 & 1 & 1 \\ 1 & 0 & 1 & 1 \\ 1 & 1 & 0 & 1 \\ 1 & 1 & 1 & 0 \end{pmatrix}$,求 $D_{\min}$、$D_{\max}$ 及 $R(D)$。

7.4 设二进制信源为 $\begin{pmatrix} X \\ P \end{pmatrix} = \begin{pmatrix} 0 & 1 \\ \frac{1}{2} & \frac{1}{2} \end{pmatrix}$,失真函数矩阵为 $\boldsymbol{D}=\begin{pmatrix} 0 & a \\ a & 0 \end{pmatrix}$,求这个信源的 $D_{\min}$、$D_{\max}$ 及率失真函数 $R(D)$。

7.5 设二元等概离散无记忆信源通过一个二进制对称信道 $\boldsymbol{P}=\begin{pmatrix} 1-\varepsilon & \varepsilon \\ \varepsilon & 1-\varepsilon \end{pmatrix}$。其失真函数 d_{ij} 定义为
$$d(i,j)=\begin{cases} 0 & i=j \\ 1 & i\neq j \end{cases}$$
试求:
(1) 失真矩阵 $\boldsymbol{D}$;
(2) 平均失真度 $\overline{D}$;
(3) 率失真函数 $R(D)$ 的定义域。

7.6 若有一信源 $\begin{pmatrix} S \\ P(S) \end{pmatrix} = \begin{pmatrix} s_1 & s_2 \\ 0.5 & 0.5 \end{pmatrix}$,每秒发出 2.66 个信源符号,将此信源的输出符号送入一个二进制无噪无损信道中进行传输,而信道每秒只传递两个二元符号。
(1) 信源能否在此信道中无失真传输?
(2) 若此信源失真度定义为汉明失真,其率失真函数 $R(D)$ 为
$$R(D)=\begin{cases} 1-H(D) & 0\leqslant D\leqslant 0.5 \\ 0 & D>0.5 \end{cases}$$

允许信源平均失真多大时,此信源就可以在此信道中传输?

7.7 证明:对于离散信源,$R(D=0)=H(X)$ 的充要条件是失真矩阵的每行至少有一个 0,而每列至多有一个 0。

7.8 失真函数矩阵为

$$\boldsymbol{D}=\begin{pmatrix} 1 & 2 \\ 3 & 2 \end{pmatrix}$$

对于一个等概分布的伯努利随机变量,求 $R(D)\in(0,1)$ 对应的定义域。

7.9 三元信源的概率分布为 $\{0.4,0.4,0.2\}$,失真函数为

$$d(i,j)=\begin{cases} 0 & i=j \\ 1 & i\neq j \end{cases}$$

(1) 求率失真函数 $R(D)$;

(2) 计算此信源分别用容量为 1 比特/符号和 0.1 比特/符号的信道传输时的平均失真。

7.10 设已知离散无记忆信源在给定失真度 $d(i,j),i=1,2,\cdots,r,j=1,2,\cdots,s$ 下的信息率失真函数为 $R(D)$,现定义新的失真量度 $d'(i,j)=d(i,j)-g_i$。试证:在新的失真量度下,信息率失真函数 $R'(D)$ 为 $R'(D)=R(D+G)$,其中 $G=\sum_i p(a_i)g_i$。

7.11 设无记忆信源 $\begin{pmatrix} X \\ P(X) \end{pmatrix}=\begin{pmatrix} -1 & 0 & 1 \\ \frac{1}{3} & \frac{1}{3} & \frac{1}{3} \end{pmatrix}$,接收符号 $A_Y=\left\{-\frac{1}{2},\frac{1}{2}\right\}$,失真矩阵为 $\boldsymbol{D}=\begin{pmatrix} 1 & 2 \\ 1 & 1 \\ 2 & 1 \end{pmatrix}$,试求:$D_{\max}$、$D_{\min}$ 以及达到 $D_{\max}$、$D_{\min}$ 时的转移概率矩阵。

7.12 失真测度 $d(x,\hat{x})$ 定义为

$$\boldsymbol{D}=\begin{pmatrix} 0 & 1 & \infty \\ \infty & 1 & 0 \end{pmatrix}$$

$$x=0,1$$
$$\hat{x}=0,\varepsilon,1$$

设随机变量 X 的概率分布为 $\begin{pmatrix} X \\ P \end{pmatrix}=\begin{pmatrix} 0 & 1 \\ \frac{1}{2} & \frac{1}{2} \end{pmatrix}$。求:

(1) $D_{\min}$ 和 $D_{\max}$ 的值;

(2) $R(D_{\min})$ 和 $R(D_{\max})$ 的值。

7.13 某三元信源 $\begin{pmatrix} X \\ P \end{pmatrix}=\begin{pmatrix} 0 & 1 & 2 \\ \frac{1}{3} & \frac{1}{3} & \frac{1}{3} \end{pmatrix}$,失真矩阵为 $\boldsymbol{D}=\begin{pmatrix} 1 & 2 & 3 \\ 2 & 1 & 3 \\ 3 & 2 & 1 \end{pmatrix}$,试求:

(1) $D_{\min}$ 和 $D_{\max}$;

(2) 达到 $D_{\min}$、$D_{\max}$ 的信道转移概率矩阵 $\boldsymbol{P}$;

(3) $R(D_{\min})$ 和 $R(D_{\max})$。

参 考 文 献

[1] 傅祖芸. 信息论——基础理论与应用[M]. 北京:电子工业出版社,2001.
[2] 周荫清. 信息理论基础[M]. 北京:北京航空航天大学出版社,2002.
[3] Cover T M,Thomas J A. Elements of Information Theory[M]. New York:John Wiley & Sons. Inc. ,1991.
[4] 汉明. 编码和信息理论[M]. 朱雪龙,译. 北京:科学出版社,1984.
[5] 朱雪龙. 应用信息论基础[M]. 北京:清华大学出版社,2001.
[6] 姜丹. 信息论与编码[M]. 合肥:中国科技大学出版社,2001.
[7] 陈运. 信息论与编码[M]. 北京:电子工业出版社,2002.
[8] 曹雪虹. 信息论与编码[M]. 北京:北京邮电大学出版社,2001.
[9] 吴伟陵. 信息处理与编码[M]. 北京:人民邮电出版社,2003.

附录 A

数学预备知识

A.1　概率论与随机过程

由于信息论的主要数学工具是概率论与随机过程，这里对本书会用到的概率论与随机过程的知识作一个简单的回顾。

A.1.1　概率论的基本概念

在概率论中，我们的研究对象是具有随机性的**随机事件**。我们通过**随机实验**来研究随机事件。

在随机实验中所有可能的结果组成的集合称为该随机实验的**样本空间**。在离散情况下，随机实验 E 的样本空间可写成 $S:\{e_1,e_2,\cdots,e_i,\cdots\}$，样本空间中的元素为有限个或者可数无限个。$e_i$ 是样本空间中的一个元素，也叫样本点，或称基本事件。这些基本事件两两互不相容，共同组成样本空间。

例如，将一枚硬币抛掷两次，观察正面 H、反面 T 出现的情况；$S:\{HH,HT,TH,TT\}$。

这里需要注意的是，观察的目的不同，则样本空间中的元素也不同。例如，将一枚硬币抛掷两次，观察出现正面的次数，则 $S':\{0,1,2\}$。

概率表示一个随机事件在一次实验中发生的可能性大小。一般用 $P(A)$ 表示，A 表示该随机事件。因为随机事件具有频率稳定性，即在大量重复实验中某事件发生的频率会随着实验次数的增加趋于一个稳定值，用这个频率的稳定值来表示该事件在一次实验中发生的可能性大小，即事件发生的频率高，则在一次实验中发生的可能性就大。

如果实验的样本空间的元素只有有限个而且每个元素（基本事件）发生的可能性相同，则可用下式来计算事件 A 的概率：

$$P(A)=\frac{A \text{ 包含的基本事件数}}{S \text{ 中基本事件的总数}}$$

例如，将一枚均匀硬币抛掷两次，第一次出现正面的概率 $P(A)=\dfrac{2}{4}$。

条件概率表示事件 A 已经发生的条件下事件 B 发生的概率，用 $P(B|A)$ 表示。

$P(B|A) = \dfrac{P(AB)}{P(A)}$，即条件概率可以用积事件的概率除以作为条件的事件的概率得到。

例如，将一枚硬币抛掷两次，求在第一次出现正面的情况下，第二次出现正面的概率。样本空间 $S:\{HH, HT, TH, TT\}$，第一次出现正面的事件 $A:\{HH, HT\}$，积事件 AB 表示两次都出现正面的事件 $AB:\{HH\}$，所以 $P(B|A) = \dfrac{P(AB)}{P(A)} = \dfrac{1/4}{2/4} = \dfrac{1}{2}$。

由 $P(B|A) = \dfrac{P(AB)}{P(A)}$ 可得到 $P(AB) = P(B|A)P(A)$，即积事件的概率可以用条件概率和作为条件的事件的概率相乘得到。这就是乘法公式。

推广到多个事件的积事件的情况，积事件的概率可以由其中一个事件的概率 $P(A_1)$ 以及它们之间的转移概率相乘得到：

$$P(A_1 A_2 \cdots A_n) = P(A_n | A_1 A_2 \cdots A_{n-1}) P(A_{n-1} | A_1 A_2 \cdots A_{n-2}) \cdots P(A_2 | A_1) P(A_1)$$

这可以记作积事件概率的链规则。

如果 $P(AB) = P(A)P(B)$，则称事件 A、B 为相互独立的事件，即两事件的发生互不影响，这时有 $P(B|A) = P(B)$，$P(A|B) = P(A)$。

在将一枚硬币抛掷两次的实验中，第一次出现正面的事件 A 和第二次出现正面的事件 B 即为相互独立的事件。

$$P(A) = \frac{2}{4} = \frac{1}{2}$$

$$P(B) = \frac{2}{4} = \frac{1}{2}$$

$$P(B|A) = P(B) = \frac{1}{2}$$

$$P(A|B) = P(A) = \frac{1}{2}$$

$$P(AB) = P(A)P(B) = \frac{1}{4}$$

对于相互独立的多个事件，有

$$P(A_1 A_2 \cdots A_n) = P(A_1) P(A_2) \cdots P(A_n)$$

在实际问题中，如果 $P(A)$ 不易直接求得，但容易得到 S 的一个划分 $B_1, B_2, \cdots, B_n$ 的概率和 $P(A|B_i)$，就可以根据**全概率公式**求出 $P(A)$：

$$P(A) = P(A|B_1)P(B_1) + P(A|B_2)P(B_2) + \cdots + P(A|B_n)P(B_n)$$

这里的事件 $B_1, B_2, \cdots, B_n$ 两两互不相容，且它们的和事件涵盖了样本空间 S 的所有元素，也就是在每次实验中，事件 $B_1, B_2, \cdots, B_n$ 中必有一个且仅有一个发生。$B_1, B_2, \cdots, B_n$ 称为样本空间的一个划分。

例如，在将一枚硬币抛掷两次的实验中，我们假定 A 表示第一次出现正面的事件，B_1 表示两次出现同一面，B_2 表示两次出现不同面，$P(B_1) = 1/2$，$P(B_2) = 1/2$，$P(A|B_1) = 1/2$，$P(A|B_2) = 1/2$，则

$$P(A) = P(A|B_1)P(B_1) + P(A|B_2)P(B_2) = \frac{1}{2} \times \frac{1}{2} + \frac{1}{2} \times \frac{1}{2}$$

贝叶斯公式(逆概公式): $P(B_i|A) = \dfrac{P(B_iA)}{P(A)} = \dfrac{P(A|B_i)P(B_i)}{\sum\limits_{j=1}^{n}P(A|B_j)P(B_j)}$,可求出反向条件概率。

在这里 $P(B_i)$、$P(B_j)$ 是由以往的数据分析得到的,叫作先验概率。$P(A|B_j)$ 也是已知的。因此,把 $P(A|B_j)$ 称为前向概率,而把 $P(B_i|A)$ 称为后向概率,这样就把求后向概率转化为对先验概率和前向概率的运算。这样得到的 $P(B_i|A)$ 也称为后验概率,因为它是在已知 A 发生的条件下 B_i 发生的概率。这个公式又叫作逆概公式。

例如,在将一枚硬币抛掷两次的试验中,我们来求在第一次出现正面的情况下,第二次也出现正面的概率:

$$P(B_1|A) = \frac{P(A|B_1)P(B_1)}{P(A|B_1)P(B_1) + P(A|B_2)P(B_2)} = \frac{\frac{1}{2} \times \frac{1}{2}}{\frac{1}{2} \times \frac{1}{2} + \frac{1}{2} \times \frac{1}{2}} = \frac{1}{2}$$

A.1.2 随机变量及其分布

我们把样本空间的每一个元素用一个实数与之对应,这个定义在样本空间上的单值实函数就称为**随机变量**。

例如,在样本空间 $S:\{HH, HT, TH, TT\}$ 上可以定义一个单值实函数

$$X = X(e) = \begin{cases} 0 & e = HH \\ 1 & e = HT \\ 2 & e = TH \\ 3 & e = TT \end{cases}$$

这个函数即随机变量 X 的可能取值为 0、1、2、3。$S':\{0,1,2\} \leftrightarrow X'$ 的可能取值为 0、1、2。

根据随机变量的取值是连续的还是离散的,可以将随机变量分为连续型随机变量和离散型随机变量。

如果随机变量 X 全部能取到的值是有限个或可数无限个,则这种随机变量叫作**离散型随机变量**。例如,上例中的 X 就是离散型随机变量。

离散型随机变量 X 中的所有可能取值 $x_k, k=1,2,\cdots$ 对应的概率 $P\{X=x_k\}=p_k, k=1,2,\cdots$ 称为**离散型随机变量的概率分布**或分布律。其也可以表示成表 A.1 所示的形式。

表 A.1

X	x_1	x_2	$\cdots$	x_n	$\cdots$
p_k	p_1	p_2	$\cdots$	p_n	$\cdots$

在上例中,离散型随机变量的概率分布如表 A.2 所示。

表 A.2

X	0	1	2	3
p_k	$\dfrac{1}{4}$	$\dfrac{1}{4}$	$\dfrac{1}{4}$	$\dfrac{1}{4}$

这里要注意概率分布的完备性，$1 \geqslant p_k \geqslant 0, k=1,2,\cdots, \sum p_k = 1$，即样本空间所有元素的概率之和等于1。

X 是一个随机变量，x 是任意实数。函数 $F(x) = P\{X \leqslant x\}$ 称为随机变量 X 的**分布函数**。这个定义对离散型随机变量和连续型随机变量同样适用。

在上例中，

$$F(x) = \begin{cases} 0 & x < 0 \\ \dfrac{1}{4} & 0 \leqslant x < 1 \\ \dfrac{2}{4} & 1 \leqslant x < 2 \\ \dfrac{3}{4} & 2 \leqslant x < 3 \\ 1 & x \geqslant 3 \end{cases}$$

由随机变量的分布函数可以求随机变量 X 落在某一个区间的概率：

$$P\{x_1 < X \leqslant x_2\} = F(x_2) - F(x_1) \quad x_2 > x_1$$

对应离散型随机变量的概率分布，连续型随机变量用概率密度函数 $f(x)$ 来表示，它与分布函数的关系为

$$F(x) = \int_{-\infty}^{x} f(t) \mathrm{d}t$$

概率密度函数 $f(x)$ 同样也具有完备性：

$$\int_{-\infty}^{+\infty} f(x) \mathrm{d}x = 1$$

A.1.3 多维随机变量及其分布

前面我们讨论的是一个随机变量的情况，对于某些随机实验的结果需要同时用两个或两个以上的随机变量来描述，这就需要用到二维甚至多维随机变量，也叫作随机矢量。例如，我们需要用空间坐标横轴和纵轴两个方向的随机变量来表示 (X, Y) 电视图像。

下面以二维随机变量为例讲述多维随机变量及其分布，包括描述多维随机变量的联合分布、描述多维随机变量中单个随机变量的边缘分布，以及描述多个随机变量间关系的条件分布。

二维离散型随机变量 (X, Y) 的所有可能的取值 $(x_i, y_j), i,j = 1,2,\cdots$，对应的 $P\{X = x_i, Y = y_j\} = p(x_i y_j)$ 称为 (X, Y) 的概率分布或随机变量 X 和 Y 的**联合分布律**。

利用联合分布律可以求 X 或 Y 的**边缘分布律**。它是在固定一个随机变量的情况下，对联合分布律关于另一个随机变量在整个取值范围内求和得到的。

$$P\{X = x_i\} = \sum_{j=1}^{\infty} P\{X = x_i, Y = y_j\}$$

记为

$$p(x_i) = \sum_{j=1}^{\infty} p(x_i y_j) \quad i = 1,2,\cdots$$

$$P\{Y = y_j\} = \sum_{i=1}^{\infty} P\{X = x_i, Y = y_j\}$$

记为
$$p(y_j) = \sum_{i=1}^{\infty} p(x_i y_j) \quad j=1,2,\cdots$$

对于固定的 y_j，若 $P\{Y=y_j\}>0$，则称 $P\{X=x_i|Y=y_j\}=\dfrac{P\{X=x_i,Y=y_j\}}{P\{Y=y_j\}}$ 为在 $Y=y_j$ 条件下随机变量 X 的**条件分布律**，记为

$$p(x_i|y_j) = \frac{p(x_i y_j)}{p(y_j)} \quad i=1,2,\cdots$$

同样在 $X=x_i$ 条件下，随机变量 Y 的条件分布律记为

$$p(y_j|x_i) = \frac{p(x_i y_j)}{p(x_i)} \quad j=1,2,\cdots$$

如果随机变量 X、Y 相互独立，则

$$p(x_i|y_j) = p(x_i)$$
$$p(y_j|x_i) = p(y_j)$$
$$p(x_i y_j) = p(x_i) p(y_j)$$

对于上述的联合分布律、边缘分布律和条件分布律都满足概率分布的非负性和完备性：所有概率值不小于 0 并且

$$\sum_i \sum_j p(x_i y_j) = 1$$
$$\sum_i p(x_i) = 1$$
$$\sum_j p(y_j) = 1$$
$$\sum_i p(x_i | y_j) = 1$$
$$\sum_j p(y_j | x_i) = 1$$

对于二维连续型随机变量，也有对应的定义（联合概率密度、边缘概率密度和条件概率密度）和性质。

【**例 A.1**】 设随机变量 X 在 $1,2,3,4$ 中等概率取值，另一个随机变量 Y 在 $1\sim X$ 中等概率取一整数值。试求 (X,Y) 的分布律 $p(x_i y_j)$，边缘分布律 $p(x_i)$、$p(y_j)$ 和条件分布律 $p(y_j|x_i)$。

解 根据题意，$P\{X=i\}=1/4$，$i=1,2,3,4$，j 等概率地取不大于 i 的正整数，即 $P\{Y=j|X=i\}=\dfrac{1}{i}$，可得条件分布律 $p(y_j|x_i)$，如表 A.3 所示。

表 A.3

X	Y				$\sum_j p(y_j \mid x_i)$
	1	2	3	4	
1	1	0	0	0	1
2	$\dfrac{1}{2}$	$\dfrac{1}{2}$	0	0	1
3	$\dfrac{1}{3}$	$\dfrac{1}{3}$	$\dfrac{1}{3}$	0	1
4	$\dfrac{1}{4}$	$\dfrac{1}{4}$	$\dfrac{1}{4}$	$\dfrac{1}{4}$	1

根据乘法公式容易求得(X,Y)的分布律：
$$P\{X=i,Y=j\}=P\{Y=j|X=i\}P\{X=i\}=\frac{1}{i}\cdot\frac{1}{4} \quad i=1,2,3,4, j\leqslant i$$

求得(X,Y)的分布律$p(x_iy_j)$如表A.4所示。

表 A.4

X	Y				$p(x_i)=\sum_{j=1}^{\infty}p(x_iy_j)$
	1	2	3	4	
1	$\frac{1}{4}$	0	0	0	$\frac{1}{4}$
2	$\frac{1}{8}$	$\frac{1}{8}$	0	0	$\frac{1}{4}$
3	$\frac{1}{12}$	$\frac{1}{12}$	$\frac{1}{12}$	0	$\frac{1}{4}$
4	$\frac{1}{16}$	$\frac{1}{16}$	$\frac{1}{16}$	$\frac{1}{16}$	$\frac{1}{4}$
$p(y_j)=\sum_{i=1}^{\infty}p(x_iy_j)$	$\frac{25}{48}$	$\frac{13}{48}$	$\frac{7}{48}$	$\frac{3}{48}$	1

由$p(x_i)=\sum_{j=1}^{\infty}p(x_iy_j)$和$p(y_j)=\sum_{i=1}^{\infty}p(x_iy_j)$可以求得边缘分布律。

联合概率、边缘概率和条件概率满足以下关系。

(1) 完备性：$0\leqslant p(x_i),p(y_j),p(x_i|y_j),p(y_j|x_i),p(x_iy_j)\leqslant 1$。

$$\sum_i p(x_i)=1$$
$$\sum_j p(y_j)=1$$
$$\sum_i p(x_i|y_j)=1$$
$$\sum_j p(y_j|x_i)=1$$
$$\sum_i\sum_j p(x_iy_j)=1$$

(2) $p(x_i)=\sum_{j=1}^{\infty}p(x_iy_j), p(y_j)=\sum_{i=1}^{\infty}p(x_iy_j)$。

(3) $p(x_iy_j)=p(x_i)p(y_j|x_i)=p(y_j)p(x_i|y_j)$。

如果随机变量X、Y相互独立，则
$$p(x_i|y_j)=p(x_i)$$
$$p(y_j|x_i)=p(y_j)$$
$$p(x_iy_j)=p(x_i)p(y_j)$$

(4) $p(x_i|y_j)=\dfrac{p(x_iy_j)}{p(y_j)}=\dfrac{p(x_iy_j)}{\sum_{i=1}^{\infty}p(x_iy_j)}, p(y_j|x_i)=\dfrac{p(x_iy_j)}{p(x_i)}=\dfrac{p(x_iy_j)}{\sum_{j=1}^{\infty}p(x_iy_j)}$。

A.1.4 随机变量的数字特征

随机变量的统计平均称为随机变量的**数学期望** $E(X) = \sum_{k=1}^{\infty} x_k p_k$，它是概率的加权平均，不同于算术平均 $\frac{1}{n}\sum_{k=1}^{n} x_k$。

两个随机变量之和的数学期望 $E(X+Y)=E(X)+E(Y)$，当 X、Y 相互独立时
$$E(XY)=E(X)E(Y)$$

方差 $D(X)=E\{[X-E(X)]^2\}$，表示随机变量的各个取值与其均值 $E(X)$ 的偏离程度。

当 X、Y 相互独立时，两个随机变量和的方差
$$D(X+Y)=D(X)+D(Y)$$

设随机变量 X 具有数字期望 $E(X)=\mu$，方差 $D(X)=\sigma^2$，则对于任意正整数 ε，不等式 $P\{|X-\mu|\geqslant\varepsilon\}\leqslant\dfrac{\sigma^2}{\varepsilon^2}$ 成立。这个不等式称为**契比雪夫不等式**。

A.1.5 随机过程

如果每次随机实验的结果都是一个时间 t 的函数，这样的随机现象称为随机过程 $\{X(e,t), t\in T\}$。例如，热噪声电压的每次观测结果都不同。如果固定时间 t，则 $X(e,t_j)$ 就是一个定义在样本空间 $\{e\}$ 上的随机变量。

随机过程可依其在任一时刻随机变量的取值 $X(e,t_j)$ 是连续型还是离散型分成**连续型**随机过程（如热噪声电压）和**离散型**随机过程。例如，对于连续抛掷一个骰子的实验，设 X_n 是第 n 次 $(n\geqslant 1)$ 抛掷的点数，对于 $n=1,2,\cdots$ 的不同值，X_n 是不同的离散取值的随机变量，因而 $\{X_n, n\geqslant 1\}$ 构成一个离散型随机过程。时间参数的取值是离散的随机过程（如掷骰子实验的例子），称为随机序列。

随机过程的统计特性通常用一维和多维随机变量的统计特性来描述。

在随机过程中我们主要研究平稳随机过程，它的统计特性不随时间的推移而变化，也就是说平稳随机过程的任意 n 维随机变量的概率分布与时间起点无关，任意 n 维随机变量具有相同的概率分布。即对任意的 $n(n=1,2,\cdots)$，$t_1,t_2,\cdots,t_n\in T$ 和任意实数 h，$t_1+h,t_2+h,\cdots,t_n+h\in T$，$n$ 维随机变量 $(X(t_1),X(t_2),\cdots,X(t_n))$ 和 $(X(t_1+h),X(t_2+h),\cdots,X(t_n+h))$ 具有相同的分布函数。

参数 T 为离散取值的平稳随机过程，又称为**平稳随机序列**。

对于非平稳随机过程，我们主要研究的是马尔可夫过程，它满足以下统计关系：
$$P\{X(t_{n+1})\leqslant x_{n+1}|X(t_1)=x_1,X(t_2)=x_2,\cdots,X(t_n)=x_n\}$$
$$=P\{X(t_{n+1})\leqslant x_{n+1}|X(t_n)=x_n\} \quad x_n\in \mathbf{R}$$

也就是在已知前面 n 个时刻状态的条件下，第 $n+1$ 个时刻的条件分布函数恰好等于在已知第 n 时刻状态的条件下第 $n+1$ 个时刻的条件分布函数。马尔可夫过程的将来与现在有关，与过去无关，将来通过现在与过去发生联系。马尔可夫过程在满足某些条件成为遍

历的马尔可夫过程后是一个平稳随机过程。

状态、时间都是离散的马尔可夫过程称为**马尔可夫链**。

马尔可夫链通常用它的转移概率来表示：$p_{ij}(m,m+n)=P\{X_{m+n}=s_j|X_m=s_i\}$，它表示马尔可夫链在时刻 m 处于状态 s_i 的条件下，在时刻 $m+n$ 转移到状态 s_j 的转移概率。马尔可夫链在时刻 m 可以处于该时刻的任一状态，到另一时刻 $m+n$ 也可以转移到该时刻的任一状态，因此可以由转移概率组成马尔可夫链的转移概率矩阵：

$$\boldsymbol{P}(m,m+n)=(p_{ij}(m,m+n))$$

由于马尔可夫链在时刻 m 从任一状态 s_i 出发，到另一时刻 $m+n$ 必然转移到状态集 $S=\{s_1,s_2,\cdots s_i,\cdots s_J\}$ 中的某一个状态，所以 $\sum_{j=1}^{\infty}p_{ij}(m,m+n)=1, i=1,2,\cdots$，并且 $p_{ij}(m,n)\geq 0, s_i,s_j\in S$。

当 $n=1$ 时，把 $p_{ij}(m,n)$ 记为 $p_{ij}(m), m\geq 0$，称为基本转移概率，也称为一步转移概率：

$$P_{ij}^{(1)}(m)=P_{ij}(m)=P\{X_{m+1}=s_j|X_m=s_i\}$$

把 k 步转移概率写成

$$P_{ij}^{(k)}(m)=P\{X_{m+k}=s_j|X_m=s_i\}$$

它表示在时刻 m, X_m 的状态为 s_i 的条件下，经过 k 步转移到达状态 s_j 的概率。

转移概率矩阵：

$$\boldsymbol{P}^{(k)}(m)=\{p_{ij}^{(k)}(m),s_i,s_j\in S\}$$

称为 k 步转移矩阵。

一步转移概率矩阵：

$$\boldsymbol{P}(m)=\{p_{ij}(m),s_i,s_j\in S\}$$

当转移概率 $p_{ij}(m,m+n)$ 只与状态 s_i、s_j 及时间间距 n 有关，而与时间起点无关，即 $p_{ij}(m,m+n)=p_{ij}(n)$ 时，称这类马尔可夫链为时齐马尔可夫链或齐次马尔可夫链，也称为具有平稳转移概率的马尔可夫链。

这里的平稳仅仅是转移概率的平稳，不是平稳过程。

由一步转移概率 p_{ij} 可以写出其一步转移概率矩阵：

$$\boldsymbol{P}=\{p_{ij},s_i,s_j\in S\}$$

或

$$\boldsymbol{P}=\begin{bmatrix} p_{11} & p_{12} & p_{13} & \cdots \\ p_{21} & p_{22} & p_{23} & \cdots \\ p_{31} & p_{32} & p_{33} & \cdots \\ \vdots & \vdots & \vdots & \vdots \end{bmatrix}$$

矩阵中每一个元素都是非负的，并且每行之和均为 1。如果马尔可夫链中状态空间 $S=\{s_1,s_2,\cdots,s_J\}$ 是有限的，则称为有限状态的马尔可夫链。如果状态空间 $S=\{s_1,s_2,\cdots\}$ 是无穷集合，则称为可数无穷状态的马尔可夫链。

对于具有 $m+n$ 步转移概率的齐次马尔可夫链，存在下述 C-K 方程：

$$\boldsymbol{P}^{(m+n)}=\boldsymbol{P}^{(m)}\boldsymbol{P}^{(n)}$$

或写成

附录 A 数学预备知识

$$p_{ij}^{(m+n)} = \sum_k p_{ik}^{(m)} p_{kj}^{(n)}$$

对于齐次马尔可夫链来说，一步转移完全决定了 k 步转移概率 $\boldsymbol{P}^{(k)} = (\boldsymbol{P})^k$。

下面求在某时刻的状态概率分布 $P(X_k = s_j)$。记 $p_{0i} = P(X_0 = s_i)$ 表示初始概率。

$$P(X_k = s_j) = \sum_i P(X_k = s_j, X_0 = s_i) = \sum_i p_{0i} p_{ij}^{(k)}$$

在一般情况下，绝对概率是与初始分布 p_{0i} 有关的，但是当 $\lim_{k\to\infty} p_{ij}^{(k)}$ 存在，且等于一个与起始状态 s_i 无关的被称为平稳分布的 W_j，即 $\lim_{k\to\infty} p_{ij}^{(k)} = W_j$ 与 s_i 无关时，则不论起始状态是什么，此马尔可夫链最终可以达到稳定，稳定后所有时刻随机变量的概率分布不变，

$$\lim_{k\to\infty} P(X_k = s_j) = \lim_{k\to\infty} \sum_i p_{0i} p_{ij}^{(k)} = \sum_i p_{0i} W_j = W_j$$

这时，马尔可夫链达到了稳定分布，稳定分布只与转移概率有关，而与初始分布无关。因此，经过长时间的转移，到达某状态时的概率与初始状态无关，起始状态只使前面有限个变量的分布改变，如同电路中的暂态和稳态一样。

因此，若齐次马尔可夫链对一切 i、j 存在不依赖 i 的极限：$\lim_{k\to\infty} p_{ij}^{(k)} = W_j$ 并且 $W_j = \sum_i W_i p_{ij}$，$\sum_j W_j = 1$，$W_j \geqslant 0$，则称其具有遍历性（各态历经性），这时的分布 W_j 称为极限分布或平稳分布。

遍历性的直观意义是，不论起始状态是哪个状态 s_i，当转移步数 k 足够大时，转移到状态 s_j 的概率 $p_{ij}^{(k)}$ 都近似等于某个常数 W_j，反过来说，如果转移步数 k 充分大，就可以用常数 W_j 作为 k 步转移概率 $p_{ij}^{(k)}$ 的近似值。

这意味着，马尔可夫信源在初始时刻可以处在任意状态，状态之间可以任意转移，经过足够长的时间之后，信源处于什么状态已与初始状态无关。这时，每种状态出现的概率已达到一种稳定分布，即平稳分布。就像电路经过暂态后进入稳态一样，这时信源才是一个离散平稳信源。

定理 A.1 W_j 是满足方程组 $\boldsymbol{WP} = \boldsymbol{W}$ 和 $\sum_j W_j = 1$，$W_j \geqslant 0$ 的唯一解。

事实上，用 $\lim_{k\to\infty} p_{ij}^{(k)} = W_j$ 求稳态分布是比较困难的，如果我们能判断稳态分布存在，一般用解方程组 $W_j = \sum_i W_i p_{ij}$，$\sum_j W_j = 1$，$W_j \geqslant 0$ 来求 W_j。怎样判断马尔可夫链的稳态分布存在呢？

定理 A.2 设 $\boldsymbol{P}$ 为某一马尔可夫链的状态转移矩阵，则该马尔可夫链稳态分布存在的充要条件是，存在一个正整数 N，使矩阵 $\boldsymbol{P}^N$ 中的所有元素均大于零。

【**例 A.2**】 设有一马尔可夫链，其状态转移矩阵为

$$\boldsymbol{P} = \begin{pmatrix} 0 & 0 & 1 \\ \dfrac{1}{2} & \dfrac{1}{3} & \dfrac{1}{6} \\ \dfrac{1}{2} & \dfrac{1}{2} & 0 \end{pmatrix}$$

是否存在稳态分布？如果存在，求其稳态分布。

解 为了验证它是否满足定理 A.2 的条件,我们计算矩阵

$$P^2 = \begin{pmatrix} 0 & 0 & * \\ * & * & * \\ * & * & 0 \end{pmatrix} \begin{pmatrix} 0 & 0 & * \\ * & * & * \\ * & * & 0 \end{pmatrix} = \begin{pmatrix} * & * & 0 \\ * & * & * \\ * & * & * \end{pmatrix}$$

$$P^3 = \begin{pmatrix} * & * & 0 \\ * & * & * \\ * & * & * \end{pmatrix} \begin{pmatrix} 0 & 0 & * \\ * & * & * \\ * & * & 0 \end{pmatrix} = \begin{pmatrix} * & * & * \\ * & * & * \\ * & * & * \end{pmatrix}$$

其中, * 表示非零元素。因此,这个马尔可夫链是遍历的,其稳态分布存在。

由定理 A.1,W 满足方程组 $WP=W$,并且 $\sum_j W_j = 1, W_j \geqslant 0$,将矢量 W 写成分量的形式 $W = \begin{pmatrix} W_1 & W_2 & W_3 \end{pmatrix}$ 代入 $WP = W$,得到

$$\begin{cases} \dfrac{1}{2}W_2 + \dfrac{1}{2}W_3 = W_1 \\ \dfrac{1}{3}W_2 + \dfrac{1}{2}W_3 = W_2 \\ W_1 + \dfrac{1}{6}W_2 = W_3 \end{cases}$$

并且

$$W_1 + W_2 + W_3 = 1$$

求得

$$W_1 = \frac{1}{3}$$

$$W_2 = \frac{2}{7}$$

$$W_3 = \frac{8}{21}$$

定理 A.2 所给定的条件等价于存在一个状态 s_j 和正整数 N,使得从任意原始状态出发,经过 N 步转移之后,一定可以到达状态 s_j。也就是说,只有在转移一定步数后在各状态之间均可相通的条件下,转移步数足够大,各状态出现的概率才能稳定在某一极限值,存在状态的极限概率。所谓"各态历经",其含义之一就是各态相通,均可经历;其含义之二就是由各态历经过程产生的每个序列都有相同的统计特性。如果 P 不含零元素,即任一状态经一步转移便可达其他状态,则稳态分布必然存在。

时齐马尔可夫链可以用状态转移图来表示。从状态转移图可以判断状态相通的情况。图 A.1 是一个有 6 个状态的时齐马尔可夫链。

时齐马尔可夫链的状态可以根据其性质分为常返态和过渡态。常返态是指从该状态出发,经过若干步以后总能回到该状态,如图 A.1 中的状态 2、3、4、5、6 均为常返态。而过渡态是指从该状态出发能到达某一个其他状态,但不能从其他状态返回,如图 A.1 中的状态 1。常返态又分周期态和非周期态。周期态指存在某大于 1 的整数 d,当 n 能被 d 整除时,$p_{ii}^{(n)} > 0$,而对于不能被 d 整除的 n,则 $p_{ii}^{(n)} = 0$。如状态 4、5,周期 $d = 2$。非周期的常返态称为遍历状态,

如状态2、3。

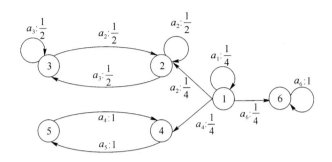

图 A.1 状态转移图

若状态空间某一子集中的任何一个状态都不能到达子集以外的任何状态,则称该子集为闭集,如{2,3,4,5},{2,3},{4,5},{6}。若闭集中不包含其他非空闭集,则称为不可约的(不可分的、既约的),如{2,3},{4,5},{6}。

从不可约的非周期态出发,在转移一定步数后,各状态之间可相通,经过足够长时间后,就可以使各状态出现的概率稳定在某一极限值。

对于既约、非周期、有限状态的马尔可夫链,其 n 步转移概率在 n 很大时趋于一个和初始状态无关的极限概率 W_j,它是满足方程组 $W_j = \sum_i W_i p_{ij}$,$\sum_j W_j = 1$,$W_j \geqslant 0$ 的唯一解,称 W_j 为马尔可夫链的平稳分布,它是当时间足够长之后系统处于状态 s_j 的概率,此时马尔可夫链是平稳的或称为遍历的。

有了马尔可夫链的这些知识,我们可以求马尔可夫信源的极限熵。

A.2 凸函数及 Jensen 不等式

定义 A.1 对于任意小于 1 的正数 $\alpha(0<\alpha<1)$ 以及定义域内的任意变量 x_1、$x_2(x_1 \neq x_2)$,如果 $f[\alpha x_1+(1-\alpha)x_2] \geqslant \alpha f(x_1)+(1-\alpha)f(x_2)$,则称 $f(x)$ 为定义域上的上凸函数。若式中">"成立,则称为严格的上凸函数(如图 A.2 所示)。

如果 $f[\alpha x_1+(1-\alpha)x_2] \leqslant \alpha f(x_1)+(1-\alpha)f(x_2)$,则称 $f(x)$ 为定义域上的下凸函数,若式中"<"成立,则称为严格的下凸函数。

在上凸函数的任意两点之间画一条割线,函数总在割线上方。如果 $f(x)$ 是上凸函数,则 $-f(x)$ 是下凸函数。如果 $f(x)$ 存在非负的二阶导数,则为下凸函数。

对于凸函数,有一个很重要的不等式——Jensen 不等式。在信息论中关于熵函数的证明经常要用到这个不等式。

若 $f(x)$ 是定义在区间 $[a,b]$ 上的实值连续上凸函数,则对于任意一组变量 $x_1, x_2, \cdots$,$x_q \in [a,b]$ 和任意一组非负实数 $\lambda_1, \lambda_2, \cdots, \lambda_q$ 满足 $\sum_{k=1}^{q} \lambda_k = 1$,则有

$$\sum_{k=1}^{q} \lambda_k f(x_k) \leqslant f\left[\sum_{k=1}^{q} \lambda_k x_k\right]$$

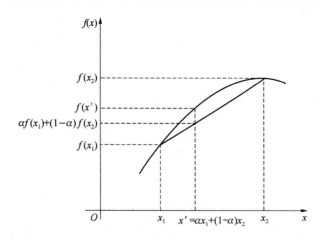

图 A.2 上凸函数

证明 当 $q=2$ 时，由上凸函数的定义可知上式成立，因此我们用数学归纳法。

当 $q=2$ 时，上式成立，即 $\lambda_1 f(x_1) + \lambda_2 f(x_2) \leqslant f(\lambda_1 x_1 + \lambda_2 x_2)$，$\lambda_1$、$\lambda_2$ 为满足 $\lambda_1 + \lambda_2 = 1$ 的任意非负实数。

当 $q=3$ 时，有

$$\lambda_1 f(x_1) + \lambda_2 f(x_2) + \lambda_3 f(x_3)$$
$$= (\lambda_1 + \lambda_2)\left[\frac{\lambda_1}{\lambda_1 + \lambda_2} f(x_1) + \frac{\lambda_2}{\lambda_1 + \lambda_2} f(x_2)\right] + \lambda_3 f(x_3)$$
$$\leqslant (\lambda_1 + \lambda_2) f\left[\frac{\lambda_1}{\lambda_1 + \lambda_2} x_1 + \frac{\lambda_2}{\lambda_1 + \lambda_2} x_2\right] + \lambda_3 f(x_3)$$
$$\leqslant f\left[(\lambda_1 + \lambda_2)\left(\frac{\lambda_1}{\lambda_1 + \lambda_2} x_1 + \frac{\lambda_2}{\lambda_1 + \lambda_2} x_2\right) + \lambda_3 x_3\right]$$
$$= f(\lambda_1 x_1 + \lambda_2 x_2 + \lambda_3 x_3)$$

所以假设当 $q=n$ 时成立，即

$$\sum_{k=1}^{n} \lambda_k f(x_k) \leqslant f\left[\sum_{k=1}^{n} \lambda_k x_k\right]$$

那么当 $q=n+1$ 时，令 $\alpha = \sum_{k=1}^{n} \lambda_k$，$\lambda_{n+1} = 1 - \alpha$，则

$$\lambda_1 f(x_1) + \lambda_2 f(x_2) + \cdots + \lambda_n f(x_n) + \lambda_{n+1} f(x_{n+1})$$
$$= \alpha\left[\frac{\lambda_1}{\alpha} f(x_1) + \frac{\lambda_2}{\alpha} f(x_2) + \cdots + \frac{\lambda_n}{\alpha} f(x_n)\right] + \lambda_{n+1} f(x_{n+1})$$
$$= \alpha\left[\frac{\lambda_1}{\alpha} f(x_1) + \frac{\lambda_2}{\alpha} f(x_2) + \cdots + \frac{\lambda_n}{\alpha} f(x_n)\right] + (1-\alpha) f(x_{n+1})$$
$$\leqslant \alpha f\left[\sum_{k=1}^{n} \frac{\lambda_k}{\alpha} x_k\right] + (1-\alpha) f(x_{n+1})$$
$$\leqslant f\left[\sum_{k=1}^{n} \lambda_k x_k + \lambda_{n+1} x_{n+1}\right] = f\left[\sum_{k=1}^{n+1} \lambda_k x_k\right]$$

所以对于任意一组变量 $x_1, x_2, \cdots, x_q \in [a,b]$ 和任意一组满足 $\sum_{k=1}^{q} \lambda_k = 1$ 的非负实数 λ_1，

$\lambda_2, \cdots, \lambda_q$,有 $\sum_{k=1}^{q} \lambda_k f(x_k) \leqslant f\left(\sum_{k=1}^{q} \lambda_k x_k\right)$ 成立。

证毕。

当 $x_1, x_2, \cdots, x_q$ 视为随机变量 X 的可能取值,而 $\lambda_1, \lambda_2, \cdots, \lambda_q$ 视为对应的概率时,上式可记为 $E[f(X)] \leqslant f[E(X)]$,即函数的均值≤均值的函数。

对数函数即为上凸函数,这时上式可表示为 $E(\log X) \leqslant \log[E(X)]$。

对于下凸函数,有 $E[f(X)] \geqslant f[E(X)]$,即函数的均值≥均值的函数。

Jensen 不等式可以推广到多维随机变量的情况。

若 $f(\boldsymbol{x}) = f(x_1, x_2, \cdots, x_n)$ 为一个多维函数,若对于任意小于 1 的正数 $\alpha (0 < \alpha < 1)$ 以及函数 $f(\boldsymbol{x})$ 定义域内的任意矢量 $\boldsymbol{x}_1$、$\boldsymbol{x}_2 (\boldsymbol{x}_1 \neq \boldsymbol{x}_2)$,$f[\alpha \boldsymbol{x}_1 + (1-\alpha) \boldsymbol{x}_2] \geqslant \alpha f(\boldsymbol{x}_1) + (1-\alpha) f(\boldsymbol{x}_2)$,则称 $f(\boldsymbol{x})$ 为定义域上的上凸函数。若式中">"成立,则称为严格的上凸函数。

如果 $f[\alpha \boldsymbol{x}_1 + (1-\alpha) \boldsymbol{x}_2] \leqslant \alpha f(\boldsymbol{x}_1) + (1-\alpha) f(\boldsymbol{x}_2)$,则称 $f(\boldsymbol{x})$ 为定义域上的下凸函数,若式中"<"成立,则称为严格的下凸函数。

A.3 信道容量定理的引理

引理 $\lim\limits_{\theta \to 0} \dfrac{1}{\theta} \{I[\theta \boldsymbol{Q} + (1-\theta) \boldsymbol{P}] - I(\boldsymbol{P})\} = \sum\limits_{i=1}^{r} (q_i - p_i) \dfrac{\partial I(\boldsymbol{P})}{\partial p_i}$。

这里把 $I(X;Y)$ 写成概率矢量 $\boldsymbol{P}$、$\boldsymbol{Q}$ 的函数 $I(\boldsymbol{P})$ 和 $I(\boldsymbol{Q})$ 的形式,$\boldsymbol{P}$、$\boldsymbol{Q}$ 为不同的概率矢量:$\boldsymbol{P} = (p_1, p_2, \cdots, p_r)$,$\boldsymbol{Q} = (q_1, q_2, \cdots, q_r)$。

证明 $I[\theta \boldsymbol{Q} + (1-\theta) \boldsymbol{P}] - I(\boldsymbol{P})$
$= I[\boldsymbol{P} + \theta(\boldsymbol{Q} - \boldsymbol{P})] - I(\boldsymbol{P})$
$= I[p_1 + \theta(q_1 - p_1), p_2 + \theta(q_2 - p_2), p_3 + \theta(q_3 - p_3), \cdots, p_r + \theta(q_r - p_r)] -$
  $I(p_1, p_2, \cdots, p_r)$
$= I[p_1 + \theta(q_1 - p_1), p_2 + \theta(q_2 - p_2), p_3 + \theta(q_3 - p_3), \cdots, p_r + \theta(q_r - p_r)] -$
  $I[p_1, p_2 + \theta(q_2 - p_2), p_3 + \theta(q_3 - p_3), \cdots, p_r + \theta(q_r - p_r)] +$
  $I[p_1, p_2 + \theta(q_2 - p_2), p_3 + \theta(q_3 - p_3), \cdots, p_r + \theta(q_r - p_r)] -$
  $I[p_1, p_2, p_3 + \theta(q_3 - p_3), \cdots, p_r + \theta(q_r - p_r)] +$
  $I[p_1, p_2, p_3 + \theta(q_3 - p_3), \cdots, p_r + \theta(q_r - p_r)] - \cdots +$
  $I[p_1, p_2, p_3, \cdots, p_r + \theta(q_r - p_r)] -$
  $I(p_1, p_2, \cdots, p_r)$

上式为 r 对 r 个分量的多元函数的减式,每一对中只有一个分量不同,其余分量都相同。可以将对每一对减式除以 θ 并求当 $\theta \to 0$ 时的极限看作多元函数对该分量求偏导,即当 $\theta \to 0$ 时,

$$\lim_{\theta \to 0} \frac{1}{\theta} I[p_1, p_2, \cdots, p_i + \theta(q_i - p_i), \cdots, p_r] - I[p_1, p_2, \cdots, p_i, \cdots, p_r]$$

$$= (q_i - p_i) \frac{\partial I(\boldsymbol{P})}{\partial p_i}$$

所以

$$\lim_{\theta \to 0} \frac{1}{\theta} \{ I[\theta \boldsymbol{Q} + (1-\theta)\boldsymbol{P}] - I(\boldsymbol{P}) \}$$
$$= (q_1 - p_1)\frac{\partial I(\boldsymbol{P})}{\partial p_1} + (q_2 - p_2)\frac{\partial I(\boldsymbol{P})}{\partial p_2} + \cdots + (q_r - p_r)\frac{\partial I(\boldsymbol{P})}{\partial p_r}$$
$$= \sum_{i=1}^{r} (q_i - p_i)\frac{\partial I(\boldsymbol{P})}{\partial p_i}$$

A.4 渐进等分割性和 ε 典型序列

为了严格论证定长信源编码定理,需要介绍渐进等分割性和 ε 典型序列。在信息论的定理证明中,它是一个重要的数学工具。

当随机实验次数很大时,事件发生的频率具有稳定性。例如,多次抛掷硬币,出现正面或反面的次数是不定的,但是随着实验次数的增加,出现正面或反面的频率将逐渐稳定在 $\frac{1}{2}$,这就是随机事件的统计规律性。

对于独立、等同分布的随机变量 $X_1, X_2, X_3, \cdots, X_N$,只要 N 足够大,其算术平均值 $\frac{1}{N}\sum_{i=1}^{N} X_i$ 接近其数学期望值 $E(X)$,即

$$\lim_{N \to \infty} P\left\{ \left| \frac{1}{N}\sum_{i=1}^{N} X_i - E(X) \right| < \varepsilon \right\} = 1$$

也就是说,其算术平均值依概率收敛于数学期望。当 N 很大时,其算术平均值将几乎变成一个常数 $E(X)$,这就是大数定理。

把 $\frac{1}{N}\sum_{i=1}^{N} X_i$ 看作一个随机变量,

$$E\left(\frac{1}{N}\sum_{i=1}^{N} X_i\right) = E(X), D\left(\frac{1}{N}\sum_{i=1}^{N} X_i\right) = \frac{\sigma^2}{N\varepsilon^2}$$

根据契比雪夫不等式可以推出,对于独立同分布的随机变量 $X_1, X_2, \cdots, X_N$,它们具有相同的数学期望和方差,对于任意正数 ε,有不等式

$$P\left\{ \left| \frac{1}{N}\sum_{i=1}^{N} X_i - E(X) \right| \geqslant \varepsilon \right\} \leqslant \frac{\sigma^2}{N\varepsilon^2}$$

和

$$P\left\{ \left| \frac{1}{N}\sum_{i=1}^{N} X_i - E(X) \right| \leqslant \varepsilon \right\} \geqslant 1 - \frac{\sigma^2}{N\varepsilon^2}$$

成立,其中 σ^2 为随机变量 $X_1, X_2, \cdots, X_N$ 的方差。

考虑一个离散无记忆信源

$$\begin{pmatrix} S \\ P(S) \end{pmatrix} = \begin{pmatrix} s_1 & \cdots & s_i & \cdots & s_q \\ p(s_1) & \cdots & p(s_i) & \cdots & p(s_q) \end{pmatrix}$$

的 N 次扩展信源

$$\begin{pmatrix} \boldsymbol{S} \\ P(\boldsymbol{S}) \end{pmatrix} = \begin{pmatrix} \boldsymbol{s}_1 & \cdots & \boldsymbol{s}_j & \cdots & \boldsymbol{s}_{qN} \\ p(\boldsymbol{s}_1) & \cdots & p(\boldsymbol{s}_j) & \cdots & p(\boldsymbol{s}_{qN}) \end{pmatrix}$$

这里 $\boldsymbol{S} = S_1 S_2 \cdots S_N$ 是 N 维随机矢量，而

$$\boldsymbol{s}_j = s_{j_1} s_{j_2} \cdots s_{j_N} \qquad s_{j_1}, s_{j_2}, \cdots, s_{j_N} \in \{s_1, \cdots, s_i, \cdots, s_q\}$$

因为是离散无记忆信源的扩展信源，所以

$$p(\boldsymbol{s}_j) = p(s_{j_1}) p(s_{j_2}) \cdots p(s_{j_N}) = \prod_{k=1}^{N} p(s_{j_k})$$

$$I(\boldsymbol{s}_j) = -\log p(\boldsymbol{s}_j) = -\log \left[\prod_{k=1}^{N} p(s_{j_k})\right] = -\sum_{k=1}^{N} \log p(s_{j_k}) = \sum_{k=1}^{N} I(s_{j_k})$$

$I(\boldsymbol{s}_j)$ 是一个随机变量，其数学期望就是 $\boldsymbol{S}$ 的熵。

$$E[I(\boldsymbol{s}_j)] = H(\boldsymbol{S}) = \sum_{k=1}^{N} E[I(s_{j_k})] = NH(S)$$

$$D[I(\boldsymbol{s}_j)] = ND[I(s_i)]$$

因为 $D[I(s_i)] < \infty$，所以当 q 为有限值时，$D[I(\boldsymbol{s}_j)] < \infty$。

由于相互统计独立的随机变量的函数也是相互统计独立的随机变量，所以由 $S_1, S_2, \cdots, S_N$ 是相互统计独立且服从同一概率分布的随机变量可以推出，其自信息 $I(s_{j_k}), k=1,2,\cdots,N$ 也是相互统计独立且服从同一概率分布的随机变量。

$$\frac{I(\boldsymbol{s}_j)}{N} = \frac{1}{N} \sum_{k=1}^{N} I(s_{j_k})$$

$$E\left[\frac{I(\boldsymbol{s}_j)}{N}\right] = \frac{1}{N} H(\boldsymbol{S}) = \frac{1}{N} \sum_{k=1}^{N} E[I(s_{j_k})] = H(S)$$

所以 $\dfrac{I(\boldsymbol{s}_j)}{N}$ 依概率收敛于 $H(S)$（大数定理），这称为渐进等分割性。

对于离散无记忆信源的 N 次扩展信源，N 维随机矢量中的每一维随机变量相互独立，当序列长度 N 变得很大时，由于统计规律性，N 个随机变量的算术平均将变成一个常数（随机变量的数学期望），也就是 N 维随机矢量中平均每一维随机变量的自信息非常接近单符号信源熵。因为 $D\left[\dfrac{I(\boldsymbol{s}_j)}{N}\right] = D[I(s_i)]/N$，根据契比雪夫不等式，有以下不等式成立：

$$P\left\{\left|\frac{I(\boldsymbol{s}_j)}{N} - H(S)\right| \geq \varepsilon\right\} \leq \frac{D[I(s_i)]}{N\varepsilon^2}$$

和

$$P\left\{\left|\frac{I(\boldsymbol{s}_j)}{N} - H(S)\right| \leq \varepsilon\right\} \geq 1 - \frac{D[I(s_i)]}{N\varepsilon^2}$$

令 $\dfrac{D[I(s_i)]}{N\varepsilon^2} = \delta(N,\varepsilon)$，可知 $\lim\limits_{N\to\infty} \delta(N,\varepsilon) = 0$。这样，我们可以把扩展信源输出的 N 长序列分成两个集合 G_ε 和 $\overline{G}_\varepsilon$：

$$G_\varepsilon = \left\{\boldsymbol{s}_j : \left|\frac{I(\boldsymbol{s}_j)}{N} - H(S)\right| \leq \varepsilon\right\}$$

$$\overline{G}_\varepsilon = \left\{\boldsymbol{s}_j : \left|\frac{I(\boldsymbol{s}_j)}{N} - H(S)\right| \geq \varepsilon\right\}$$

且 $P(G_\varepsilon) + P(\overline{G}_\varepsilon) = 1$。$G_\varepsilon$ 称为 ε 典型序列集，它表示 N 长序列中平均每一维随机变量的自

信息非常接近单符号信源熵的一类序列的集合。而 $\overline{G}_\varepsilon$ 表示 N 长序列中不在 G_ε 集中的序列的集合,称为非 ε 典型序列集。它们的差别在于 $\dfrac{I(s_j)}{N}$ 与 $H(S)$ 的差是否小于任意小的正数 ε。下面推导 ε 典型序列集的一些性质。

(1) G_ε 和 $\overline{G}_\varepsilon$ 的概率。

$$1 \geqslant P(G_\varepsilon) \geqslant 1-\delta(N,\varepsilon)$$
$$0 \leqslant P(\overline{G}_\varepsilon) \leqslant \delta(N,\varepsilon)$$

(2) G_ε 和 $\overline{G}_\varepsilon$ 中序列的概率。

根据 ε 典型序列集的定义,G_ε 中序列 $\dfrac{I(s_j)}{N}$ 与 $H(S)$ 的差小于正数 ε,即

$$-\varepsilon \leqslant \dfrac{I(s_j)}{N} - H(S) \leqslant \varepsilon$$
$$N[H(S)-\varepsilon] \leqslant I(s_j) \leqslant N[H(S)+\varepsilon]$$

而 $I(s_j) = -\log p(s_j)$,所以

$$2^{-N[H(S)-\varepsilon]} \geqslant p(s_j) \geqslant 2^{-N[H(S)+\varepsilon]}$$

(3) G_ε 和 $\overline{G}_\varepsilon$ 中序列的个数。

设 G_ε 中的序列数为 M_G,有

$$1 \geqslant P(G_\varepsilon) \geqslant M_G 2^{-N[H(S)+\varepsilon]}$$
$$1-\delta(N,\varepsilon) \leqslant P(G_\varepsilon) \leqslant M_G 2^{-N[H(S)-\varepsilon]}$$

所以

$$[1-\delta(N,\varepsilon)]2^{N[H(S)-\varepsilon]} = \dfrac{1-\delta(N,\varepsilon)}{2^{-N[H(S)-\varepsilon]}}$$
$$\leqslant \dfrac{P(G_\varepsilon)}{2^{-N[H(S)-\varepsilon]}}$$
$$\leqslant M_G$$
$$\leqslant \dfrac{P(G_\varepsilon)}{2^{-N[H(S)+\varepsilon]}}$$
$$\leqslant \dfrac{1}{2^{-N[H(S)+\varepsilon]}}$$
$$= 2^{N[H(S)+\varepsilon]}$$

即

$$[1-\delta(N,\varepsilon)]2^{N[H(S)-\varepsilon]} \leqslant M_G \leqslant 2^{N[H(S)+\varepsilon]}$$

因此,N 次扩展信源中信源序列可分为两大类:一类是 ε 典型序列,是经常出现的信源序列。当 $N \to \infty$ 时,这类序列出现的概率趋于 1,并且每个 ε 典型序列接近等概分布 $p(s_j) \approx 2^{-N[H(S)]}$;另一类是低概率的非 ε 典型序列,是不经常出现的信源序列。当 $N \to \infty$ 时,这类序列出现的概率趋于零。

信源的这种划分性质就是渐近等分割性。

虽然 G_ε 中的序列是高概率序列,但是 G_ε 中的序列数占信源序列总数的比值却很小,为

$$\xi = \dfrac{M_G}{q^N} \leqslant \dfrac{2^{N[H(S)+\varepsilon]}}{q^N} = 2^{-N[\log q - H(S) - \varepsilon]}$$

因为在一般情况下 $H(S)<\log q$，所以 $\log q-H(S)-\varepsilon>0$，$\lim\limits_{N\to\infty}\xi=0$，信源序列中大部分是不大可能出现的序列，因此如果只对高概率的 ε 典型序列进行一一对应的等长编码，码字总数减少，所需码长就可以减短了。

附录 B

上 机 作 业

B.1 信道容量的迭代算法

【已知】

信源符号个数 r、信宿符号个数 s、信道转移概率矩阵 $\boldsymbol{P}=(p_{ji})_{r\times s}$。

【算法】

(1) 初始化信源分布：$p_i=\dfrac{1}{r}$，循环变量 $k=1$，门限为 Δ，$C^{(0)}=-\infty$。

(2) 求 $\varphi_{ij}^{(k)}$。

$$\varphi_{ij}^{(k)} = \frac{p_i^{(k)} p_{ji}}{\sum\limits_{i=1}^{r} p_i^{(k)} p_{ji}}$$

(3) 求 $p_i^{(k+1)}$。

$$p_i^{(k+1)} = \frac{\exp\left[\sum\limits_{j=1}^{s} p_{ji} \log \phi_{ij}^{(k)}\right]}{\sum\limits_{i=1}^{r} \exp\left[\sum\limits_{j=1}^{s} p_{ji} \log \phi_{ij}^{(k)}\right]}$$

(4) 求 $C^{(k+1)}$。

$$C^{(k+1)} = \log\left[\sum\limits_{i=1}^{r} \exp\left(\sum\limits_{j=1}^{s} p_{ji} \log \phi_{ij}^{(k)}\right)\right]$$

(5) 若 $\dfrac{|C^{(k+1)}-C^{(k)}|}{C^{(k+1)}}>\Delta$，则 $k=k+1$，转第(2)步。

(6) 输出 $\overline{P}^*=(P_i^{(k+1)})_r$ 和 $C^{(k+1)}$，终止。

【要求】

(1) 允许使用的编程语言有 C、C++、Basic、Pascal、Fortran、Java、Perl、Tk/Tcl。

(2) 输入：任意一个信道转移概率矩阵。信源符号个数、信宿符号个数和每个具体的转移概率在运行时从键盘输入。

(3) 输出：最佳信源分布 $\overline{P}^*$、信道容量 C。

(4) 源程序格式工整，注释简单明了。

B.2　唯一可译码判决准则

【已知】信源符号个数 r、码字集合 C。

【算法】

(1) 考查 C 中的所有码字，若 W_i 是 W_j 的前缀，则将相应的后缀作为一个尾随后缀码放入集合 F_0 中。

(2) 考查 C 和 F_i 两个集合，若 $W_i \in C$ 是 $W_j \in F_i$ 的前缀或 $W_i \in F_i$ 是 $W_j \in C$ 的前缀，则将相应的后缀作为尾随后缀码放入集合 F_{i+1} 中。

(3) $F = \bigcup_i F_i$ 即为码 C 的尾随后缀集合。

(4) 若 F 中出现了 C 中的元素，则算法终止，返回假（C 不是唯一可译码）；否则，若 F 中没有出现新的元素，则返回真。

【要求】

(1) 允许使用的编程语言有 C、C++、Basic、Pascal、Fortran、Java、Perl、Tk/Tcl。

(2) 输入：任意的一个码。码字个数和每个具体的码字在运行时从键盘输入。

(3) 输出：判决（是唯一可译码/不是唯一可译码）。

(4) 源程序格式工整，注释简单明了。

B.3　香农编码

【已知】

信源符号个数 q，信源符号 $s_0, s_1, \cdots, s_{q-1}$，信源概率分布 $p_0, p_1, \cdots, p_{q-1}$。

【算法】

(1) 将 q 个信源符号按其概率的递减次序排列：

$$p(s_0) \geqslant p(s_1) \geqslant \cdots \geqslant p(s_{q-1})$$

(2) 计算出各个信源符号的累加概率：

$$F(s_i) = \sum_{k=1}^{i-1} p(s_k)$$

(3) 计算第 i 个消息的二元代码组的码长 l_i：

$$l_i = \left\lceil \log \frac{1}{p(s_i)} \right\rceil$$

(4) 将累加概率 $F(s_i)$（十进制小数）变换成二进制小数。根据码长 l_i 取小数点后 l_i 个

二进制符号作为第 i 个消息的码字。

【要求】

(1) 允许使用的编程语言有 C、C++、Basic、Pascal、Fortran、Java、Perl、Tk/Tcl。

(2) 输入：信源符号个数 q，信源符号 $s_0, s_1, \cdots, s_{q-1}$，信源概率分布 $p_0, p_1, \cdots, p_{q-1}$。

(3) 输出：信源符号与码字的对应关系表（编码表）。

(4) 源程序格式工整，注释简单明了。

B.4 霍夫曼编码

【已知】

信源符号个数 q，信源符号 $s_0, s_1, \cdots, s_{q-1}$，信源概率分布 $p_0, p_1, \cdots, p_{q-1}$。

【算法】

(1) 如果 $q=2$，则返回编码：$s_0 \mapsto 0, s_1 \mapsto 1$。

(2) 否则

① 按照递减重新排序 $s_0, s_1, \cdots, s_{q-1}$ 和 $p_0, p_1, \cdots, p_{q-1}$；

② 创建一个符号 s'，其概率为 $p' = p_{q-2} + p_{q-1}$；

③ 递归调用本算法以得到 $s_0, s_1, \cdots, s_{q-3}, s'$ 的编码 $w_0, w_1, \cdots, w_{q-3}, w'$，它的概率分布为 $p_0, p_1, \cdots, p_{q-3}, p'$；

④ 返回编码：$s_0 \mapsto w_0, s_1 \mapsto w_1, \cdots, s_{q-3} \mapsto w_{q-3}, s_{q-2} \mapsto w'_0, s_{q-1} \mapsto w'_1$。

【要求】

(1) 允许使用的编程语言有 C、C++、Basic、Pascal、Fortran、Java、Perl、Tk/Tcl。

(2) 输入：信源符号个数、每个信源符号的概率分布在运行时从键盘输入。

(3) 输出：信源符号与码字的对应关系表（编码表）。

(4) 源程序格式工整，注释简单明了。

B.5 费诺编码

【已知】

信源符号个数 q，信源符号 $s_0, s_1, \cdots, s_{q-1}$，信源概率分布 $p_0, p_1, \cdots, p_{q-1}$。

【算法】

(1) 将信源符号 $s_0, s_1, \cdots, s_{q-1}$ 按概率递减次序排列，即

$$p(s_0) \geqslant p(s_1) \geqslant \cdots \geqslant p(s_{q-1})$$

(2) 将依次排列的信源符号以概率分为两组，使两组的概率和之差最小，并对各组分别赋予二元码符号"0"和"1"。

(3) 将每一大组的信源符号进一步再分成两组，使划分后两个组的概率和之差最小，并分别赋予各组二元码符号"0"和"1"。

(4) 如此重复,直至每组只剩下一个信源符号为止。
(5) 信源符号所对应的从左至右的码符号序列即为码字。

【要求】
(1) 允许使用的编程语言有 C、C++、Basic、Pascal、Fortran、Java、Perl、Tk/Tcl。
(2) 输入:信源符号个数 q,信源符号 $s_0, s_1, \cdots, s_{q-1}$,信源概率分布 $p(s_0), p(s_1)$, $\cdots, p(s_{q-1})$。
(3) 输出:压缩后的数据文件。
(4) 源程序格式工整,注释简单明了。

B.6　LZW 编码

【已知】
待压缩的数据文件。

【算法】
参见正文第 109 页。

【要求】
(1) 允许使用的编程语言有 C、C++、Basic、Pascal、Fortran、Java、Perl、Tk/Tcl。
(2) 输入:任意的数据文件。
(3) 输出:压缩后的数据文件。
(4) 源程序格式工整,注释简单明了。

B.7　BSC 模拟器

【要求】
(1) 允许使用的编程语言有 C、C++、Basic、Pascal、Fortran、Java、Perl、Tk/Tcl。
(2) 输入:BSC 信道的错误概率,任意的二进制序列。
(3) 输出:经 BSC 信道传输后的二进制序列。
(4) 源程序格式工整,注释简单明了。

B.8　汉明(7,4)编译码器

【已知】
汉明(7,4)码的生成矩阵为

$$\begin{bmatrix} 1 & 0 & 0 & 0 & 1 & 0 & 1 \\ 0 & 1 & 0 & 0 & 1 & 1 & 0 \\ 0 & 0 & 1 & 0 & 1 & 1 & 1 \\ 0 & 0 & 0 & 1 & 0 & 1 & 1 \end{bmatrix}$$

其校验矩阵为

$$\begin{pmatrix} 1 & 1 & 1 & 0 & 1 & 0 & 0 \\ 0 & 1 & 1 & 1 & 0 & 1 & 0 \\ 1 & 0 & 1 & 1 & 0 & 0 & 1 \end{pmatrix}$$

【要求】

(1) 允许使用的编程语言有 C、C++、Basic、Pascal、Fortran、Java、Perl、Tk/Tcl。

(2) 输入:长度为 4 的任意二进制序列。

(3) 输出:输入数据经汉明(7,4)编码器编码之后,通过附录 B.7 的 BSC 信道(错误概率为 0.1)传输后,再经过汉明(7,4)译码器译码输出得到信宿端的长度为 4 的二进制序列。

(4) 源程序格式工整,注释简单明了。

B.9 通信系统仿真

这是一个综合性的大型实验,通过搭建一个包括信源、信源编译码器、信道、信道编译码器等各模块在内的仿真通信系统。通过这个实验,读者能够加深对本书各个重点章节的理解,更好地掌握通信的本质意义。

【说明】

由于搭建一个完整通信系统的工作量较大,所以本实验可以使用 Matlab 等仿真工具。下面分别描述系统中各个模块的需求。

(1) 离散信源:要求能以指定的概率分布$(p,1-p)$产生 0、1 符号构成的二进制信源符号序列。

(2) 信源编码器:信源编码器的输入是上一步产生的二进制符号序列。要求选择使用无编码(直通)、二进制香农编码、二进制霍夫曼编码、二进制费诺编码这 4 种信源编码方式中的任意一种。当我们在上一步中指定信源的概率分布之后,就可以马上生成后面 3 种编码的码表,实际的编码工作仅仅只是查表而已。当然,直接对上一步指定的信源进行编码是不合适的,需要先进行信源的扩展,换一句话说,需要确定信源分组的长度。这个长度 N 也是本系统的一个重要参数,是在系统运行之前由用户输入的。

(3) 信道编码器:信道编码器的输入是信源编码器输出的二进制符号序列。编码方式要求能选择使用无编码、3 次重复编码、汉明(7,4)编码这 3 种信道编码方式中的任意一种。信道编码器是个简单的一一对应的函数转换模块,没有额外的控制参数,可以事先实现这 3 种编码器,统一其输入、输出格式,运行时按照指定的类型直接使用即可。

(4) 信道:其输入是信道编码器输出的二进制符号序列。输出是被噪声干扰和损坏了的二进制符号序列。要求能够模拟理想信道、给定错误概率 p 的 BSC 以及给定符号 0、1 各自错误概率 p、q 的任意二进制信道。

(5) 信道译码器:由于信源经过信源编码器和信道编码器后的统计特性难以明确给出,所以此时理想译码器准则无法实施。因此根据第(4)步给出的信道统计特性,选择采用极大似然译码规则进行译码。

(6) 信源译码器:在第(2)步确定信源编码器之后即可同时确定信源译码器。信源译码器的工作仅仅是简单的查表而已。

【要求】

(1) 输入:各个模块的相关参数。

(2) 输出:信源产生的原始符号序列、信源译码器输出的符号序列、信道编码后的信息传输效率、整个通信过程的误比特率以及信道编译码过程中产生的误码率。

【提示】

(1) 附录 B.7 和本实验中的信源模块部分都会用到随机数的产生。各种编程语言都提供了这个功能。

(2) Matlab 是一个优秀的系统仿真软件,而 Simlink 是 Matlab 中最著名的通信工具箱。对于本实验要求中的很多功能,Matlab 或 Simlink 都可以实现,并提供了方便的调用接口。例如,对于二进制对称信道,在 Matlab 中就有一个 bsc( )函数实现了这个功能。同学们在设计、开发本实验前应先熟悉一下 Matlab 及 Simlink。

附录 C
习 题 解 答

C.1　第 1 章习题解答

1.1　B

1.2　信源；信道

1.3　**解**：信息的基本特征在于它的不确定性，任何已确定的事物都不含信息。收信者在收到信息之前，对它的内容是不知道的，所以信息是新知识、新内容。信息是能使认识主体对某一事物的未知性或不确定性减少的有用知识。信息可以产生，也可以消失，同时信息可以被携带、存储及处理。信息是可以量度的，信息量有大小的差别。

C.2　第 2 章习题解答

2.1　**解**：掷两个骰子，共有 $6^2 = 36$ 种结果。记投掷结果为 (x,y)，其中 x 和 y 是两个骰子分别掷出的点数，则事件 A 对应 10 种结果：$(1,3),(2,3),(4,3),(5,3),(6,3),(3,1)$, $(3,2),(3,4),(3,5),(3,6)$。事件 B,C 分别对应 11 种结果和 18 种结果。因此，它们的概率分别为

$$p(A) = 10/36$$
$$p(B) = 11/36$$
$$p(C) = 18/36$$

A、B、C 所提供的信息量分别为

$$I(A) = -\log p(A) = 1.848 \text{ bit}$$
$$I(B) = -\log p(B) = 1.711 \text{ bit}$$
$$I(C) = -\log p(C) = 1 \text{ bit}$$

2.2　**解**：事件 A、B 发生的概率分别为

$$p(A) = \frac{n!}{N^n}$$

$$p(B) = \frac{C_N^n \cdot n!}{N^n} = \frac{N!}{N^n(N-n)!}$$

事件 A、B 发生所提供的信息量分别为

$$I(A) = \log \frac{1}{p(A)} = \log \frac{N^n}{n!} = n\log N - \log n!$$

$$I(B) = \log \frac{1}{p(B)} = \log \frac{N^n(N-n)!}{N!} = n\log N + \log(N-n)! - \log N!$$

2.3 解：假设信宿第一次收到的符号为 y，由于第二次发送无误并收到，因此第二次发送发、收信息量相等，均为

$$I(x_3 | y) = -\log p(x_3 | y) = -\log 0.9 = 0.15 \text{ bit}$$

第一次发出的信息量为

$$I(x_3) = -\log p(x_3) = -\log 0.25 = 2 \text{ bit}$$

第一次传送的信息量为两次发送信息量之差，即

$$I(x_3; y) = I(x_3) - I(x_3 | y) = 1.85 \text{ bit}$$

2.4 解：
$$H\left(\frac{1}{3}, \frac{1}{3}, \frac{1}{6}, \frac{1}{6}\right) = H\left(\frac{1}{3}, \frac{2}{3}\right) + \frac{2}{3}H\left(\frac{1}{2}, \frac{1}{4}, \frac{1}{4}\right)$$

$$= H\left(\frac{1}{3}, \frac{2}{3}\right) + \frac{2}{3}H\left(\frac{1}{2}, \frac{1}{2}\right) + \frac{2}{3} \times \frac{1}{2}H\left(\frac{1}{2}, \frac{1}{2}\right)$$

$$= H\left(\frac{1}{3}, \frac{2}{3}\right) + H\left(\frac{1}{2}, \frac{1}{2}\right)$$

$$= 1.915 \text{ 比特/符号}$$

2.5 解：由信息熵的定义，该信源输出的信息熵为

$$H(X) = \sum_{i=1}^{6} p(x_i) \log \frac{1}{p(x_i)}$$

$$= p(A)\log \frac{1}{p(A)} + p(B)\log \frac{1}{p(B)} + \cdots + p(F)\log \frac{1}{p(F)}$$

$$= 0.5\log 2 + 0.25\log 4 + 0.125\log 8 + 2 \times 0.05\log 20 + 0.025\log 40$$

$$= 1.94 \text{ 比特/符号}$$

消息 $ABABBA$ 所含的信息量为

$$I_1 = 3I(A) + 3I(B) = 3[-\log p(A) - \log p(B)] = 3(\log 2 + \log 4) = 9 \text{ bit}$$

消息 $FDDFDF$ 所含的信息量为

$$I_2 = 3I(D) + 3I(F) = 3[-\log p(D) - \log p(F)] = 3(\log 20 + \log 40) = 28.932 \text{ bit}$$

6 位长消息序列的信息量期望值为

$$\bar{I} = 6H(X) = 11.64 \text{ bit}$$

三者比较，关系为 $I_1 < \bar{I} < I_2$。

2.6 解：由于每个汉字的使用频度相同，它们有相同的出现概率，即

$$p(x) = \frac{1}{6763}$$

因此每个汉字所含的信息量为

$$I(x) = -\log p(x) = -\log \frac{1}{6763} = 12.7 \text{ bit}$$

每个显示方阵能显示 $2^{16\times 16}=2^{256}$ 种不同的状态,这 2^{256} 种状态等概出现时信息熵最大,这时每种状态出现的概率为

$$p(y)=\frac{1}{2^{256}}$$

因此,一个显示方阵所能显示的最大信息量为

$$I(y)=-\log p(y)=-\log\frac{1}{2^{256}}=256 \text{ bit}$$

显示方阵的利用率或显示效率为

$$\eta=\frac{I(x)}{I(y)}=\frac{12.7}{256}=0.049\ 7$$

2.7 解:由 $p(a_1)=p(a_2)=\frac{1}{2}$,$p(b_1|a_1)=p(b_2|a_2)=1-\varepsilon$,$p(b_1|a_2)=p(b_2|a_1)=\varepsilon$ 可知

$$p(a_1b_1)=p(b_1|a_1)\cdot p(a_1)=\frac{1}{2}(1-\varepsilon)$$

$$p(a_1b_2)=p(b_2|a_1)\cdot p(a_1)=\frac{1}{2}\varepsilon$$

$$p(a_2b_1)=p(b_1|a_2)\cdot p(a_2)=\frac{1}{2}\varepsilon$$

$$p(a_2b_2)=p(b_2|a_2)\cdot p(a_2)=\frac{1}{2}(1-\varepsilon)$$

$$p(b_1)=\sum_{i=1}^{2}p(a_ib_1)=\frac{1}{2}$$

$$p(b_2)=\sum_{i=1}^{2}p(a_ib_2)=\frac{1}{2}$$

所以

$$I(a_1;b_1)=\log\frac{p(a_1|b_1)}{p(a_1)}=\log\frac{p(a_1b_1)}{p(a_1)p(b_1)}$$

$$=\log\frac{\frac{1}{2}(1-\varepsilon)}{\frac{1}{2}\times\frac{1}{2}}=[1+\log(1-\varepsilon)] \text{ bit}$$

$$I(a_1;b_2)=\log\frac{p(a_1|b_2)}{p(a_1)}=\log\frac{p(a_1b_2)}{p(a_1)p(b_2)}$$

$$=\log\frac{\frac{1}{2}\varepsilon}{\frac{1}{2}\times\frac{1}{2}}=(1+\log\varepsilon) \text{ bit}$$

2.8 解:由 $p(y_j)=\sum_{i=1}^{2}p(x_iy_j)$ 得

$$p_Y(0)=p(0,0)+p(1,0)=\frac{1}{2}$$

$$p_Y(1)=p(0,1)+p(1,1)=\frac{1}{2}$$

又由 $p(x_i|y_j)=\frac{p(x_iy_j)}{p(y_j)}$ 可得

$$p_{X|Y}(0|0) = \frac{p(0,0)}{p_Y(0)} = \frac{1}{4}$$

$$p_{X|Y}(1|1) = \frac{p(1,1)}{p_Y(1)} = \frac{1}{4}$$

$$p_{X|Y}(1|0) = \frac{p(1,0)}{p_Y(0)} = \frac{3}{4}$$

$$p_{X|Y}(0|1) = \frac{p(0,1)}{p_Y(1)} = \frac{3}{4}$$

所以

$$H(X|Y) = -\sum p(x_i, y_j) \log p(x_i|y_j)$$
$$= -p(0,0) \log p(0|0) - p(0,1) \log p(0|1) -$$
$$p(1,0) \log p(1|0) - p(1,1) \log p(1|1)$$
$$= 0.811 \text{ 比特/符号}$$

2.9 解：(1) 由于 X 和 Y 相互独立并且都是均匀分布的，因此可求出 X 和 Y +、-、× 运算的规则，如图 C.1 所示。

+	0	1	2	3
0	0	1	2	3
1	1	2	3	4
2	2	3	4	5
3	3	4	5	6

(a)

−	0	1	2	3
0	0	−1	−2	−3
1	1	0	−1	−2
2	2	1	0	−1
3	3	2	1	0

(b)

×	0	1	2	3
0	0	0	0	0
1	0	1	2	3
2	0	2	4	6
3	0	3	6	9

(c)

图 C.1

其中每个元素对应的概率都是 $\frac{1}{16}$，由此可得 +、-、× 运算结果的概率分布如表 C.1 所示。

表 C.1

运算	样本空间	概率分布
+	$\{0,1,2,3,4,5,6\}$	$\left\{\frac{1}{16}, \frac{2}{16}, \frac{3}{16}, \frac{4}{16}, \frac{3}{16}, \frac{2}{16}, \frac{1}{16}\right\}$
−	$\{-3,-2,-1,0,1,2,3\}$	$\left\{\frac{1}{16}, \frac{2}{16}, \frac{3}{16}, \frac{4}{16}, \frac{3}{16}, \frac{2}{16}, \frac{1}{16}\right\}$
×	$\{0,1,2,3,4,6,9\}$	$\left\{\frac{7}{16}, \frac{1}{16}, \frac{2}{16}, \frac{2}{16}, \frac{1}{16}, \frac{2}{16}, \frac{1}{16}\right\}$

根据熵的定义可得

$$H(X+Y) = -\frac{2}{16} \log \frac{1}{16} - \frac{4}{16} \log \frac{2}{16} - \frac{6}{16} \log \frac{3}{16} - \frac{4}{16} \log \frac{4}{16}$$
$$= \log 16 - \frac{2}{16} \log 1 - \frac{4}{16} \log 2 - \frac{6}{16} \log 3 - \frac{4}{16} \log 4$$
$$= 4 - \frac{1}{8} \times 0 - \frac{1}{4} \times 1 - \frac{3}{8} \times 1.585\,0 - \frac{1}{4} \times 2$$
$$= 2.656 \text{ 比特/符号}$$

$$H(X-Y) = H(X+Y) = 2.656 \text{ 比特/符号}$$

$$H(X \cdot Y) = -\frac{7}{16}\log\frac{7}{16} - \frac{3}{16}\log\frac{1}{16} - \frac{6}{16}\log\frac{2}{16}$$

$$= \log 16 - \frac{7}{16}\log 7 - \frac{3}{16}\log 1 - \frac{6}{16}\log 2$$

$$= 4 - \frac{7}{16} \times 2.807\ 4 - \frac{3}{16} \times 0 - \frac{3}{8} \times 1$$

$$= 2.397 \text{ 比特/符号}$$

因为任何数与0相乘都等于0,因此×运算损失了信息,导致$H(X \times Y) < H(X+Y)$。

(2) $X+Y$ 和 $X-Y$ 的运算如图 C.2 所示。

+,−	0	1	2	3
0	0,0	1,−1	2,−2	3,−3
1	1,1	2,0	3,−1	4,−2
2	2,2	3,1	4,0	5,−1
3	3,3	4,2	5,1	6,0

图 C.2

其中每个元素各不相同,对应的概率都是 $\frac{1}{16}$,所以

$$H(X+Y, X-Y) = -16 \times \frac{1}{16}\log\frac{1}{16} = 4 \text{ 比特/符号}$$

或者说,由于 X 和 Y 可以从 $X+Y$ 和 $X-Y$ 唯一地得到,所以

$$H(X+Y, X-Y) = H(XY) = H(X) + H(Y)$$

$$= \log 4 + \log 4 = 2 + 2 = 4 \text{ 比特/符号}$$

$X+Y$ 和 $X \cdot Y$ 的运算如图 C.3 所示。

+,×	0	1	2	3
0	0,0	1,0	2,0	3,0
1	1,0	2,1	3,2	4,3
2	2,0	3,2	4,4	5,6
3	3,0	4,3	5,6	6,9

图 C.3

$$H(X+Y, X \cdot Y) = -\frac{4}{16}\log\frac{1}{16} - \frac{12}{16}\log\frac{2}{16} = \frac{1}{4}\log 16 + \frac{3}{4}\log 8$$

$$= \frac{4}{4} + \frac{9}{4} = 3.25 \text{ 比特/符号}$$

因为16个元素中有12个是成对出现的,因此 X 和 Y 不可以从 $X+Y$ 和 $X \cdot Y$ 唯一地得到,$H(X+Y, X \cdot Y) < H(XY)$ 是因为方程组 $x+y=a, xy=b$ 通常有两个解。

2.10 解:(1)当最后3场比赛迈克胜的次数比大卫多时,迈克才能最终胜,因此
$P_r\{胜\} = P_r\{迈克胜3场\} \cdot P_r\{大卫胜少于3场\} + P_r\{迈克胜2场\} \cdot P_r\{大卫胜少于2场\} +$
　　$P_r\{迈克胜1场\} \cdot P_r\{大卫胜0场\}$

$$= \frac{1}{8} \times \frac{7}{8} + \frac{3}{8} \times \frac{4}{8} + \frac{3}{8} \times \frac{1}{8} = \frac{22}{64}$$

同理

$$P_r\{负\} = \frac{22}{64}$$

$$P_r\{平\} = 1 - \frac{22}{64} - \frac{22}{64} = \frac{20}{64}$$

迈克最终比赛结果的熵为

$$H\left(\frac{22}{64}, \frac{22}{64}, \frac{20}{64}\right) = -\frac{22}{64}\log\frac{22}{64} - \frac{22}{64}\log\frac{22}{64} - \frac{20}{64}\log\frac{20}{64}$$

$$= \log 64 - 2 \times \frac{22}{64}\log 22 - \frac{20}{64}\log 20$$

$$= 6 - \frac{44}{64} \times 4.4594 - \frac{20}{64} \times 4.3219$$

$$= 6 - 3.0659 - 1.3506 = 1.584 \text{ 比特/结果}$$

因为胜、负、平这 3 种结果接近等概,所以该随机变量的熵接近最大熵。

(2) 假定大卫最后 3 场比赛全部获胜,那么迈克也必须最后 3 场比赛全部获胜最终才能得平,否则就是负。迈克 3 场比赛全部获胜的可能性为 $2^{-3} = 1/8$,因此在假定大卫最后 3 场比赛全部获胜情况下,迈克的最终比赛结果的条件熵为

$$H\left(\frac{1}{8}\right) = 3 - \frac{7}{8}\log 7 = 0.544 \text{ 比特/结果}$$

2.11 解: (1) $H(XY|Z) = H(X|Z) + H(Y|XZ) \geqslant H(X|Z)$

当 $H(Y|XZ) = 0$,即 Y 是 X 和 Z 的函数时,原式等号成立。

(2) $I(XY;Z) = I(X;Z) + I(Y;Z|X) \geqslant I(X;Z)$

当 $I(Y;Z|X) = 0$,即在给定 X 的情况下 Y 和 Z 统计独立时,原式等号成立。

(3) $H(XYZ) - H(XY) = H(Z|XY) = H(Z|X) - I(Z;Y|X)$

$$\leqslant H(Z|X) = H(XZ) - H(X)$$

当 $I(Z;Y|X) = 0$,即在给定 X 的情况下 Y 和 Z 统计独立时,原式等号成立。

(4) 根据互信息的链规则:

$$I(X;Z|Y) + I(Z;Y) = I(XY;Z) = I(Z;Y|X) + I(X;Z)$$

因此

$$I(X;Z|Y) = I(Z;Y|X) - I(Z;Y) + I(X;Z)$$

即要证明的不等式其实是一个等式。

2.12 解: 假定 p_1 为最大的概率。如果 $p_1 > \frac{1}{2}$,则熵小于 2;如果 $p_1 = \frac{1}{2}$,则只有一种可能 $\left\{\frac{1}{2}, \frac{1}{8}, \frac{1}{8}, \frac{1}{8}, \frac{1}{8}\right\}$;如果 $\frac{1}{4} < p_1 < \frac{1}{2}$,则有无数个解;如果 $p_1 \leqslant \frac{1}{4}$,则没有解。

2.13 解: (1) 由 X、Y 的联合概率分布可求得 X 和 Y 的概率分布,分别如表 C.2 和表 C.3 所示。

表 C.2

X	0	1
$p(X)$	$\frac{1}{2}$	$\frac{1}{2}$

表 C.3

X	0	1
$p(Y)$	$\frac{1}{2}$	$\frac{1}{2}$

可得
$$H(X)=H(Y)=-\frac{1}{2}\log\frac{1}{2}-\frac{1}{2}\log\frac{1}{2}=1$$

由 $Z=X \cdot Y$ 可得
$$p_Z(1)=p(X=1,Y=1)=\frac{1}{8}$$
$$p_Z(0)=1-p_Z(1)=\frac{7}{8}$$

Z 的概率分布如表 C.4 所示。

表 C.4

Z	0	1
$p(Z)$	$\frac{7}{8}$	$\frac{1}{8}$

所以
$$H(Z)=-\frac{1}{8}\log\frac{1}{8}-\frac{7}{8}\log\frac{7}{8}=0.54$$

XZ 和 YZ 的联合概率分布分别如表 C.5 和表 C.6 所示。

表 C.5

XZ	00	10	11
$p(XZ)$	$\frac{1}{2}$	$\frac{3}{8}$	$\frac{1}{8}$

表 C.6

YZ	00	10	11
$p(YZ)$	$\frac{1}{2}$	$\frac{3}{8}$	$\frac{1}{8}$

所以
$$H(XZ)=H(YZ)=-\frac{1}{2}\log\frac{1}{2}-\frac{3}{8}\log\frac{3}{8}-\frac{1}{8}\log\frac{1}{8}=1.41 \text{ 比特/符号}$$

XYZ 的联合概率分布如表 C.7 所示。

表 C.7

XYZ	000	010	100	111
$p(XYZ)$	$\frac{1}{8}$	$\frac{3}{8}$	$\frac{3}{8}$	$\frac{1}{8}$

所以
$$H(XYZ)=2\times\left(-\frac{1}{2}\log\frac{1}{2}-\frac{3}{8}\log\frac{3}{8}\right)=1.81 \text{ 比特/符号}$$

(2) 由 X 和 Y 的联合概率分布可求出 $H(XY)=1.81$ 比特/符号，再根据各类熵之间的关系可得
$$H(X|Y)=H(XY)-H(Y)=0.81 \text{ 比特/符号}$$

同样可得
$$H(Y|X)=0.81 \text{ 比特/符号}$$
$$H(X|Z)=H(Y|Z)=0.87 \text{ 比特/符号}$$

$$H(Z|X)=H(Z|Y)=0.41 \text{ 比特/符号}$$
$$H(X|YZ)=H(Y|XZ)=0.4 \text{ 比特/符号}$$
$$H(Z|XY)=H(XYZ)-H(XY)=0 \text{ 比特/符号}$$

(3) $I(X;Y)=H(X)-H(X|Y)=1-0.81=0.19$ 比特/符号

同样可得
$$I(X;Z)=I(Y;Z)=0.13 \text{ 比特/符号}$$
$$I(X;Y|Z)=H(X|Z)-H(X|YZ)=0.87-0.4=0.47 \text{ 比特/符号}$$

同样可得
$$I(X;Z|Y)=I(Y;Z|X)=0.41 \text{ 比特/符号}$$

2.14 解:根据马尔可夫链的特性,已知现在,则过去与将来无关。所以
$$I(X_1;X_2\cdots X_n)=H(X_1)-H(X_1|X_2\cdots X_n)$$
$$=H(X_1)-H(X_1|X_2)$$
$$=I(X_1;X_2)$$

2.15 解:由 X、Y 的联合概率分布求出 X、Y 的边缘概率分布,分别如表 C.8 和表 C.9 所示。

表 C.8

X	0	1
$p(X)$	$\frac{2}{3}$	$\frac{1}{3}$

表 C.9

Y	0	1
$p(Y)$	$\frac{1}{3}$	$\frac{2}{3}$

(1) $H(X)=\frac{2}{3}\log\frac{3}{2}+\frac{1}{3}\log 3=0.918=H(Y)$

(2) $H(X|Y)=\frac{1}{3}H(X|Y=0)+\frac{2}{3}H(X|Y=1)=0.667=H(Y|X)$

(3) $H(XY)=3\times\frac{1}{3}\log 3=1.585$ 比特/符号

(4) $H(Y)-H(Y|X)=0.251$ 比特/符号

(5) $I(X;Y)=H(Y)-H(Y|X)=0.251$ 比特/符号

2.16 证明:(1) $H[X,g(X)]=H(X)+H[g(X)|X]$
$$=H(X)$$
$$H[X,g(X)]=H[g(X)]+H[X|g(X)]$$
$$\geqslant H[g(X)]$$

所以 $H[g(X)]\leqslant H(X)$。当且仅当 $g(\cdot)$ 是一个一一映射时,$H[X|g(X)]=0$,等号成立。

(2) $H(X)=\log 5$ 比特/符号,因为 $f(\cdot)$ 是一个一一映射,所以 $H[f(X)]=H(X)$。$g(\cdot)$ 不是一个一一映射,所以 $H[g(X)]<H(X)$。$g(X)$ 有 3 种取值 $\{-1,0,1\}$,对应的概率分别为 $\frac{1}{5},\frac{2}{5},\frac{2}{5}$,因此
$$H[g(X)]=\log 5-\frac{4}{5}=1.522 \text{ 比特/符号}$$

2.17 证明:(1) $I(X_1X_2;Y)=I(X_1;Y)+I(X_2;Y|X_1)\geqslant I(X_1;Y)$

(2) 如果 X_1 和 X_2 相互独立,那么

$$I(X_2;Y|X_1) = H(X_2|X_1) - H(X_2|YX_1)$$
$$= H(X_2) - H(X_2|YX_1)$$
$$\geqslant H(X_2) - H(X_2|Y)$$
$$= I(X_2;Y)$$

(3) 如果 X_1 和 X_2 相互独立,利用(2)的结果,可以得到

$$I(X_1X_2;Y) = I(X_1;Y) + I(X_2;Y|X_1) \geqslant I(X_1;Y) + I(X_2;Y)$$

2.18 解:(1) 先求 Y_1 的条件和非条件概率分布:

$$P_r\{Y_1 = H | X = H\} = 1$$

$$P_r\{Y_1 = H | X = F\} = \frac{1}{2}$$

$$P_r\{Y_1 = H | X = T\} = 0$$

$$P_r\{Y_1 = H\} = \frac{1}{3} \times \frac{2}{2} + \frac{1}{3} \times \frac{1}{2} + \frac{1}{3} \times \frac{0}{2} = \frac{3}{6} = \frac{1}{2}$$

因此

$$H(Y_1) = 1 \text{ 比特/符号}$$

$$H(Y_1|X) = \frac{1}{3} H\left(\frac{1}{2}\right) = \frac{1}{3} \text{ 比特/符号}$$

$$\Rightarrow I(X;Y_1) = H(Y_1) - H(Y_1|X) = \frac{2}{3} \text{ 比特/符号}$$

(2) 先求条件概率分布 $p(Z|X)$ 和联合概率分布 $p(XZ)$,分别如表 C.10 和表 C.11 所示。

表 C.10

$p(Z|X)$	0	1	2
H	0	0	1
F	$\frac{1}{4}$	$\frac{1}{2}$	$\frac{1}{4}$
T	1	0	0

表 C.11

$p(XZ)$	0	1	2
H	0	0	$\frac{1}{3}$
F	$\frac{1}{12}$	$\frac{1}{6}$	$\frac{1}{12}$
T	$\frac{1}{3}$	0	0

从表 C.11 可以得到 Z 的边缘概率分布为 $\left\{\frac{5}{12}, \frac{1}{6}, \frac{5}{12}\right\}$,因此

$$H(Z|X) = \frac{1}{3} \times 0 + \frac{1}{3} \times \frac{3}{2} + \frac{1}{3} \times 0 = \frac{1}{2} = 0.500 \text{ 比特/符号}$$

$$H(Z) = H\left(\frac{5}{12}, \frac{1}{6}, \frac{5}{12}\right) = H\left(\frac{1}{6}\right) + \frac{10}{12} H\left(\frac{1}{2}\right) = 0.650 + 0.813 = 1.483 \text{ 比特/符号}$$

$$I(X;Z) = H(Z) - H(Z|X) = 1.483 - 0.500 = 0.983 \text{ 比特/符号}$$

(3) 先求 Y_1 和 Y_2 的联合概率分布:

$$\frac{1}{3}\begin{pmatrix} 1 & 0 \\ 0 & 0 \end{pmatrix} + \frac{1}{3}\begin{pmatrix} \frac{1}{4} & \frac{1}{4} \\ \frac{1}{4} & \frac{1}{4} \end{pmatrix} + \frac{1}{3}\begin{pmatrix} 0 & 0 \\ 0 & 1 \end{pmatrix} = \begin{pmatrix} \frac{5}{12} & \frac{1}{12} \\ \frac{1}{12} & \frac{5}{12} \end{pmatrix}$$

$p(Y_1Y_2|X=H)$　　$p(Y_1Y_2|X=F)$　　$p(Y_1Y_2|X=T)$　　$p(Y_1Y_2)$

因此,可以求出

$$I(Y_1;Y_2) = H(Y_2) - H(Y_2|Y_1) = 1 - H\left(\frac{1}{6}\right) = 1 - 0.650 = 0.350 \text{ 比特/符号}$$

2.19 解:假定 $X \in \{1,2,3\}$ 表示藏金子的位置,$Y \in \{1,2,3\}$ 表示你开的门。如果你开的门后有金子,那么关于 X 的不确定性降为 0,否则其余两扇门后有金子的可能性均为 1/2,不确定性为 1 bit。

$$H(X|Y) = P_r\{X=Y\}H(X|Y,X=Y) + P_r\{X \neq Y\}H(X|Y,X \neq Y)$$
$$= \frac{1}{3} \times 0 + \frac{2}{3} \times H\left(\frac{1}{2},\frac{1}{2}\right) = \frac{2}{3} \times 1 = \frac{2}{3} \text{ 比特/符号}$$

因此

$$I(X;Y) = H(X) - H(X|Y) = \log 3 - \frac{2}{3} = 1.585 - 0.667 = 0.918 \text{ 比特/符号}$$

2.20 解:假设 X 表示当地的实际天气情况,Y 表示气象台预报的天气情况,Z 表示总是预报不下雨的天气情况。

$$H(X) = 0.690 \text{ 比特/符号}$$

$$\begin{aligned}
I(X;Y) &= \sum_{x,y} p(x\ y) \log \frac{p(x\ y)}{p(x)p(y)} \\
&= \frac{1}{8} \log \frac{1/8}{(3/16) \times (5/16)} + \frac{3}{16} \log \frac{3/16}{(5/16) \times (13/16)} + \\
&\quad \frac{1}{16} \log \frac{1/16}{(3/16) \times (11/16)} + \frac{10}{16} \log \frac{10/16}{(11/16) \times (13/16)} \\
&= 0.091 \text{ 比特/符号}
\end{aligned}$$

$I(X;Y) \ll H(X)$,可见气象台预报得确实不准确。

但是如果总是预报不下雨的话则会更糟,因为 X 和 Z 是相互独立的两个随机变量,即 $I(X;Z)=0$,所以

$$I(X;Y) > I(X;Z)$$
$$H(X|Z) > H(X|Y)$$

气象台的预报准确率虽然比总是预报不下雨低,但还是传递了一些信息,消除了一些不确定性。

2.21 解:(1) 随机变量 S_2 的概率空间为 $\begin{pmatrix} 0 & 1 & 2 \\ p^2 & 2pq & q^2 \end{pmatrix}$,其中 $q = 1-p$,根据熵的定义:

$$\begin{aligned}
H(S_2) &= -[p^2 \log p^2 + 2pq \log(2pq) + q^2 \log q^2] \\
&= -(2p^2 \log p + 2pq \log p + 2pq \log q + 2q^2 \log q + 2pq \log 2) \\
&= -[2p(p\log p + q\log q) + 2q(p\log p + q\log q) + 2pq \log 2] \\
&= 2H(p) - 2pq
\end{aligned}$$

$H(S_2)$ 对 p 求导,得

$$\frac{\mathrm{d}}{\mathrm{d}p} H(S_2) = 2\left[\log \frac{1-p}{p} - (1-2p)\right]$$

方括号内是一个单调递减函数,可以看出当 $p = \frac{1}{2}$ 时上式为 0,这时 $H(S_2)$ 取得最大值

1.5 比特/符号。

(2) $p=\frac{1}{2}$ 时 S_n 的概率分布为 $P_r\{S_n=k\}=2^{-n}C_n^k$，其熵为

$$H(S_n) = -\sum_{k=0}^{n} 2^{-n} C_n^k \log(2^{-n} C_n^k)$$

$$= -\sum_{k=0}^{n} 2^{-n} C_n^k (-n) - 2^{-n} \sum_{k=0}^{n} C_n^k \log C_n^k$$

$$= n - 2^{-n} \sum_{k=0}^{n} C_n^k \log C_n^k$$

2.22 解：由于是独立投掷均匀的硬币，所以

$$H(X_1) = H(X_2) = H(Y) = 1 \text{ 比特/符号}$$

如果前两次投掷的结果相同，则 $N=2$，否则，$N=3$，所以 N 的取值为 2 或者 3。
$N=2$ 的概率为

$$p_N(2) = p_{X_1}(0)p_{X_2}(0) + p_{X_1}(1)p_{X_2}(1) = \frac{1}{2} \times \frac{1}{2} + \frac{1}{2} \times \frac{1}{2} = \frac{1}{4} + \frac{1}{4} = \frac{1}{2}$$

因此

$$p_N(3) = \frac{1}{2}$$

$$H(N) = 1 \text{ 比特/符号}$$

如果 X_1 是正面，那么 Y 必定是正面，除非 X_2 和 Y 同时为反面，所以

$$p_{Y|X_1}(0|1) = 1/4$$

$$p_{Y|X_1}(1|0) = 1/4$$

$$H(Y|X_1) = \frac{1}{2}H\left(\frac{1}{4}\right) + \frac{1}{2}H\left(\frac{3}{4}\right) = \frac{1}{2}\left[H\left(\frac{1}{4}\right) + H\left(\frac{1}{4}\right)\right] = H\left(\frac{1}{4}\right) = 0.811 \text{ 比特/符号}$$

$$I(X_1;Y) = H(Y) - H(Y|X_1) = 1 - H\left(\frac{1}{4}\right) = 0.189 \text{ 比特/符号}$$

同理

$$I(X_2;Y) = I(X_1;Y) = 0.189 \text{ 比特/符号}$$

由 X_1X_2 和 Y 的联合概率分布（如表 C.12 所示）可以求 $H(Y|X_1X_2)$：

表 C.12

Y	X_1X_2			
	00	01	10	11
0	1	1/2	1/2	0
1	0	1/2	1/2	1

$$H(Y|X_1X_2) = \frac{1}{4}H\left(\frac{1}{2}\right) + \frac{1}{4}H\left(\frac{1}{2}\right) = \frac{1}{4} + \frac{1}{4} = \frac{1}{2} \text{ 比特/符号}$$

所以

$$I(X_1X_2;Y) = H(Y) - H(Y|X_1X_2) = 1 - \frac{1}{2} = \frac{1}{2} \text{ 比特/符号}$$

投掷的次数 N 与单独的 X_1 和 X_2 无关,因此 $I(X_1;N)=I(X_2;N)=0$ 比特/符号。但是 X_1 和 X_2 都确定以后,N 就可以确定。当且仅当 $X_1=X_2$ 时,$N=2$,因此 $I(X_1X_2;N)=H(N)=1$ 比特/符号。

2.23 解:(1) F 当 X 只有一个可能的结果时,$H(X)=0$。

(2) T 若 X 与 Y 相互独立,则 $p(x)=p(x|y)$,因此对于任意 y 值均有 $H(X|Y=y)=H(X)$,所以 $H(X)=H(X|Y)$。

(3) F 给出一个反例。假定 X 和 Y 为相互独立的二元随机变量,$Z=X\oplus Y$,则 $I(X;Y)=0$,$I(X;Y|Z)=H(X|Z)-H(X|YZ)=1-0=1$,因此在本题中 $I(X;Y)<I(X;Y|Z)$。

(4) F 给出一个反例。如果用 X 表示棋子所在的位置,Y 表示棋盘的横格,Z 表示棋盘的纵格,棋子所在的位置由横格和纵格共同决定,$H(X|YZ)=0$,但不能说棋子所在的位置要么由横格决定 $H(X|Y)=0$,要么由纵格决定 $H(X|Z)=0$。

(5) T $I(X;Y)=H(Y)-H(Y|X)\leqslant H(Y)$,因为 $H(Y|X)\geqslant 0$。

(6) T 对于任意 x 值有 $H(X|X=x)=0$。

(7) F 若 X 与 Y 独立,则 $H(Y|X)=H(Y)$,$H(X|Y)=H(X)$。

(8) T 增加条件可以减少不确定性。$H(X|Y)-H(X|YZ)=I(X;Z|Y)\geqslant 0$。

2.24 解:(1) 根据熵的极值性,当随机变量等概分布时,随机变量的熵最大。有 7 个可能取值的随机变量的最大熵为 $\log 7$,随机变量 X 不是等概分布,所以 $H(X)\leqslant\log 7$。

(2) 根据熵的递增性,$H(X)=H\left(\dfrac{2}{10},\dfrac{2}{10},\dfrac{2}{10},\dfrac{2}{10}\right)+\dfrac{2}{10}H\left(\dfrac{1}{2}\right)+\dfrac{2}{10}H\left(\dfrac{1}{2}\right)>\log 5$。

(3)
$$H(X)=-\sum_x p(x)\log p(x)=-3\times\dfrac{2}{10}\log\dfrac{2}{10}-4\times\dfrac{1}{10}\log\dfrac{1}{10}$$
$$=\log 10-\dfrac{6}{10}\log 2=3.322-0.6=2.722 \text{ 比特/符号}$$

$$H(Y)=-\sum_y p(y)\log p(y)=-3\times\dfrac{2}{10}\log\dfrac{2}{10}-\dfrac{4}{10}\log\dfrac{4}{10}$$
$$=\log 10-\dfrac{6}{10}\log 2-\dfrac{4}{10}\log 4=3.322-0.6-0.8=1.922 \text{ 比特/符号}$$

(4) 因为随机变量 Y 是 X 的函数,所以
$$H(Y|X)=0 \text{ 比特/符号}$$
$$H(X|Y)=H(XY)-H(Y)=H(X)+H(Y|X)-H(Y)=0.8 \text{ 比特/符号}$$

2.25 证明:用反证法。

设对某个 x_0,存在两个 Y 的取值 y_1 和 y_2 使得 $p(x_0y_1)>0$ 且 $p(x_0y_2)>0$,则 $p(x_0)=p(x_0y_1)+p(x_0y_2)+\cdots>p(x_0y_1)>0$,同理 $p(x_0)>p(x_0y_2)>0$。因此,条件概率 $p(y_1|x_0)$ 和 $p(y_2|x_0)$ 都有定义且不为 0 也不为 1,所以
$$H(Y|X)=-\sum_x\sum_y p(xy)\log p(y|x)>-p(x_0y_1)\log p(y_1|x_0)>0$$

2.26 解:假定 $X\in\{1,2,3\}$ 表示藏金子的位置,$Y\in\{1,2,3\}$ 表示你选择的门,Z 表示主持人打开的门,显然 X 和 Y 是相互独立的,但是 Z 和 X、Z 和 Y 都不相互独立,因为 $z\neq x$ 并且 $z\neq y$。对于任意一个 y 值和一个 $z\neq y$,有

$$P_r\{X=y|Z=z\} = \frac{P_r\{X=y, Z=z\}}{P_r\{Z=z\}}$$

$$= \frac{P_r\{X=y\}P_r\{Z=z|X=y\}}{P_r\{Z=z\}}$$

$$= \frac{\frac{1}{3} \times \frac{1}{2}}{\frac{1}{2}} = \frac{1}{3}$$

换句话说,如果主持人打开一扇空门,那么你选择的门后面藏有金子的可能性是 $\frac{1}{3}$,因此你应该打开另外一扇门。因为对于任意一个 y 值和一个 $z \neq y$,有 $P_r\{X=y|Z=z\} = \frac{1}{3}$,所以

$$H(X|Z) = H\left(\frac{1}{3}\right) = 0.918 \text{ 比特/符号}$$

$$I(X;Z) = H(X) - H(X|Z) = \log 3 - H\left(\frac{1}{3}\right) = 1.585\ 0 - 0.918\ 3 = 0.667 \text{ 比特/符号}$$

2.27 解:(1) 每次取球后放回

在这种情况下,每次取球的条件概率分布都相同,为

$$X_i = \begin{cases} \frac{r}{r+w+b} & \text{红球} \\ \frac{w}{r+w+b} & \text{白球} \\ \frac{b}{r+w+b} & \text{黑球} \end{cases}$$

因此

$$H(X_i|X_{i-1}\cdots X_1) = H(X_i)$$
$$= \log(r+w+b) - \frac{r}{r+w+b}\log r - \frac{w}{r+w+b}\log w - \frac{b}{r+w+b}\log b$$

(2) 每次取球后不放回

每次取球后的无条件概率分布为

$$X_i = \begin{cases} \frac{r}{r+w+b} & \text{红球} \\ \frac{w}{r+w+b} & \text{白球} \\ \frac{b}{r+w+b} & \text{黑球} \end{cases}$$

因此无条件熵

$$H(X_i) = \log(r+w+b) - \frac{r}{r+w+b}\log r - \frac{w}{r+w+b}\log w - \frac{b}{r+w+b}\log b$$

而条件熵

$$H(X_i|X_{i-1}\cdots X_1) < H(X_i)$$

因此不放回的熵更小。

2.28 解:上述推理不成立。虽然 Y_1 不能提供关于 X 的信息,Y_2 也不能提供关于 X

的信息,但不能说 Y_1 和 Y_2 两个一起也不能提供关于 X 的信息。因为 $I(X;Y_1Y_2) \neq I(X;Y_1) + I(X;Y_2)$,而 $I(X;Y_1Y_2) = I(X;Y_1) + I(X;Y_2|Y_1)$。

在概率论中我们已经知道,3 个随机变量两两独立不等于它们相互独立。$I(X;Y_1) = 0$ 说明 X 和 Y_1 相互独立,$I(X;Y_2) = 0$ 说明 X 和 Y_2 相互独立,但不能说 X 和 (Y_1,Y_2) 相互独立。例如,Y_1、Y_2 表示独立地投掷两枚均匀硬币的结果,$X = Y_1 \oplus Y_2$,因此 X 和 Y_1 相互独立,X 和 Y_2 相互独立,但显然 X 和 (Y_1,Y_2) 不相互独立,因为一旦 (Y_1,Y_2) 确定,则 X 也就确定了。

2.29 解:因为 X 是一个几何分布的随机变量,所以
$$p_X(k) = p(1-p)^{k-1} \quad k = 1, 2, 3, \cdots$$
根据熵的定义可得
$$H(X) = -\sum_{k=1}^{\infty} p_X(k) \cdot \log[p_X(k)]$$
$$= -\sum_{k=1}^{\infty} p(1-p)^{k-1} \cdot \log[p(1-p)^{k-1}]$$
$$= -p\log p \cdot \sum_{k=1}^{\infty} (1-p)^{k-1} - p\log(1-p) \cdot \sum_{k=1}^{\infty} [(k-1) \cdot (1-p)^{k-1}]$$
$$= -p\log p \cdot S_1 - p\log(1-p) \cdot S_2$$
$$S_1 = \sum_{k=1}^{\infty} (1-p)^{k-1} = \frac{1}{p}$$
$$S_2 = \sum_{k=1}^{\infty} [(k-1) \cdot (1-p)^{k-1}]$$
$$= \sum_{k=2}^{\infty} (k-1) \cdot q^{k-1} = q \cdot \sum_{k=2}^{\infty} (k-1) \cdot q^{k-2}$$
$$= q \cdot \frac{d}{dq}\left(\sum_{k=2}^{\infty} q^{k-1}\right) = q \cdot \frac{d}{dq}\left(\frac{q}{1-q}\right)$$
$$= \cdots = \frac{q}{(1-q)^2} = \frac{1-p}{p^2}$$
$$\Rightarrow H(X) = -\log p - \frac{1-p}{p}\log(1-p)$$

2.30 解:(1)假定一个家庭有 k 个女孩、1 个男孩,相应的概率是 $0.5^k \times 0.5$,因此女孩的平均数是 $0.5\sum_{k=1}^{\infty} k \cdot 0.5^k = 1$,女孩的平均数和男孩的平均数相等。

(2) $H(X) = -\sum_{i=1}^{\infty} 0.5^i \log(0.5^i) = 2$。

2.31 解:(1)根据题意,可以得到
$$p(E) + p(F) + p(U) = 1 \tag{C.1}$$
$$1.0p(E) + 0.5p(F) + 0.0p(U) = 0.95 \tag{C.2}$$
由式(C.2)可以得到
$$p(F) = 1.9 - 2p(E) \tag{C.3}$$
将式(C.3)代入式(C.2)得到
$$p(E) = 0.9 + p(U) \tag{C.4}$$

由于 $p(E)$、$p(F)$、$p(U)$ 的取值必须为 $0\sim1$，由式(C.3)和式(C.4)可以得到 $p(E)$ 的取值范围为 $0.9\sim0.95$。

(2) 就业情况的熵

$$H = p(E)\log\left[\frac{1}{p(E)}\right] + p(F)\log\left[\frac{1}{p(F)}\right] + p(U)\log\left[\frac{1}{p(U)}\right]$$

$$= p(E)\log\left[\frac{1}{p(E)}\right] + [1.9 - 2p(E)]\log\left[\frac{1}{1.9 - 2p(E)}\right] +$$

$$[p(E) - 0.9]\log\left[\frac{1}{p(E) - 0.9}\right]$$

它在 $p(E)$ 的取值范围内的曲线如图 C.4 所示。

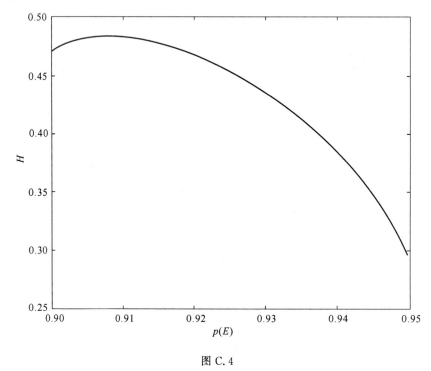

图 C.4

(3) 当 $p(E)=0.908$ 时，$H=0.482$ 达到最大值，这时 $p(F)=0.084$，$p(U)=0.008$。

C.3 第 3 章习题解答

3.1 证明：

$$\lim_{n\to\infty}\frac{1}{2}H(X_n X_{n-1}|X_1\cdots X_{n-2})$$

$$=\lim_{n\to\infty}\left[\frac{1}{2}H(X_n|X_1\cdots X_{n-1}) + \frac{1}{2}H(X_{n-1}|X_1\cdots X_{n-2})\right]$$

$$=\frac{1}{2}\lim_{n\to\infty}H(X_n|X_1\cdots X_{n-1}) + \frac{1}{2}\lim_{n\to\infty}H(X_{n-1}|X_1\cdots X_{n-2})$$

$$=\frac{1}{2}H_\infty + \frac{1}{2}H_\infty = H_\infty$$

3.2 解:(1) 信源熵为

$$H(X) = \frac{1}{4}\log 4 + \frac{3}{4}\log \frac{4}{3} = 0.811 \text{ 比特/符号}$$

(2) 该特定序列用 A 表示,则

$$I(A) = -\log\left(\frac{1}{4}\right)^m \left(\frac{3}{4}\right)^{(100-m)} \approx 41.5 + 1.585m \text{ 比特}$$

(3) 因为信源是无记忆信源,所以

$$H(X^{100}) = 100 H(X) = 81.13 \text{ 比特/符号}$$

3.3 解:(1) $I(X;Y_1) = H(Y_1) - H(Y_1|X)$,要求 $H(Y_1)$ 和 $H(Y_1|X)$ 需要先求 $p(Y_1)$、$p(XY_1)$,$p(Y_1|X)$已知。

$I(X;Y_2) = H(Y_2) - H(Y_2|X)$,要求 $H(Y_2)$ 和 $H(Y_2|X)$ 需要先求 $p(Y_2)$、$p(XY_2)$,$p(Y_2|X)$已知。

由 $p(XY_1) = p(X)p(Y_1|X)$ 及联合概率分布与边缘概率分布的关系可得 $p(XY_1)$ 及 $p(Y_1)$,如表 C.13 所示。

表 C.13

X	Y_1	
	0	1
0	$\frac{1}{4}$	0
1	0	$\frac{1}{4}$
2	$\frac{1}{4}$	$\frac{1}{4}$
$p(Y_1)$	$\frac{1}{2}$	$\frac{1}{2}$

所以

$$H(Y_1) = \frac{1}{2}\log 2 + \frac{1}{2}\log 2 = 1 \text{ 比特/符号}$$

$$H(Y_1|X) = \frac{1}{4}\log 1 + \frac{1}{4}\log 1 + \frac{1}{4}\log 2 + \frac{1}{4}\log 2 = \frac{1}{2} \text{ 比特/符号}$$

$$I(X;Y_1) = H(Y_1) - H(Y_1|X) = 1 - \frac{1}{2} = \frac{1}{2} \text{ 比特/符号}$$

同样可求出 $p(XY_2)$ 和 $p(Y_2)$,如表 C.14 所示。

表 C.14

X	Y_2	
	0	1
0	$\frac{1}{4}$	0
1	$\frac{1}{4}$	0
2	0	$\frac{1}{2}$
$p(Y_2)$	$\frac{1}{2}$	$\frac{1}{2}$

所以
$$H(Y_2)=\frac{1}{2}\log 2+\frac{1}{2}\log 2=1 \text{ 比特/符号}$$

$$H(Y_2|X)=\frac{1}{4}\log 1+\frac{1}{4}\log 1+\frac{1}{2}\log 1=0 \text{ 比特/符号}$$

$$I(X;Y_2)=H(Y_2)-H(Y_2|X)=1 \text{ 比特/符号}$$

因此第二个实验较好。

(2) $I(X;Y_1Y_2)=H(Y_1Y_2)-H(Y_1Y_2|X)$，因此要求出 $p(Y_1Y_2)$、$p(Y_1Y_2|X)$ 和 $p(XY_1Y_2)$。由于 Y_1、Y_2 是相互独立的实验，所以 $p(Y_1Y_2|X)=p(Y_1|X)p(Y_2|X)$。

$$\left.\begin{array}{c}p(Y_1|X)\\p(Y_2|X)\end{array}\right\}\Rightarrow p(Y_1Y_2|X)\Rightarrow p(XY_1Y_2)\Rightarrow p(Y_1Y_2)$$

$p(Y_1Y_2|X)$ 和 $p(XY_1Y_2)$ 分别如表 C.15 和表 C.16 所示。

表 C.15

X	Y_1Y_2			
	00	01	10	11
0	1	0	0	0
1	0	0	1	0
2	0	$\frac{1}{2}$	0	$\frac{1}{2}$

表 C.16

X	Y_1Y_2			
	00	01	10	11
0	$\frac{1}{4}$	0	0	0
1	0	0	$\frac{1}{4}$	0
2	0	$\frac{1}{4}$	0	$\frac{1}{4}$
$p(Y_1Y_2)$	$\frac{1}{4}$	$\frac{1}{4}$	$\frac{1}{4}$	$\frac{1}{4}$

所以
$$H(Y_1Y_2)=\frac{1}{4}\log 4+\frac{1}{4}\log 4+\frac{1}{4}\log 4+\frac{1}{4}\log 4=2 \text{ 比特/符号}$$

$$H(Y_1Y_2|X)=\frac{1}{4}\log 1+\frac{1}{4}\log 1+\frac{1}{4}\log 2+\frac{1}{4}\log 2=\frac{1}{2} \text{ 比特/符号}$$

$$I(X;Y_1Y_2)=H(Y_1Y_2)-H(Y_1Y_2|X)=2-\frac{1}{2}=\frac{3}{2} \text{ 比特/符号}$$

可以看出，做 Y_1 和 Y_2 两个实验比做 Y_1 一个实验可多得到的信息量为

$$I(X;Y_1Y_2)-I(X;Y_1)=\frac{3}{2}-\frac{1}{2}=1 \text{ 比特/符号}$$

做 Y_1 和 Y_2 两个实验比做 Y_2 一个实验可多得到的信息量为

$$I(X;Y_1Y_2)-I(X;Y_2)=\frac{3}{2}-1=\frac{1}{2} \text{ 比特/符号}$$

(3) $I(X;Y_1|Y_2) = I(X;Y_1Y_2) - I(X;Y_2) = \frac{3}{2} - 1 = \frac{1}{2}$ 比特/符号,它表示做完 Y_2 实验以后,做 Y_1 实验可得到的关于 X 的信息量。

$I(X;Y_2|Y_1) = I(X;Y_1Y_2) - I(X;Y_1) = \frac{3}{2} - \frac{1}{2} = 1$ 比特/符号,它表示做完 Y_1 实验以后,做 Y_2 实验可得到的关于 X 的信息量。

3.4 解:(1) 信源熵为

$$H(U) = \frac{1}{2}\log 2 + \frac{1}{4}\log 4 + \frac{1}{4}\log 8 = \frac{7}{4} \text{ 比特/符号}$$

(2) 设平均代码长度为 $\overline{L}$,则

$$\overline{L} = \frac{1}{2} \times 1 + \frac{1}{4} \times 2 + \frac{1}{8} \times 3 + \frac{1}{8} \times 3 = \frac{7}{4} \text{ 二进制码元/符号}$$

二进制码元的熵

$$\frac{H(U)}{\overline{L}} = 1 \text{ 比特/码元}$$

(3) 由于符号间相互独立,因此

$$p(0) = \frac{\frac{1}{2} + \frac{1}{4} + \frac{1}{8}}{\overline{L}} = \frac{1}{2}$$

$$p(1) = 1 - p(0) = \frac{1}{2}$$

为求相邻码元间的条件概率,先求相邻码元间的联合概率:

$$p(1,1) = \frac{1}{\overline{L}}\left[\frac{1}{8} + \frac{1}{8} \times 2 + \frac{1}{8} \times \left(\frac{1}{4} + \frac{1}{8} + \frac{1}{8}\right)\right] = \frac{1}{4}$$

所以

$$p(1|1) = \frac{p(1,1)}{p(1)} = \frac{1}{2}$$

$$p(0|1) = 1 - p(1|1) = \frac{1}{2}$$

同理

$$p(0,0) = \frac{1}{\overline{L}}\left(\frac{1}{2} \times \frac{1}{2} + \frac{1}{4} \times \frac{1}{2} + \frac{1}{8} \times \frac{1}{2}\right) = \frac{1}{4}$$

$$p(0|0) = \frac{p(0,0)}{p(0)} = \frac{1}{2}$$

$$p(1|0) = 1 - p(0|0) = \frac{1}{2}$$

3.5 解: $H(X^2) = 2H(X) > H(X) > H(X_2|X_1)$

二次扩展信源的熵是一个联合熵,其值应该大于单符号信源熵,而马尔可夫信源的熵是一个条件熵,其值小于单符号信源熵。马尔可夫信源符号间的依赖关系提供了额外的信息,从而减小了信源的不确定性。

3.6 解:(1) 一阶马尔可夫过程的状态转移如图 C.5 所示。

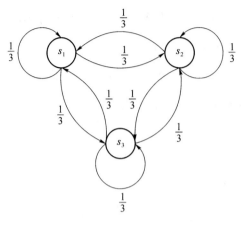

图 C.5

一阶马尔可夫过程共有 3 种状态,每个状态转移到其他状态的概率均为 $\frac{1}{3}$,设状态的平稳分布为 $\boldsymbol{W}=(W_1\ W_2\ W_3)$,根据

$$\begin{cases} W_1 = \frac{1}{3}W_1 + \frac{1}{3}W_2 + \frac{1}{3}W_3 \\ W_2 = \frac{1}{3}W_1 + \frac{1}{3}W_2 + \frac{1}{3}W_3 \\ W_3 = \frac{1}{3}W_1 + \frac{1}{3}W_2 + \frac{1}{3}W_3 \\ W_1 + W_2 + W_3 = 1 \end{cases}$$

可得 $\boldsymbol{W}=\begin{pmatrix}1/3 & 1/3 & 1/3\end{pmatrix}$,3 种状态等概率分布。

一阶马尔可夫信源的熵为

$$H_2 = 3 \times \frac{1}{3} \times H\left(\frac{1}{3},\frac{1}{3},\frac{1}{3}\right) = 1.585 \text{ 比特/符号}$$

信源剩余度为

$$\gamma = 1 - \frac{H_3}{H_0} = 1 - \frac{H_3}{\log 3} = 0$$

(2) 二阶马尔可夫信源有 9 种状态(状态转移图略),同样列方程组求得状态的平稳分布为

$$\boldsymbol{W} = \left(\frac{1}{9}\ \frac{1}{9}\ \frac{1}{9}\ \frac{1}{9}\ \frac{1}{9}\ \frac{1}{9}\ \frac{1}{9}\ \frac{1}{9}\ \frac{1}{9}\right)$$

二阶马尔可夫信源的熵为

$$H_3 = 9 \times \frac{1}{9} \log 3 = 1.585 \text{ 比特/符号}$$

信源剩余度为

$$\gamma = 1 - \frac{H_2}{H_0} = 1 - \frac{H_2}{\log 3} = 0$$

由于在上述两种情况下,3 个符号均为等概率分布,所以信源剩余度都等于 0。

3.7 解:(1) 设状态的平稳分布为 $W=(W_0\ \ W_1\ \ W_2)$,根据

$$\begin{cases} W_0 = \bar{p}W_0 + pW_1 \\ W_1 = \bar{p}W_1 + pW_2 \\ W_2 = pW_0 + \bar{p}W_2 \\ W_0 + W_1 + W_2 = 1 \end{cases}$$

解得稳态分布为:当 $p \neq 0$ 时,$W = \left(\dfrac{1}{3}\ \ \dfrac{1}{3}\ \ \dfrac{1}{3}\right)$;当 $p=0$ 时,W 为任意的概率分布。

(2) $H_\infty = H_2 = 3 \times \dfrac{1}{3} \times H(p) = H(p)$;当 $p=0$ 时,$H_\infty = 0$。

(3) 当 $p=0$ 或 $p=1$ 时,$H_\infty = 0$,整个信源为一个确定信源,所以其熵为零。

3.8 解:(1) 新信源的概率空间为

$$\begin{pmatrix} S_n \\ P(S_n) \end{pmatrix} = \begin{pmatrix} s_1 & s_2 & s_3 & \cdots & s_n & s_{n+1} \\ 1-p & p(1-p) & p^2(1-p) & \cdots & p^{n-1}(1-p) & p^n \end{pmatrix}$$

$$H(S_n) = -\sum_{i=1}^{n+1} p(s_i) \log p(s_i) = -\sum_{i=1}^{n} p^{i-1}(1-p) \log[p^{i-1}(1-p)] - p^n \log p^n$$

$$= -\sum_{i=1}^{n} p^{i-1}(1-p) \log p^{i-1} - \sum_{i=1}^{n} p^{i-1}(1-p) \log(1-p) - p^n \log p^n$$

$$= -\sum_{i=1}^{n} (i-1)p^{i-2} p(1-p) \log p - \sum_{i=1}^{n} p^{i-1}(1-p) \log(1-p) - np^n \log p$$

$$= \dfrac{np^{n-1} - np^n - 1 + p^n}{(1-p)^2} p(1-p) \log p - \dfrac{1-p^n}{1-p}(1-p) \log(1-p) - np^{n-1} p \log p$$

$$= -\dfrac{1-p^n}{1-p}(1-p) \log(1-p) - \dfrac{1-p^n}{1-p} p \log p$$

$$= \dfrac{1-p^n}{1-p} H(p)$$

(2) 当 $n \to \infty$ 时,信源的熵为

$$H(S) = \lim_{n \to \infty} H(S_n) = \dfrac{1}{1-p} H(p)$$

3.9 解:(1) 此两状态马尔可夫链的状态转移如图 C.6 所示。

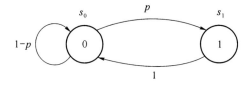

图 C.6

可求出稳态分布为 $W = \left(\dfrac{1}{1+p}\ \ \dfrac{p}{1+p}\right)$,即 $p(s_0) = \dfrac{1}{1+p}$,$p(s_1) = \dfrac{p}{1+p}$,所以

$$H_\infty = \dfrac{H(p)}{1+p} \qquad (\text{C.5})$$

(2) 将式(C.5)对 p 求导得

$$\frac{\mathrm{d}}{\mathrm{d}p}H_\infty = \frac{\log \mathrm{e}}{(1+p)^2} \cdot \ln\frac{(1-p)^2}{p}$$

所以当 $p=(1-p)^2$，即 $p=\frac{3-\sqrt{5}}{2}=0.382\,0$ 时熵率达到极值

$$\max H_\infty = 0.694\,2$$

(3) 根据链规则，一个允许的符号序列 $(x_1 x_2 \cdots x_n)$ 的概率为

$$p(x_1 x_2 \cdots x_n) = p(x_1)p(x_2|x_1)\cdots p(x_n|x_{n-1})$$
$$= p(x_1)(1-p)^{n_{00}} p^{n_{01}} 1^{n_{10}}$$

其中 n_{00}、n_{01} 和 n_{10} 分别是 $0\to 0$、$0\to 1$ 和 $1\to 0$ 转移的次数，$n_{00}+n_{01}+n_{10}=n-1$。又因为每个符号 1 后面肯定是一个 0，所以根据序列的第一个和最后一个符号不同，有 $n_{01}=n_{10}+\delta$，其中 $\delta\in\{-1,0,1\}$。

由(2)得 $p=(1-p)^2$，所以有

$$p(x_1 x_2 \cdots x_n) = p(x_1)(1-p)^{n_{00}} p^{n_{01}} 1^{n_{10}} = p(x_1)(1-p)^{n_{00}+2n_{01}}$$
$$= p(x_1)(1-p)^{n_{00}+n_{01}+n_{10}+\delta} = p(x_1)(1-p)^{n-1+\delta}$$

由上述结论可知，一个允许的符号序列的概率仅仅由此序列的第一个和最后一个符号确定，如表 C.17 所示。

表 C.17

x_1	x_n	n_{01}	$p(x_1 \cdots x_n)$
0	0	n_{10}	$p(s_0)(1-p)^{n-1}$
0	1	$n_{10}+1$	$p(s_0)(1-p)^n$
1	0	$n_{10}-1$	$p(s_1)(1-p)^{n-2}$
1	1	n_{10}	$p(s_1)(1-p)^{n-1}$

3.10 解：给棋盘编号，如图 C.7 所示。

1	2	3
4	5	6
7	8	9

图 C.7

(1) 由于"王"不能停在当前格上，必须走一步，所以这 9 个状态的稳态分布为

$$W_i = p(s_i) = \frac{E_i}{E}$$

其中，E_i 是从第 i 格出发能够到达的格子数，$E=\sum_i E_i$。通过简单的计算可得

$$W_1 = W_3 = W_7 = W_9 = \frac{3}{40}$$

$$W_2 = W_4 = W_6 = W_8 = \frac{5}{40}$$

$$W_5 = \frac{8}{40}$$

根据"随机行走"的意义可得

$$H(X|s_i)=\begin{cases}\log 3 & i=1,3,7,9\\ \log 5 & i=2,4,6,8\\ \log 8 & i=5\end{cases}$$

因此,最终结果为

$$H(王)=4\times\frac{3}{40}\times\log 3+4\times\frac{5}{40}\times\log 5+\frac{8}{40}\times\log 8=2.237 \text{ 比特/步}$$

(2) "车"不管在哪个格子,它都有 4 个走向,例如在 1 号格子,它可以去 2、3、4、7 号格子,因此状态的稳态分布为均匀分布:$W_i=p(s_i)=\frac{1}{9}$,$i=1,\cdots,9$,"车"随机行走的熵率为

$$H(车)=9\times\frac{1}{9}\times\left(4\times\frac{1}{4}\times\log 4\right)=2 \text{ 比特/步}$$

(3) 同样可得

$$H(左象)=1 \text{ 比特/步}$$
$$H(右象)=1.333 \text{ 比特/步}$$
$$H(后)=2.644 \text{ 比特/步}$$

3.11 解:(1) 随机行走的转移概率矩阵为

$$\boldsymbol{P}=\begin{pmatrix}\frac{1}{4}&\frac{1}{4}&\frac{1}{4}&\frac{1}{4}\\ \frac{1}{3}&\frac{1}{3}&\frac{1}{3}&0\\ \frac{1}{3}&\frac{1}{3}&0&\frac{1}{3}\\ \frac{1}{2}&0&\frac{1}{2}&0\end{pmatrix}$$

由于从任何一个节点走到下一个节点的概率都相等,可以初步推测每个节点的稳态分布与和它相连的转移线的数目成正比,即

$$(W_1,W_2,W_3,W_4)=k(4,3,3,2)\Rightarrow(W_1,W_2,W_3,W_4)=\left(\frac{4}{12},\frac{3}{12},\frac{3}{12},\frac{2}{12}\right)$$

通过验证 $\left(\frac{4}{12}\ \frac{3}{12}\ \frac{3}{12}\ \frac{2}{12}\right)\boldsymbol{P}=\left(\frac{4}{12}\ \frac{3}{12}\ \frac{3}{12}\ \frac{2}{12}\right)$ 证明我们的推测是正确的。这里连接不同节点的转移线都是双向的。

(2)
$$H_\infty=\sum_{i=1}^4 W_i H(X_2\mid X_1=i)$$
$$=\frac{4}{12}\log 4+\frac{3}{12}\log 3+\frac{3}{12}\log 3+\frac{2}{12}\log 2$$
$$=\frac{2}{3}+\frac{1}{2}\log 3+\frac{1}{6}=\frac{5}{6}+0.7925=1.6258 \text{ 比特/步}$$

3.12 解:(1)
$$h(X)=-\int_0^\infty \lambda e^{-\lambda x}\ln(\lambda e^{-\lambda x})dx$$
$$=-\int_0^\infty \lambda e^{-\lambda x}(\ln\lambda-\lambda x)dx$$
$$=-\ln\lambda+\lambda(1/\lambda)$$
$$=(1-\ln\lambda) \text{ 奈特/样值}$$

(2)
$$h(X) = -\int_{-\infty}^{\infty} \frac{1}{2}\lambda e^{-\lambda|x|} \ln\left(\frac{1}{2}\lambda e^{-\lambda|x|}\right) dx$$
$$= -\int_{-\infty}^{\infty} \frac{1}{2}\lambda e^{-\lambda|x|} \left(\ln\frac{1}{2} + \ln\lambda - \lambda|x|\right) dx$$
$$= -\ln\frac{1}{2} - \ln\lambda + 1$$
$$= \ln\frac{2e}{\lambda} \text{ 奈特/样值}$$

(3) 设 $\varphi(x) = \frac{1}{\sqrt{2\pi\sigma^2}} e^{-x^2/(2\sigma^2)}$ 表示高斯密度函数，它的微分熵为 $\frac{1}{2}\log 2\pi e\sigma^2$。单边高斯分布 $f(x) = \frac{2}{\sqrt{2\pi\sigma^2}} e^{-x^2/(2\sigma^2)} = 2\varphi(x), x \geq 0$ 的微分熵为

$$h(X) = -\int_0^{\infty} f(x)\log f(x) dx$$
$$= -\int_0^{\infty} 2\varphi(x)\log[2\varphi(x)] dx$$
$$= -\int_0^{\infty} 2\varphi(x)\log 2 dx - \int_0^{\infty} 2\varphi(x)\log \varphi(x) dx$$
$$= -\log 2 - \int_{-\infty}^{\infty} \varphi(x)\log \varphi(x) dx \quad [\text{因为 } \varphi(-x) = \varphi(x)]$$
$$= \left[\frac{1}{2}\log(2\pi e\sigma^2) - \log 2\right] \text{ 比特/样值}$$

3.13 解: $p(x) = \int_{-\infty}^{+\infty} p(xy) dy = \int_{-\infty}^{+\infty} \frac{1}{\sqrt{2\pi S}} e^{-\frac{x^2}{2S}} \cdot \frac{1}{\sqrt{2\pi N}} e^{-\frac{1}{2N}(y-x)^2} dy = \frac{1}{\sqrt{2\pi S}} e^{-\frac{x^2}{2S}}$

$$p(y|x) = \frac{p(xy)}{p(x)} = \frac{1}{\sqrt{2\pi N}} e^{-\frac{1}{2N}(y-x)^2}$$

$$h(X) = -\int_{-\infty}^{\infty} p(x)\ln p(x) dx = -\int_{-\infty}^{\infty} p(x)\ln\left(\frac{1}{\sqrt{2\pi S}} e^{-\frac{x^2}{2S}}\right) dx$$
$$= -\int_{-\infty}^{\infty} p(x)\ln\left(\frac{1}{\sqrt{2\pi S}}\right) dx - \int_{-\infty}^{\infty} p(x)\ln e^{-\frac{x^2}{2S}} dx$$
$$= \ln\sqrt{2\pi S} + \int_{-\infty}^{\infty} p(x)\frac{x^2}{2S} dx = \ln\sqrt{2\pi S} + \frac{1}{2S} \cdot S = \ln\sqrt{2\pi eS}$$

$$h(Y|X) = -\int_{-\infty}^{\infty}\int_{-\infty}^{\infty} p(xy)\ln p(y|x) dxdy$$
$$= -\int_{-\infty}^{\infty}\int_{-\infty}^{\infty} p(xy)\left[\ln\frac{1}{\sqrt{2\pi N}} - \frac{1}{2N}(y-x)^2\right] dxdy$$
$$= \ln\sqrt{2\pi N} + \frac{1}{2N}\int_{-\infty}^{\infty} \frac{1}{\sqrt{2\pi S}} e^{-\frac{x^2}{2S}} \int_{-\infty}^{\infty} \frac{1}{\sqrt{2\pi N}} e^{-\frac{1}{2N}(y-x)^2}(y-x)^2 dydx$$
$$= \ln\sqrt{2\pi N} + \frac{1}{2} = \ln\sqrt{2\pi eN}$$

$$h(XY) = -\int_{-\infty}^{\infty}\int_{-\infty}^{\infty} p(xy)\ln p(xy)\mathrm{d}x\mathrm{d}y$$

$$= -\int_{-\infty}^{\infty}\int_{-\infty}^{\infty} \frac{1}{\sqrt{2\pi S}}e^{-\frac{x^2}{2S}} \cdot \frac{1}{\sqrt{2\pi N}}e^{-\frac{1}{2N}(y-x)^2}\left[\ln\frac{1}{2\pi\sqrt{SN}} - \frac{x^2}{2S} - \frac{1}{2N}(y-x)^2\right]\mathrm{d}x\mathrm{d}y$$

$$= \ln(2\pi\sqrt{SN}) + \int_{-\infty}^{\infty}\int_{-\infty}^{\infty} \frac{x^2}{2S}\frac{1}{\sqrt{2\pi S}}e^{-\frac{x^2}{2S}} \cdot \frac{1}{\sqrt{2\pi N}}e^{-\frac{1}{2N}(y-x)^2}\mathrm{d}x\mathrm{d}y +$$

$$\int_{-\infty}^{\infty}\int_{-\infty}^{\infty} \frac{1}{2N}(y-x)^2 \frac{1}{\sqrt{2\pi S}}e^{-\frac{x^2}{2S}} \cdot \frac{1}{\sqrt{2\pi N}}e^{-\frac{1}{2N}(y-x)^2}\mathrm{d}x\mathrm{d}y$$

$$= \ln(2\pi\sqrt{SN}) + \frac{1}{2} + \frac{1}{2} = \ln(2\pi e\sqrt{SN})$$

$$h(Y) = h(XY) - h(X) = \ln\sqrt{2\pi e(S+N)}$$

$$I(X;Y) = h(Y) - h(Y|X) = \frac{1}{2}\ln\frac{S+N}{N}$$

3.14 解：该信源的绝对熵为

$$H(X) = h(X) - \lim_{\Delta \to 0}\ln\Delta$$

由于本题中 $\Delta = 0.5$，并不趋于 0，所以

$$H(X) \approx h(X) - \ln\Delta$$

$$\approx -\int_a^b p(x)\ln p(x)\mathrm{d}x - \ln\Delta$$

$$\approx \int_0^2 xe^{-x}\mathrm{d}x - \ln\Delta = (1 - 3e^{-2} + \ln 2) \text{奈特/样值}$$

按照奈奎斯特定理，对该波形信号的抽样率至少为 $2\times 4\times 10^3$ 次/秒。

信源的输出信息率为

$$H_t = nH(X) = 2\times 4\times 10^3 \times (1 - 3e^{-2} + \ln 2) \text{奈特/秒}$$

3.15 解：(1) 这是一个高斯随机变量的概率密度函数图，所以曲线下面的面积为 1。因此，X 和 Y 在一个面积为 1 的区域 S 内均匀分布，

$$h(X,Y) = \iint_S 1\ln 1\mathrm{d}x\mathrm{d}y = \iint_S 1\cdot 0\ \mathrm{d}x\mathrm{d}y = 0$$

(2) X 的边沿概率密度函数 $f(x) = \int_0^y 1\mathrm{d}y = \frac{1}{\sqrt{2\pi}}e^{-x^2/2}$，也就是说，$X$ 是均值为 0、方差为 1 的高斯随机变量，所以

$$h(X) = \frac{1}{2}\ln 2\pi e$$

(3) Y 的取值范围为 $\left(0, \frac{1}{\sqrt{2\pi}}\right]$，并且它不是均匀分布的，它的微分熵必然小于在这个取值范围内均匀分布的随机变量，所以

$$h(Y) < \ln\frac{1}{\sqrt{2\pi}} = -\ln(\sqrt{2\pi}) = -\frac{1}{2}\ln 2\pi$$

由

$$0 = h(XY) = h(X) + h(Y|X) \Rightarrow h(Y|X) = -h(X) = -\frac{1}{2}\ln 2\pi - \frac{1}{2}$$

又因为 X 和 Y 不是相互独立的随机变量,所以

$$h(Y) > h(Y|X) = -\frac{1}{2}\ln 2\pi - \frac{1}{2}$$

综合前两步的结果得

$$-\frac{1}{2}\ln 2\pi - \frac{1}{2} < h(Y) < -\frac{1}{2}\ln 2\pi$$

3.16 解:先求出该马尔可夫信源的状态平稳分布:

$$\begin{cases} W_1 = (1-\alpha)W_1 + \beta W_2 \\ W_2 = \alpha W_1 + (1-\beta)W_2 \end{cases}$$

解得平稳分布为

$$\boldsymbol{W} = \left(\frac{\beta}{\alpha+\beta} \quad \frac{\alpha}{\alpha+\beta}\right)$$

其熵率为

$$H_\infty = H_2 = \frac{\beta}{\alpha+\beta}H(\alpha) + \frac{\alpha}{\alpha+\beta}H(\beta)$$

3.17 解:(1) $P_r\{$第一个球是红球$\} = P_r\{$第一个球是蓝球$\} = \frac{1}{2}$,因此

$$H(X_1) = (1/2)\log 2 + (1/2)\log 2 = \log 2 = 1$$

(2) $P_r\{$第二个球是红球$\} = P_r\{$第二个球是蓝球$\} = \frac{1}{2}$,因此

$$H(X_2) = (1/2)\log 2 + (1/2)\log 2 = \log 2 = 1$$

同理

$$H(X_3) = H(X_4) = H(X_5) = H(X_6) = 1 \text{ 比特/符号}$$

(3) $\quad H(X_2|X_1) = P_r\{$第一个球是红球$\} \cdot H(X_2|$第一个球是红球$) +$
$\qquad P_r\{$第一个球是蓝球$\} \cdot H(X_2|$第一个球是蓝球$)$

$$= \frac{1}{2}H\left(\frac{2}{5}\right) + \frac{1}{2}H\left(\frac{2}{5}\right)$$

$$= H\left(\frac{2}{5}\right) = 0.970 \text{ 比特/符号}$$

(4) 随着 k 的增加,$H(X_k|X_1\cdots X_{k-1})$ 会减少,因为知道以前的结果会降低这次结果的不确定性,以前的结果知道得越多,这次结果的不确定性越小。$H(X_6|X_1\cdots X_5) = 0$。

3.18 解:(1) 先求出该马尔可夫信源的平稳分布,为 $\boldsymbol{W} = \left(\frac{2}{3}, \frac{1}{3}\right)$,其熵率为

$$H_\infty = H_2 = \frac{2}{3}H(0.1) + \frac{1}{3}H(0.2) = \frac{2}{3} \times 0.469 + \frac{1}{3} \times 0.722 = 0.553 \text{ 比特/符号}$$

(2) 根据平稳分布确定第一个符号的概率为 $P_r\{X_1 = 1\} = \frac{1}{3}$,因此

$$p(1000011) = p(1)p(0|1)p(0|0)p(0|0)p(0|0)p(1|0)p(1|1)$$

$$= \frac{1}{3} \times 0.2 \times 0.9 \times 0.9 \times 0.9 \times 0.1 \times 0.8 = 3.888 \times 10^{-3}$$

(3)
$$F(1000011) = p(100000) + p(1000010) + p(0)$$
$$= 0.043\,740 + 0.000\,972 + 0.666\,667$$
$$= 0.711\,379$$

所以
$$P_r\{(X_1X_2\cdots) < 1000011\} = 0.711\,379$$

3.19 解：(1) 该随机过程是平稳过程，因为一旦选择了一枚硬币，在投掷的过程中它的偏畸性不会改变。

该随机过程不是一个有限阶的马尔可夫过程，因为投掷次数越多，则随机过程给出关于 Z 的信息越多，因此预测下一次投掷的结果越准确。如果用 Y_i 来表示二维随机变量 (Z, X_i)，则 $Y_1, Y_2, Y_3, \cdots$ 是一个一阶马尔可夫过程，而 $X_1, X_2, X_3, \cdots$ 可以看作这个马尔可夫链的函数。

(2) 一旦选择了一枚硬币，则每次投掷的结果是相互独立的，即
$$H(X_1X_2\cdots X_n|Z) = H(X_1|Z) + H(X_2|Z) + \cdots + H(X_n|Z) = nH(p) = nH(1-p)$$

(3) $I(X_1; X_2|Z) = 0$，因为给定 Z 以后 X_1 和 X_2 相互独立。

(4) 我们可以直接计算 $H(X_1X_2)$ 或利用 $H(X_1X_2) = H(X_1) + H(X_2|X_1)$ 计算 $H(X_1X_2)$。X_1、X_2 的联合概率分布如表 C.18 所示。

表 C.18

X_1	X_2	
	0	1
0	$\frac{1}{2}(p^2+q^2)$	$\frac{1}{2}(2pq)$
1	$\frac{1}{2}(2pq)$	$\frac{1}{2}(p^2+q^2)$

为简单起见，令 $q = 1 - p$，所以
$$H(X_1X_2) = -2pq\log pq - (p^2+q^2)\log \frac{1}{2}(p^2+q^2)$$
$$= 1 - 2pq\log 2pq - (p^2+q^2)\log(p^2+q^2) = 1 + H(p^2+q^2)$$

(5) 任意 (X_i, X_j) 的概率分布均和 (X_1, X_2) 的概率分布相同，因此
$$I(X_1; X_2) = I(X_3; X_{729})$$

而
$$I(X_1; X_2) = H(X_1) + H(X_2) - H(X_1X_2)$$
$$= 2 - [1 + H(p^2+q^2)] = 1 - H(p^2+q^2)$$

(6)
$$H(X_1X_2\cdots X_n) \geq H(X_1X_2\cdots X_n|Z) = nH(p)$$
$$H(X_1X_2\cdots X_n) \leq H(X_1X_2\cdots X_nZ)$$
$$= H(X_1X_2\cdots X_n|Z) + H(Z)$$
$$= nH(p) + 1$$

根据上面两个不等式可以得到熵率
$$H_\infty = \lim_{n\to\infty} \frac{1}{n} H(X_1X_2\cdots X_n) = H(p)$$

这个结果和经验是一致的,因为对于很大的 n 值,我们几乎可以断定这枚硬币的偏畸性(p 或 $1-p$),因此 $H_\infty = \lim\limits_{n\to\infty} \dfrac{1}{n} H(X_1 X_2 \cdots X_n) = H(p)$。

(7) 我们猜测 $\lim\limits_{n\to\infty} H(Z|X_1 X_2 \cdots X_n) = 0$,因为随着 n 的增大,几乎可以断定这枚硬币的偏畸性。下面来验证这个猜测。

令 Y_n 表示前 $2n-1$ 次的投掷结果:

$$Y_n = \begin{cases} 1 & X_1 + \cdots + X_{2n-1} \geq n \\ 0 & 其他 \end{cases}$$

根据弱大数定理,有

$$\lim_{n\to\infty} P_r\{Y_n = 1 | Z = z\} = \begin{cases} 0 & z=0, p<1/2 \\ 1 & z=1 \end{cases}$$

由于所选择的硬币是随机选取的,所以

$$P_r\{Y_n = 1\} = \frac{1}{2}$$

$$I(Z; X_1 X_2 \cdots X_n) \geq I(Z; Y_n) = H(Y_n) - H(Y_n | Z) = 1 - H(Y_n | Z)$$

当 $n \to \infty$ 时,$H(Y_n | Z) \to 0$,$I(Z; X_1 X_2 \cdots X_n) \to 1$,$H(Z | X_1 X_2 \cdots X_n) = H(Z) - I(Z; X_1 X_2 \cdots X_n) = 1 - I(Z; X_1 X_2 \cdots X_n) \to 0$。

3.20 解:该马尔可夫信源的状态转移概率矩阵为 $\boldsymbol{P} = \begin{pmatrix} 0.8 & 0.2 \\ 0.3 & 0.7 \end{pmatrix}$,可以求得它的状态的平稳分布:$p(x_1) = 0.6, p(x_2) = 0.4$,因此

$$H_\infty = H_2 = 0.6(-0.8\log 0.8 - 0.2\log 0.2) + 0.4(-0.3\log 0.3 - 0.7\log 0.7)$$
$$= 0.786 \text{ 比特/符号}$$

一阶马尔可夫信源的符号概率分布等于状态的平稳分布,所以具有同样的符号概率分布的离散无记忆信源(DMS)的熵

$$H_{\text{DMS}} = -0.6\log 0.6 - 0.4\log 0.4 = 0.971$$

显然 $H_2 < H_{\text{DMS}}$。

3.21 解:根据微分熵的定义可得

$$h(X) = -\int_{-\infty}^{\infty} f_X(x) \ln f_X(x) \mathrm{d}x$$

$$= -\int_{-\lambda}^{0} \frac{x+\lambda}{\lambda^2} \ln\left(\frac{x+\lambda}{\lambda^2}\right) \mathrm{d}x - \int_{0}^{\lambda} \frac{-x+\lambda}{\lambda^2} \ln\left(\frac{-x+\lambda}{\lambda^2}\right) \mathrm{d}x$$

$$= -\ln\left(\frac{1}{\lambda^2}\right) \left(\int_{-\lambda}^{0} \frac{x+\lambda}{\lambda^2} \mathrm{d}x + \int_{0}^{\lambda} \frac{-x+\lambda}{\lambda^2} \mathrm{d}x\right) -$$

$$\int_{-\lambda}^{0} \frac{x+\lambda}{\lambda^2} \ln(x+\lambda) \mathrm{d}x - \int_{0}^{\lambda} \frac{-x+\lambda}{\lambda^2} \ln(-x+\lambda) \mathrm{d}x$$

$$= \ln \lambda^2 - \frac{2}{\lambda^2} \int_{0}^{\lambda} z \ln z \mathrm{d}z \quad (z = \pm x + \lambda)$$

$$= \ln \lambda^2 - \frac{2}{\lambda^2} \left[\frac{z^2 \ln z}{2} - \frac{z^2}{4}\right]_{0}^{\lambda}$$

$$= \ln \lambda^2 - \ln \lambda + \frac{1}{2} = \left(\ln \lambda + \frac{1}{2}\right) \text{奈特/样值}$$

3.22 证明：把 $|\det(\boldsymbol{A})|$ 简记为 $|\boldsymbol{A}|$，因为 $\boldsymbol{Y}$ 是通过线性变换 $\boldsymbol{Y}=\boldsymbol{AX}$ 得到的，所以它的密度函数为

$$g(\boldsymbol{y})=\frac{1}{|\boldsymbol{A}|}f(\boldsymbol{A}^{-1}\boldsymbol{y})$$

它的微分熵为

$$\begin{aligned}h(\boldsymbol{Y})&=-\int g(\boldsymbol{y})\log g(\boldsymbol{y})\mathrm{d}\boldsymbol{y}\\&=-\int\frac{1}{|\boldsymbol{A}|}f(\boldsymbol{A}^{-1}\boldsymbol{y})[\log f(\boldsymbol{A}^{-1}\boldsymbol{y})-\log|\boldsymbol{A}|]\mathrm{d}\boldsymbol{y}\\&=-\int\frac{1}{|\boldsymbol{A}|}f(\boldsymbol{x})[\log f(\boldsymbol{x})-\log|\boldsymbol{A}|]|\boldsymbol{A}|\mathrm{d}\boldsymbol{x}\\&=h(\boldsymbol{X})+\log|\boldsymbol{A}|\end{aligned}$$

3.23 解：(1) 每抽样有 256 个量化取值，且各量化值的概率相等，因此每抽样的信息熵为

$$H(X)=-\sum_{i=1}^{256}p_i\log p_i=-\sum_{i=1}^{256}\frac{1}{256}\log\frac{1}{256}=\log 256=8 \text{ 比特/符号}$$

(2) 信源的信息输出率为

$$R=rH(X)=8\,000\times 8=6.4\times 10^4 \text{ bit/s}$$

C.4　第4章习题解答

4.1 解：(1) $I(X=0;Y=1)=\log\dfrac{p(Y=1|X=0)}{p(Y=1)}$

$$=\log\frac{0.3}{0.2\times 0.3+0.8\times 0.9}=-1.38 \text{ 比特/符号}$$

(2) $I(X=1;Y)=\sum_y p(y|X=1)\log\dfrac{p(y|X=1)}{p(y)}$

$$=0.1\times\log\frac{0.1}{0.2\times 0.7+0.8\times 0.1}+0.9\times\log\frac{0.9}{0.2\times 0.3+0.8\times 0.9}$$

$$=0.1\times\log\frac{10}{22}+0.9\times\log\frac{90}{78}=-0.114+0.186=0.072 \text{ 比特/符号}$$

(3) $I(X;Y)=\sum_{x,y}p(xy)\log\dfrac{p(y|x)}{p(y)}$

$$=\sum_{x,y}p(x)p(y|x)\log\frac{p(y|x)}{\sum_u p(u)p(y|u)}$$

$$=0.2\times 0.7\times\log\frac{0.7}{0.2\times 0.7+0.8\times 0.1}+0.2\times 0.3\times\log\frac{0.3}{0.2\times 0.3+0.8\times 0.9}+$$

$$0.8\times 0.1\times\log\frac{0.1}{0.2\times 0.7+0.8\times 0.1}+0.8\times 0.9\times\log\frac{0.9}{0.2\times 0.3+0.8\times 0.9}$$

$$=0.209 \text{ 比特/符号}$$

4.2 解:信道如图 C.8 所示。

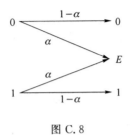

图 C.8

其转移矩阵为

$$\begin{array}{c} \quad 0 \quad\; E \quad\; 1 \\ \begin{array}{c}0\\1\end{array}\!\!\begin{pmatrix} 1-\alpha & \alpha & 0 \\ 0 & \alpha & 1-\alpha \end{pmatrix} \end{array}$$

这是一个准对称信道,信道容量为

$$C = \log 2 - H(\alpha) - (1-\alpha)\log(1-\alpha) - \alpha\log(2\alpha)$$
$$= 1 - \alpha$$

4.3 解:(1) 信道模型如图 C.9 所示。

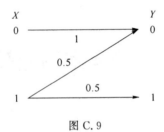

图 C.9

(2) 平均互信息

$$I(X;Y) = \sum_{x,y} p(x)p(y|x)\log\frac{p(y|x)}{p(y)}$$
$$= p_X(0)p_{Y|X}(0|0)\log\frac{p_{Y|X}(0|0)}{p_Y(0)} + p_X(0)p_{Y|X}(1|0)\log\frac{p_{Y|X}(1|0)}{p_Y(1)} +$$
$$p_X(1)p_{Y|X}(0|1)\log\frac{p_{Y|X}(0|1)}{p_Y(0)} + p_X(1)p_{Y|X}(1|1)\log\frac{p_{Y|X}(1|1)}{p_Y(1)}$$

(C.6)

令 $p_X(0)=p, p_X(1)=1-p$,则 Y 的概率分布为

$$p_Y(0) = p + \frac{1}{2}(1-p) = \frac{1}{2}(1+p)$$

$$p_Y(1) = 0 + \frac{1}{2}(1-p) = \frac{1}{2}(1-p)$$

将 X、Y 的概率分布代入式(C.6)得

$$I(X;Y) = p \times 1 \times \log\frac{1}{\frac{1}{2}(1+p)} + 0 +$$

$$(1-p)\frac{1}{2}\log\frac{\frac{1}{2}}{\frac{1}{2}(1+p)}+(1-p)\frac{1}{2}\log\frac{\frac{1}{2}}{\frac{1}{2}(1-p)}$$

$$=p\log\frac{2}{1+p}+\frac{1}{2}(1-p)\log\frac{1}{(1+p)(1-p)}$$

$$=p-p\log(1+p)-\frac{1}{2}(1-p)\log(1-p^2) \tag{C.7}$$

(3) 为求信道容量，对互信息求驻点：

$$\frac{\mathrm{d}I(X;Y)}{\mathrm{d}p}$$

$$=1-\log(1+p)-p(\log \mathrm{e})\cdot\frac{1}{1+p}+\frac{1}{2}\log(1-p^2)-\frac{1}{2}(1-p)(\log \mathrm{e})\cdot\frac{-2p}{1-p^2}$$

$$=1-\log(1+p)-\frac{p}{1+p}\log \mathrm{e}+\frac{1}{2}\log(1-p^2)+\frac{p}{1+p}\log \mathrm{e}$$

$$=1+\log\frac{\sqrt{1-p^2}}{1+p}$$

令 $\frac{\mathrm{d}I(X;Y)}{\mathrm{d}p}=0$，由 $1+\log\frac{\sqrt{1-p^2}}{1+p}=0 \Rightarrow \frac{1+p}{\sqrt{1-p^2}}=2$，即 $p=\frac{3}{5}$ 时，互信息达到最大值。

把 $p=\frac{3}{5}$ 代入式(C.7)，得信道容量为

$$C=0.32 \text{ 比特/符号}$$

4.4 解法一：

信源概率分布为

$$\binom{X}{P}=\begin{pmatrix} A & B & C & D \\ \frac{1}{4} & \frac{1}{4} & \frac{1}{4} & \frac{1}{4} \end{pmatrix}$$

信道的传递概率矩阵为

$$\boldsymbol{P}=\begin{bmatrix} 1/2 & 1/6 & 1/6 & 1/6 \\ 1/6 & 1/2 & 1/6 & 1/6 \\ 1/6 & 1/6 & 1/2 & 1/6 \\ 1/6 & 1/6 & 1/6 & 1/2 \end{bmatrix}$$

它是强对称信道，且输入为等概分布，这时平均互信息达到信道容量：

$$C=\log r-p\log(r-1)-H(p)=\log 4-H(1/2,1/6,1/6,1/6)$$

$$=2-[H(1/2)+(1/2)\times\log 3]=0.208 \text{ 比特/符号}$$

解法二：

由

$$\left.\begin{aligned}p(x_i)\\p(y_j|x_i)\end{aligned}\right\} \Rightarrow \left.\begin{aligned}p(x_iy_j)\\p(y_j)\end{aligned}\right\} \Rightarrow I(X;Y)$$

得

$$I(X;Y) = \sum_{i,j} p(x_i y_j) \log \frac{p(y_j|x_i)}{p(y_j)} \approx 0.208 \text{ 比特/符号}$$

4.5 解：(1) 把 $1-\varepsilon$ 记为 δ，并令 $p(X=1)=p$，则 $p(Y=1)=p(1-\varepsilon)=p\delta$。将平均互信息表示为 p 的函数：

$$I(X;Y) = H(Y) - H(Y|X) = H(p\delta) - pH(\varepsilon) = H(p\delta) - pH(\delta)$$

对平均互信息求驻点，它的极值即为信道容量。

$$\frac{dI}{dp} = \delta \log \frac{1-p\delta}{p\delta} - H(\delta) = \delta \log \frac{1-p\delta}{p\delta} + \delta \log \delta + (1-\delta) \log(1-\delta) = 0$$

整理得到

$$\log \frac{p\delta}{1-p\delta} = \log \delta + \frac{1-\delta}{\delta} \log(1-\delta) = \log \delta (1-\delta)^{\frac{1-\delta}{\delta}}$$

去掉对数符号，得

$$\frac{p\delta}{1-p\delta} = \delta(1-\delta)^{\frac{1-\delta}{\delta}} \Rightarrow p = \frac{(1-\delta)^{\frac{1-\delta}{\delta}}}{1+\delta(1-\delta)^{\frac{1-\delta}{\delta}}} = \frac{\varepsilon^{\frac{\varepsilon}{1-\varepsilon}}}{1+(1-\varepsilon)\varepsilon^{\frac{\varepsilon}{1-\varepsilon}}} \quad \text{(C.8)}$$

最佳输入分布为

$$p(X=0) = 1 - \frac{\varepsilon^{\frac{\varepsilon}{1-\varepsilon}}}{1+(1-\varepsilon)\varepsilon^{\frac{\varepsilon}{1-\varepsilon}}}$$

$$p(X=1) = \frac{\varepsilon^{\frac{\varepsilon}{1-\varepsilon}}}{1+(1-\varepsilon)\varepsilon^{\frac{\varepsilon}{1-\varepsilon}}}$$

(2) 当 $\varepsilon = 1/2$ 时，有

$$p = \frac{(1/2)^{\frac{1/2}{1-1/2}}}{1+(1-1/2)(1/2)^{\frac{1/2}{1-1/2}}} = \frac{1/2}{1+1/4} = \frac{2}{5}$$

所以

$$C = H(Y) - H(Y|X) = H(1/5) - 2/5 = 0.722 - 0.4 = 0.322 \text{ 比特/符号}$$

(3) 记 $\gamma = \varepsilon^{\frac{\varepsilon}{1-\varepsilon}}$，则

$$\lim_{\varepsilon \to 0} \gamma = \lim_{\varepsilon \to 0} \varepsilon^{\frac{\varepsilon}{1-\varepsilon}} = \lim_{\varepsilon \to 0} \varepsilon^{\varepsilon} = 1$$

$$\lim_{\varepsilon \to 0} p = \lim_{\varepsilon \to 0} \frac{\gamma}{1+(1-\varepsilon)\gamma} = \frac{1}{1+1} = \frac{1}{2}$$

所以当 $\varepsilon \to 0$ 时 Z 信道趋于一个无噪信道，当输入等概时达到信道容量。

而当 $\varepsilon \to 1$ 时，

$$\lim_{\varepsilon \to 1} \gamma = \lim_{\varepsilon \to 1} \varepsilon^{\frac{\varepsilon}{1-\varepsilon}} = \lim_{\delta \to 0} (1-\delta)^{\frac{1-\delta}{\delta}} = \lim_{\delta \to 0} (1-\delta)^{\frac{1}{\delta}} = \lim_{n \to \infty} \left(1-\frac{1}{n}\right)^n = e^{-1}$$

$$\lim_{\varepsilon \to 1} p = \lim_{\varepsilon \to 1} \frac{\gamma}{1+(1-\varepsilon)\gamma} = \frac{e^{-1}}{1} = \frac{1}{e} = 0.368$$

这时 $C = (1-\varepsilon)e^{-1} \log e = 0.531\delta$。

4.6 解：$n=2$ 时，级联信道的转移概率矩阵为

$$\begin{pmatrix} 1-p & p \\ p & 1-p \end{pmatrix} \cdot \begin{pmatrix} 1-p & p \\ p & 1-p \end{pmatrix} = \begin{pmatrix} 1-2p+2p^2 & 2p-2p^2 \\ 2p-2p^2 & 1-2p+2p^2 \end{pmatrix}$$

其错误传递概率为 $2p-2p^2=\frac{1}{2}[1-(1-2p)^2]$，故 $n=2$ 时结论成立。

设 $n=k$ 时结论成立，则错误传递概率为 $\frac{1}{2}[1-(1-2p)^k]$。

当 $n=k+1$ 时，级联信道的转移概率矩阵为

$$\begin{pmatrix} \frac{1}{2}[1+(1-2p)^k] & \frac{1}{2}[1-(1-2p)^k] \\ \frac{1}{2}[1-(1-2p)^k] & \frac{1}{2}[1+(1-2p)^k] \end{pmatrix} \cdot \begin{pmatrix} 1-p & p \\ p & 1-p \end{pmatrix}$$

$$= \begin{pmatrix} \frac{1}{2}[1+(1-2p)^{k+1}] & \frac{1}{2}[1-(1-2p)^{k+1}] \\ \frac{1}{2}[1-(1-2p)^{k+1}] & \frac{1}{2}[1+(1-2p)^{k+1}] \end{pmatrix}$$

由数学归纳法可知结论成立，即 n 个二元对称信道的级联信道等效于一个二元对称信道，其错误传递概率为 $\frac{1}{2}[1-(1-2p)^n]$。

当 $n\to\infty$ 时，$\lim_{n\to\infty}\frac{1}{2}[1-(1-2p)^n]=\frac{1}{2}$，所以 $\lim_{n\to\infty}I(X_0;X_n)=1-H\left(\frac{1}{2}\right)=0$。

4.7 解：设输入符号的个数为 r，输出符号的个数为 s，对于行对称信道，有

$$I(X;Y)=H(Y)-H(Y|X)$$

$$=p(y_1)\log\frac{1}{p(y_1)}+p(y_2)\log\frac{1}{p(y_2)}+\cdots+p(y_s)\log\frac{1}{p(y_s)}-H(p'_1,p'_2,\cdots,p'_s)$$

由于准对称信道在输入等概分布 $p(x_i)=\frac{1}{r}$，$i=1,2,\cdots,r$ 时达到信道容量，这时

$$p(y_j)=\sum_i p(y_j|x_i)p(x_i)=\frac{1}{r}\sum_i p(y_j|x_i)$$

所以

$$C=\frac{1}{r}\sum_i p(y_1|x_i)\log\frac{1}{\frac{1}{r}\sum_i p(y_1|x_i)}+\frac{1}{r}\sum_i p(y_2|x_i)\log\frac{1}{\frac{1}{r}\sum_i p(y_2|x_i)}+$$

$$\cdots+\frac{1}{r}\sum_i p(y_s|x_i)\log\frac{1}{\frac{1}{r}\sum_i p(y_s|x_i)}-H(p'_1,p'_2,\cdots,p'_s)$$

$$=\frac{1}{r}\sum_i p(y_1|x_i)\log r+\frac{1}{r}\sum_i p(y_2|x_i)\log r+\cdots+\frac{1}{r}\sum_i p(y_s|x_i)\log r-$$

$$\left[\frac{1}{r}\sum_i p(y_1|x_i)\log\sum_i p(y_1|x_i)+\frac{1}{r}\sum_i p(y_2|x_i)\log\sum_i p(y_2|x_i)+\right.$$

$$\left.\cdots+\frac{1}{r}\sum_i p(y_s|x_i)\log\sum_i p(y_s|x_i)\right]-H(p'_1,p'_2,\cdots,p'_s)$$

$$=\log r-\left[\frac{1}{r}\sum_i p(y_1|x_i)\log\sum_i p(y_1|x_i)+\frac{1}{r}\sum_i p(y_2|x_i)\log\sum_i p(y_2|x_i)+\right.$$

$$\left.\cdots+\frac{1}{r}\sum_i p(y_s|x_i)\log\sum_i p(y_s|x_i)\right]-H(p'_1,p'_2,\cdots,p'_s) \quad (C.9)$$

因为准对称信道可以按列分成若干个对称的子矩阵 $\boldsymbol{Q}_k(k=1,2,\cdots,n)$，在子矩阵中每一行、每一列的元素都相同，把式(C.9)括号内的求和分成在不同的子矩阵中求和。$\sum_i p(y_j|x_i)$

表示每一列元素之和,在每一个子矩阵中 $\sum_i p(y_j|x_i)$ 都相等,因此在同一子矩阵中求和项可以进行合并,合并后对数符号前的值就等于子矩阵中行元素之和,所以

$$C = \log r - \sum_{k=1}^{n} N_k \log M_k - H(p'_1, p'_2, \cdots, p'_s)$$

其中,N_k 表示子矩阵中的行元素之和,M_k 表示子矩阵中的列元素之和。

4.8 解:(1) 三元对称理想(无噪声)信道的信道模型如图 C.10 所示。

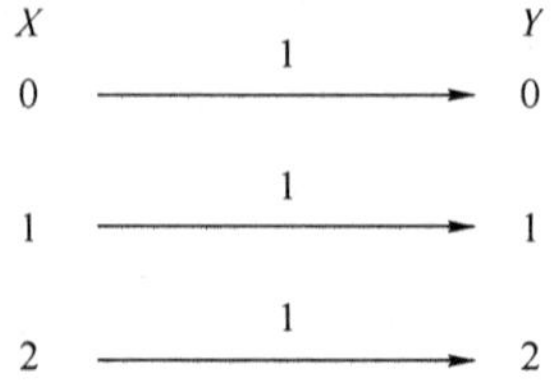

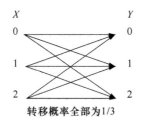

图 C.10

(2) 三元对称强噪声信道的信道模型如图 C.11 所示。

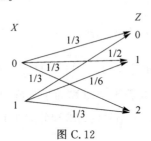

图 C.11

4.9 解:由题图 4.5 可知信道 I、II 的信道矩阵分别为

$$\boldsymbol{P}_{\text{I}} = \begin{pmatrix} \frac{1}{3} & \frac{1}{3} & \frac{1}{3} \\ \frac{1}{2} & 0 & \frac{1}{2} \end{pmatrix}, \boldsymbol{P}_{\text{II}} = \begin{pmatrix} 1 & 0 & 0 \\ 0 & \frac{2}{3} & \frac{1}{3} \\ 0 & \frac{1}{3} & \frac{2}{3} \end{pmatrix}$$

它们串联后构成一个马尔可夫链,根据马尔可夫链的性质,串联后总的信道矩阵为

$$\boldsymbol{P} = \boldsymbol{P}_{\text{I}} \boldsymbol{P}_{\text{II}} = \begin{pmatrix} \frac{1}{3} & \frac{1}{3} & \frac{1}{3} \\ \frac{1}{2} & 0 & \frac{1}{2} \end{pmatrix} \begin{pmatrix} 1 & 0 & 0 \\ 0 & \frac{2}{3} & \frac{1}{3} \\ 0 & \frac{1}{3} & \frac{2}{3} \end{pmatrix} = \begin{pmatrix} \frac{1}{3} & \frac{1}{3} & \frac{1}{3} \\ \frac{1}{2} & \frac{1}{6} & \frac{1}{3} \end{pmatrix}$$

总的级联信道可以等效为图 C.12。

图 C.12

4.10 解：由香农公式可知，该信道的信道容量为
$$C_t = \frac{n}{2}\log\left(1+\frac{E}{\sigma^2}\right) = \frac{8\,000}{2}\log(1+E)$$
为使电话机产生的 64 kbit/s 数据正确通过信道，必须使
$$C_t \geqslant 64 \times 10^3 \text{ bit/s}$$
得
$$E \geqslant 1 \times (2^{16}-1) = 65\,535 \text{ μW}$$
所以输入信号功率应不小于 65.5 mW。

4.11 解：(1) $I(X;Y) = h(Y) - h(Y|X) = h(X) + h(Y) - h(XY)$
$$h(XY) = -\iint \frac{1}{2ab}\ln\frac{1}{2ab}dxdy = \ln 2ab \text{ 奈特/样值}$$
$$h(X) = \int_{-a}^{+a}\left(\frac{1}{a}-\frac{|x|}{a^2}\right)\log\left(\frac{1}{a}-\frac{|x|}{a^2}\right)dx$$
$$= \ln a - \int_{-1}^{+1}(1-|x|)\ln(1-|x|)dx = \left(\frac{1}{2}+\ln a\right) \text{ 奈特/样值}$$
同理
$$h(Y) = \left(\frac{1}{2}+\ln b\right) \text{ 奈特/样值}$$
所以
$$I(X;Y) = h(X) + h(Y) - h(XY) = (1-\ln 2) \text{ 奈特/样值}$$

(2) a 和 b 由度量 X 和 Y 的单位决定，改变这个度量单位，不影响互信息的大小。

用数学语言来说，假定 X_1、Y_1 的联合概率密度函数在由 $|x|+|y| \leqslant 1$ 确定的菱形内均匀分布，那么 $X = aX_1, Y = bY_1$。根据推导，可以得到
$$h(XY) = h(X_1 Y_1) + \log(ab)$$
$$h(X) = h(X_1) + \log a$$
$$h(Y) = h(Y_1) + \log b$$
$$I(X;Y) = h(X) + h(Y) - h(XY)$$
$$= h(X_1) + \log a + h(Y_1) + \log b - [h(X_1 Y_1) + \log(ab)]$$
$$= h(X_1) + h(Y_1) - h(X_1 Y_1)$$
所以 $I(X;Y)$ 与 a 和 b 无关。

4.12 解：(1) $Y - X_1 = X_2 + Z_1 + Z_2$ 是 3 个独立高斯随机变量的和，因此
$$h(Y|X_1) = h(Y-X_1) = \frac{1}{2}\log[2\pi e(P_2+N_1+N_2)]$$
$$h(Y) = \frac{1}{2}\log[2\pi e(P_1+P_2+N_1+N_2)]$$
$$I(X_1;Y) = h(Y) - h(Y|X_1) = \frac{1}{2}\log\left(\frac{P_1+P_2+N_1+N_2}{P_2+N_1+N_2}\right) = \frac{1}{2}\log\left(1+\frac{P_1}{P_2+N_1+N_2}\right)$$
$$I(X_2;Y) = \frac{1}{2}\log\left(1+\frac{P_2}{P_1+N_1+N_2}\right)$$

(2) 当给定 X_1、X_2 的值 x_1、x_2 以后，Y 的条件概率密度是均值为 x_1+x_2、方差为 N_1+N_2 的正态分布。
$$h(Y|X_1 X_2) = h(Y-X_1-X_2) = \frac{1}{2}\log[2\pi e(N_1+N_2)]$$

$$I(X_1 X_2; Y) = h(Y) - h(Y|X_1 X_2)$$
$$= \frac{1}{2}\log\left(\frac{P_1+P_2+N_1+N_2}{N_1+N_2}\right) = \frac{1}{2}\log\left(1+\frac{P_1+P_2}{N_1+N_2}\right)$$

(3) $I(X_1;Y)$ 和 $I(X_2;Y)$ 可以写成

$$I(X_1;Y) = \frac{1}{2}\log\left(\frac{P}{P_2+N_1+N_2}\right)$$

$$I(X_2;Y) = \frac{1}{2}\log\left(\frac{P}{P_1+N_1+N_2}\right)$$

其中 $P = P_1 + P_2 + N_1 + N_2 = \text{Var}(Y)$ 是输出总功率，因此

$$I(X_1;Y) + I(X_2;Y) = \frac{1}{2}\log\left(\frac{P}{P_2+N_1+N_2}\right) + \frac{1}{2}\log\left(\frac{P}{P_1+N_1+N_2}\right)$$
$$= \frac{1}{2}\log\left[\frac{P^2}{(P_2+N_1+N_2)(P_1+N_1+N_2)}\right]$$

要使 $I(X_1;Y) + I(X_2;Y)$ 得到最大值，$(P_2+N_1+N_2)(P_1+N_1+N_2)$ 的值需最小。因为这两个因子的和是个常数，所以当这两个因子相等时，$(P_2+N_1+N_2)(P_1+N_1+N_2)$ 最大，而当这两个因子相差越大时，$(P_2+N_1+N_2)(P_1+N_1+N_2)$ 越小。即当 $P_1 = P$ 或 $P_2 = P$ 时，$I(X_1;Y) + I(X_2;Y)$ 得到最大值。

4.13 解：(1) 分两种情况讨论。

对于 $X = -1$，输出 Y 的最大值为 $-1+a$，而对于 $X = +1$，输出 Y 的最小值为 $+1-a$，$-1+a < +1-a \Leftrightarrow 2a < 2 \Leftrightarrow a < 1$。

当 $a < 1$ 时，不同的输入信号经信道传输后在输出端不会重叠，由输出 Y 可以确定输入 X，所以 $I(X;Y) = H(X) = 1$ 比特/样值。

当 $a > 1$ 时，对应不同的输入信号的输出 Y 值会发生重叠，重叠区域为 $I_0 = [+1-a, -1+a]$，重叠区间长度为 $(-1+a) - (1-a) = 2a - 2$。如果 Y 落入这个区间，则不能提供任何关于 X 的信息，因为这时关于不同输入信号的条件概率是相等的：

$$p(X=+1|Y=y) = \frac{p_X(+1)p(y|X=+1)}{p_X(-1)p(y|X=-1)+p_X(+1)p(y|X=+1)} = \frac{1}{2}$$

所以当 $y \in I_0$ 时，$H(X|Y=y) = 1$ 比特/符号。而当 $y < +1-a$ 或 $y > -1+a$ 时，由输出 Y 可以确定输入 X，所以

$$H(X|Y=y) = 0$$
$$H(X|Y) = p(Y \in I_0) \times 1 = \frac{2a-2}{2a} = 1 - \frac{1}{a} \text{ 比特/样值}$$

因此，当 $X \in \{-1, +1\}$ 并且等概分布时，有

$$I(X;Y) = H(X) - H(X|Y) = 1 - \left(1 - \frac{1}{a}\right) = \frac{1}{a} \text{ 比特/样值}$$

(2) 当 $X \in \{-1, 0, +1\}$，$a = 1/2$ 时，对应不同的输入信号的输出 Y 值正好能区分开，所以 $I(X;Y) = H(X)$，当 $H(X)$ 最大时，也就是 X 为等概分布时，平均互信息得到最大值：

$$I(X;Y) = \log 3 = 1.585 \text{ 比特/样值}$$

4.14 解：由香农公式可知，该信道的信道容量为

$$C_t = B\log\left(1+\frac{P}{NB}\right) = 4\times 10^3 \log\left(1+\frac{P}{5\times 10^{-9}\times 4\times 10^3}\right)$$

为使 5.6 kbit/s 的信号无差错传输，必须使

$$C_t \geqslant 5.6 \times 10^3 \text{ bit/s}$$

得
$$P \geqslant 3.28 \times 10^{-5} \text{ mW}$$

所以输入信号的功率应不小于 3.28×10^{-5} mW。

4.15 解：图(a)，准对称信道。
$$\boldsymbol{P} = \begin{pmatrix} 1-\varepsilon-\delta & \delta & \varepsilon \\ \varepsilon & \delta & 1-\varepsilon-\delta \end{pmatrix}$$
$$C = \log 2 - H(1-\varepsilon-\delta, \delta, \varepsilon) - (1-\delta)\log(1-\delta) - \delta\log(2\delta)$$

图(b)，对称信道。
$$\boldsymbol{P} = \begin{pmatrix} 1-\varepsilon & \varepsilon & 0 \\ 0 & 1-\varepsilon & \varepsilon \\ \varepsilon & 0 & 1-\varepsilon \end{pmatrix}$$
$$C = \log 3 - H(1-\varepsilon, \varepsilon)$$

图(c)，不对称信道。
$$\boldsymbol{P} = \begin{pmatrix} 1-\varepsilon & \varepsilon & 0 \\ \varepsilon & 1-\varepsilon & 0 \\ 0 & 0 & 1 \end{pmatrix}$$

图(d)，准对称信道。
$$\boldsymbol{P} = \begin{pmatrix} p & p & 0 & p \\ 0 & p & p & p \\ p & 0 & p & p \end{pmatrix}$$
$$C = \log 3 - H(p, p, p) - 2p\log(2p) - p\log(3p)$$
$$= 0.39 \text{ 比特/符号}$$

图(e)，不对称信道。
$$\boldsymbol{P} = \begin{pmatrix} 1 & 0 & 0 \\ \frac{1}{2} & \frac{1}{4} & \frac{1}{4} \\ 0 & \frac{1}{2} & \frac{1}{2} \end{pmatrix}$$

图(f)，对称信道。
$$\boldsymbol{P} = \begin{pmatrix} \alpha & \beta & \alpha & \beta \\ \beta & \alpha & \beta & \alpha \end{pmatrix}$$
$$C = \log 4 - H(\alpha, \beta, \alpha, \beta) = [1 - H(p)] \text{ 比特/符号}$$

4.16 解：信道转移矩阵为 $\boldsymbol{P} = \begin{pmatrix} 1 & 0 & 0 \\ 0 & 1-\varepsilon & \varepsilon \\ 0 & \varepsilon & 1-\varepsilon \end{pmatrix}$。由于输入为 1 和 2 时信道的转移概率对称分布，所以可以设信源的概率分布为
$$\begin{pmatrix} X \\ P \end{pmatrix} = \begin{pmatrix} 0 & 1 & 2 \\ 1-2p & p & p \end{pmatrix}$$

由此可以得到输出分布为

$$\binom{Y}{P} = \begin{pmatrix} 0 & 1 & 2 \\ 1-2p & p & p \end{pmatrix}$$

$$\begin{aligned} I(X;Y) &= H(Y) - H(Y|X) = H(Y) - \sum_{i=1}^{3} p(x_i) H(Y|x_i) \\ &= H(Y) - [p(x_1)H(1,0,0) + p(x_2)H(1-\varepsilon,\varepsilon) + p(x_2)H(1-\varepsilon,\varepsilon)] \\ &= H(Y) - 2pH(\varepsilon) = -(1-2p)\log(1-2p) - p\log p - p\log p - 2pH(\varepsilon) \end{aligned}$$

因为 $C = \max_{p} I(X;Y)$，所以令

$$\frac{\partial I}{\partial p} = -2H(\varepsilon) + 2\log(1-2p) - 2\log p = 0$$

解得

$$p = \frac{1}{2 + 2^{H(\varepsilon)}}$$

这时

$$\binom{Y}{P} = \begin{pmatrix} 0 & 1 & 2 \\ 1-2p & p & p \end{pmatrix} = \begin{pmatrix} 0 & 1 & 2 \\ 2^{H(\varepsilon)}(2+2^{H(\varepsilon)})^{-1} & (2+2^{H(\varepsilon)})^{-1} & (2+2^{H(\varepsilon)})^{-1} \end{pmatrix}$$

$$C = \max I(X;Y) = \frac{2^{H(\varepsilon)}}{2+2^{H(\varepsilon)}} \log\left[\frac{2+2^{H(\varepsilon)}}{2^{H(\varepsilon)}}\right] + \frac{2}{2+2^{H(\varepsilon)}} \log[2+2^{H(\varepsilon)}] - \frac{2}{2+2^{H(\varepsilon)}} H(\varepsilon)$$

当 $\varepsilon = 0$ 时，$H(\varepsilon) = 0$，所以

$$C = \log 3 \approx 1.585 \text{ 比特/符号}$$

当 $\varepsilon = \frac{1}{2}$ 时，$H(\varepsilon) = 1$，所以

$$C = \frac{1}{2}\log 2 + \frac{1}{2}\log 4 - \frac{1}{2} \times 1 = 1 \text{ 比特/符号}$$

4.17 解：由于这两个离散无记忆信道相互独立，因此

$$p(y_1 y_2 | x_1 x_2) = p(y_1 | x_1) p(y_2 | x_2)$$

$$\begin{aligned} I(X_1 X_2; Y_1 Y_2) &= H(Y_1 Y_2) - H(Y_1 Y_2 | X_1 X_2) \\ &= H(Y_1 Y_2) - H(Y_1 | X_1 X_2) - H(Y_2 | X_1 X_2 Y_1) \\ &= H(Y_1 Y_2) - H(Y_1 | X_1) - H(Y_2 | X_2) \\ &\leq H(Y_1) + H(Y_2) - H(Y_1 | X_1) - H(Y_2 | X_2) \\ &= I(X_1; Y_1) + I(X_2; Y_2) \end{aligned}$$

当 X_1 和 X_2 相互独立时，Y_1 和 Y_2 相互独立，因此

$$\begin{aligned} C &= \max_{p(x_1 x_2)} I(X_1 X_2; Y_1 Y_2) \\ &\leq \max_{p(x_1)} I(X_1; Y_1) + \max_{p(x_2)} I(X_2; Y_2) \\ &= C_1 + C_2 \end{aligned}$$

当 $p(x_1 x_2) = p^*(x_1) p^*(x_2)$ 时等号成立，$p^*(x_1)$ 和 $p^*(x_2)$ 是使这两个信道分别达到信道容量 C_1 和 C_2 的最佳输入分布。

4.18 证明：(1) 假定输入

$$X = \begin{cases} X_1 & \text{概率为 } \alpha \\ X_2 & \text{概率为 } 1-\alpha \end{cases}$$

$$\theta(X) = \begin{cases} 1 & X = X_1 \\ 2 & X = X_2 \end{cases}$$

由于输出符号集各不相同,所以 θ 也是 Y 的函数,因为
$$I(X;Y\theta)=I(X;\theta)+I(X;Y|\theta)\\=I(X;Y)+I(X;\theta|Y)$$
θ 是 Y 的函数,所以 $I(X;\theta|Y)=0$,于是
$$\begin{aligned}I(X;Y)&=I(X;\theta)+I(X;Y|\theta)\\&=H(\theta)-H(\theta|X)+\alpha I(X;Y|\theta=1)+(1-\alpha)I(X;Y|\theta=2)\\&=H(\alpha)+\alpha I(X_1;Y_1)+(1-\alpha)I(X_2;Y_2)\\C&=\sup_\alpha\{H(\alpha)+\alpha C_1+(1-\alpha)C_2\}\end{aligned}$$
这是一个关于 α 的严格上凸函数,当 $\alpha=2^{C_1}/(2^{C_1}+2^{C_2})$ 时存在最大值,最大值为
$$C=\log(2^{C_1}+2^{C_2})$$

(2) 从 $I(X;Y)=H(\alpha)+\alpha I(X_1;Y_1)+(1-\alpha)I(X_2;Y_2)$ 可以看出,如果以 α 的概率使用信道 1,以 $1-\alpha$ 的概率使用信道 2,则我们不仅得到了 $\alpha I(X_1;Y_1)+(1-\alpha)I(X_2;Y_2)$ 的信息量,而且还有另外的 $H(\alpha)$,这是因为在选择信道 1 或信道 2 时也传递了信息。

4.19 证明: 根据题意,有
$$Z_i=\begin{cases}1 & \text{概率为 } p\\0 & \text{概率为 } 1-p\end{cases}$$
由于 $Y_i=X_i\oplus Z_i$ 而且 $Z_1,Z_2,\cdots,Z_n$ 并不相互独立,所以
$$\begin{aligned}I(X_1\cdots X_n;Y_1\cdots Y_n)&=H(X_1\cdots X_n)-H(X_1\cdots X_n\mid Y_1\cdots Y_n)\\&=H(X_1\cdots X_n)-H(Z_1\cdots Z_n\mid Y_1\cdots Y_n)\\&\geqslant H(X_1\cdots X_n)-H(Z_1\cdots Z_n)\\&\geqslant H(X_1\cdots X_n)-\sum_{i=1}^n H(Z_i)\end{aligned}$$
这个离散有记忆信道的信道容量记为 $C^{(n)}$,当 $\{X_i\}$ 为独立同分布且为 $p=\dfrac{1}{2}$ 的伯努利分布时,有
$$\begin{aligned}C^{(n)}&\geqslant H(X_1\cdots X_n)-\sum_{i=1}^n H(Z_i)\\&=n-nH(p)=n[1-H(p)]=nC\end{aligned}$$
从直觉上来说,噪声样值之间的相关性减小了有效噪声,使得有记忆信道的信道容量高于无记忆信道的信道容量。

4.20 解: 由于是无记忆信道,所以
$$\begin{aligned}I(X^n;Y^n)&=H(Y^n)-H(Y^n|X^n)\\&=H(Y^n)-\sum_{i=1}^n H(Y_i|Y_1\cdots Y_{i-1}X^n)\\&=H(Y^n)-\sum_{i=1}^n H(Y_i|X_i)\\&\leqslant \sum_{i=1}^n H(Y_i)-\sum_{i=1}^n H(Y_i|X_i)\\&=\sum_{i=1}^n I(X_i;Y_i)\leqslant \sum_{i=1}^n C_i\end{aligned}$$

其中，C_i 是第 i 时刻的信道容量。当 $X_1,\cdots,X_n$ 相互独立并且均使对应时刻的信道达到信道容量时，等号成立。这时

$$\max_{p(x_1\cdots x_n)} I(X_1 X_2\cdots X_n; Y_1 Y_2\cdots Y_n) = \sum_{i=1}^n \max_{p(x_i)} I(X_i; Y_i) = \sum_{i=1}^n C_i$$

4.21 证明：因为 $H(X|Y)\geqslant 0, H(Y|X)\geqslant 0$，所以

$$C = \max_{p(x)} I(X;Y) = \max_{p(x)}[H(Y)-H(Y|X)] = \max_{p(x)}[H(X)-H(X|Y)]$$
$$\leqslant \min\{\max[H(Y)], \max[H(X)]\}$$

当 X 和 Y 为等概分布时 $H(X)$ 和 $H(Y)$ 达到最大值，因此

$$C \leqslant \min\{\log M, \log N\}$$

4.22 证明：对于 n 个 Z 信道级联以后的等效信道，当输入为 1 时，输出必定为 1，而当输入为 0 时，输出为 1 的概率为

$$P_r\{Y=1 \mid X=0\} = \varepsilon + (1-\varepsilon)\varepsilon + \cdots + (1-\varepsilon)^{n-1}\varepsilon$$
$$= \varepsilon\sum_{i=0}^{n-1}(1-\varepsilon)^n = \varepsilon\frac{1-(1-\varepsilon)^n}{1-(1-\varepsilon)} = 1-(1-\varepsilon)^n$$

当 $n\to\infty$ 时，$P_r\{Y=1|X=0\}=1$，因此输出必定为 1。

4.23 解：(1) 因为 $X=0$ 和 $X=2$ 时信道的对称性以及 $X=1$ 时的不可靠传输，我们假定最佳输入概率分布为

$$P_r\{X=0\}=1/2$$
$$P_r\{Y=1\}=0$$
$$P_r\{X=2\}=1/2$$

这时

$$P_r\{Y=0\}=3/8$$
$$P_r\{Y=1\}=1/4$$
$$P_r\{Y=2\}=3/8$$

因为能够满足信道容量定理：

$$I(X=0;Y) = (3/4)\log(2)+(1/4)\log(1) = 3/4 \stackrel{\text{def}}{=} \lambda$$
$$I(X=1;Y) = (1/3)\log(8/9)+(1/3)\log(4/3)+(1/3)\log(8/9) = 0.025 \leqslant \lambda$$
$$I(X=2;Y) = (1/4)\log(1)+(3/4)\log(2) = 3/4 = \lambda$$

所以假定的输入分布确实是最佳输入分布，这时信道容量为

$$C = \lambda = 3/4$$

(2) 根据假定的输入概率分布可得

$$P_r\{Y=0\} = 3/8+(2/3-3/4)p$$
$$P_r\{Y=1\} = 1/4+(2/3-1/2)p$$
$$P_r\{Y=2\} = 3/8+(2/3-3/4)p$$

因此

$$I(X=0;Y) = (3/4)\log\left[\frac{3/4}{3/8+(2/3-3/4)p}\right] + (1/4)\log\left[\frac{1/4}{1/4+(2/3-1/2)p}\right]$$

$$I(X=1;Y) = (1/3)\log\left[\frac{1/3}{3/8+(2/3-3/4)p}\right] + (1/3)\log\left[\frac{1/3}{1/4+(2/3-1/2)p}\right] +$$
$$(1/3)\log\left[\frac{1/3}{3/8+(2/3-3/4)p}\right]$$

$$I(X=2;Y)=(3/4)\log\left[\frac{3/4}{3/8+(2/3-3/4)p}\right]+(1/4)\log\left[\frac{1/4}{1/4+(2/3-1/2)p}\right]$$

$I(X=0;Y)$、$I(X=1;Y)$ 和 $I(X=2;Y)$ 作为 p 的函数，它们的函数曲线如图 C.13 所示。

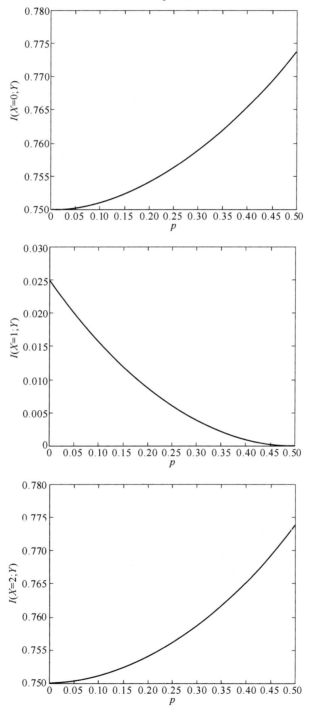

图 C.13

从图 C.13 中可以看出，当 $0 \leqslant p \leqslant 1/2$ 时，$I(X=1;Y) \leqslant I(X=0;Y) = I(X=2;Y)$。

只要 p 大于 0，则 $P_r\{X=1\}$ 就大于 0，所以要满足信道容量定理就必须使 $p=0$，于是输入概率分布为

$$P_r\{X=0\}=1/2$$
$$P_r\{X=1\}=0$$
$$P_r\{X=2\}=1/2$$

这时 $C=3/4$，和(1)得到的结果一致。

4.24 解：首先不失一般性地，我们假设 X、Y 和 Z 的均值为 0，因为这样假设不会影响互信息以及给定 Y 后 X 和 Z 的相互独立关系。同样我们假设 X、Y 和 Z 的方差为 1（这可能会影响微分熵的结果但不会影响互信息），记 $\boldsymbol{R}=\begin{pmatrix}1 & \rho_{xz}\\ \rho_{xz} & 1\end{pmatrix}$ 为 X 和 Z 的协方差矩阵，因此

$$\begin{aligned}I(X;Z)&=h(X)+h(Z)-h(XZ)\\ &=\frac{1}{2}\log(2\pi e)+\frac{1}{2}\log(2\pi e)-\frac{1}{2}\log[(2\pi e)^2|\boldsymbol{R}|]\\ &=-\frac{1}{2}\log(1-\rho_{xz}^2)\end{aligned}$$

因为给定 Y 后 X 和 Z 相互独立，所以

$$\begin{aligned}\rho_{xz}&=E(XZ)\\ &=E[E(XZ|Y)]\\ &=E[E(X|Y)\cdot E(Z|Y)]\\ &=E(\rho_1 Y\cdot\rho_2 Y)\\ &=\rho_1\rho_2\end{aligned}$$

因此

$$I(X;Z)=-\frac{1}{2}\log(1-\rho_1^2\rho_2^2)$$

C.5 第 5 章习题解答

5.1 解：(1) 根据熵的定义，有

$$\begin{aligned}H(S)&=-p(0)\log p(0)-p(1)\log p(1)\\ &=-0.995\log 0.995-0.005\log 0.005\\ &=0.045 \text{ 比特/符号}\end{aligned}$$

信源冗余度为

$$\gamma=1-\frac{H(S)}{H_0}=1-\frac{0.045}{\log 2}=0.955$$

(2) 含有 3 个"1"或少于 3 个"1"的信源符号序列共有

$$\begin{aligned}M&=C_{100}^0+C_{100}^1+C_{100}^2+C_{100}^3\\ &=1+100+4\,950+161\,700\\ &=166\,751\end{aligned}$$

所需最小码长为

$$l = \lceil \log M \rceil = 18$$

其中，$\lceil x \rceil$ 为大于等于 x 的最小整数。

$$l/N = 18/100 = 0.18$$

比较的结果是 l/N 依然大于 $H(S)$，这说明此信源还存在压缩的余地。

(3) 先求信源发出一信源符号序列有码字与之对应的概率。由题意知，只有当信源符号序列含有 3 个"1"或少于 3 个"1"时，才有码字与之对应。有码字的信源符号序列的概率为

$$P_c = C_{100}^0 p(0)^{100} p(1)^0 + C_{100}^1 p(0)^{99} p(1)^1 + C_{100}^2 p(0)^{98} p(1)^2 + C_{100}^3 p(0)^{97} p(1)^3$$
$$= 0.606 + 0.304 + 0.075 + 0.012$$
$$= 0.998\,33$$

因此，无码字与之对应的信源符号序列的概率为

$$P_e = 1 - P_c = 1 - 0.998\,33 = 0.001\,67$$

5.2 解：(1) 可以这样编码：805 门电话要占用 1 000 个 3 位数中的 805 个，即要占用首位为 0～7 的所有数字及以 8 为首的 5 个数字。因为要求居民电话号码等长，以 9 为首的数字 5 位长可定义 10 000 个号码，6 位长可定义 100 000 个号码。所以，$\min L_1 = 6$。

或者根据 Kraft 不等式，有

$$805 \times 10^{-3} + 60\,000 \times 10^{-L_1} \leqslant 1$$

解得

$$L_1 \geqslant -\lg \frac{1 - 805 \times 10^{-3}}{60\,000} = 5.488$$

即

$$\min L_1 = 6$$

(2) 在(1)的基础上，将 80 为首的数字用于最后 5 个公务电话，81～86 为首的 6 位数用于 B 区 51 000 个号码，以 9 为首的 5 位数用于 A 区 9 000 个号码。所以，$\min L_2 = 5$。

或者根据 Kraft 不等式，有

$$805 \times 10^{-3} + 9\,000 \times 10^{-L_2} + 51\,000 \times 10^{-(L_2+1)} \leqslant 1$$

解得

$$L_2 \geqslant 4.859$$

即

$$\min L_2 = 5$$

5.3 解：霍夫曼码如表 C.19 所示。

表 C.19

s_k	$p(s_k)$	码字
s_1	1/2	1
s_2	1/4	01
s_3	1/8	001
s_4	1/20	0001
s_5	1/20	00000
s_6	1/40	00001

编码效率为

$$\eta = \frac{H(S)}{\overline{L}\log 2} = \frac{\frac{1}{2} + \frac{1}{4}\log 4 + \frac{1}{8}\log 8 + \frac{2}{20}\log 20 + \frac{1}{40}\log 40}{\frac{1}{2}\times 1 + \frac{1}{4}\times 2 + \frac{1}{8}\times 3 + \frac{1}{20}\times 4 + \frac{1}{20}\times 5 + \frac{1}{40}\times 5}$$

$$= \frac{1.94}{1.95} = 0.995$$

5.4 解:(1) 二进制霍夫曼码如表 C.20 所示。

表 C.20

s_k	$p(s_k)$	码字
s_1	0.5	1
s_2	0.4	00
s_3	0.1	01

信源的信息熵为

$$H(S) = 0.5\times\log\frac{1}{0.5} + 0.4\times\log\frac{1}{0.4} + 0.1\times\log\frac{1}{0.1}$$

$$= 0.5 + 0.529 + 0.33$$

$$= 1.36 \text{ 比特/符号}$$

平均码长为

$$\overline{L} = \sum_k l_k p(s_k) = 0.5\times 1 + 0.4\times 2 + 0.1\times 2$$

$$= 1.5$$

编码效率为

$$\eta = \frac{H(S)}{\overline{L}\log r} = \frac{1.36}{1.5\times\log 2} = 0.907$$

(2) 二次扩展霍夫曼码如表 C.21 所示。

表 C.21

s_i	$p(s_i)$	码字
$s_1 s_1$	0.25	01
$s_1 s_2$	0.20	10
$s_2 s_1$	0.20	11
$s_2 s_2$	0.16	001
$s_1 s_3$	0.05	00001
$s_3 s_1$	0.05	00010
$s_2 s_3$	0.04	00011
$s_3 s_2$	0.04	000000
$s_3 s_3$	0.01	000001

编码效率为

$$\eta = \frac{2H(S)}{\overline{L}\log 2}$$

$$= \frac{2 \times 1.36}{2(0.25+0.2+0.2)+3\times 0.16+5(0.05+0.05+0.04)+6(0.04+0.01)}$$

$$= \frac{2\times 1.36}{2.78} = 0.979$$

5.5 解：需要增加的概率为 0 的信源符号数为

$$i = \theta(r-1)+3-q$$
$$= 2\theta+3-8$$
$$= 6-5 = 1$$

对应的编码如表 C.22 所示。

表 C.22

s_k	$p(s_k)$	码字
s_1	0.20	00
s_2	0.15	01
s_3	0.15	02
s_4	0.10	10
s_5	0.10	11
s_6	0.10	12
s_7	0.10	20
s_8	0.10	21

5.6 解：(1) 如果每次品尝一瓶酒，那么这 5 瓶酒合理的品尝顺序应该是 1,2,3,4,4，先尝概率为 1/3 的那瓶酒，而在第四次品尝的时候就可以判断最后两瓶酒的好坏了。我们将品尝次数看作码字的码长，所需的平均品尝次数就是平均码长。平均品尝次数为

$$\sum_{i=1}^{5} p_i l_i = \frac{1}{3}\times 1 + \frac{1}{4}\times 2 + \frac{1}{6}\times 3 + \frac{1}{6}\times 4 + \frac{1}{12}\times 4 = \frac{7}{3} = 2.33$$

(2) 数瓶酒混合起来一起品尝，使得平均品尝次数最少，这可以类似地看作求最小平均码长的问题。我们知道霍夫曼码是紧致码。对上述概率分布进行霍夫曼编码：(00,10,11,010,011)。首先将第一比特为 0 的酒混合起来品尝，分出好坏后再按照第二比特来混合，直至找到坏酒。根据上述编码，首先品尝第二瓶和第三瓶酒的混合，或者其他 3 瓶酒的混合。平均品尝次数为

$$\sum_{i=1}^{5} p_i l_i = \frac{1}{3}\times 2 + \frac{1}{4}\times 2 + \frac{1}{6}\times 2 + \frac{1}{6}\times 3 + \frac{1}{12}\times 3 = \frac{27}{12} = 2.25$$

由于霍夫曼编码不是唯一的，所以还存在另外的方案，如(00,01,11,100,101)，这时应该先品尝第一瓶和第二瓶酒的混合，或者其他 3 瓶酒的混合。

5.7 解：由已知条件可知，联合随机变量 $X_1 X_2 X_3$ 的概率分布如表 C.23 所示。

表 C.23

$x_1x_2x_3$	$p(x_1x_2x_3)$	$x_1x_2x_3$	$p(x_1x_2x_3)$
000	1/4	100	1/4
001	1/12	101	1/12
010	1/8	110	1/8
011	1/24	111	1/24

进行霍夫曼编码的结果如表 C.24 所示。

表 C.24

$x_1x_2x_3$	码字	$x_1x_2x_3$	码字
000	10	100	00
001	1100	101	1101
010	111	110	010
011	0110	111	0111

5.8 解：(a) a 码的码长分布满足 Kraft-McMillan 不等式，即

$$\frac{1}{2^3}+\frac{1}{2^2}+\frac{1}{2^2}+\frac{1}{2^2}=\frac{1}{8}+\frac{2}{8}+\frac{2}{8}+\frac{2}{8}=\frac{7}{8}\leqslant 1$$

a 码不是即时码，因为码字 00 是码字 000 的前缀。

a 码不是唯一可译码，因为码符号序列 000000 可以译码为 00，00，00，也可以译码为 000，000。

(b) b 码满足 Kraft-McMillan 不等式。

根据码树图可以判断 b 码是即时码。

由于 b 码是即时码，所以也是唯一可译码。

(c) c 码不满足 Kraft-McMillan 不等式。

因为不满足 Kraft-McMillan 不等式，所以 c 码不是即时码。

因为不满足 Kraft-McMillan 不等式，所以 c 码不是唯一可译码。

(d) d 码满足 Kraft-McMillan 不等式。

d 码不是即时码，因为码字 01 是码字 011 的前缀。

d 码是唯一可译码。根据唯一可译码的判决准则，我们构造以下的尾随后缀集：

$$C=\{01, 111, 011, 00, 010, 110\}$$
$$F_0=\{1, 0\}$$
$$F_1=\{11, 10, 1, 0\}$$
$$F_2=\{11, 10, 1, 0\}$$

5.9 解：(1) $\{0, 10, 11\}$ 是概率分布 $\{1/2, 1/4, 1/4\}$ 的霍夫曼码。

(2) $\{00, 01, 10, 110\}$ 可以被改进为 $\{00, 01, 10, 11\}$ 而不丧失其即时可译性，因此原码不是最佳码，也就不是一个霍夫曼码。另外，此码中最长的码长只有一个码字，这也和霍夫曼码的特性不符。

(3) $\{01, 10\}$ 可以被改进为 $\{0, 1\}$ 而不丧失其即时可译性，因此原码不是最佳码，也就

不是一个霍夫曼编码。

5.10 解:码$\{0,0001\}$的译码延时为3。如果接收序列为0000,那么收到第一个码符号0后不能直接译码,必须在后面3个码符号都收到之后才能译码。

5.11 解:如果某个最佳码的平均码长满足$L\approx H+1$,则必然有一个输出符号的概率接近1,其对应码字的码长也为1。我们可以假设另外还有2^m个输出符号,它们出现概率的和$p\ll 1$。为了使得信源的熵最大,这2^m个输出符号应该是等概的,因此概率分布为$\{1-p, p\cdot 2^{-m}, \cdots, p\cdot 2^{-m}\}$。这个信源的熵为

$$H = -(1-p)\log(1-p) - \sum_{i=1}^{2^m} p\cdot 2^{-m}\log(p\cdot 2^{-m})$$

$$= H(p) - \sum_{i=1}^{2^m} p\cdot 2^{-m}\log 2^{-m} = H(p) + pm$$

我们选择一个很小的p使得$H(p)\ll 1$,例如$p=2^{-10}$。为了让信源的熵等于2,即

$$pm = 2^{-10}m \approx 2 \Rightarrow m \approx 2\times 2^{10} = 2\,048 \Rightarrow 2^m = 2^{2048}$$

因此,这个信源共有$1+2^{2048}$个输出符号,概率分布为$\{1-2^{-10}, 2^{-2058}, \cdots, 2^{-2058}\}$。

其相应的最佳码的平均码长为

$$L = (1-2^{-10})\times 1 + 2^{-10}\times(1+2\,048) = 1+2 = 3$$

$$H = H(2^{-10}) + 2^{-10}\log(2^{2048}) = 0.011 + 2^{-10}\times 2^{11} = 2.011$$

这个人为拼凑出来的信源的例子主要说明了$H+1$只是最佳码平均码长L的上限,对于大多数合理的信源分布来说,L与H会非常接近。

5.12 解:(1) 此信源的霍夫曼码如表 C.25 所示。

表 C.25

符号	概率	码字	码长
s_1	1/3	1	1
s_2	1/3	00	2
s_3	1/4	010	3
s_4	1/12	011	3

(2) 如果将合并后的缩减信源符号排得尽可能靠前,则此时的霍夫曼码如表 C.26 所示。

表 C.26

符号	概率	码字	码长
s_1	1/3	10	2
s_2	1/3	11	2
s_3	1/4	00	2
s_4	1/12	01	2

这里两种编码的码长分布都满足 Kraft 不等式,并且具有相同的平均码长 2。它们都是最佳码。

(3) 在第一种编码中 s_3 对应的码长为 3, 它大于按照香农公式计算出的码长 $\lceil \log 4 \rceil = 2$。也就是说, 某个特定信源符号对应的霍夫曼码字的码长有可能大于香农码字的码长, 但是从平均码长的角度来看, 霍夫曼编码的平均码长不会比香农编码的平均码长大。

5.13 解: 对这 8 匹马进行霍夫曼编码, 结果如表 C.27 所示。

表 C.27

赢率	码字	赢率	码字
1/2	1	1/64	000000
1/4	01	1/64	000001
1/8	001	1/64	000010
1/16	0001	1/64	000011

5.14 解: 码 {0, 010} 是唯一可译码, 但是它既不满足前缀条件也不满足后缀条件。在这个码中, 某些码字是另外一些码字的前缀, 当然另外一些码字也是某些码字的后缀。

5.15 解: (1) 此时 Kraft 不等式为

$$\sum_{i=1}^{\infty} 2^{-i} = 1$$

满足小于等于 1 的条件。

(2) 当 r 为任意大于 2 的整数时, 有

$$\sum_{i=1}^{\infty} r^{-i} = \frac{1}{r-1} \leqslant 1 \quad r > 2$$

因此, 任意大于 2 的 r 都使得 Kraft 不等式成立。

5.16 解: (1) 码 1 和码 2 均是唯一可译码。

(2) 码 1 是即时码。

5.17 解: (1) 二进制费诺码如表 C.28 所示。

表 C.28

s_i	p_i	第一次分组	第二次分组	第三次分组	第四次分组	码字
s_6	1/4	0	0			00
s_2	1/6	0	1	0		010
s_4	1/8	0	1	1		011
s_8	1/8	1	0	0		100
s_1	1/12	1	0	1		101
s_3	1/12	1	1	0		110
s_5	1/12	1	1	1	0	1110
s_7	1/12	1	1	1	1	1111

三进制费诺码如表 C.29 所示。

表 C.29

s_i	p_i	第一次分组	第二次分组	码字
s_6	1/4	0	0	00
s_2	1/6	0	1	01
s_4	1/8	1	0	10
s_8	1/8	1	1	11
s_1	1/12	1	2	12
s_3	1/12	2	0	20
s_5	1/12	2	1	21
s_7	1/12	2	2	22

（2）二进制：

$$\bar{L}=\frac{1}{4}\times 2+\left(\frac{1}{6}+\frac{1}{8}+\frac{1}{8}+\frac{1}{12}+\frac{1}{12}\right)\times 3+\left(\frac{1}{12}+\frac{1}{12}\right)\times 4=2.917 \text{ 二进制码符号/信源符号}$$

$$\eta=\frac{H(S)}{\bar{L}}=\frac{2.876}{2.917}=0.986$$

$$\sigma_l=0.410$$

三进制：

$$\bar{L}=2.000 \text{ 三进制码符号/信源符号}$$

$$\eta=0.908$$

$$\sigma_l=0$$

5.18 解：$H(S)=3.345$ 比特/符号。

（1）共 $q=14$ 个符号，二进制($r=2$)定长编码的码长 l 必须满足 $r^l \geqslant q$，因此 $l \geqslant 4$。共有 44 个信源符号需要编码，因此共需 $4\times 44=176$ 个码符号。

编码效率为

$$\eta=\frac{H(S)}{l}=83.6\%$$

（2）理论上最少需要的二进制码符号数应该为不小于 $44H(S)$ 的最小整数，即 148 个。

（3）霍夫曼码如表 C.30 所示。

表 C.30

符号	p	e	␣	c	i	k	r
码字	00	01	110	1000	1001	1010	1011
码长	2	2	3	4	4	4	4
符号	d	a	f	l	o	s	t
码字	11100	111010	111011	111100	111101	111110	111111
码长	5	6	6	6	6	6	6

（4）此时共需要的码符号数为

$$2\times 9+2\times 8+3\times 7+4\times 4\times 3+2\times 5+6\times 1\times 6=149$$

平均码长为
$$\bar{L}=3.392 \text{ 码符号/信源符号}$$

编码效率为
$$\eta=\frac{H(S)}{L}=98.6\%$$

5.19 解:(1) 首先构建二进制霍夫曼码如表 C.31 所示。

表 C.31

字符	次数	缩减信源							码字	码长
h	1091	1091	1091	1091	1091	1944	2152	4096	00	2
f	512	549	952	992	1061	1091	1944		011	3
c	501	512	549	952	992	1061			100	3
e	491	501	512	549	952				101	3
d	478	491	501	512					110	3
g	474	478	491						111	3
a	299	474							0100	4
b	250								0101	4

在上述编码过程中有用的信息仅仅是码长的分布(4,4,3,3,3,3,3,2)而已。

为了在文件的头结构中包含译码所必需的信息,我们重新组织一下上述编码,得到如表 C.32 所示的码表。

表 C.32

字符	a	b	c	d	e	f	g	h
码字	1110	1111	010	011	100	101	110	00

此编码方案会首先在文件头部分将所有的码长表示出来。对于一个 8 字符的最佳编码方案来说,在任何情况下最大的码长都不会超过 7〔最大码长达到 7 的一个码长方案为(1,2,3,4,5,6,7,7),或者是其不同的排列,所有最大码长大于 7 的编码方案都不可能是最佳码〕。

所以,每个码长用 3 个比特来表示就足够了。而这一点在接收方那边是事先知道的。根据上述编码方案,文件头部分如图 C.14 所示,共 24 个比特。

```
100 100 011 011 011 011 011 010
 a   b   c   d   e   f   g   h
 4   4   3   3   3   3   3   2
```

图 C.14

接收方的处理流程如下:当接收方收到文件头部分后,将会按码长升序的顺序来重新排列字母表,如果码长相同,则按字典顺序排列。为此,必须根据每个符号的码长信息从左侧开始构造一棵二叉树。按照惯例,二叉树左侧的边将标记为"0",右侧的边标记为"1"。

另外,为了满足(2)和(3)中的要求,引入如下规则:

- 运行某个符号对应的码长为0,这种情形针对此符号在给定的文件中一次也没有出现;
- 如果只有一个符号的码长不为零而其他所有符号的码长均为零,则意味着待压缩的文件仅仅由此单个符号构成。在这种情况下,24比特长文件头后面的数据就是文件的长度,接收方只需知道这个长度就能重建原文件。(3)就是这种情况。

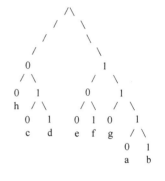

在当前情况下,接收方收到了文件头部分后,会先根据码长分布(2,3,3,3,3,3,4,4)将符号表按下述顺序排列:h, c, d, e, f, g, a, b,然后构造图C.15所示的二叉树。图C.15对应的编码表与表C.32一致。

图C.15

因此,使用上述编码传输方案,总共需要

24+(299+250)×4+(501+478+491+512+474)×3+1 091×2=11 770 bit

来表示这个4 KB的文件。

(2) 针对这种情况,霍夫曼编码算法将会为符号a,c,e,g各产生一个2比特长的码字,按表C.33所示顺序整理一下具体的码字。

表 C.33

字符	a	b	c	d	e	f	g	h
码字	00	—	01	—	10	—	11	—

此时编码方发送的文件头部分如图C.16所示。

```
010  000  010  000  010  000  010  000
 a    b    c    d    e    f    g    h
 2    0    2    0    2    0    2    0
```

图 C.16

接收方在收到文件头部分后将构造出如图C.17所示的二叉树。

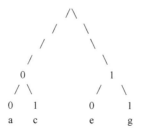

图 C.17

这个二叉树得到的译码表与上面的编码表完全一样。因此,此时总共需要

$$24+(1024+1024+1024+1024)\times 2=8\,216\text{ bit}$$

来表示待压缩文件。

(3) 根据(1)中确定的规则,此时可以用图 C.18 所示的二进制编码来表示待压缩文件。

```
001 000 000 000 000 000 000 000  1000000000000
 a   b   c   d   e   f   g   h      文件长
 1   0   0   0   0   0   0   0       4096
```

图 C.18

通过分析收到的文件头数据,接收方能够确定收到的文件只包含一种符号,即"a",24 bit 文件头后的部分将被解释为文件的长度。因此,此时共需要 $24+13=37$ bit。

C.6 第6章习题解答

6.1 解:(1) 这是一个错误传递概率为 0.08 的二元对称信道,它的信道容量为

$$C = 1 - 0.08\log\frac{1}{0.08} - 0.92\log\frac{1}{0.92} = 0.598$$

(2) 每次顾客点菜时提供的信息为

$$H(X) = 0.1\log\frac{1}{0.1} + 0.9\log\frac{1}{0.9} = 0.469$$

(3) 由于需要传递的信息量小于信道容量 $H(X)<C$,因此在这个信道可以正确地传递顾客的点菜信息。

6.2 解:信道输入输出的联合概率分布为

$$\boldsymbol{P}_{XY} = \begin{bmatrix} \boxed{\dfrac{1}{4}} & \boxed{\dfrac{1}{6}} & \dfrac{1}{12} \\ \dfrac{1}{24} & \dfrac{1}{8} & \dfrac{1}{12} \\ \dfrac{1}{12} & \dfrac{1}{24} & \boxed{\dfrac{1}{8}} \end{bmatrix}$$

最佳译码时,译码规则为

$$\begin{cases} F(y_1) = x_1 \\ F(y_2) = x_1 \\ F(y_3) = x_3 \end{cases}$$

这时,平均错误概率为

$$P_E = \left(\frac{1}{24}+\frac{1}{12}\right)+\left(\frac{1}{8}+\frac{1}{24}\right)+\left(\frac{1}{12}+\frac{1}{12}\right)=\frac{11}{24}$$

6.3 解:最大后验概率译码规则的平均错误概率 P_E 最小。要使 $p(x_i|y_j)$ 最大,也就是要使 $p(x_iy_j)=p(y_j|x_i)p(x_i)$ 最大,即 $p(y_j|x_i)$ 和 $p(x_i)$ 都尽可能大。$p(y_j|x_i)$ 大就需要 $d(x_i,y_j)$ 尽可能小。和输入码字的概率分布 $p(x_i)$ 相比,$d(x_i,y_j)$ 的影响更大。综合考虑,译码规则如表 C.34 圆圈所示。

表 C.34

(x_i, y_j) \ $p(x_i)$ \ x_i	$\frac{1}{2}$	$\frac{1}{8}$	$\frac{1}{8}$	$\frac{1}{4}$
y_j	0000	0011	1100	1111
0000	【0】	2	2	4
0001	【1】	1	3	3
0010	【1】	1	3	3
0011	2	【0】	4	2
0100	【1】	3	1	3
0101	【2】	2	2	2
0110	【2】	2	2	2
0111	3	1	3	【1】
1000	【1】	3	1	3
1001	【2】	2	2	2
1010	【2】	2	2	2
1011	3	1	3	【1】
1100	2	4	【0】	2
1101	3	3	1	【1】
1110	3	3	1	【1】
1111	4	2	2	【0】

6.4 解:(1) 对称信道的信道容量为

$$C = \log s - H(p'_1, \cdots, p'_s) = \log 5 - H\left(\frac{1}{2}, \frac{1}{2}\right) = 1.32 \text{ 比特/符号}$$

(2) 最大似然译码规则如表 C.35 中圆圈所示。

表 C.35

$p(y_j\|x_i)$ \ $p(x_i)$ \ x_i	1/5	1/5	1/5	1/5	1/5
y_j	00	11	22	33	44
00	【$\frac{1}{4}$】	0	0	0	$\frac{1}{4}$
01	【$\frac{1}{4}$】	0	0	0	0
02	0	0	0	0	0
03	0	0	0	0	0
04	0	0	0	0	【$\frac{1}{4}$】
10	【$\frac{1}{4}$】	0	0	0	0

续表

$p(y_j\|x_i)$ \ $p(x_i)$ \ x_i \ y_j	1/5 00	1/5 11	1/5 22	1/5 33	1/5 44
11	$\frac{1}{4}$	$\frac{1}{4}$	0	0	0
12	0	$\frac{1}{4}$	0	0	0
13	0	0	0	0	0
14	0	0	0	0	0
20	0	0	0	0	0
21	0	$\frac{1}{4}$	0	0	0
22	0	$\frac{1}{4}$	$\frac{1}{4}$	0	0
23	0	0	$\frac{1}{4}$	0	0
24	0	0	0	0	0
30	0	0	0	0	0
31	0	0	0	0	0
32	0	0	$\frac{1}{4}$	0	0
33	0	0	$\frac{1}{4}$	$\frac{1}{4}$	0
34	0	0	0	$\frac{1}{4}$	0
40	0	0	0	0	$\frac{1}{4}$
41	0	0	0	0	0
42	0	0	0	0	0
43	0	0	0	$\frac{1}{4}$	0
44	0	0	0	$\frac{1}{4}$	$\frac{1}{4}$

输出端的平均错误概率为

$$P_E = \frac{1}{5}\sum_{j=1}^{20}\sum_{i \neq *} p(y_j|x_i) = 1 - \frac{1}{5}\sum_{j=1}^{20} p(y_j|x^*) = 1 - \frac{1}{5} \times \frac{1}{4} \times 15 = \frac{1}{4}$$

6.5 解:

$$H = (Q \quad I) = \begin{pmatrix} 1 & 1 & 0 & 1 & 1 & 0 & 0 \\ 1 & 0 & 1 & 1 & 0 & 1 & 0 \\ 1 & 1 & 1 & 0 & 0 & 0 & 1 \end{pmatrix}$$

6.6 解: 从这个校验矩阵可知,$n=7$,$n-k=3$,所以 $k=4$,输入序列 110101101010 可以分成 3 个消息序列 1101,0110,1010。

根据生成矩阵和校验矩阵的转换关系可以得到

$$G = \begin{pmatrix} 1 & 0 & 0 & 0 & 1 & 0 & 1 \\ 0 & 1 & 0 & 0 & 1 & 1 & 1 \\ 0 & 0 & 1 & 0 & 1 & 1 & 0 \\ 0 & 0 & 0 & 1 & 0 & 1 & 1 \end{pmatrix}$$

由消息序列和生成矩阵可以得到生成码字 1101001,0110001,1010011,所以编码器编出的码序列为 1101001011100011010011。

6.7 解：(6,3)线性分组码 $n=6, k=3, d_{\min}=3$，所以能纠正单个错误。

从所有码字中选择 3 个线性无关的码字可作为生成矩阵的行向量：

$$G = \begin{pmatrix} 1 & 1 & 0 & 1 & 0 & 0 \\ 0 & 1 & 1 & 0 & 1 & 0 \\ 1 & 0 & 1 & 0 & 0 & 1 \end{pmatrix}$$

这样生成的码字信息位在右边。容易得到校验矩阵：

$$H = \begin{pmatrix} 1 & 0 & 0 & 1 & 0 & 1 \\ 0 & 1 & 0 & 1 & 1 & 0 \\ 0 & 0 & 1 & 0 & 1 & 1 \end{pmatrix}$$

6.8 解：由校验矩阵可知，$n=9, n-k=4$，所以 $k=5$，编码效率为

$$R = \frac{k}{n} = \frac{5}{9}$$

码的最小距离为 3（因为校验矩阵中任意两列线性无关，而有 3 列线性相关，例如，第 1 列、第 6 列、第 8 列线性相关）。

6.9 解：(1) $n=9, n-k=4$，所以 $k=5$，能生成 $2^5=32$ 个码字。

(2) 根据一致校验矩阵找出此码的 5 个码字即可构成生成矩阵：

$$G = \begin{pmatrix} 1 & 1 & 1 & 1 & 0 & 1 & 0 & 0 & 1 \\ 0 & 0 & 0 & 1 & 1 & 0 & 0 & 1 & 1 \\ 1 & 0 & 1 & 0 & 1 & 0 & 0 & 1 & 1 \\ 0 & 1 & 1 & 0 & 1 & 0 & 0 & 0 & 0 \\ 1 & 0 & 0 & 0 & 0 & 1 & 0 & 1 & 0 \end{pmatrix}$$

6.10 解：令该矩阵的 4 行分别为 r_1, r_2, r_3, r_4，即 4 个行向量。

对该校验矩阵进行简单行变换：

$$H = \begin{pmatrix} 1 & 0 & 0 & 1 & 0 & 0 & 1 & 1 & 0 \\ 1 & 0 & 1 & 0 & 1 & 0 & 0 & 1 & 0 \\ 0 & 1 & 1 & 1 & 0 & 0 & 0 & 0 & 1 \\ 1 & 0 & 1 & 0 & 1 & 1 & 1 & 0 & 1 \end{pmatrix} \xrightarrow{r_3 \Leftrightarrow r_4} \begin{pmatrix} 1 & 0 & 0 & 1 & 0 & 0 & 1 & 1 & 0 \\ 1 & 0 & 1 & 0 & 1 & 0 & 0 & 1 & 0 \\ 1 & 0 & 1 & 0 & 1 & 1 & 1 & 0 & 1 \\ 0 & 1 & 1 & 1 & 0 & 0 & 0 & 0 & 1 \end{pmatrix}$$

$$\xrightarrow{r_2 \Leftrightarrow r_3} \begin{pmatrix} 1 & 0 & 0 & 1 & 0 & 0 & 1 & 1 & 0 \\ 1 & 0 & 1 & 0 & 1 & 1 & 1 & 0 & 1 \\ 1 & 0 & 1 & 0 & 1 & 0 & 0 & 1 & 0 \\ 0 & 1 & 1 & 1 & 0 & 0 & 0 & 0 & 1 \end{pmatrix} \xrightarrow{r_1 \Leftrightarrow r_2} \begin{pmatrix} 1 & 0 & 1 & 0 & 1 & 1 & 1 & 0 & 1 \\ 1 & 0 & 0 & 1 & 0 & 0 & 1 & 1 & 0 \\ 1 & 0 & 1 & 0 & 1 & 0 & 0 & 1 & 0 \\ 0 & 1 & 1 & 1 & 0 & 0 & 0 & 0 & 1 \end{pmatrix}$$

$$\xrightarrow{r_2 = r_2 + r_3} \begin{pmatrix} 1 & 0 & 1 & 0 & 1 & 1 & 1 & 0 & 1 \\ 0 & 0 & 1 & 1 & 1 & 0 & 1 & 0 & 0 \\ 1 & 0 & 1 & 0 & 1 & 0 & 0 & 1 & 0 \\ 0 & 1 & 1 & 1 & 0 & 0 & 0 & 0 & 1 \end{pmatrix}$$

$$\xrightarrow{r_1 = r_1 + r_2 + r_4} \begin{pmatrix} 1 & 1 & 1 & 0 & 0 & 1 & 0 & 0 & 0 \\ 0 & 0 & 1 & 1 & 1 & 0 & 1 & 0 & 0 \\ 1 & 0 & 1 & 0 & 1 & 0 & 0 & 1 & 0 \\ 0 & 1 & 1 & 1 & 0 & 0 & 0 & 0 & 1 \end{pmatrix}$$

即可得标准型一致校验矩阵

$$H' = \begin{pmatrix} 1 & 1 & 1 & 0 & 0 & 1 & 0 & 0 & 0 \\ 0 & 0 & 1 & 1 & 1 & 0 & 1 & 0 & 0 \\ 1 & 0 & 1 & 0 & 1 & 0 & 0 & 1 & 0 \\ 0 & 1 & 1 & 1 & 0 & 0 & 0 & 0 & 1 \end{pmatrix} = (\boldsymbol{P} \quad \boldsymbol{I})$$

因此相应的标准型生成矩阵为

$$G = (\boldsymbol{I} \quad \boldsymbol{P}^{\mathrm{T}}) = \begin{pmatrix} 1 & 0 & 0 & 0 & 0 & 1 & 0 & 1 & 0 \\ 0 & 1 & 0 & 0 & 0 & 1 & 0 & 0 & 1 \\ 0 & 0 & 1 & 0 & 0 & 1 & 1 & 1 & 1 \\ 0 & 0 & 0 & 1 & 0 & 0 & 1 & 0 & 1 \\ 0 & 0 & 0 & 0 & 1 & 0 & 1 & 1 & 0 \end{pmatrix}$$

6.11 解：根据离散无记忆信道的定义，某一时刻的输出 Y_i 只与该时刻的输入 X_i 有关。

$$\begin{aligned} I(X^n;Y^n) &= H(Y^n) - H(Y^n \mid X^n) \\ &= H(Y^n) - \sum_{i=1}^{n} H(Y_i \mid Y_1, \cdots, Y_{i-1}, X^n) \\ &= H(Y^n) - \sum_{i=1}^{n} H(Y_i \mid X_i) \end{aligned}$$

因此

$$\begin{aligned} I(X^n;Y^n) &= H(Y^n) - \sum_{i=1}^{n} H(Y_i \mid X_i) \\ &\leqslant \sum_{i=1}^{n} H(Y_i) - \sum_{i=1}^{n} H(Y_i \mid X_i) \\ &\leqslant \sum_{i=1}^{n} [1 - H(p_i)] \end{aligned}$$

当 $X_1, X_2, \cdots, X_n$ 为独立同分布的伯努利分布 Bern(1/2) 时，等号成立，因此

$$\max_{p(x)} I(X_1, X_2, \cdots, X_n; Y_1, Y_2, \cdots, Y_n) = \sum_{i=1}^{n} [1 - H(p_i)]$$

6.12 解：(1) 消息数 $M=4$，码长为 $n=4$，因此

$$R = \frac{\log 4}{n} = 0.5$$

(2) 根据信道转移概率矩阵可知，此信道对符号 0 和 1 的传输错误概率为 0，符号 $\frac{1}{2}$ 的传输错误概率为 0.5，但是译码时只有符号 0 和 1 起作用，符号 $\frac{1}{2}$ 不参与译码决策，因此对于所有码字有 $P_E = 0$。

6.13 证明：设发送码字为 C，接收矢量为 R 且差错在可纠范围 t 之内，W 为码字集合中不同于 C 的任一其他码字，因为最小码间距离为 $d_{\min}/2$，所以有 $d(C,W) \geqslant d_{\min}$；又因为码字之间的汉明距离满足三角不等式，所以有

$$d(C,R) + d(W,R) \geqslant d(C,W) \geqslant d_{\min}$$

设码字传输时发生了 $t=\left\lfloor\dfrac{d_{\min}-1}{2}\right\rfloor \leqslant \dfrac{d_{\min}-1}{2}$ 个错误,有 $d_{\min} \geqslant 2t+1$,代入上式得

$$d(\boldsymbol{W},\boldsymbol{R}) \geqslant d_{\min}-d(\boldsymbol{C},\boldsymbol{R}) \geqslant 2t+1-d(\boldsymbol{C},\boldsymbol{R}) \geqslant 2t+1-t > t$$

综上,有 $d(\boldsymbol{C},\boldsymbol{R}) \leqslant t$ 和 $d(\boldsymbol{W},\boldsymbol{R}) > t$。说明:发送码字 $\boldsymbol{C}$ 与接收矢量 $\boldsymbol{R}$ 之间的距离比其他任何码字 $\boldsymbol{W}$ 与 $\boldsymbol{R}$ 之间的距离都小,所以采用最小距离译码即可纠正不大于 t 个错误,而 $t \leqslant \dfrac{d_{\min}-1}{2} < \dfrac{d_{\min}}{2}$。

6.14 证明:(n,k) 线性码的一致校验矩阵 $\boldsymbol{H}$ 是 $(n-k) \times n$ 阶矩阵,将其列矢量记为 $\boldsymbol{h}_i, i=1,2,\cdots,n$。根据一致校验矩阵的定义可知,对于任何码字 $\boldsymbol{C}=c_1 c_2 \cdots c_n$,都有 $\boldsymbol{C}\boldsymbol{H}^{\mathrm{T}}=\boldsymbol{0}$,即

$$\sum_i c_i \boldsymbol{h}_i^{\mathrm{T}} = \boldsymbol{0}$$

码的最小距离 $d_{\min}$ 意味着在上式作为系数的码元 $c_1, c_2, \cdots, c_n$ 中最少要有 $d_{\min}$ 项为 1,也就意味着在上式中至少要有 $d_{\min}$ 个列矢量求和才能得到零矢量,少一列即 $d_{\min}-1$ 列就不能线性组合出零矢量,因此在一致校验矩阵 $\boldsymbol{H}$ 中有 $d_{\min}-1$ 列线性无关。而 $\boldsymbol{H}$ 是 $(n-k) \times n$ 阶矩阵,其秩最大不会超过 $n-k$,所以有 $d_{\min}-1 \leqslant n-k$,即 $d_{\min} \leqslant n-k+1$。

6.15 解:对一个长度为 80 的码组而言,其中任何一个比特发生反转都会导致整个码组误判,因此码组的正确传输概率为 $1-P_{\mathrm{E}}=(1-p)^n=(1-0.01)^{80}=0.448$,所以误码率为 $P_{\mathrm{E}}=0.552$。

6.16 证明:译码后的平均错误概率为

$$P_{\mathrm{E}} = \sum_j p(y_j)\{1-p[F(y_j)|y_j]\}$$

要想使其尽可能小,需要 $p[F(y_j)|y_j]$ 尽可能大。

最大后验概率译码规则为:选择译码函数 $F(y_j)=x^*$,使之满足:

$$p(x^*|y_j) \geqslant p(x_i|y_j) \quad \forall i, x^* \in X$$

由此可知,在其他条件相同时,最大后验概率译码规则所得到的译码后的平均错误概率最小,任何其他译码方法——包括题目中提到的随机判决法——得到的错误概率都不可能低于最大后验概率译码时的错误概率。

6.17 解:(1) $\boldsymbol{G}' = \begin{pmatrix} 1 & 0 & 0 & 1 & 1 & 1 \\ 0 & 1 & 0 & 1 & 0 & 1 \\ 0 & 0 & 1 & 0 & 1 & 1 \end{pmatrix}$

(2) $\boldsymbol{H} = \begin{pmatrix} 1 & 1 & 0 & 1 & 0 & 0 \\ 1 & 0 & 1 & 0 & 1 & 0 \\ 1 & 1 & 1 & 0 & 0 & 1 \end{pmatrix}$

(3) 最小重陪集首项如表 C.36 所示。

表 C.36

伴随式	陪集首项	伴随式	陪集首项
000	000000	100	001000
001	000001	101	010000
010	000010	110	001010
011	000100	111	100000

(4) 111010 译码为 110010;000011 译码为 000111;101010 译码为 101011。

6.18 解:(1) $G = \begin{pmatrix} 1 & 0 & 1 & 1 & 1 \\ 0 & 1 & 1 & 0 & 1 \end{pmatrix}$

(2) 译码表如表 C.37 所示。

表 C.37

伴随式	陪集首项			
000	00000	01101	10111	11010
001	00001	01100	10110	11011
010	00010	01111	10101	11000
011	00011	01110	10100	11001
100	00100	01001	10011	11110
101	01000	00101	11111	10010
110	10001	11100	00110	01011
111	10000	11101	00111	01010
译码结果	00000	01101	10111	11010

(3) $P_E = (1-\varepsilon)^5 + 5\varepsilon(1-\varepsilon)^4 + 2\varepsilon^2(1-\varepsilon)^3$,因此正确译码概率 $\overline{P}_E = 1 - P_E$。

6.19 证明:(1) 首先证明如下事实:偶重码字与偶重码字之和为偶重码字,奇重码字与奇重码字之和为偶重码字,奇重码字与偶重码字之和为奇重码字。

设码字 C_1、C_2 为偶重码字,即 $w(C_1) = 2n$,$w(C_2) = 2m$,设 C_1、C_2 码字有 h 个 1 的位置是相同的,于是有 $w(C_1 + C_2) = 2n + 2m - 2h$,所以偶重码字和偶重码字之和为偶重码字。

类似可得其他结论成立。

因为码字是由生成矩阵 G 得到的,即

$$C = uG = (u_1 \ u_2 \ \cdots \ u_k) \begin{pmatrix} g_1 \\ g_2 \\ \vdots \\ g_k \end{pmatrix}$$

其中,$g_1, g_2, \cdots, g_k$ 是生成矩阵的行向量。

① 如果生成矩阵的所有行向量重为偶,则由偶重码字之和为偶重码字可知,所有的码字重都为偶重码字。

② 如果在生成矩阵的 k 个行向量中存在至少一个向量其重为奇,不妨设该向量为 g_1,它对应的消息位为 u_1,记 N_{1o} 为 u_1 取 1 时码重为奇的码字数,相应的码字集合为 S_{1o},N_{0o} 为 u_1 取 0 时码重为奇的码字数,相应的码字集合为 S_{0o},记 N_{1e} 为 u_1 取 1 时码重为偶的码字数,相应的码字集合为 S_{1e},N_{0e} 为 u_1 取 0 时码重为偶的码字数,相应的码字集合为 S_{0e},下证 $N_{1o} = N_{0e}$ 成立:$\forall C_i \in S_{1o}$,有 $C_i = g_1 + u_{i2}g_2 + \cdots + u_{ik}g_k$,因为 g_1、C_i 为奇重,所以 $u_{i2}g_2 + \cdots + u_{ik}g_k$ 为偶重,从而必存在一个 $C'_i \in S_{0e}$,且满足 $C'_i = 0g_1 + u_{i2}g_2 + \cdots + u_{ik}g_k$,即 S_{1o} 和 S_{0e} 存在一一对应的关系,有 $N_{1o} = N_{0e}$ 成立。

类似可证 $N_{0o} = N_{1e}$。

又奇重码字数＝$N_{1o}+N_{0o}$，偶重码字数＝$N_{1e}+N_{0e}$，所以有奇重码字数＝偶重码字数。

（2）将 2^k 个 (n,k) 码的码字排成一个矩阵

$$\begin{pmatrix} C_1^1 & C_2^1 & \cdots & C_n^1 \\ C_1^2 & C_2^2 & \cdots & C_n^2 \\ \vdots & \vdots & & \vdots \\ C_1^{2^k} & C_2^{2^k} & \cdots & C_n^{2^k} \end{pmatrix}$$

记上述矩阵的第 j 列为 $\boldsymbol{C}_j=(C_j^1 \quad C_j^2 \quad \cdots \quad C_j^{2^k})^{\mathrm{T}}$，第 i 行即第 i 个码字为 $\boldsymbol{C}^i$，其中 i 和 j 满足 $1\leqslant i\leqslant 2^k, 1\leqslant j\leqslant n$，则平均码重为

$$\overline{w}=\frac{1}{2^k}\sum_{i=1}^{2^k}w(\boldsymbol{C}^i)=\frac{1}{2^k}\sum_{i=1}^{2^k}\sum_{j=1}^{n}C_j^i=\frac{1}{2^k}\sum_{j=1}^{n}w(\boldsymbol{C}_j)$$

对 $\boldsymbol{C}_j$ 的情况进行讨论：

① 如果 $\boldsymbol{C}_j=\boldsymbol{0}$，即生成矩阵存在全零列，则有 $w(\boldsymbol{C}_j)=0$；

② 如果 $\boldsymbol{C}_j\neq\boldsymbol{0}$，即存在 $C_j^i=1$，则由线性码的性质，$\forall m$，必 $\exists n$，满足 $\boldsymbol{C}^m+\boldsymbol{C}^i=\boldsymbol{C}^n$，所以有 $C_j^m+C_j^i=C_j^n$，从而有 $C_j^m\neq C_j^n$，所以第 j 列中 1 和 0 的个数必相等，即 $w(\boldsymbol{C}_j)=2^{k-1}$。

综上有 $\overline{w}=\dfrac{1}{2^k}\sum_{j=1}^{n}w(\boldsymbol{C}_j)\leqslant\dfrac{1}{2^k}n\cdot 2^{k-1}=\dfrac{n}{2}$。

6.20 解：（1）二次重复编码后，3 个码字分别为 00、11、22，信道译码器的接收序列共有 $3^2=9$ 种，所以矩阵为

$$\begin{array}{c} \begin{matrix}00 & 01 & 02 & 10 & 11 & 12 & 20 & 21 & 22\end{matrix} \\ \begin{matrix}00 \\ 11 \\ 22\end{matrix}\begin{pmatrix} 0.25 & 0.25 & 0 & 0.25 & 0.25 & 0 & 0 & 0 & 0 \\ 0 & 0 & 0 & 0 & 0.25 & 0.25 & 0 & 0.25 & 0.25 \\ 0.25 & 0 & 0.25 & 0 & 0 & 0 & 0.25 & 0 & 0.25 \end{pmatrix} \end{array}$$

由此矩阵可得极大似然译码规则如表 C.38 所示。

表 C.38

接收序列	00	01	02	10	11	12	20	21	22
译码输出	00	00	22	00	00	11	22	11	11

（2）$P_{\mathrm{E}}=0.25$

6.21 解：（1）码字如表 C.39 所示。

表 C.39

消息	码字	消息	码字
000	00000	100	10001
001	00110	101	10111
010	01011	110	11010
011	01101	111	11100

（2）$\boldsymbol{H}=\begin{pmatrix} 0 & 1 & 1 & 1 & 0 \\ 1 & 1 & 0 & 0 & 1 \end{pmatrix}$

(3) 差错图样如表 C.40 所示。

表 C.40

伴随式	差错图样
00	00000
01	10000 或 00001
10	00100 或 00010
11	01000

6.22 解：(1) 在每个接收序列中，如果某种比特的个数比较多，则将接收序列译码为这种比特即可。当接收序列中两种比特的个数相等时，只能进行随机的猜测，这时译码正确的概率只有 1/2。

(2) 译码错误概率为

$$P_E = \binom{4}{4}p^4 + \binom{3}{4}p^3(1-p) + \frac{1}{2}\binom{2}{4}p^2(1-p)^2 = 3p^2 - 2p^3$$

(3) 两者在译码错误概率上完全一样，但是四次重复编码的信息传输率更低一些。

C.7 第 7 章习题解答

7.1 解：$R(D)$ 如图 C.18 所示。

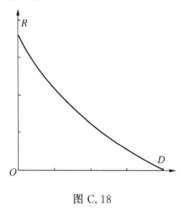

图 C.18

物理意义：由坐标轴和函数曲线构成的曲边三角形内部为 R-D 许可区域，即此区域内部是可以达到的；第一象限除此曲边三角形之外的部分是禁止区域。

纵轴的 R 表示信息传输率，而信息传输率 $R = I(X;Y)$ 为非负，因此整条曲线非负。

当 D 增大时，意味着允许的平均失真门限上升，此时能够以更低的速率对信源进行编码，因此此曲线是一个严格递减曲线。

7.2 解：
$$\boldsymbol{D} = \begin{pmatrix} 0 & 1 \\ 1 & 0 \end{pmatrix}$$

7.3 解：$D_{\min} = \sum_i p(x_i) \min_j d(x_i, y_j)$ $D_{\max} = \min_{p(y_j)} \sum_i p(x_i) d(x_i, y_j)$

因此
$$D_{\min} = 0$$
$$D_{\max} = \frac{3}{4}$$
$$R(D) = 2 - D\log 3 - H(D)$$

7.4 解:
$$D_{\min} = \sum_i p(x_i) \min_j d(x_i, y_j)$$
$$D_{\max} = \min_{p(y_j)} \sum_i p(x_i) d(x_i, y_j)$$

因此
$$D_{\min} = 0$$
$$D_{\max} = \frac{1}{2}a$$

应用参量法求 $R(D)$。

列出求解 λ_1、λ_2 的方程，即
$$\begin{cases} 0.5\lambda_1 + 0.5\lambda_2 e^{aS} = 1 \\ 0.5\lambda_1 e^{aS} + 0.5\lambda_2 = 1 \end{cases} \Rightarrow \lambda_1 = \lambda_2 = \frac{2}{1+e^{aS}}$$

列出求解 $p(y_1)$、$p(y_2)$ 的方程，即
$$\begin{cases} p(y_1) + p(y_2)e^{aS} = \dfrac{1}{\lambda_1} \\ p(y_1)e^{aS} + p(y_2) = \dfrac{1}{\lambda_2} \end{cases} \Rightarrow p(y_1) = p(y_2) = \frac{1}{2}$$

由此可得平均失真为
$$D(s) = \sum_i \sum_j p(x_i) p(y_j) d(x_i, y_j) \lambda_i e^{Sd(x_i, y_j)} = \frac{e^{aS}}{1+e^{aS}}$$

解出参量 S 为
$$S = \frac{1}{a} \ln \frac{D}{1-D}$$

因此有
$$1 + e^{aS} = \frac{1}{1-D}$$

最终可得
$$R(D) = SD + \sum_i p(x_i) \log \lambda_i$$
$$= \frac{D}{a} \log \frac{D}{1-D} - 0.5\log[0.5(1+e^{aS})] - 0.5\log[0.5(1+e^{aS})]$$
$$= \frac{D}{a} \log \frac{D}{1-D} - \log \frac{1}{1-D} + 1$$

7.5 解:(1) 失真矩阵为
$$\boldsymbol{D} = \begin{pmatrix} 0 & 1 \\ 1 & 0 \end{pmatrix}$$

(2) 平均失真为
$$\overline{D} = E[d(x_i, y_j)] = \sum_i \sum_j p(x_i) p(y_j | x_i) d(x_i, y_j) = \frac{1}{2}\varepsilon$$

(3) $R(D)$ 函数的定义域为
$$D_{\min} = 0$$
$$D_{\max} = \frac{1}{2}$$

7.6 解：(1) 此信源的信息熵为
$$H(S) = 1 \text{ 比特/信源符号}$$

信源输出信息的速率为
$$R_t = 2.66 \times 1 = 2.66 \text{ bit/s}$$

将此信源的输出符号送入一个二进制无噪无损信道中进行传输，而信道每秒只传输两个二元符号，则此信道的最大信息传输速率为
$$C_t = 2 \text{ bit/s}$$

因为 $R_t > C_t$，所以根据有噪信道编码定理，不论怎样编码此信源都不可能在此信道中实现无差错传输。因此，信源不能在此信道中无失真传输。

(2) 若此信源失真度定义为汉明失真，因为是二元信源，输入是等概分布的，其率失真函数 $R(D)$ 为
$$R(D) = \begin{cases} 1 - H(D) & 0 \leq D \leq 0.5 \\ 0 & D > 0.5 \end{cases}$$

如果 $C_t > R_t(D)$，则此信源在此信道中传输时不会因信道引入差错。这时
$$2 = 2.66 \times [1 - H(D)]$$
$$\Rightarrow H(D) \approx 0.248 \text{ 比特/信源符号}$$
$$D \approx 0.042$$

故允许信源平均失真 $D \approx 0.042$ 时，此信源就可以在此信道中传输。

7.7 证明：失真函数的定义决定了 D 必须为非负，因此 $D = 0$ 意味着 $D_{\min} = 0$。而 $D_{\min} = \sum_i p(x_i) \min_j d(x_i, y_j)$，其中 $p(x_i)$ 也是非负的，因此只有当 $\min_j d(x_i, y_j) = 0$ 即失真矩阵每一行至少有一个零元素时，信源的平均失真才能达到下限 0。

$D_{\min} = 0$ 从物理意义上来说应该解释为不存在任何失真，此时信源的所有信息均完美地通过了传输，即 $R(0) = H(X)$。但是当失真矩阵的某些列还有两个或两个以上的 0 时，说明这两个零(或多个零)对应的信源符号可以合并而不会带来任何失真，这样就可以缩减信源符号集合而不会造成任何影响，但是信源符号集合的缩减必然导致信息速率的降低，此时 $R(0) < H(X)$。由此可知，要想使得 $R(0) = H(X)$，失真矩阵的每列至多只能有一个 0。

7.8 解：二进制等概分布的伯努利随机变量为 $\begin{pmatrix} X \\ P \end{pmatrix} = \begin{pmatrix} 0 & 1 \\ \frac{1}{2} & \frac{1}{2} \end{pmatrix}$，信源熵为 $H(X) = 1$ 比特/符号，对于给定的失真矩阵，可得 $D_{\min} = 1.5, D_{\max} = 2$，相应地 $R(D_{\min}) = 1$，$R(D_{\max}) = 0$，所以可得 $R(D) \in (0, 1)$ 对应的定义域为 $(1.5, 2)$。

7.9 解：(1) 此信源的熵为

$$H(X)=1.522 \text{ 比特/符号}$$

失真矩阵为

$$D=\begin{pmatrix} 0 & 1 & 1 \\ 1 & 0 & 1 \\ 1 & 1 & 0 \end{pmatrix}$$

采用参量法求信息率失真函数。

列出求解 λ_1、λ_2、λ_3 的方程：

$$\begin{cases} 0.4\lambda_1+0.4\lambda_2 e^s+0.2\lambda_3 e^s=1 \\ 0.4\lambda_1 e^s+0.4\lambda_2+0.2\lambda_3 e^s=1 \\ 0.4\lambda_1 e^s+0.4\lambda_2 e^s+0.2\lambda_3=1 \end{cases} \Rightarrow \begin{cases} \lambda_1=\dfrac{1}{0.4(1+2e^s)} \\ \lambda_2=\dfrac{1}{0.4(1+2e^s)} \\ \lambda_3=\dfrac{1}{0.2(1+2e^s)} \end{cases}$$

列出求解 $p(y_1)$、$p(y_2)$、$p(y_3)$ 的方程：

$$\begin{cases} p(y_1)+p(y_2)e^s+p(y_3)e^s=\dfrac{1}{\lambda_1} \\ p(y_1)e^s+p(y_2)+p(y_3)e^s=\dfrac{1}{\lambda_2} \\ p(y_1)e^s+p(y_2)e^s+p(y_3)=\dfrac{1}{\lambda_3} \end{cases}$$

$$\Rightarrow \begin{cases} p(y_1)=\dfrac{\dfrac{1}{\lambda_3}(2-e^s)}{(1-e^s)(1+2e^s)}=\dfrac{0.2(2-e^s)(1+2e^s)}{(1-e^s)(1+2e^s)}=\dfrac{0.2(2-e^s)}{1-e^s}=p(y_2) \\ p(y_3)=p(y_1)-\dfrac{\dfrac{1}{\lambda_1}-\dfrac{1}{\lambda_3}}{1-e^s}=\dfrac{0.2(1-3e^s)}{1-e^s} \end{cases}$$

由此可得平均失真为

$$D(S)=\sum_i\sum_j p(x_i)p(y_j)d(x_i,y_j)\lambda_i e^{Sd(x_i,y_j)}$$

$$=\frac{0.4(2-e^s)e^s}{(1-e^s)(1+2e^s)}+\frac{0.4(1-3e^s)e^s}{(1-e^s)(1+2e^s)}+\frac{0.4(2-e^s)e^s}{(1-e^s)(1+2e^s)}=\frac{2e^s}{1+2e^s}$$

解出参量 S 为

$$S=\ln\frac{D}{2(1-D)}$$

因此，有 $1+2e^s=\dfrac{1}{1-D}$，最终可得

$$R(D)=SD+\sum_i p(x_i)\log\lambda_i$$

$$=D\log\frac{D}{2(1-D)}-0.4\log[0.4(1+2e^s)]-0.4\log[0.4(1+2e^s)]-$$

$$0.2\log[0.2(1+2e^s)]$$

$$=D\log\frac{D}{2(1-D)}+H(X)-\log\frac{1}{1-D}$$

$$=H(X)-H(D)-D$$

(2) 由 $R(D)$ 函数可算出，当 $R=1$ 比特/符号和 $R=0.1$ 比特/符号时，相应的失真分别为 0.089 和 0.434。

7.10 证明：对离散无记忆信源，
$$R(D) = \min\{I(X;Y), E\{d(X,Y)\} \leqslant D\}$$
$$R'(D) = \min\{I(X;Y), E\{d'(X,Y)\} \leqslant D\}$$
$$= \min\{I(X;Y), E\{d(i,j) - g_i\} \leqslant D\}$$
$$= \min\{I(X;Y), E\{d(i,j)\} - E\{g_i\} \leqslant D\}\}$$
$$= \min\{I(X;Y), E\{d(i,j) \leqslant E\{g_i\} + D\}\}$$

而 $E\{g_i\} = \sum_i p(a_i)g_i = G$，故上式可表示为
$$R'(D) = \min\{I(X;Y), E\{d(i,j) \leqslant D + G\}\} = R(D+G)$$

7.11 解：$D_{\min}=1$，当转移概率矩阵为 $\begin{pmatrix} 1 & 0 \\ \alpha & 1-\alpha \\ 0 & 1 \end{pmatrix}$ 时，α 满足 $0 \leqslant \alpha \leqslant 1$。

$D_{\max} = \dfrac{4}{3}$，当转移概率矩阵为 $\begin{pmatrix} \alpha & 1-\alpha \\ \beta & 1-\beta \\ \alpha & 1-\alpha \end{pmatrix}$ 时，α、β 满足 $0 \leqslant \alpha \leqslant 1, 0 \leqslant \beta \leqslant 1$。

7.12 解：(1) $D_{\min} = \sum_{i=1}^{2} p(x_i) \min_j d(x_i, \hat{x}_j) = 0$

$$D_{\max} = \min_{p(\hat{x}_j)} \sum_{i=1}^{2} p(x_i) d(x_i, \hat{x}_j)$$

而
$$\sum_{i=1}^{2} p(x_i) d(x_i, \hat{x}_j) = \begin{cases} \infty & \hat{x}_j = 0 \\ 1 & \hat{x}_j = \varepsilon \\ \infty & \hat{x}_j = 1 \end{cases}$$

因此 $D_{\max}=1$，此时 $\hat{x}_j = \varepsilon$。

(2) 因为失真函数矩阵中没有任何一列有两个或两个以上的 0，所以
$$R(D_{\min}) = H(X) = 1$$
$$R(D_{\max}) = 0$$

7.13 解：(1) $D_{\min} = \sum_i p(x_i) \min_j d(x_i, y_j)$
$$= \frac{1}{3}\min\{1,2,3\} + \frac{1}{3}\min\{2,1,3\} + \frac{1}{3}\min\{3,2,1\} = 1$$

$$D_{\max} = \min_j \sum_i p(x_i) d(x_i, y_j)$$
$$= \min\left\{\frac{1}{3}(1+2+3), \frac{1}{3}(2+1+2), \frac{1}{3}(3+3+1)\right\} = \frac{5}{3}$$

(2) 达到 $D_{\min}$、$D_{\max}$ 的信道转移概率矩阵 $\boldsymbol{P}$ 分别为
$$\boldsymbol{P} = \begin{pmatrix} 1 & 0 & 0 \\ 0 & 1 & 0 \\ 0 & 0 & 1 \end{pmatrix}$$

和
$$\boldsymbol{P} = \begin{pmatrix} 0 & 1 & 0 \\ 0 & 1 & 0 \\ 0 & 1 & 0 \end{pmatrix}$$

(3) $R(D_{\min}) = H(X) = \log 3 = 1.585$

$R(D_{\max}) = 0$